鉴赏与投资

辨藏中国古代漆器

聂菲 张曦 著

天津出版传媒集团
百花文艺出版社

图书在版编目（CIP）数据

鉴赏与投资 ：辨藏中国古代漆器 / 聂菲，张曦著
-- 天津 ：百花文艺出版社，2012.10
ISBN 978-7-5306-5907-6

Ⅰ. ①鉴… Ⅱ. ①聂… ②张… Ⅲ. ①漆器（考古）—鉴赏—中国②漆器（考古）—投资—中国 Ⅳ. ①K876.74②F724.787

中国版本图书馆CIP数据核字(2012)第222904号

百花文艺出版社出版发行
地址:天津市和平区西康路35号
邮编:300051
e－mail: bhpubl@ public. tpt. tj. cn
http://www.bhpubl.com.cn
发行部电话:(022)23332651　邮购部电话:(022)23332478
全国新华书店经销
淄博方正印务有限公司 印刷
*
开本 787×1092 毫米　1/16　印张24　插页20
2013年1月第1版　2013年1月第1次印刷
印数:1—5000册　定价: 52.00元

【图 1-1】 漆树(2006 年夏作者拍摄于四川江油)

【图 1-2】 割漆(2006 年夏作者拍摄于四川江油)

【图 1-6】 作者考察福州生漆精制工艺(2007 年高振壁先生摄于福州)

【图 1-10】 制作脱胎漆器工艺之一（作者拍摄于厦门漆器厂）

【图 1-11】 制作脱胎漆器工艺之二（作者拍摄于福州脱胎漆器厂）

【图 1-19】 描绘（作者拍摄于福州脱胎漆器厂）

【图 1–22】 百宝嵌
（作者拍摄于扬州雕漆厂）

【图 1–24】 锥画
（作者拍摄于福州脱胎漆器厂）

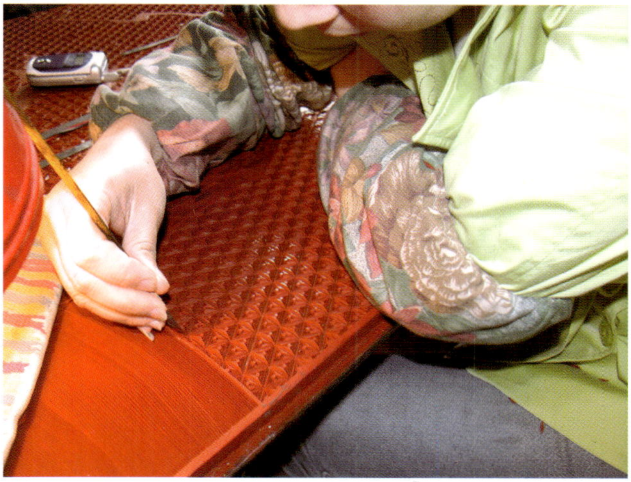

【图 1–28】雕漆
（作者拍摄于扬州雕漆厂）

【图 4–1】 浙江河姆渡新石器时代遗址出土朱漆碗

【图 4–7】 山西襄汾新石器时代陶寺 3073 号墓出土矮型木豆

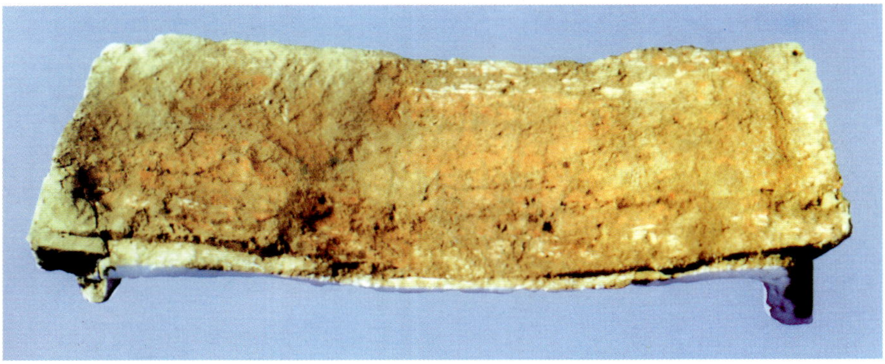

【图 4–9】 山西襄汾新石器时代陶寺类型墓葬出土彩绘木案

目录

前言

中国古代漆器自新石器时代起直至今日，延绵数千年，历史悠久，源远流长。在这悠悠数千年的历史长河中，绚丽多彩的漆工艺高峰迭起、成就辉煌。毋庸置疑，漆器工艺是中国劳动人民杰出的创造，她积淀了中华民族的传统和精神，并在相当长的时期内，影响了除中国以外的周边区域和民族的漆工艺文化，形成了一种“千文万华，纷然不可胜识”耐人寻味的东方漆工艺体系，在世界漆工艺发展史上独树一帜，堪称中国工艺发展史上的一朵奇葩。

诚然，中国古代漆器所产生的永恒魅力，值得人们去探索和鉴赏。可是中国历来视小木作为工匠艺人，不入史册大雅之堂，故许许多多的古代漆器珍品，竟不知出自何人之手，虽佳作留存下来，而他们的姓名、史实背景确无从考证，令世人惆怅感叹。相传五代朱遵度著《漆经》，惜早已亡佚，现仅存明代黄成著《髹饰录》一部漆工专著。现代以来，有些文人士子进行了有益的尝试和研究，但由于漆器研究涉及很多跨学科的领域，全面掌握确有一定难度。固然，在浩瀚的文物学研究中，古代漆器研究与其他文物门类相比不免显得相形见绌。虽有漆器研究著述零星问世，但大多重点集中在明清两代，可谓杯水车薪；而面向广大漆器收藏者和爱好者的古代漆器系统研究读物，更是凤毛麟角……凡此种种，十年前，笔者贸然初试《中国古代漆器鉴赏》一书，应原于此。该书出版后曾赠送著名文物鉴赏家和学者王世襄先生赐教，先生给予了较高评价，提出了宝贵意见：“聂同志的著作也看出她十分用功，日后定有成就。只是觉得有些插图尤其明清部分不能反映实物。尤其是漆器恐非彩图不能知其大略”，见物思人，如今老先生已驾鹤仙逝，但先生谆谆教诲使人潸然泪下，催我自新；著名漆工艺美术大师、四川美术学院教授何豪亮先生也称其书“将中国古代漆器发展演变历程分为八个发展阶段是极其科学的、比较准确的……对每个历史阶段的漆艺造型、装饰、功能等研究和分析都是深入细微的、准确的和真实的”，并对漆工艺制作方面提出了宝贵意见。每每读到前辈教诲，启迪良多，自感才识谫劣，资料匮乏，对漆工艺不胜了解，对明清漆器更是见寡闻少，故多有谬误之处，总有重新修订此书之夙愿。多年来，因日常事务繁杂，无闲暇时间撰写，另一方面反思自己，屡屡感到力不从心，终因才疏学浅矣。

为此，笔者不敢稍加疏懒，潜心学习。回忆起多年来自己所走过的求学之道，唯愧负吾师教益。对中国工艺美术史产生兴趣，启蒙于清华大学美术学院教授陈瑞林先生，先生教吾工艺美术史研究方法；先秦、秦汉漆工艺史入门，启迪于湖南省博物馆研究员高至喜先生，参与他主持国家课题《长沙楚墓》、《长沙汉墓》中数千件漆器整理和研究，以至于对这个时期漆器认识颇多；古典文献和漆器史的学习，得益于湖南省博物馆研究员、古代漆器史专家傅举有先生，先生不弃驽钝，解惑释疑，使之得其门径；除此，还幸得湖南省博物馆研究员刘彬徽先生提供资料，受益匪浅。凡此，吾将终身难忘。近十年来，为深入了解制漆工艺流程，曾行程二百余里险路到四川江油深山考察生漆采割工艺，到福州脱胎漆器厂、南京金线金箔厂及苏州、扬州、成都等地漆器厂，考察金箔制作、生漆精制和漆器制作的工艺流程；为了弥补对元明清传世漆器认识不足，先后到故宫博物院、南京博物院、安徽省博物馆甚至美国和加拿大等数十家博物馆库房观摩和鉴定传世元明清雕漆和镶嵌漆器，先后应邀为境内外相关单位、个人和拍卖公司鉴定漆器；为了更细致了解先秦、秦汉时期区域性漆器特点，先后到河南、湖北、江苏、浙江、山东、安徽、福建、甘肃、青海、新疆等地博物馆和考古所观摩和考察漆器藏品；为了掌握湖南本地区楚汉漆器分布情况，参与负责的《马王堆汉墓漆器整理与研究》国家社会科学基金资助课题，已于2008年立项，目前各项整理与研究工作正在进行；多次应邀在湘鄂豫皖楚文化研究会及其他国际学术讨论会上做漆器研究的主旨发言，在国家和省级刊物上，发表漆器研究论文数十篇，并荣获国家及省级优秀成果奖。此次又承蒙百花文艺出版社热情约稿，重新对中国漆器发展史做了一次全面梳理与研究已成为可能。考虑到近些年来，有关古代漆工艺著述明显增多，但绝大多数只停留在对漆器的鉴定和解析上，且重点放在明清漆器上，而目前漆器拍卖市场持续升温，中国古代漆器被更多中外收藏、爱好者所关注，对拍卖市场漆器的整体论述尚处空白状态，对漆器伪作的全面辨析，对漆器保护与修复原则的阐述，基本上处于刚刚起步阶段。

基于以上种种原因，怀着弘扬华夏漆艺传统文化之目的，本着帮助漆器收藏者和爱好者之初衷，起到抛砖引玉之作用，为达到这一写作宗旨，特编撰此书以飨读者。此书具有以下特点：

其一，全书分章科学，各具特色。全书共为“漆器概论”、“历代漆器风格与特点赏析”、“漆器投资与辨伪”三个部分，每章重点突出，条理清晰。

第一部分，对漆工艺起源与发展、制作方法与工艺特征、品类沿革与发展、审美价值与作用等作了论述。其重点为漆器沿革考述，因为“每一种学科都有自己专有的词语系统，而且学科越发达，特殊的词语就越多，专门性也越强，在专业之外的人每每感到难于索解和掌握”①，文物考古专门词语层出不穷，以漆器为例，其品类繁多，各种形制、部位、纹饰、工艺等古今词语复合杂出，增加了收藏者的记忆理解难度。而本章利用出土漆器和传世漆器作为标准器，按类概括出典型器物的基本形制、不同时期的时代特征，运用最新研究成果，用图解的方式考述每种品类的发展演变历程，为读者提供收藏、辨识与研究古代漆器的基本知识，对于那些没有机会接触实物标本的多数漆器收藏者和爱好者来说，不失为一本有帮助的工具书。文中对历年拍卖市场中每类漆器拍品进行统计，以便大家尽快了解市场行情；

第二部分，对历代漆器按年代顺序进行论述，科学地将中国古代漆器发展演变历程分为八个发展阶段：初露曙光的史前漆器；逐渐成熟的商、西周漆器；华丽浪漫的春秋战国漆器；鼎盛繁荣的汉代漆器；日臻完美的魏晋时期漆器；富丽堂皇的隋唐五代漆器；工艺精良的宋元漆器；千文万华的明清漆器。概括出各个时代漆器整体风格，利用最新考古出土漆器或传世品作为典型器物，重点从形制、纹饰、工艺、款识等方面分析每种漆器的时代特点，力争帮助漆器收藏者和爱好者在窥视中国漆工艺发展脉络的同时，对不同时期漆器的风格特征有所认识，以此增强辨识古漆器的能力；

第三部分，回顾了漆器赝品产生的历史，分析了作伪手法，总结出“望、闻、问、切”辨识真伪漆器的四要诀，提出漆器保护与修复的具体方法，力图使收藏者更快掌握鉴定古

---

① 李学勤、李缙云等：《文物收藏图解辞典》，浙江人民出版社，2002年；书中“漆器”和“家具”部分由聂菲撰写。

漆器的要领和漆器保护的原则，增强对古漆器真伪的辨别能力；本部分还对历年漆器拍卖情况进行了全面统计，分析历年不同品类成交趋势，剖析市场佳品走俏的历史原因，制作的“历年漆器拍品成交趋势总表”及其他分析结果可作为收藏某类漆器的重要参考。

其二，重要资料均有出处，严谨科学。书中每个时期漆器和照片均注有资料来源，便于读者查阅。

其三，书中插配图片，形象生动。全书不同时代造型迥异的漆器都配有线描图或彩色照片，图文并茂，成为本书的亮点，具有较强的可读性。

由于作者水平有限，书中难免有谬误之处，敬请读者与学界同仁多多匡正。

聂菲

2010年11月于湖南省博物馆

序 一

清华大学美术学院教授陈瑞林先生序

工艺美术是中国美术的重要组成部分,中国工艺美术曾经有过辉煌的历史。直到今天,工艺美术仍然在社会生活中发挥着重要的作用,与人们的衣食住行发生紧密联系。机器生产改变了传统的手工艺生产方式,工业产品成为现代社会最主要的人工造物,现代设计愈来愈受到重视;但"现代是传统的延续和演变",与传统截然分离的现代是不可能存在的。

在中国美术的宝库中,漆器艺术是一颗璀璨的明珠。四百多年以前,欧洲传教士来到中国,绚丽的中国漆器使他们惊叹不已。中国漆器艺术对东方和西方的艺术都曾产生巨大的影响。《中国古代漆器鉴赏》一书详尽地介绍了漆器的基本知识和制作方法,介绍了不同品类的古代漆器,阐述了中国漆器艺术在古代生活中所起的重要作用,从而较为全面地显示出了中国古代漆器艺术的风貌。该书以流畅的文笔生动地展现出中国古代漆器艺术的发展历程,并且配有众多插图,更能使读者真切了解不同时代的漆器艺术。本书将不同制作工艺和审美风格的古代漆器置放在不同的历史环境当中,见物更见人,努力摆脱中国工艺美术著述仅注重阐释器物造型、纹饰、制作工艺的模式,从而使读者获得丰富的中国古代文化史知识,这成为《中国古代漆器鉴赏》一书的重要特色。

天道酬勤,《中国古代漆器鉴赏》一书即将出版,这是聂菲多年艰苦劳动取得的成绩。在担负繁忙工作任务的同时，她以极大的毅力坚持学习和研究。在急功近利、浮躁之风弥漫的当今之世，她那种锲而不舍、沉稳踏实的治学态度令人感动和钦佩。在认识聂菲二十多年时间里，我目睹了她走过并非平坦的道路。在文物考古和艺术史的研究过程中，聂菲经历了“独上高楼，望断天涯路”的艰苦求索，如今学有所在，近年不断有论文和著作问世，我为她的成功感到欢喜。

可能是因为我曾指导研究生做过题为《从传统到现代——沈福文漆器艺术研究》的论文，聂菲将这部关于中国古代漆器鉴赏的书稿寄来，嘱我为她的新作撰写序言。三十多年以前，我曾经在湖南省博物馆短期工作，正是对文物考古的浓厚兴趣将我引向艺术史的领域。从中央美术学院美术系毕业以后，我一直在中央工艺美术学院（今清华大学美术学院）任教，工作的需要促使我涉猎工艺美术研究。虽然长期以来承担的课程和研究方向是“中国现代美术历史研究”，但我始终坚持工艺美术与绘画、雕塑等不同美术门类的综合，强调“传统”和“现代”的延续和统一；不赞成将“实用美术”与所谓“纯美术”对立起来，不赞成将“传统”和“现代”视为水火。先睹为快，阅读《中国古代漆器鉴赏》书稿，我感觉对目前从事的工作有很大帮助。相信不仅我的感想是这样，所有具有获取文化艺术知识的愿望、对中国美术怀有兴趣的读者，在认真阅读《中国古代漆器鉴赏》这本书以后，都会产生获益匪浅的感想。

陈瑞林

2002年4月10日于北京光华路寓所

序二

湖南省博物馆研究员傅举有先生序

近年来，我较少看书，这除了我疏懒的性格和身体欠佳之外，我喜欢的好书较少也是原因。最近，聂菲同志送来她写的一部《中国古代漆器鉴赏》书稿，叫我看看。我看了个开头，就不想放下，一直兴致勃勃地读下去，直到读完全书。这是我近年看到的难得的好书之一。

我和聂菲同志都在湖南省博物馆工作，我知道她这些年来一直在研究漆器，我因主编《中国美术分类全集·中国漆器全集》汉代卷，也在对漆器工艺进行探索，这样，我们就志同而道合，一起讨论古代漆器的各种问题。她对古代漆器常常有精辟的独到的见解，使我佩服不已。不久，她就写出了高水平的关于古代漆器的论文。

聂菲同志在《后记》中写道："由于日常事务繁杂，尽管不敢稍加疏懒，但终因无闲暇时间集中撰写，以至于从约稿到完成长达二年之久。"的确，聂菲同志担负的日常事务较多，但她凭着超群的卓绝的研究能力，渊博的知识，坚毅的性格和追求科学真理不屈不挠的优秀品质，默默地耕耘着，数百个不眠的深夜和不休息的星期天，就这样消磨在她追求的事业之中，终于写出《中国古代漆器鉴赏》这部优秀著作，叫人肃然起敬！

《中国古代漆器鉴赏》一书，分上下两篇：上篇为漆器概论，精辟地阐述了漆器的基本知识，制作工艺；漆器的种类、起源、沿革和中国髹漆工艺的价值和作用。下篇为历代漆器特征和风格鉴赏。作者对有关漆器的考古资料搜罗无遗，结合历史文献的记载，对中国古代漆器七千年的发展史，作了非常全面、系统和科学的介绍和剖析，从中探索出中国漆工艺发展的客观规律，并以优美、流畅的文笔，对中国古代各个时期不同风格漆器的审美情趣和美学价值尽情地鉴赏。全书还配有许多精美的图照，因而使本书图文并茂，具有科学性、知识性、资料性、可读性等许多优点。这确实是一部难得的优秀的著作，应该向广大读者大力推荐。

聂菲同志较年轻，她攀登科学高峰不畏劳苦的精神令人敬佩。我们相信她今后会取得更丰硕的成果，我们衷心祝愿她能为祖国的文化作出更大的贡献。

傅举有

2002年3月2日于湖南省博物馆

序 三

著名文物鉴赏家和学者王世襄先生来信

举有先生：

大作《不朽之侯》早已收到，连日忙于镶牙，迟复为歉，昨日收到聂菲同志的新著《中国古代漆器鉴赏》，可见您馆年长及年轻同志都有在努力研究和著述。聂同志的著作也看出她十分用功，日后定有成就。只是觉得有些插图尤其明清部分不能反映实物。尤其是漆器恐非彩图不能知其大略。当然出版社为了节省，尤其对开始写作的同志不愿多加图，我 1983 出解说（1958 年已成书），文物出版社领导连一

2006 年作者拜访著名文物鉴赏家和学者王世襄先生（中央电视台《漆彩华夏》总编导高振碧先生拍摄）

张图都不给印，怕赔钱，至今我还耿耿于怀。到1997年再版才加上了彩图。但聂同志不必介意，将来研究、出书多了，自会有出版社按照作者的要求出书。一切还要靠自己去争取。不知我说得对不对?

老伴的一张刻纸，想已收到。她说您曾给她提供图片，所以她一定要送您一本。

勿此并祝　　新年愉快，羊岁大吉。

希望聂同志继续努力工作、学习，有更大的成就。

王世襄

2002年12月18日

序四

四川美术学院教授何豪亮先生来信

漆文化的一本好书

《中国古代漆器鉴赏》是湖南省博物馆聂菲同志的大作，读后很受教益。中国漆文化悠悠数万年的历史，与此有关的资料零星地散落在经史子集中，难以查找。新中国成立以来，考古发掘报告很多，要将其中漆器资料集中起来，得花大量时间查找收集；可是聂菲同志在两年中利用业余时间，写出了近20万字的大作，真是难能可贵。

1961年我参与《中国漆艺美术史》（沈福文编著，人民美术出版社，1992年）的编写工作时，沈福文老师和沈从文、魏松卿、朱家溍先生研讨后，将漆艺史分为六个时期即：新石器时代、商周及战国的漆艺；秦汉·三国漆器工艺概况；两晋、南北朝漆器工艺；隋、唐、五代漆器工艺概况；宋、元漆艺概况；明、清漆艺美术。

著名漆艺学者文博专家王世襄老师和朱家溍先生主编的《中国美术全集·漆器》时，也是将中国漆器史分为六个时期即：新石器时代（上溯七千年，尚未找到用漆的起源）；商、西周、春秋（镶嵌、螺钿、彩绘漆已达到高度水平）；战国、秦、西汉（五百年的髹漆繁盛）；东汉、魏晋、南北朝（漆工业的衰微并未影响漆工艺的发展）；唐、宋、元（主要髹漆品种基本齐备，雕漆登上历史顶峰）；明、清（不同髹饰变化结合，迎来漆器千文万华）。

上述两种分期大同小异，虽然大致勾画了中国漆艺演进的基本轮廓，但是总感到不是很准确。如将新石器时代、商周及战国划归一个时期是不恰当的。将唐、宋、元归为一个时段也是欠妥的。而聂菲同志著的《中国古代漆器鉴赏》中："综观中国古代漆器发展演变历程，大致可分为八个发展阶段：初露曙光的史前漆器；逐渐成熟的商、西周漆器；华丽浪漫的春秋、战国漆器；鼎盛繁荣的汉代漆器；日臻完美的魏晋时期漆器；富丽堂皇的隋、唐五代漆器；工艺精良的宋元漆器；千文万华的明清漆器。"

聂菲同志的这八个历史时段的分法，我以为是极其科学的，也是比较准确的。考古是门科学，科学是求真，因此聂菲同志对每个历史阶段的漆艺造型、装饰、功能等研究、分析都是深入细致的，准确真实的。如对史前漆艺的研究分析："史前漆工艺制作首先适合于人使用的前提下形成一定的造型和装饰特点，实用功能始终是第一位的，审美功能必须符合实用功能，器具的实用意义往往大于审美意义，具有明显的功利性。如先民用漆髹器物增加了器具的艺术美，但人们开始是为了提高其使用强度、牢固度和延长其使用的寿命，在漆杯上装饰双鋬增强器物的对称美，符合工艺造型美的设计原理，但创作初衷是便于人提系……由此可见，史前漆工艺的审美功能不是附加的，而是实用功能的有机统一体。"

又如对商、周漆艺的研究分析："由于礼的无所不在造成了漆器的等级格局，西

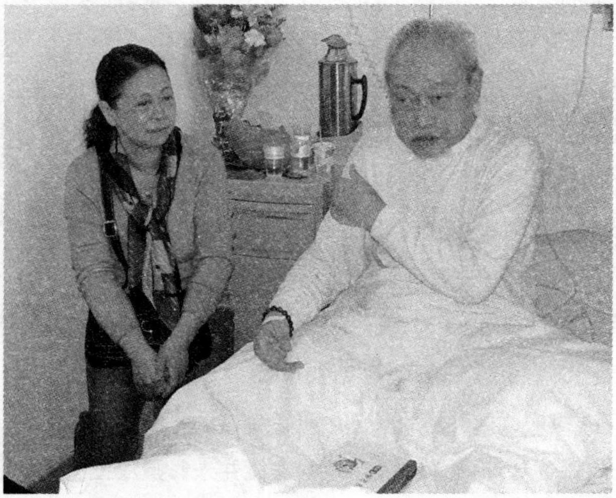

2007年作者到医院探望著名漆工艺美术大师和学者何豪亮先生（中央电视台《漆彩华夏》总编导高振碧先生拍摄）

周漆器在造型、装饰等方面都要符合礼制……这种在‘礼’的约束下所创造出来的工艺美学造型标准,体现在当时漆工艺造型比例,装饰风格的诸要素之中,它闪烁着东方艺术精神的美。这样一种秩序感和等级观念成为后世中华民族工艺美学思想的重要组成部分。”

再如对秦汉漆器的研究分析:“秦汉漆器既继承了先秦制漆工艺优良传统,又开拓了新的漆工艺领域,形成了独特的工艺特征,达到了日臻完善的程度,中国漆工艺进入到了一个空前绝后的鼎盛繁荣时期。汉代漆器以其应有尽有的品类,精美华丽的装饰,轻巧精致的造型著称于世。汉代漆器流光溢彩、金碧辉煌、美不胜收,在中国漆工艺史上写下了光彩熠熠的篇章。”

正如陈瑞林先生所说:“本书将不同制作工艺和审美风格的古代漆器置放在不同的历史环境当中,见物更见人,努力摆脱中国工艺美术著述仅注重阐释器物造型、纹饰、制作工艺的模式,从而使读者获得丰富的中国古代文化史知识,这成为《中国古代漆器鉴赏》一书的重要特色。”书中很多论点,可谓发前人所未发,有其独到的见解,是爱好漆艺的同志和漆艺工作者必读的一本好书。

八十孺子　何豪亮

2009年2月8日于重庆四川美院

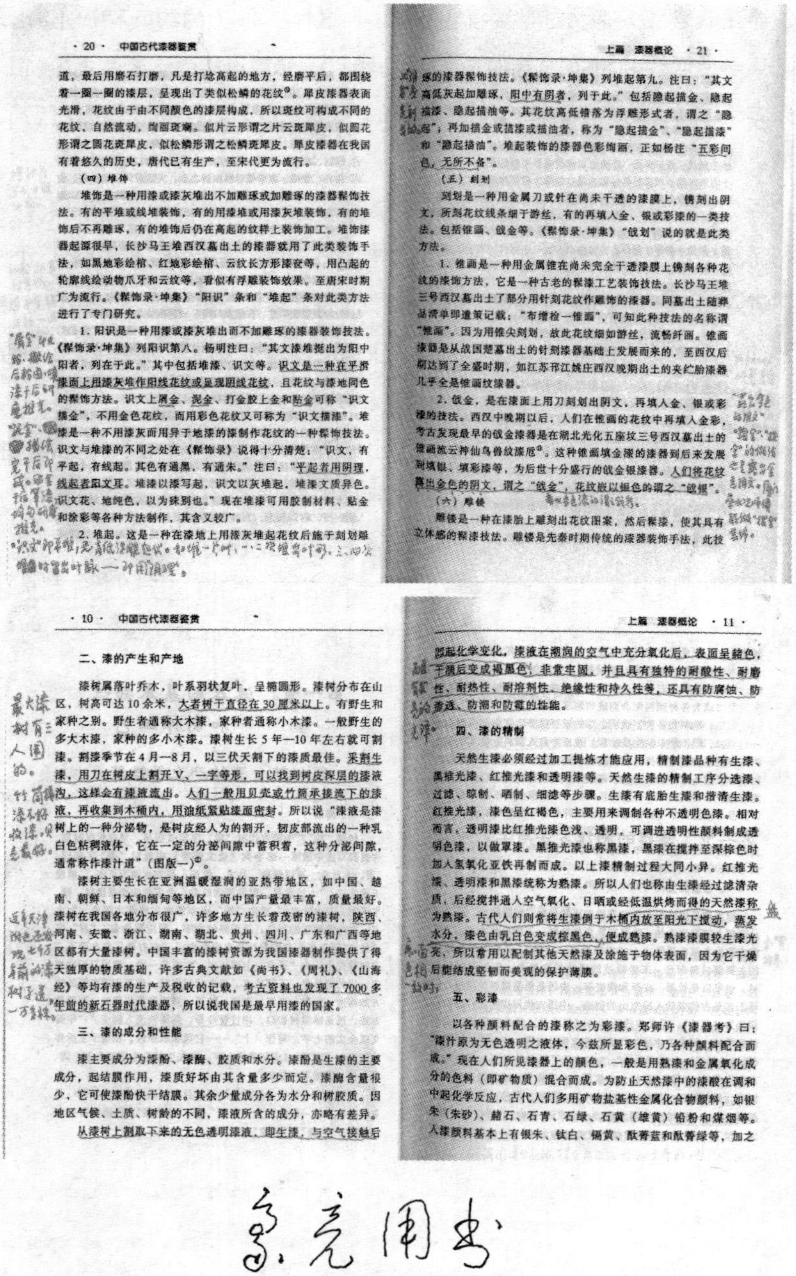

·20· 中国古代漆器鉴赏

道，最后用磨石打磨，凡是打埝高起的地方，经磨平后，都围绕着一圈一圈的漆层，呈现出了类似松鳞的花纹[8]。犀皮漆器表面光滑，花纹由于由不同颜色的漆层构成，所以斑纹可构成不同的花纹、自然流动，绚丽斑斓。似片云形谓之片云斑犀皮，似圆花形谓之圆花斑犀皮，似松鳞形谓之松鳞斑犀皮。犀皮漆器在我国有着悠久的历史，唐代已有生产，至宋代更为流行。

（四）堆饰

堆饰是一种用漆或漆灰堆出不加雕琢或加雕琢的漆器髹饰技法。有的平堆或线堆装饰，有的用漆堆或用漆灰堆装饰，有的堆饰后不再雕琢，有的堆饰后仍在高起的纹样上装饰加工。堆饰漆器起源很早，长沙马王堆西汉墓出土的漆器就用了此类装饰手法，如黑地彩绘棺、红地彩绘棺、云纹长方形漆奁等，用凸起的轮廓线绘动物爪牙和云纹等，看似有浮雕装饰效果。至唐宋时期广为流行。《髹饰录·坤集》"阳识"条和"堆起"条对此类方法进行了专门研究。

1. 阳识是一种用漆或漆灰堆出而不加雕琢的漆器装饰技法。《髹饰录·坤集》列阳识第八。杨明注曰："其文漆堆挺出为阳中阳者，列在于此。"其中包括堆漆、识文等。识文是一种在平滑漆面上用漆灰堆作阳线花纹或显现阴线花纹，且花纹与漆地同色的髹饰方法。识文上圈金、泥金、打金胶上金和贴金可称"识文描金"，不用金色花纹，而用彩色花纹又可称为"识文描漆"。堆漆是一种不用漆灰而用异于地漆的漆制作花纹的一种髹饰技法。识文与堆漆的不同之处在《髹饰录》说得十分清楚："识文，有平起，有线起。其色有通黑，有通朱。"注曰："平起者用阴理，线起者阳文耳。堆漆以漆写起，识文以灰堆起，堆漆文质异色。识文花、地纯色，以为殊别也。"现在堆漆可用胶制材料、贴金和涂彩等各种方法制作，其含义较广。

2. 堆起。这是一种在漆地上用漆灰堆起花纹后施于刻划雕

上篇 漆器概论 ·21·

琢的漆器髹饰技法。《髹饰录·坤集》列堆起第九。注曰："其文高低灰起加雕琢，阳中有阴者，列于此。"包括隐起描金、隐起描漆、隐起描油等。其花纹高低错落为浮雕形式者，谓之"隐起"；再加描金或描漆或描油者，称为"隐起描金"、"隐起描漆"和"隐起描油"。堆起装饰的漆器色彩绚丽，正如杨注"五彩间色，无所不备"。

（五）刻划

刻划是一种用金属刀或针在尚未干透的漆膜上，镌刻出阴文，所刻花纹线条细于游丝，有的再填入金、银或彩漆的一类技法。包括锥画、戗金等。《髹饰录·坤集》"戗划"说的就是此类方法。

1. 锥画是一种用金属锥在尚未完全干透漆膜上镌刻各种花纹的漆饰方法，它是一种古老的髹漆工艺装饰技法。长沙马王堆三号西汉墓出土了部分用针刻花纹作雕饰的漆器。同墓出土随葬品清单即遣策记载："布缯检一锥画"，可知此种技法的名称谓"锥画"。因为用锥尖刻划，故此花纹细如游丝，流畅纤丽。锥画漆器是从战国楚墓出土的针刻漆器基础上发展而来的，至西汉后期达到了全盛时期，如江苏邗江姚庄西汉晚期出土的夹纻胎漆器几乎全是锥画纹漆器。

2. 戗金，是在漆面上用刀刻划出阴文，再填入金、银或彩漆的技法。西汉中晚期以后，人们在锥画的花纹中再填入金彩，考古发现最早的戗金漆器是在湖北光化五座坟三号西汉墓出土的锥画流云神仙鸟兽纹漆卮[9]。这种锥画填金漆的漆器到后来发展到填银、填彩漆等，为后世十分盛行的戗金银漆器。人们将花纹露出金色的阴文，谓之"戗金"，花纹嵌以银色的谓之"戗银"。

（六）雕镂

雕镂是一种在漆胎上雕刻出花纹图案，然后髹漆，使其具有立体感的髹漆技法。雕镂是先秦时期传统的漆器装饰手法，此技

·10· 中国古代漆器鉴赏

二、漆的产生和产地

漆树属落叶乔木，叶系羽状复叶，呈椭圆形。漆树分布在山区，树高可达 10 余米，大者树干直径在 30 厘米以上。有野生和家种之别。野生者通称大木漆，家种者通称小木漆。一般野生的多大木漆，家种的多小木漆。漆树生长 5 年—10 年左右就可割漆。割漆季节在 4 月—8 月，以三伏天割下的漆质最佳。采割生漆，用刀在树皮上割开 V、一字等形，可以找到树皮深层的漆液沟，这样会有漆液流出。人们一般用贝壳或竹筒承接流下的漆液，再收集到木桶内，用油纸紧贴漆面密封。所以说"漆液是漆树上的一种分泌物，是树皮经人为的割开，韧皮部流出的一种乳白色粘稠液体，它在一定的分泌间隙中蓄积着，这种分泌间隙，通常称作漆汁道"（图版一）[2]。

漆树主要生长在亚洲温暖湿润的亚热带地区，如中国、越南、朝鲜、日本和缅甸等地区，而中国产量最丰富，质量最好。漆树在我国各地分布很广，许多地方生长着茂密的漆树，陕西、河南、安徽、浙江、湖南、湖北、贵州、四川、广东和广西等地区都有大量漆树。中国丰富的漆树资源为我国漆器制作提供了得天独厚的物质基础，许多古典文献如《尚书》、《周礼》、《山海经》等均有漆的生产及税收的记载，考古资料也发现了 7000 多年前的新石器时代漆器，所以说我国是最早用漆的国家。

三、漆的成分和性能

漆主要成分为漆酚、漆酶、胶质和水分。漆酚是生漆的主要成分，起结膜作用，漆质好坏由其含量多少而定。漆酶含量很少，它可使漆酚快干结膜。其余少量成分各为水分和树胶质。因地区气候、土质、树龄的不同，漆液所含的成分，亦略有差异。

从漆树上割取下来的无色透明漆液，即生漆，与空气接触后

上篇 漆器概论 ·11·

即起化学变化，漆液在潮润的空气中充分氧化后，表面呈赭色，干涸后变成褐黑色，非常牢固，并且具有独特的耐酸性、耐磨性、耐热性、耐溶剂性、绝缘性和持久性等，还具有防腐蚀、防渗透、防潮和防霉的性能。

四、漆的精制

天然生漆必须经过加工提炼才能应用，精制漆品种有生漆、黑推光漆、红推光漆和透明漆等。天然生漆的精制工序分选漆、过滤、晾制、晒制、细滤等步骤。生漆有底胎生漆和揩清生漆。红推光漆，漆色呈红褐色，主要用来调制各种不透明色漆。相对而言，透明漆比红推光漆色浅、透明，可调进透明性颜料制成透明色漆，以做罩漆。黑推光漆也称黑漆，黑漆在搅拌至深棕色时加入氢氧化亚铁再制而成。以上漆精制过程大同小异。红推光漆、透明漆和黑漆统称为熟漆。所以人们也称由生漆经过滤清杂质，后经搅拌通入空气氧化、日晒或经低温烘烤而得的天然漆称为熟漆。古代人们则常将生漆倒于木桶内放至阳光下搅动，蒸发水分，漆色由乳白色变成棕黑色，便成熟漆。熟漆漆膜较生漆光亮，所以常用以配制其他天然漆及涂施于物体表面，因为它干燥后能结成坚韧而美观的保护薄膜。

五、彩漆

以各种颜料配合的漆称之为彩漆。郑师许《漆器考》曰："漆汁原为无色透明之液体，今兹所显彩色，乃各种颜料配合而成。"现在人们所见漆器上的颜色，一般是用熟漆和金属氧化成分的色料（即矿物质）混合而成。为防止天然漆中的漆酸在调和中起化学反应，古代人们多用矿物盐基性金属化合物颜料，如银朱（朱砂）、赭石、石青、石绿、石黄（雄黄）铅粉和煤烟等。人漆颜料基本上有银朱、钛白、镉黄、酞菁蓝和酞菁绿等，加之

何豪亮先生在 2003 年购买的《中国古代漆器鉴赏》一书中圈点修改意见

第一部分
漆器概论

这一部分主要阐述了漆工艺起源与发展、制作方法与工艺特征、审美价值与作用，其重点考述了漆器品类与沿革，因为漆器品类繁多，各种形制、部位、纹饰、工艺等古今词语复合杂出，增加了收藏者的记忆理解难度。而本部分利用出土漆器和传世漆器作为标准器，按类概括出典型器物的基本形制、不同时期的时代特征，运用最新研究成果，用图解的方式考述每种品类的发展演变历程，为读者提供收藏、辨识与研究古代漆器的基本知识，对于那些没有机会接触实物标本的多数漆器收藏者和爱好者来说，不失为辨识古代漆器最好的一种方法。

漆器基本知识和制作工艺

漆的产生及性能

漆林释义

何谓"漆"？中国古代对"漆"字定义很早，早在东汉时期，许慎撰写的中国第一部字典《说文解字》中就对"桼"字释曰："桼，木汁也，可以髹物，从木象形。桼如水滴而下也。"清段玉裁注曰："木汁名桼，因名其木曰桼。今字作漆而桼废矣。漆，水名也。非木汁也。"原来"漆"字本意在古代谓之漆水，为水名，在今陕西省的邠县。至于漆的本字，则应写作桼。"桼"字段注："谓左右各三皆像汁自出之形也。""左右各三象水滴下。"史树青先生认为"桼字，上部从木，左右各一撇，像用刀切破树皮，以竹管外导，下部从水，像木汁流出状。现在我国产漆的地方如河南、安徽、浙江、湖北、陕西、四川和贵州等地，取漆的方法，还是将漆树切口，用竹管外导，使漆液流入桶中。""甲骨文或金文的七字，写作'十'，……它很像取漆时，中树干上所作的切口"，所以汉时多假桼为七字。史先生认为七字就是桼、柒、桼、榛、髹字的初文[①]。

从漆字可以看出，漆就是从漆树身上割取出的一种汁液，呈灰乳色，人们一般称之为"生漆"或"天然漆"，俗语也有叫它"大漆"、"土漆"、"国漆"。

---

① 史树青：《漆林识小录》，《文物》1957 年 7 期。

漆的产生

漆树属落叶乔木，叶系羽状复叶，呈椭圆形。漆树分布在山区，树高可达十余米，大者树干直径在30厘米以上，最大漆树有三人围（图1–1），有野生和家种之别。野生者通称大木漆，家种者通称小木漆。漆树生长在5–10年左右，就可割漆。割漆季节在4–8月，以三伏天割下的漆质最佳。采割生漆，用刀在树皮上割开V形或一字形，找到树皮深层的漆液沟，就会有漆液流出，人们一般用贝壳或竹筒承接流下的漆液，尤以贝壳收漆最好（图1–2），再将其收集到木桶内，用油纸紧贴漆面密封。所以说"漆液是漆树上的一种分泌物，是树皮经人为的割开，韧皮部流出的一种乳白色黏稠液体，它在一定的分泌间隙中蓄积着，这种分泌间隙，通常称作漆汁道。"（图1–3）[①]。

图1–1

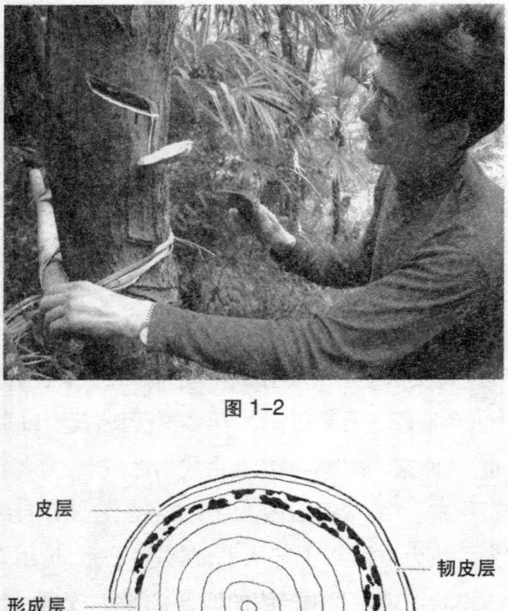

图1–2

漆树主要生长在亚洲温暖湿润的亚热带地区，如中国、越南、朝鲜、日本和缅甸，而以中国产量最丰富，质量最好。著名漆艺学家乔十光先生主编的《漆艺》一书中说："漆树（Toxicodendron Vernicifmum）在我国分布地域辽阔，从自然气候区来看，跨越亚热带、暖温带广大地区。从地理位置看，南达南海、广东，北至辽宁，西至西藏，东到东海之滨，北纬19°~42°，东经97°~126°的山地、丘陵，

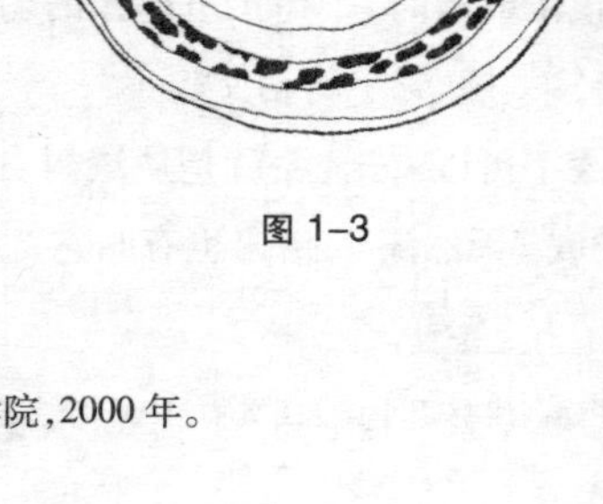

图1–3

① 乔十光：《中国艺术教育大系美术卷·漆艺》，中国美术学院，2000年。

几乎都有漆树生长，其中尤以秦岭、巴山、武当山、巫山、武陵山、大娄山、乌蒙山山脉一带所构成的南北弧形地段，为我国漆树分布中心。从行政分布区域来看，全国有23个省（区、市）五百余县都有漆树分布。"[①]我国不仅是漆树的原产地，且漆林分布极广。尤以湖北毛坝漆、湖北鄂西建始漆、陕西南部平利漆蜚声中外，在国际上享有盛誉。鄂、川、陕交汇区及其附近一带，被称为"漆源之乡"[②]。丰富的漆树资源为我国漆器制作提供了得天独厚的物质基础，古文献《尚书》、《周礼》、《山海经》都有漆生产及税收的记载，《尚书·禹贡》记载："兖州，厥贡漆丝"，"豫州……厥贡漆、枲、絺、纻"[③]，中国古代分为"九州"，"豫州"指今天的河南、湖北、山西、山东的部分地区，"兖州"指今山东滋阳西，说明我国是最早用漆的国家。

漆的成分和性能

漆主要成分为漆酚、漆酶、胶质和水分。漆酚是生漆的主要成分，起结膜作用，漆质好坏由其含量多少而定。漆酶含量很少，它可使漆酚快干结膜。其余少量成分各为水分和树胶质。因地区气候、土质、树龄的不同，漆液所含的成分，亦略有差异（图1–4）。

从漆树上割取下来无色透明的漆液，即生漆，与空气接触后即起化学变化，漆液在潮润的空气中充分氧化后，表面呈赭色，干涸后变成褐黑色，有发亮光泽，非常牢固，具有独

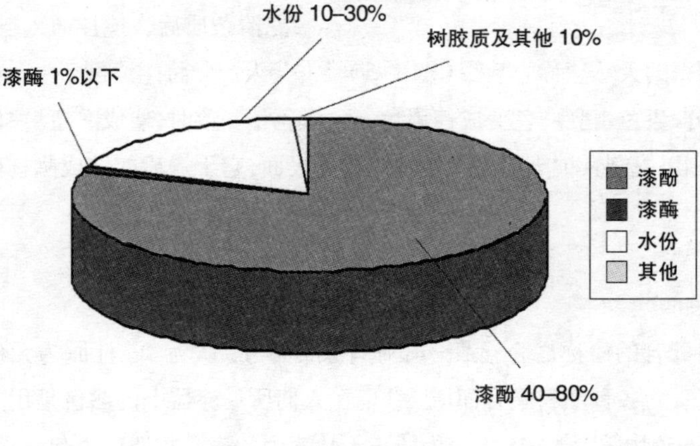

图 1–4

① 乔十光：《中国传统工艺全集·漆艺》，第43页，大象出版社，2004年。
② 后德俊：《楚国的矿冶胡漆和玻璃制造》，第203页，湖北教育出版社，1995年。
③ 《四部备要·经部·尚书今古文注疏》，第42页、第48页，上海中华书局据学海堂经解本校刊。

特耐酸性、耐磨性、耐热性、耐溶剂性、绝缘性和持久性等，还具有防腐蚀、防渗透、防潮和防霉性能。

图 1–5

漆的精制

天然生漆必须经过加工提炼才能使用，精制漆品种有生漆、黑推光漆、红推光漆和透明漆等。天然生漆精制工序分选漆、过滤、晾制、晒制、细滤等步骤。生漆有底胎生漆和揩清生漆。红推光漆，漆色呈红褐色，主要用来调制各种不透明色漆。透明漆比红推光漆色浅、透明，可调进透明性颜料制成透明色漆，以做罩漆。黑推光漆也称黑漆，在搅拌至深棕色时加入氢氧化亚铁再制而成。以上漆精制过程大同小异。红推光漆、透明漆和黑漆统称为熟漆。人们称由生漆经过滤清杂质后，搅拌通入空气氧化、日晒或低温烘烤而得的天然漆称为熟漆（图 1–5）。古代人们常将生漆倒于木盘内放至阳光下搅动，蒸发水分，漆色由乳白色变成棕黑色，底、面色相一致时，便成熟漆。熟漆漆膜较生漆光亮，所以常用以配制其他天然漆及涂施于物体表面，它干燥后能结成坚韧而美观的保护薄膜。

彩漆

以各种颜料配合的漆称之为彩漆。郑师许《漆器考》认为“漆汁原为无色透明之液体，今兹所显彩色，乃各种颜料配合而成。”现在人们所见漆器上的颜色是用熟漆和金属氧化成分色料（即矿物质）混合而成。为防止天然漆中的漆酸在调和中起化学反应，古代人们多用矿物盐基性金属化合物颜料，如银朱（朱砂）、赭石、石青、石绿、石黄（雄黄）、铅粉和煤烟等。入漆颜料基本上有银朱、钛白、镉黄、酞菁蓝和酞菁绿等，加之运用泥银、泥金彩漆就更加丰富多彩。如黑漆常加氢氧化亚铁，古代人们多加木炭兽骨灰、铁锈水、油烟、煤烟、松烟和石墨等，明代宋应星《天工开物》载油烟：“凡墨烧烟凝质而为之”，松烟“凡

图 1–6

图 1–7

烧松烟，伐松斩成尺寸，鞠箧为圆屋如舟中雨篷式……”（图 1–6）。红色颜料，主要成分为朱砂，《天工开物》载：“取来时入巨铁碾槽中，轧碎如微尘”（图 1–7）。白漆加合铅粉，栗壳漆加朱砂，绿漆加蓝靛及石黄混合，黄漆加镉或石黄，金银漆加金银粉末，便可成为各种颜料配合而成的彩漆。

总之，颜料是各种不透明色漆的重要成分，它能随成膜物质一起成膜，但不能单独构成涂膜。色漆中放入颜料，使其涂膜具有某种色彩和遮盖力，能提高涂膜的强度、耐久性、耐磨性与耐候性，阻止紫外线的穿透，延缓涂膜本身的老化进程和延长使用期限。

漆器的制作方法与工艺特征

漆器释义

漆器是指采用天然漆涂饰在器物表面的器具。漆是从漆树上割取出来的一种呈灰乳色的涂料，不能单独成器，将它刷涂在器物之上称之为“漆器”。未经涂过的器物俗称胎骨，胎骨有木胎、竹器、布胎、皮革和陶瓷等。“漆器”称谓最早见于《汉书·贡禹传》，注引如淳（魏时人）曰："《地理志》河内怀、蜀郡成都、广汉皆有工官。工官，主作漆器物者也"[①]。战国至汉代对夹纻胎漆器有不同称谓，经过了"革园"、"布"、"布缯"、"纻器"、"木侠纻"、"侠纻"不同阶段不同称谓的变化过程[②]，汉代称其他漆器为"木器髹者"、"扣器"等。中国古代用漆涂器物并绘以纹饰谓之"髹饰"，明代黄成著《髹饰录》是我国现存最完整一部漆工专著。王世襄先生曾在《髹饰录解说》中对"髹饰"二字进行了详尽考证，即用漆漆东西之意思。"髹"，音休，本作髤，今通作髤，或作髹。"髹饰"两字，最见于《周礼·春官·巾车》："駹车、雚蔽，然複髹饰。"《汉书·外戚传》第六十七下："其中庭彤朱，而殿上髹漆"。颜师古注："以漆漆物谓之髹。""饰"有纹饰之意[③]。而"複"同"幦"，为古代车前覆盖物，常为漆布。《广韵·锡韵》："複，同幦。"《说文·巾部》："幦，髤布也。从巾，辟声。《周礼》'駹车大幦'。"所以古人一般言漆工、漆器常用髹饰两字代替。

漆器的性能与产地

漆器具有色泽明亮、光彩夺目、防腐、耐酸和耐碱等特性，具有实用价值与审美价值。因为漆液髹涂在器物表面干涸之后，非常牢固耐用，能耐酸、耐热和防腐，一经加工还能发出美丽的光泽，如饰以纹饰，则更加美丽。经过髹涂的木器，就是埋藏在水土中，也不易受到浸腐，因为具有这些良好而独特的性能，我们祖先很早就发现了它并利用它来髹涂器物，可以说漆器是我国一种古老的传统手工艺产品，具有独特的民族风格和鲜明的艺术特色，迄今仍是广大人民生活中最喜爱的重要器具。我国漆器的主要产地有福建、四川、北京和江苏。上海、山西、贵州、江西、广东和甘肃等地亦有制作和生产。

漆器的制作与工具

制作漆器的工序十分繁复，要求也极其严格。制作漆器一般分为制胎、脱胎刮漆灰、涂漆、打磨抛光、彩绘装饰和温室干燥或人工烘干等步骤。做胎骨是制造漆器的第一道工序，漆胎上有褙布、刮漆灰、涂漆和打磨等工序。漆器的胎骨也就是"胎质"，也称"胚胎"。漆器胎质一般以木胎为主，兼有脱胎、竹胎、皮胎、陶瓷胎、金属胎和冻子胎等。木胎以木材作漆器胎骨，因木质宜髹漆，髹后木质不易被浸腐，这种胎质起源早，沿用至今。竹胎均用竹制品作胎。夹纻胎是漆工艺中的一种制胎方法，亦称"脱胎"，后世多对夹纻胎漆器有专门解释，最权威的解释是："脱胎是利用漆的黏性以及麻布的张力，使其层层黏合重叠而成

① （汉）班固：《汉书·贡禹传》，第3071页，中华书局，1962年。
② 聂菲：《先秦、两汉夹纻胎漆器考述》，《湖南省博物馆馆刊》第三期，岳麓书社，2006年。
③ 王世襄：《髹饰录解说——中国传统漆工艺研究》，文物出版社，1983年。

的胎骨，实为布胎。”脱胎技法“通常运用阴脱和阳脱二法，阳脱法为最早创始之方法，先塑泥塑或圆雕实体，然后裱糊其外，候干涸后脱出原型”[①]。夹纻胎漆器最早见于战国楚墓，盛行于汉代（图 1-8、1-9）。陶胎是以陶器作胎。铜丝胎为铜丝编织成胎骨，称“铜丝胎”。台湾杨丰诚用漆合灰料，搓条盘筑成形，称无骨胎，实乃《髹饰录》上说的冻子胎。皮胎是用牛皮做成的一种漆器内胎，皮上髹漆、彩绘，楚墓出土甲和盾都是皮胎。此外，还有金胎、银胎和铜胎。

图 1-8

木胎开始有一道胎骨封固漆，防水浸入木质。制漆器工艺工序，先从“打底子”开始，简称“打底”，在涂饰前，采用涂粉填密，起到对木制表面缺陷填孔作用，还起到统一色调作用，保证以后各道工序涂饰质量。接着刮灰，《髹饰录》称“垸漆”，即有瓦片碾磨，与生漆调合成漆灰泥，用角锹刮涂在坯体上，起补平、补缺、补棱角和坚坯的作用。干后用砂纸磨掉棱，古人做法是用面砖进行水磨。有时用生漆下脚料涂刷内部表面，在板料拼缝处和板档合缝处，用生漆夏布满贴，起到防胀裂、防腐和防蛀作用。再磨光底子上漆，表面漆摩擦、推之称为推光，传统习惯用“羊肝石”、

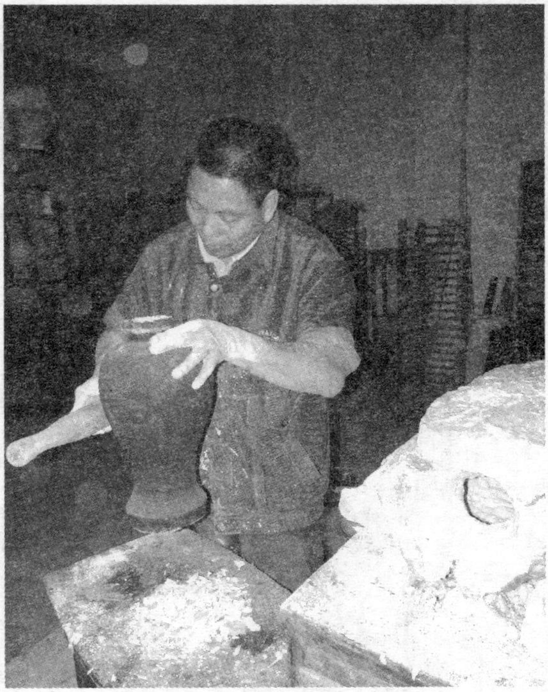

图 1-9

① 乔十光：《中国传统工艺全集·漆艺》，大象出版社，2004 年。

图 1–10

图 1–11

图 1–12

图 1–13

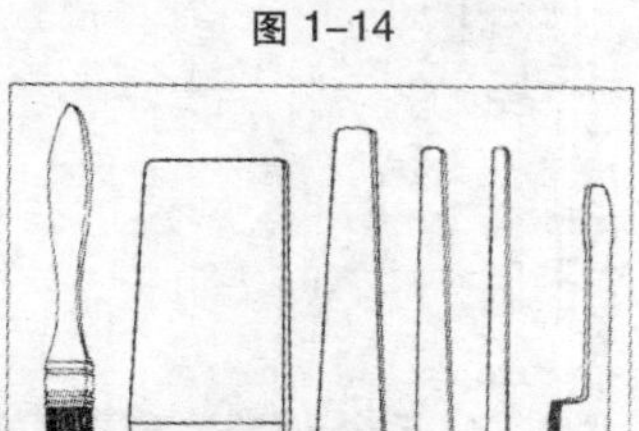

图 1–14

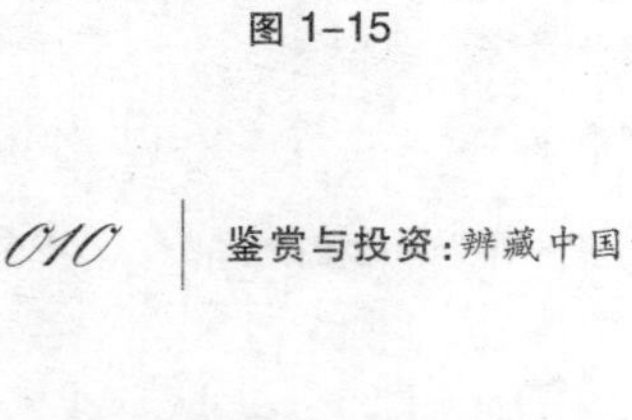

图 1–15

朴炭磨砺、头发团等擦去磨痕，用手或机械抛光，蘸些植物油、细瓦灰掺和擦推，直到漆黑如镜，并反复磨光，揩漆三、四道，次数越多就越清明光亮。而不同时代制漆工艺流程不尽相同（图 1–10、1–11、1–12、1–13）。

制作漆器的工具有打磨漆面的磨炭、刮漆灰用的牛角刮、磨漆灰的揩光石、雕漆用的雕刀、蘸金银箔粉的丝棉球、描线用的漆笔和漆刷等。其荫室是制作漆器重要设备之一。孔子曰：“工欲善其事，必先利其器”（《论语》），好的工具是制作漆器的首要条件，难怪乎《髹饰录》乾集首篇为“利用第一”，杨明注曰：“非利器美材，则巧工难为良器，故列于首”（图 1–14、1–15）。

髹饰工艺

漆器的胎制好后，就要对漆器雏形进行装饰。用漆漆物谓之“髹”，寓纹饰之意谓之“饰”，合为“髹饰”，即漆器的装饰。从古至今漆器装饰技法丰富多彩，按明黄成著《髹饰录·坤集》分类有十四门，王世襄先生对每类都进行了详尽的考证①，按乔十光先生现代漆艺髹饰法可为八门②。但不同时代、不同地区具有不同的装饰风格，由此形成的时代性和区域性特点，导致髹饰分类有所不同。笔者结合前辈研究成果，将其分为髹涂、描绘、填嵌、堆饰、刻画、雕镂和雕漆等几类。

（一）髹涂

髹涂是将漆涂于漆胎上的一种最古老的髹漆方法。中国古代许多漆器不施纹饰，只是单涂一种漆，即所谓“清水货”，《髹饰录》所言“质色”和“单素”、宋代“一色漆器”均属此范畴。髹涂包括厚料髹涂、罩明（图 1–16）。

图 1–16

1.厚料髹涂，我国早期传统髹涂方法一般为厚料髹涂。战国、秦、汉墓葬出土的漆器都是厚料髹涂。方法是涂上厚料漆，使其自然干燥或高温硬化即成。与推光做法的区别是涂饰后漆面不再进行研磨，故要求厚薄一样，不留刷痕，干燥后能将漆固有的光泽表现出来。

2.罩明，漆在各种不同器物上的髹饰方法叫“罩明”，为“单色髹涂”的一种。罩明因底漆不同，名称各异，如在赤漆底上罩明称“罩朱髹”，在黄漆底上罩明称“罩黄髹”。杨明还认为“赤底罩厚为佳。黄底罩薄为佳。”

3.油饰，用桐油或调了色的桐油作髹饰。桐油透明，和色后色泽鲜艳，故古代有以油饰代漆。还有一种薄料髹涂，它不是用刷涂，而是用掌打，此法是福州脱胎漆器大师沈绍安独创。

（二）描绘

描绘是一种用笔蘸漆或油在器物上画花纹的装饰方法。《髹饰录·坤集》称“描饰第

① 王世襄：《髹饰录解说——中国传统漆工艺研究》，文物出版社，1983 年。
② 乔十光：《中国艺术教育大系美术卷·漆艺》，中国美术学院，2000 年。

图 1–17

六”：“凡髹器，质为阴，文为阳。文亦有阴阳：描饰为阳”，杨明注：“稠漆写起，于文为阳者，列在于此”。乔十光先生用现在的语言解释描绘：“凡是加工完成的胎体上，用笔直接描绘花纹，不再罩漆，不再研磨，因此也不需推光，画完即了者，统称描绘。”描绘所包括范围很广，如描漆、描油、漆画、描金、晕金等（图 1–17）。漆器描饰工艺由来久远，早在先秦时期就以漆调彩或以油代漆调制颜料，《韩非子·十过》：“禹作为祭器，墨漆其外，而朱画其内。”漆墨，即用漆调黑颜色，亦作“墨漆”。《文选·何晏〈景福殿赋〉》：“于是列髹彤之绣桷，垂琬琰之文珰。”髹彤即用漆调朱砂，长沙马王堆汉墓出土了用朱砂或石绿等颜料调油绘于髹漆器物上的双层九子奁、单层五子奁油彩漆器等①。

1.描金，是在漆器表面上用金、银色描绘花纹的装饰方法。沈福文先生称“描金银漆装饰法”。从大类可归入描绘一类，《髹饰录》中就将此项归入描饰之类，释曰：“描金，一名泥金画漆，即纯金花文也。”杨明注曰：“泥薄金色，有黄、青、赤，错施以为象，谓之彩金象，又加之混金漆，而或填或晕。”泥金即用金箔和胶水研磨制成的金色颜料。“描金漆”即金底漆、金脚漆。一般是用快干漆或推光漆；半油半漆调配而成。描金的方法有两种，一种为贴金，另一种为画金。贴金方法是在漆地上涂朱、黑色漆，后打磨推光，用半透明漆调彩漆依纹描绘，待漆未干时将金箔贴上，由于金箔原料不一，色彩斑斓，颜色各异，故曰“彩金象”。画金方法是以漆调拌金粉，以油稀释，用漆画笔直接描绘纹饰。描金技法起源很早，考古资料证明楚墓中就出土了描金漆器，如河南信阳 1 号楚墓②、湖南湘乡牛形山 1 号楚墓出土漆案③，其上用金、银、黑、绿等色绘有排列成行的圆涡纹，色彩富丽堂皇，说明楚国工匠已经熟练地掌握了金、银颜料高度技巧。

2.晕金，是利用金银粉之疏密进行渲染的描绘方法，又叫“泥金画彩”。其方法一般先要求厚施彩绘，在漆面未干时敷细金银粉，因“敷擦有疏密”而有浓淡之装饰效果。也有称为“搜金”的。

---

① 湖南省博物馆等：《长沙马王堆一号汉墓》，文物出版社，1973 年。
② 河南省文物研究所：《信阳楚墓》，文物出版社，1986 年。
③ 湖南省博物馆：《湖南湘乡牛形山一、二号大型木椁墓》，《文物资料丛刊》第 3 期。

3.描漆，在光素的漆地上用各种色漆画花纹的装饰方法。《髹饰录》描饰第六曰：“描华”和“设色画漆”。

4.描油，用油代漆在漆器上画各种花纹的方法。

5.漆画，指色彩比较单一的漆器装饰画面。《髹饰录》曰“漆画，即古昔之文饰，而多是纯色画也。又有施丹青而如画家所谓没骨者，古饰所一变也。”即杨明注：“朱质朱文”、“黑质黑文”。

（三）填嵌

填嵌是一种将金、银、螺钿等自然美材利用漆的黏性粘贴于漆面上的一种装饰方法。《髹饰录·坤集》曰填嵌第七。王世襄先生《髹饰录解说》释曰：“这一门类所包括的范围是相当广的，凡是在漆面上刻花纹后，然后用漆或金、或银或螺钿等物填嵌进去的；或用稠漆在漆面做出高低不平的地子，然后漆填入磨平的，都列入这一门类。”如福州制作牡丹花脱胎漆果盒，利用漆的黏性将蛋壳等材质粘贴到果盒表面，后反复打磨，至磨平（图1-18）。填嵌包括填漆、螺钿、嵌金银、金银平脱、犀皮等。金箔用金捶成薄片，是髹漆工艺的一种材料。

图 1-18

1.填漆，是一种堆刻后填彩磨平出花纹的髹饰方法。《髹饰录》曰：“填漆，即填彩漆也。磨显其文，有干色，有湿色，妍媚光滑。又有镂嵌者，其地锦绫细文者愈美艳。”说明填漆有“磨显”（属研绘）和“镂嵌”（属雕填）两种做法。磨显填漆是先堆起纹饰轮廓漆、后填平轮廓外漆再磨平的一种方法。镂嵌填漆是在漆地上刻出纹饰后填漆磨平的一种方法。

2.螺钿镶嵌，亦作“螺填”、“螺甸”，是用贝壳镶嵌到雕镂或髹漆器物上的一种装饰技法。其具体方法是将蚌壳磨成薄片，将其锯成人物、鸟兽、花草等形象拼粘在漆坯上，后上灰底、髹上光漆，磨显后在螺甸上刻画花纹。在乌黑臻莹的黑漆地衬托之下，白色螺甸光彩夺目，黑白分明，分外妖娆。北京琉璃河遗址出土西周彩绘兽面凤鸟纹嵌螺钿漆罍开螺钿镶嵌之先河，唐代螺钿漆器达到了相当高的水平。螺钿漆器有厚螺钿镶嵌和薄螺钿镶嵌之分。厚螺钿镶嵌，即螺钿选用较厚的贝壳片，也称“硬螺钿”。薄螺钿镶嵌，即用珍珠贝壳、鲍鱼贝、夜光螺等优质螺贝为原料，精制成薄如蝉翼的螺片，再将其“点”在漆坯上，故又名“点螺”。点螺用料较一般螺钿镶嵌较软，螺钿片可用白醋泡软，故又称“软螺钿”。薄

图 1–19

螺钿镶嵌漆器是我国传统工艺品。1966 年北京元大都遗址出土一件软螺钿镶嵌的漆盘残片，明代扬州软螺钿漆器闻名遐迩，至今仍驰名中外。

3.金属镶嵌，用金、银等金属薄片或线或屑镶嵌到漆面的一种装饰方法。其首先将黄金、白银捶打成薄片，或在金箔上刻出图形，借助漆的黏性特点将其贴于漆器表面，这是一种古老传统漆器装饰工艺，在中国已流行了数千年之久（图 1–19）。《髹饰录》曰："嵌金、嵌银、嵌金银。右三种，片（即金银平脱）、屑（即金银丸粉）、线各可用。有纯施者，有杂嵌者，皆宜磨显揩光。"嵌金银丝，其具体做法是用金银等金属薄片、线丝在漆面上嵌成各种花纹图案，上漆若干道，使地与它齐平，然后再将花丝磨显出来。用金丝的曰嵌金丝，用银丝的曰嵌银丝。统称"嵌金银丝"。唐代称为"金银平脱"，其方法与上相同，将金银薄片刻制成各种人物、鸟兽、花卉等纹样后，用胶漆粘贴在打磨光滑的漆胎上，待干燥后，全面髹漆二三层再经研磨显出金银花纹，花纹与漆底达到一层平度，再推光成精美平脱漆器。这种装饰法精细费工，材料高贵。金银宝光与漆色光泽交相辉映，极为富丽华美，是十分贵重的漆器，唐代文献多有记载。现在做法是将锡薄片压平，涂脱漆于锡片上，后将另一片未胶漆的锡片盖上刮平。胎质清洁处理后，将锡片揭开贴于装饰部位，再将纹样印于锡片上，用锋口刀刻出纹样，将多余锡片去掉，干后髹黑漆，入荫干后磨显其纹推光即成。

4.百宝嵌，采用珍珠宝石等各种珍贵材料镶嵌在漆器表面并组成各种图案的一种装饰手法（图 1–20）。考古发现汉代已有较早的百宝嵌漆器，如河北满城汉墓就出土了一件集红白玛瑙、玳瑁、云母、金、银于一身的漆器①。《西京杂记》记载："天子笔管，以错宝为跗……以杂宝为匣……"、"武帝为七宝床，杂宝案、侧宝屏风、列宝帐……"所言及是。百宝嵌至明清时期已达到了登峰造极的程度，王侯贵族在各类漆器上镶嵌百宝以示华贵。钱泳《履园丛话》对百宝嵌有详尽的表述："周制之法，惟扬州有之。明末有周姓者，始创此

图 1–20

① 中国社会科学院考古研究所等：《满城汉墓发掘报告》，文物出版社，1980 年。

【图 5-5】 北京琉璃河 1009 号西周墓发现高柄型漆豆复原图

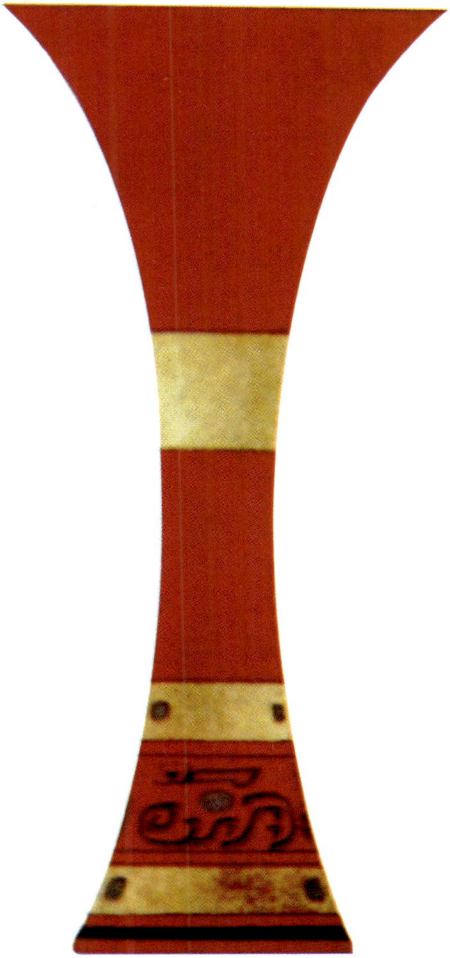

【图 5-6】 北京琉璃河 1043 号西周墓出土漆觚复原图

【图 5-7】 北京琉璃河 1043 号西周墓出土兽面凤鸟纹嵌螺钿漆罍

【图 5-8】 北京琉璃河 1043 号西周墓出土兽面凤鸟纹嵌螺钿漆罍复制品

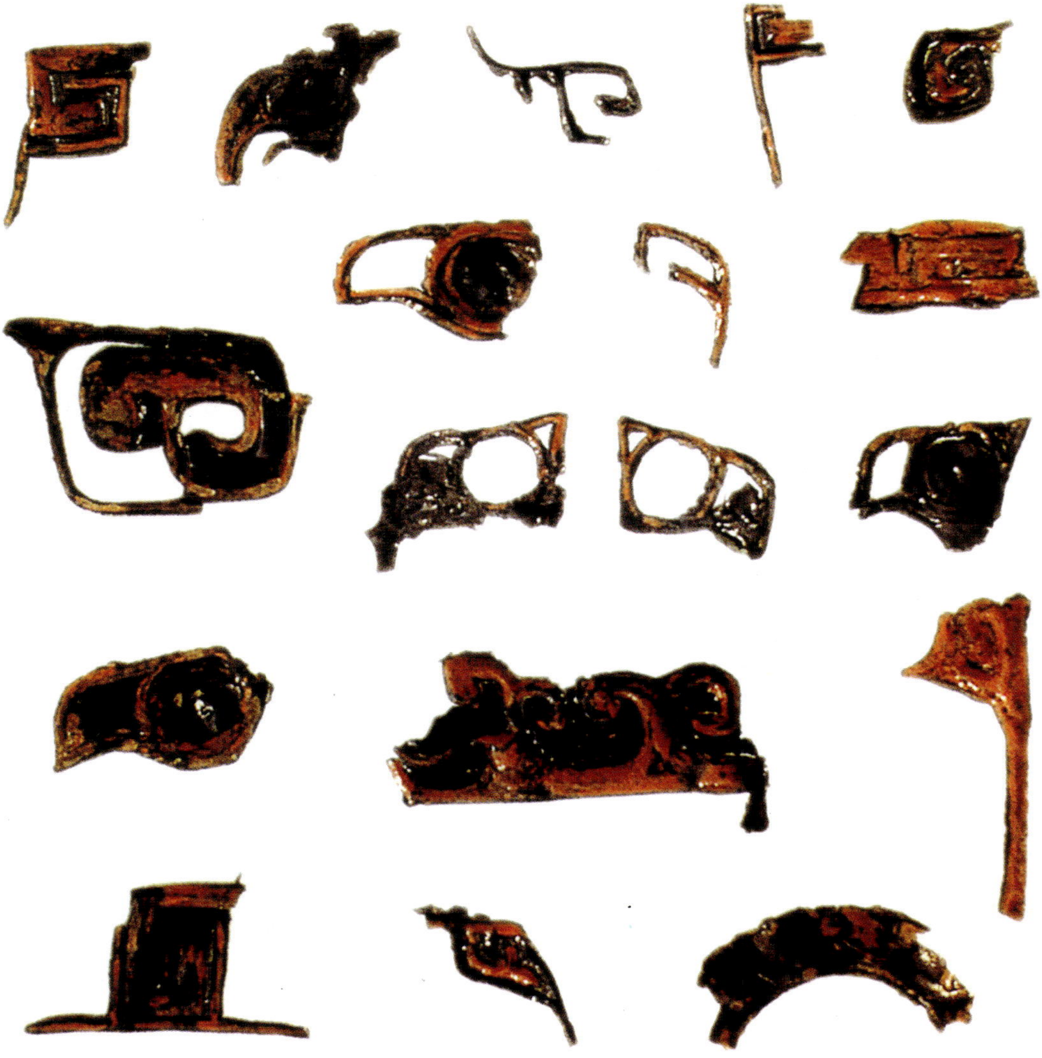

【图 5–14】 河北定州 67 号商代墓葬出土棺漆皮

【图 5-18】 成都金沙遗址出土西周嵌玉漆器残片

【图 6-1】 湖北当阳赵巷 4 号春秋楚墓出土漆方壶

【图 6-2】 湖北枣阳九连墩 2 号墓出土战国彩绘云纹木雕漆方壶

法，故名周制。其法以金、银、宝石、真珠、珊瑚、碧玉、翡翠、水晶、玛瑙、玳瑁、砗渠、青金、绿松、螺甸、象牙、蜜蜡、沉香为之，雕成山水、人物、树木、楼台、花卉、翎毛，嵌于檀梨漆器之上。大而屏风、桌、椅、窗槅、书架，小则笔床、茶具、砚匣、书箱，五色陆离，难以形容，真古来未有之奇玩也。乾隆中有王国琛、卢映之辈，精于此技。今映之孙葵生亦能之。”

5.扣器，《说文·金部》：“扣，金饰器口。”《后汉书·邓皇后纪》：“其蜀汉扣器，九带佩刀，并不复调。”注：“扣，音口，以金银缘器也。”自战国以来木胎漆器总的发展趋势是由厚胎向薄胎发展，胎骨越来越轻薄，为了加强其牢度，常在漆器口沿、底部边缘作上金属箍，名为“扣器”。或箍金称“金扣”，或箍银称“银扣”，或箍铜称“铜扣”，还有铜扣鎏金漆器。扣器，始于战国，盛于汉代，文献多有记载。

6.犀皮，或作“西皮”、“犀毗”，北方漆工称“虎皮漆”或“桦木漆”，南方漆工称“波罗漆”。袁荃猷先生通过对现代烟袋杆的考察得其具体做法：先用石黄入生漆调成一定的稠度，上在木质胎上，趁它未干时，用右手大指轻轻将漆推了一个个突起的小尖，从杆的一端，转着推到另一端，这道工序叫“打埝”。入荫干透后，用红漆黑漆相间地上在每个突起尖项上，每上一次入荫一回，约四、五道，为的是使尖端更长高一些，此后通体上漆，也是红黑相间，每上一次入荫一回，至于多可以上二十多道，最后用磨石打磨，凡是打埝高起的地方，经磨平后，都围绕着一圈一圈的漆层，呈现出了类似松鳞的花纹[①]。犀皮漆器表面光滑，花纹由于由不同颜色的漆层构成，所以斑纹可构成不同的花纹，自然流动，绚丽斑斓，似片云形谓之片云斑犀皮，似圆花形谓之圆花斑犀皮，似松鳞形谓之松鳞斑犀皮。犀皮漆器在我国有着悠久的历史，唐代已有生产，至宋更为流行。

（四）堆饰

堆饰是一种用漆或漆灰堆出不加雕琢或加雕琢的漆器髹饰技法。有的平堆或线堆装饰，有的用漆堆或用漆灰堆装饰，有的堆饰后不再雕琢，有的堆饰后仍在高起的纹样上装饰加工。堆饰漆器起源很早，马王堆汉墓漆器就用了此类装饰手法，如黑地彩绘棺、朱地彩绘棺和云纹长方形漆奁等，用凸起的轮廓线绘动物爪牙和云纹等，有浮雕装饰效果。《髹

图 1–21

① 袁荃猷：《谈犀皮漆器》，《文物》1957 年 7 期。

饰录·坤集》“阳识”和“堆起”对此类方法进行了专门研究。工艺美术大师蔡水况先生制作厦门漆线雕工艺品应属此类作品（图 1–21）。

1.阳识，是一种用漆或漆灰堆出而不加雕琢的漆器装饰技法。《髹饰录·坤集》列阳识第八。杨明注曰：“其文漆堆挺出为阳中阳者，列在于此。”其中包括堆漆、识文（“识文”即平堆，无高低浮雕起伏。如堆一片叶，一、二次堆出叶形，三、四次堆出时留出叶脉）等。识文是一种在平滑漆面上用漆灰堆作阳线花纹或显现阴线花纹、且花纹与漆地同色的髹饰方法。识文上屑金（“屑金”即丸粉、撒绘后粉固、填漆干后研磨推光）、泥金（“泥金”描绘完干后即成。贴金干后罩漆，均匀研磨推光）、打金胶上金和贴金可称“识文描金”，不用金色花纹，而用彩色花纹又可称为“识文描漆”。堆漆是一种不用漆灰而用异于地漆的漆制作花纹的一种髹饰技法。识文与堆漆的不同之处在《髹饰录》说得十分清楚：“识文，有平起，有线起。其色有通黑，有通朱。”注曰：“平起者用阴理，线起者阳文耳。堆漆以漆写起，识文以灰堆起，堆漆文质异色。识文花、地纯色，以为殊别也。”现在堆漆可用胶制材料、贴金和涂彩等各种方法制作，其含义较广。

2.堆起，在漆地上用漆灰堆起花纹后施于刻画雕琢的漆器髹饰技法。《髹饰录·坤集》列堆起第九，注曰：“其文高低灰起加雕琢，阳中有阴者（此“阴者”应是刻出的），列于此。”包括隐起描金、隐起描漆、隐起描油等。其花纹高低错落为浮雕形式者，谓之“隐起”；再加描金或描漆或描油者，称为“隐起描金”、“隐起描漆”和“隐起描油”。堆起装饰的漆器色彩绚丽，正如杨注“五彩间色，无所不备”。

（五）刻画

刻画是一种用金属刀或针在尚未干透的漆膜上，镌刻出阴文，所刻花纹线条细于游丝，有的再填入金、银或彩漆的一类技法。包括锥画、戗金等。《髹饰录·坤集》“戗划”说的就是此类方法。

图 1–22

1.锥画，是一种用金属锥在尚未完全干透漆膜上镌刻各种花纹的漆饰方法，它是一种古老的漆工艺装饰技法。马王堆三号墓漆器，部分用针刻花纹作雕饰，随葬遣策载：“布缯检一锥画”，可知此法谓“锥画”。因用锥尖刻画，故此花纹细如游丝，流畅纤丽。锥画漆器从战国楚墓出土针刻漆器发展而来，至西汉后期达到了鼎盛时期。江苏邗江姚庄西汉晚期出土夹纻

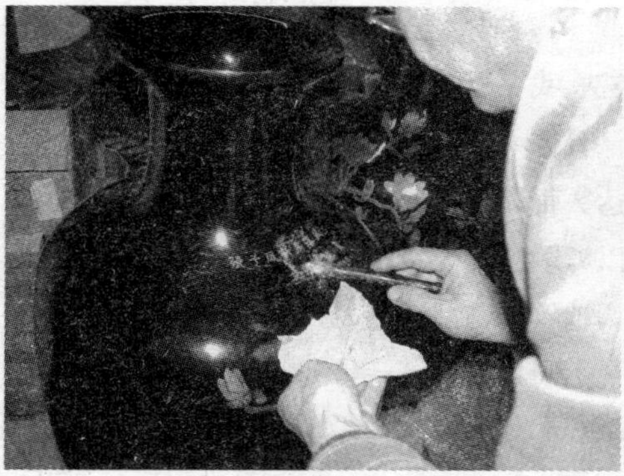

图 1-23

图 1-24

胎漆器几乎都为锥画纹漆器（图 1-22）。

2.戗金，是在漆面上用刀刻画出阴文，再填入金、银或彩漆的技法（图 1-23）。西汉中晚期以后，人们在锥画的花纹中再填入金彩，考古发现最早的戗金漆器是湖北光化五座坟 3 号西汉墓出土锥画流云神仙鸟兽纹漆卮①。这种锥画填金漆漆器到后来发展到填银、填彩漆等，为后世盛行的戗金银漆器。人们将花纹露出金色的阴文，谓之“戗金”，花纹嵌以银色的谓之“戗银”，嵌以各色漆的谓之“戗彩”。“露出金色的阴文”、“锥金”、“拨金”的做法也是露出金色阴文。厦门漆线雕工艺美术大师蔡水况制作的“拨金”人物像十分精美（图 1-24）。

（六）雕镂

雕镂是一种在漆胎上雕刻出花纹图案再髹漆且具有立体感的髹漆技法（图 1-25）。雕镂是先秦时期传统的漆器装饰手法，此技法在商代早期已出现，西周雕花漆器更为精美，春秋战国时期以楚墓出土的雕花漆器最为精美，至汉代有很大的发展，将透雕、浮雕、彩绘等集于一身，此法一直为后世所沿用。日本称之为镰仓雕。

图 1-25

① 湖北省博物馆：《光化五座坟西汉墓》，《考古学报》1976 年 2 期。

（七）雕漆

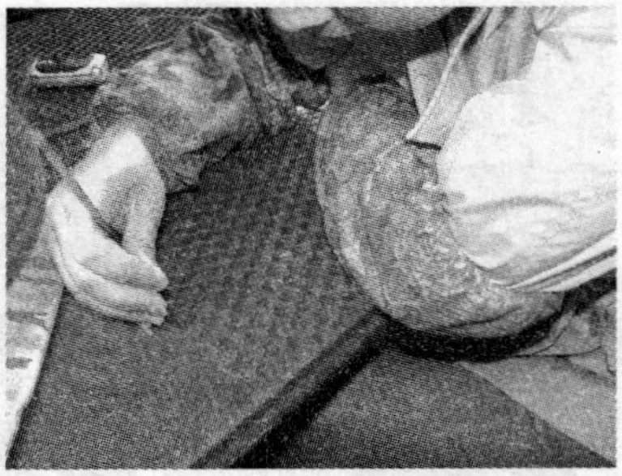

图 1–26

在堆起的平面漆胎剔刻花纹的一种髹饰技法。我国雕漆始于唐代，精于宋元，盛于明清时期。雕漆具体做法是在器胎上数遍地涂漆，少则几十遍，多达数百层，待半干时在堆厚的漆层上描上画稿，再施以刀雕刻，故曰“雕漆”，即“浮雕漆”。雕漆一般以锦为地纹隐起，所以漆器精美而富有立体感。因雕漆漆色不同而谓之剔黑、剔黄、剔绿、剔彩、剔犀（图 1–26）。

1.剔红，由于雕漆大多用鲜明的朱漆为涂层，故又名“剔红”。

2.剔彩，雕漆上髹不同颜色的漆层，可具需要剔去不同颜色的漆层，使花纹具有绚艳悦目的效果。

3.剔犀，是用黑红相间或“三色更迭”的漆层剔刻“绦环”、“回纹”、“云钩”等类图案，故曰“云雕”。

4.堆红，即用灰漆堆起或木胎雕刻后罩红的“假剔红”。《髹饰录·坤集》说：“一名罩红，即假雕红也。灰漆堆起，朱漆罩覆，故有其名。又有木胎雕刻者，工巧愈远矣。”

5.款彩，是在漆灰地上按图案轮廓剔去漆灰，然后将漆色或油色填入花纹内的一种做法。按《髹饰录·坤集》：“款彩者，有漆色者，有油色者……又有金银纯杂者”，说明还有填金或银的方法。王世襄先生释：“款彩目前在北京、山西、扬州等仍多生产，但名称则为‘雕填’、‘刻漆’或‘刻灰’，而不曰‘款彩’。”

漆器的装饰纹样与特点

漆器纹样是指漆器上装饰花纹的总称。中国古代漆器的装饰纹样，题材广泛，内容丰富，图案优美。有抽象几何纹，有描绘动物纹和超自然力的怪兽纹样、半抽象装饰花纹，还有写生自然界各种花丛树木、建筑物和人物等以及反映社会生活的题材纹样。有写意、也有写实，有抽象、也有具象，人间万象、气象万千和天地万物无一不收入其中。其装饰纹样和题材仍根植于中华大地，积淀着丰富的民族文化内涵，用东方人特有的含蓄、谐音、假托和转喻等曲折的手法，或以名称谐音表达，或以图案形象表示，或用附加文字说明，组成吉利寓意的纹样来传情表意，反映了当时人们一定的思想和情趣。它上溯到商周，至宋代逐渐成熟，明清极为盛期，到了“图必有意，意必吉祥”的程度。其装饰题材大多包含着祈祷幸福、希冀吉祥和避灾祛祸之寓意，它们是中华民族对幸福生活的向往与追求的真实写照。其艺术风格讲究的是一种构图的完整性，追求的是一种图案节奏和韵律的艺术美，其花纹优美，彩绘精工，布局灵活，造型和纹样密切协调，突出了纹样的装饰效果和造型的艺术气质，具有典型东方艺术的魅力和特点，其寓意深刻、耐人寻味。

其纹样结构特点大致分为单独纹样、适合纹样、二方连续纹样、四方连续纹样等。单独纹样，是一种与四周无关联、独立、完整的纹样，它是漆器图案的基本单位，多绘饰于圆形器物如奁、盒和杯盖、底之上。适合纹样，即将一种纹样适当地组织在某一特定的形状（如三角形、多角形、圆形、方形、菱形等）范围之内，使之适合于某种装饰的要求，适合纹样在漆器的装饰纹样中十分常见，多装饰在较大型漆器看面之上。二方连续，也叫“带状图案”，是一个纹样单位能向左右连续或上下连续成一条带状般的图案。这种装饰在漆器中运用很广，通常多作为边饰装饰于器物的边缘之上。四方连续，是一个纹样单位能向四周重复地连续和延伸扩展的图案，这种纹饰结构也在漆器上得到广泛运用。其主要纹样可分如下几大类：

（一）几何纹图案

凡属用点、线、面组成规则或不规则的几何纹样作漆器装饰的纹样。一般有点纹、直线纹、波折纹、X纹、S纹、B 纹、圆圈纹、旋涡纹、菱形纹、方胜纹、方格纹、回纹和三角形纹等（图 1–27）。

这些纹样以二方连续、四方连续的形式装饰在漆器的口沿、圈足之上，有时也饰于漆器装饰几何纹之中。S形纹、变形的S形龙纹、变形S形凤纹、波折纹等均为楚汉漆器常见的几何纹图案，其结构怪异，意味深长。而回纹作为传统寓意纹样，是由陶器和青铜器上的雷纹衍化而来几何纹样，其寓意吉利，苏州民间称之为“富贵不断头”，回纹图案在明清漆器装饰中随处可见，主要用作边饰或底纹，具有整齐划一而丰富的效果。方胜纹作为传统寓意纹样，是由两个菱形几何纹压角相叠组成的纹样。“胜” 原来是一种妇女的首饰。史载汉代流行一种叫“胜”的首饰，用金、铜或玉器做成，戴在头上以装扮修饰。胜的取意是“优胜”、“优美”，《辞源》释胜第六条云：“事物优越美好的叫胜”。传说中的西王母曾戴过这种首饰，《山海经·西山经》说：西王母“蓬发戴胜”，注解说“胜，玉胜也”，可知西王母所戴发饰之胜是玉制的。胜是上述这类妇女的优美首饰的总称。胜之形象，是古时作为“祥瑞”之物，明清以来常成为漆器吉祥图案中常见的纹饰之一，这种形状又被赋予了“同心双合，彼此相通”的吉祥含义（图 1–28）。

图 1–27

图 1-28

(二)动物纹、超自然力的怪兽纹样和半抽象装饰花纹

漆器上常用自然界中飞禽走兽草虫等动物纹作为装饰纹样入画，如猪、马、牛、羊、猫、狗、兔、熊、豹、鱼、猴和龟纹样等。有的是超自然力的神兽仙禽，如龙纹、凤纹、辟邪纹、麒麟纹和角樵纹等。

这些动物或超自然神兽大多是作吉祥动物出现，如福禄为传统寓意纹样，福分与禄位，以蝙蝠（福）、梅花鹿（禄）谐音以象征“福禄”。汉代的青龙、白虎、朱雀、玄武为“四灵”纹，四神本是指方向的星辰，汉人以四神为吉祥之守护神，常当作漆器的装饰。白虎、龟、龙、麒麟、凤凰为“五灵”纹，即“五德嘉符”，是传统吉祥图案，颇有民族特色。而龙一直是中国古代超自然力的神灵动物，是一切美好事物的来源。龙的造型早在新石器时代就已出现，后来历代都将龙作为神武和吉祥的象征，封建社会还被作为帝威的标志。漆器上龙纹总是占据着画面中心位置，作为主题纹饰出现。不同时代漆器龙纹有所不同，楚汉时期漆器龙纹多与云气纹结合，呈兽形，肢爪齐全。隋唐时龙嘴角和腿部特长，尾部似蛇。明代龙头上毛发上冲，龙须外卷或内卷，五爪，除传统行龙、云龙外，还有团龙、正龙、坐龙、升龙、降龙等名目。清代龙头毛发横生，出现锯齿形腮，尾部有秋叶形装饰等。再如凤纹系传统吉祥纹样，传说中祥瑞之物。《说文》：“凤，神鸟也。”相传凤为群鸟之长，是羽虫中最美者，飞时百鸟相随。在古代被尊为鸟中之王，是吉祥象征。历代漆器均有凤纹，漆器上的凤鸟图案，千姿百态，各具特色。鱼与余同意，寓意“年年有余”吉祥之意（图 1-29）。

图 1-29

还有的自然现象或加动物纹变成半抽象装饰纹样，像云龙纹、云鸟纹、云气纹、卷云纹、云凤纹、云樵纹、火焰纹等。如鸟头几何纹是汉代漆器上最常见的介于具体与抽象之间一种纹饰。云樵纹是一种云气纹中加画各种神

兽、神禽和神仙的一种装饰纹，它是汉代漆器上主体纹饰。卷云纹是汉魏时代漆器流行的装饰花纹之一，是由卷曲线条组成对称的图案，云纹寓意升天和如意。云气纹也是汉魏时代漆器常用的装饰花纹之一，是一种用流畅圆涡形线条组成的图案，千变万化，内容极其丰富，一般作为神人、神兽和四神等图像的地纹，也有单独出现，云纹寓意高升和如意。火焰纹是传统寓意纹样，又称“背光”，火焰是佛教中佛法的象征，为魏晋南北朝、隋唐时期漆器上流行的纹饰。

（三）自然界各种花丛树木、建筑物、人物以及反映社会生活的题材纹样

用自然界各种花丛树木作为漆器上的装饰题材，如梅、兰、菊、竹、花、草等纹样。还有反映社会生活的漆器题材纹样，这样的漆器装饰往往以贵族、乐师、舞女、猎人等人物形象为主体，以各种鸟兽、花草、树木、车马等图案为陪衬，构成亭阁楼台、车马出行、歌舞奏乐、狩猎活动、游乐玩要、人物故事和神话题材等内容的画面（图 1–30）。这种装饰题材历代漆器装饰画都有出现。还有的借用某种物体表达一种寓意。如意纹原指一种器物，梵语阿那律，柄端作手指形，用以搔痒，可如人意，因而得名。按如意形做成的如意纹样，借喻“称心”、“如意”，与“瓶”、“戟”、“磬”、“牡丹”等组成民间广为应用的“平安如意”、“吉庆如意”、“富贵如意”等吉祥图案。如意也是中国漆器装饰上传统图案之一。

图 1–30

漆器品类与沿革考述

中国古代漆器种类繁多，形制复杂，涉及人们生活的一切领域，衣食住行无不与漆器有着十分密切的关系，如按其用途而言大致可分为：生活用具、娱乐用具、车马器及兵器和丧葬用具等。经过数千年的历史演变，众多漆器品类从无到有，从笨拙到精美，从实用到美用结合，一些种类漆器随时代变迁而演变，或互相影响，或销声匿迹，或流芳百世，或延续至今。本章不能将全部的器类加以分析，而是选取形制差异明显的主要器物，以器形为主，兼顾制作工艺及纹饰进行考述。最后附表“历年拍卖市场各类漆器拍品统计（1993—2009）”（表4），表中对每类漆器的拍卖情况进行统计，分析该类漆器的成交率、价值大小，其透露的价值信息可作为广大收藏爱好者收藏该类漆器的参考。

漆木生活用具

漆器生活用具包括饮食器具、盥洗器具、梳妆用具、文化用具和日常杂具等，此类不包括大件髹漆家具，另见笔者撰写的《中国古代家具鉴赏》[①]。饮食用具有碗、盂、杯、盘、豆、具杯盒、耳杯、食案、食奁、樽、鼎、锺、卮 、钫、匕、勺、果盒和壶等；盥洗器皿有匜、沐盘、盆和桶等；梳妆用具有妆奁、粉盒、镜盒、梳、篦和簪；文化用具有量、尺、算筹和砂砚等；日常

① 聂菲：《中国古代家具鉴赏》，四川大学出版社，2000年。

用具有匣、瓶、熏炉、器座、罐洗、虎子、杖、扇和箕等。且每一品种有不同样式。下面介绍几种主要生活用具及其演变沿革概况。

碗

碗是出现时代最早、使用时间最长的食具。至迟在新石器时代就已出现，沿用至今。碗是盛饮食器具，为圆形，口大底小，腹壁有弧度，有矮圈足。碗，古字作“盌”或“椀”，也称“小盂”。而江陵望山2号楚墓竹简作“盌”，释文曰：“《广雅·释器》：‘盩（敦）’与‘椀（盌）’同训为‘盂’……”[①]大约敦与碗形相似之缘故。《方言》：“盌谓之盂……又曰椀。”[②]《说文解字·皿部》：“盌，小盂也”、“盂，饭器也”[③]，长沙马王堆1号墓遣策201号载“髹画华圩十枚其一盛牛肩郭左九郭足”，“杅”、“圩”当读为“盂”[④]。可见其功能一致。

考古资料表明，碗的早期形态原始古拙，胎质较厚，一般通体髹漆，有的刻有纹饰。如距今约七千多年前河姆渡新石器时代遗址出土的漆碗，木胎挖制，器壁较厚，口为敛口，圈足向外撇，碗壁内外均髹涂有朱色漆，经确认为生漆加工而成，它是目前我国也是世界已知年代最早的漆器。商代漆碗亦为厚木胎，敛口，但呈现出尖唇，腹壁弧裹收成平底。口沿下和腹底处有深弦纹。

战国秦代时期漆盂非常精美，大多木胎挖制而成，平底，圈足，通体髹漆彩饰。汉时漆碗，胎质变薄，有木胎、夹纻胎等。口沿多为侈口圆唇，弧形，矮圈足。装饰华丽，均彩绘纹饰，有的在器表腹或口部贴一道银扣装饰。有的底边锥刻有文字。魏晋南北朝时漆碗，木胎旋制，深腹，平底，矮圈足。

唐代漆碗胎质有木胎、秘色瓷胎等，出现了木条圈卷工艺。其髹漆与其他工艺相结合，其中嵌平脱镂银鎏金花鸟纹，与大唐富贵气派极为吻合。宋代漆碗造型质朴大方，样式繁多，接近当时瓷器碗的造型，又兼具漆器轻巧特点，出现了海棠式、万寿式、花瓣式、剔犀银裹漆碗。元代漆碗有窄薄木条叠圈胎、竹编胎等，有的漆书文字，造型精美，一般为元代上层贵族的生活用具。

明代漆碗不论造型还是装饰都达到了很高水平，造型上出现带盖的碗和高足碗，工艺

---

① 湖北省考古研究所：《江陵望山沙冢楚墓》，文物出版社，1996年。
② （清）钱绎撰集：《方言笺疏》，（本书是为西汉扬雄《方言》及晋代郭璞《方言注》所做的详注），中华书局，1991年。
③ （汉）许慎：《说文解字·皿部》，第104页，中华书局影印，1963年。
④ 湖南省博物馆等：《长沙马王堆一号墓发掘简报》，文物出版社，1972年。

装饰上出现了大量剔红、剔犀、剔黄、剔黑漆碗，如剔红花卉盖碗、剔红飞龙高足碗、剔黄龙纹碗等。清代漆碗造型更加精致，装饰更加华丽，出现了带百寿字的黑漆描金漆碗、填彩漆云龙纹碗、描金八仙人物碗、黑漆嵌螺钿仕女图碗、剔红御题诗碗等，不胜枚举。

图 2-1 新石器时代遗址厚胎漆碗

为碗的早期形态，最早见于河姆渡新石器时代遗址。其基本形态为圆口，下为圈足，髹一色漆，无装饰，造型原始古拙。至商代仍为此形，只是出现平底和弦纹装饰。

图 2-2 西汉漆盂(碗)

盂的外形似较深的盘，木胎挖制，一般通体髹黑漆，用红、褐等色漆彩绘花纹，非常华丽。最早出现在商代晚期而流行于西周和春秋时期，当时主要作饮器使用。秦以后，盂的功能和名称发生变化，既可盛水，又可盛粥盛羹。

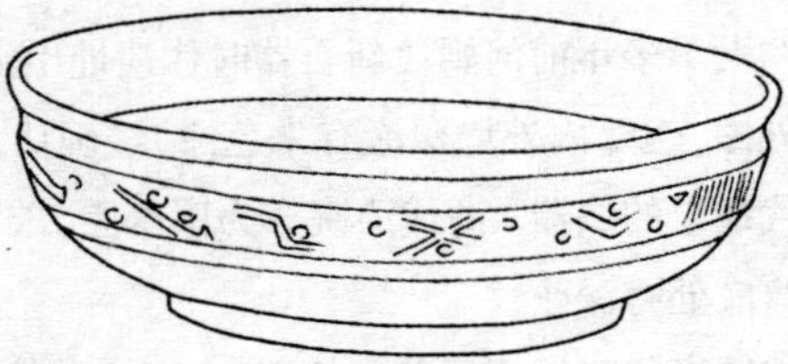

扣器 《后汉书·和熹邓皇后纪》："其蜀，汉扣器九带佩刀，并不复调。"注："扣音口，以金银缘器也。"古时薄板胎、夹纻胎等漆器，因胎骨较薄，为加强器物牢度，在漆器口沿、底部边缘作上金属箍，名为"扣器"。箍金的称"金扣"，银的称"银扣"，铜的称"铜扣"，还有铜扣鎏金的。扣器，始于战国，盛于汉代。此碗为东汉时期漆碗，口缘有铜扣器。

碗腹 为直腹。汉代漆碗腹部、口缘和腹与底部的交接处等，常绘有二方连续的卷云纹、翼龙纹、飞廉、仙鹤、羽人等，其中常配以云气纹、菱格纹、涡漩纹等。色彩以朱黑漆二色为主，并配其他彩漆。汉代漆碗纹样绘制精丽，线条细如毫发，运笔飞舞流畅，显示出黄金时代的高超漆绘水平。

碗足 为圈足。

图 2-3 东汉鎏金铜扣漆碗

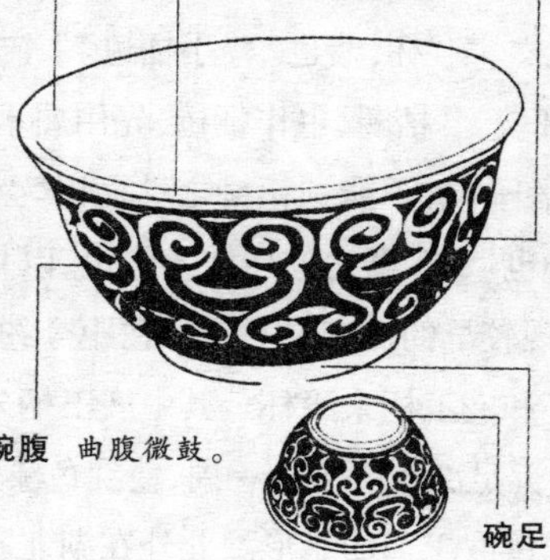

木条圈卷胎 多为木胎，少数竹胎。此碗为北宋墓出土的剔犀银裹碗，其胎骨用窄木条圈叠成胎，上、下木条较窄，中间最大木圈约两厘米，口沿包麻布，灰腻用猪方瓦灰调和，腻子不坚。碗内为银质，外层剔犀。木条圈卷工艺最早发现于唐代，1978 年湖北监利唐墓出土了一批木条圈卷工艺制成的漆器，从而将我国古代漆器木条圈卷工艺出现的时间从宋代提早到唐代，为研究我国漆器工艺史提供了重要实物资料。

碗口沿 圆唇外卷。

剔犀 用二种或三种色漆，在器物上有规律地逐层积累起来，至相当厚度后用刀剔刻花纹，由于刀口断面可以看见不同的色层，与其他雕漆效果不同，俗称“剔犀”。此碗外壁用刀剔刻成云纹，形成上下相交的如意图案，刀口断面厚薄不等，显露出堆漆层中有规律的色层。整个碗显得华美、厚实、稳重和大方。

碗腹 曲腹微鼓。

碗足 圈足，足心微内凹，平底。

图 2-4 北宋剔犀银裹碗

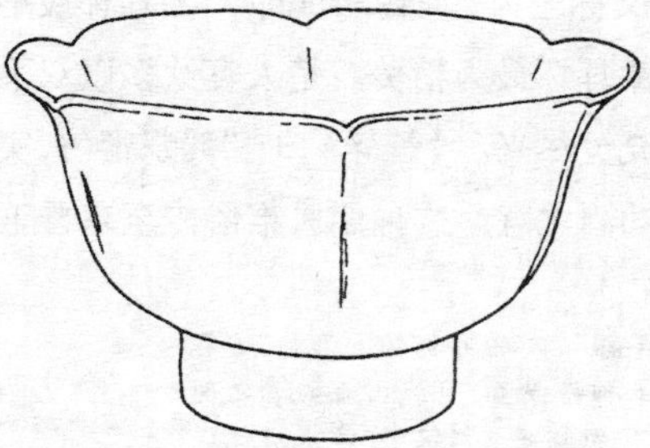

图 2-5 宋代花瓣式一色漆碗

花瓣式漆碗言其如花瓣一般。此碗口沿呈六瓣花形，器身显示弧曲棱线，圈较宽大，内罩朱漆，外髹黑漆，为宋代常见样式。宋代多数漆器朴素无华，而以造型取胜，不但发展了传统器物样式，还有许多新造型，出现了蒸饼式、梅花式、二撞式、三撞式等漆碗。

剔红 又名“雕红漆”、“红雕漆”。明曹昭《格古要论·古漆器论·剔红》：“剔红器皿，无新旧，但看朱厚色鲜红润坚重者为好，剔剑环香草者尤佳。”此法是唐代漆器技法很重要的一项创新，至元明时期达到了很高的水平。其中有剔黄、剔黑、剔绿、剔彩，髹涂到所需厚度，后雕出花纹，有如浮雕。这是一种把达到一定厚度的漆料进行雕刻加工的装饰，有较高的观赏性。此碗为剔红飞龙高足碗，为斜弧壁腹，腹部下敛接细高足。

碗口 此碗微撇口。

碗足 为高足。其造型与同时期的瓷器相同，流行于明代。

图 2-6 明代剔红飞龙高足碗

杯

盛饮料或其他液体的器具，多为圆柱状或下部略细，一般容积不大。杯字又作“桮”、“棓”、“盃”等形。《说文》：“杯，䚡也。䚡小桮也。”《方言》：“古以桮盛羹。桮圈是也。”《史记·项羽传》：“一杯羹。”桮圈，也作桮棬，先用屈木制成杯盘之形，再以漆加工制为杯盘。《孟子·告子》：“孟子曰：子能顺杞柳之性而以为桮棬乎，将戕贼杞柳而后以为桮棬也？”《疏》：“桮，素朴也。棬，器之似屈转木作也，以其杞柳可以棷而作棬也。”

漆杯是漆器中出现较早的器型之一，早在距今约5000年新石器时期良渚文化遗址中就发现了漆绘黑陶杯和嵌玉柄朱漆杯。其中嵌玉柄朱漆杯造型为敞口、圆筒形，下接细而高的喇叭形圈足。接近足部镶嵌玉珠一周，使红色漆膜和白玉交相辉映。由此可见良渚文化时期的漆杯已出现镶嵌工艺的雏形。此外在湖北省圻春毛家嘴西周早期遗址中发现漆杯残片，与当时白陶器上纹饰风格一致。

战国、秦汉时期的杯专指耳杯，它是古代用来盛酒或盛羹的器具，外形多为椭圆形，两侧附有双耳。由于其双耳颇似鸟之羽翼，故而古人又称之为“羽觞（shāng）”。耳杯最早出现于东周，一直沿用至魏晋，以战国时楚人制作的漆耳杯最为精美。楚人宴饮多以双手捧执耳杯相互敬酒，若能伴以音乐鼓瑟，则宾主更能充分尽兴。《楚辞》曰：“瑶浆蜜勺，实羽觞兮”；《礼记·投壶》亦云：“请行觞”，即是举杯劝酒之意。这种儒风雅俗传至东晋王羲

图2-7 汉代圆形漆耳杯

图 2-8 清代识文描金银花高足杯

之时，演变成饮酒赋诗的“曲水流觞”活动，传为千古佳话。漆耳杯造型上有圆耳、方耳之分，还有带流杯和豆形杯等异形杯。马王堆1号墓出土遣策185、186号上分别记有“幸酒杯十五”，遣策194号上记有“幸食杯一百”，出土漆耳杯上漆书“君幸酒”或“君幸食”，与遣策所记相互印证。这时期漆耳杯制作更加精美绝伦，胎质有木胎、夹纻胎等，其装饰多种多样，有彩绘、锥画等。圆耳杯和方耳杯主要流行于战国时期，有时出于同一座墓内，说明它们同时并存。但方耳杯在战国晚期就比较少见，而圆耳杯一直延续到魏晋时期，马王堆西汉墓葬中出土了大量圆耳杯，不见方耳杯。方耳杯可能在战国晚期晚段绝迹了。

魏晋南北朝时期出现了犀皮鎏金铜扣漆耳杯。唐五代以后的筒形漆杯十分精美。至明清时期漆杯更精良，造型千姿百态，如明代剔犀云纹高足杯，清代彩漆鹰爪酒杯、识文描金银花卉高足杯、剔红缠枝纹高足杯，都具有独特的民族风格。

卮

古代盛酒的杯子，用木片卷屈而成。其形状为圆筒形，上有可进一手指的鋬，有双鋬和单鋬之分。《礼记·玉藻》郑玄注：“圈，屈木所为，谓卮、匜之属。”《说文》：“卮，圜器也。”注“卮匜、酒浆器。”早在1964年王振铎先生就对卮作出了正确定名，至1977年在阜阳西汉当阴侯墓出土的圆筒形漆器自名为“卮”，证实王先生的论断[①]。漆卮主要流行于战国至西汉。

---

① 王振铎：《论汉代饮食器中的卮和魁》，《文物》1964年4期。

战国时期的漆卮不多见，其形态接近后来的圆筒杯，可代表其早期形制。如湖北江陵雨台山楚墓出土的战国早期彩绘浮雕蟠蛇纹漆卮，为圆筒形，盖顶略凸，平底，无鋬，有鋬者也不如西汉时期漆卮精致。

至秦汉时期漆卮制作更加精美绝伦。长沙马王堆 1号墓遣策记“斗卮”、“七升卮”、“二升卮”，有的在器外底红漆书“七升”，有的在器外底红漆书“二升”，说明漆卮有大小区别，或有盖，或无盖。胎质有薄木胎、夹纻胎等，常加扣件加强其牢固性。如马王堆汉墓出土的“髹布小卮”和湖北光化西汉墓出的漆卮，器身外壁都绘有奔驰于云气之中的怪兽，线条细如游丝，纤细流畅，颇为美观，其盖及耳上均装有涂金的铜环。西汉中期以后还出现了锥画戗金云纹卮，为西汉典型的漆卮造型。

图 2-9 西汉夹纻胎漆卮

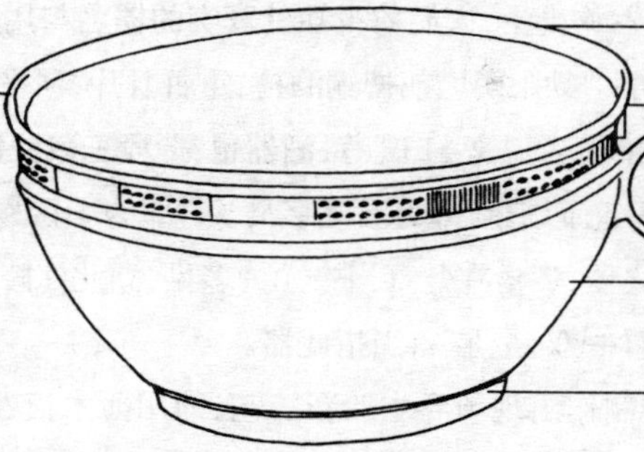

图 2-10 西汉银口黄耳漆卮

图 2-11 西汉戗金漆卮

樽

为古代酒具。其形状据《广雅疏证·释器》:“尊有盖,有足,其面有鼻。” 这种筒状造型、一侧置鋬(pàn)的三足器物,过去学术界一直称之为“奁(lián)”或“卮(zhī)”。直至一件自带“酒樽”铭文的类似器物出土,人们才得知其真实的器名与用途。如山西省右玉县出土了带有自铭的西汉铜樽:“勮阳阴城胡傅铜酒樽,重百廿斤,河平三年造。”①右玉县出土的铜樽与漆樽器形基本相同。《说文》曰“尊,酒器也。”段玉裁注曰:由于尊“引申以为尊卑字,……自专用为尊卑字,而别制樽为酒尊字矣。”即为了区别尊卑之意,别制樽字,以指酒器。樽为古代盛酒之器,漆樽在楚墓当中尤为多见,湖北江陵凤凰山168汉墓出土了一件樽,该墓简三九记“觯一双,金足”,当指此器。

战国时期,中国古代漆器制作出现了卷木胎新工艺,即用薄木板卷成筒形,在衔接处用漆液黏合、木钉卯接,再装上把手,粘接厚木胎底,既轻巧又牢固。楚式漆樽大多采用此法制作而成,反映了楚国制漆技术的高超水平。漆樽流行于战国至汉代。

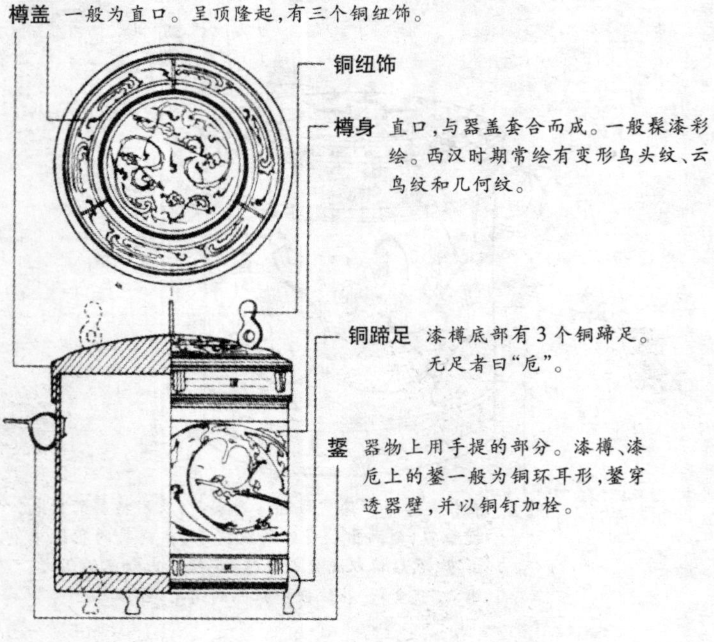

图2-12 西汉云鸟纹漆樽

① 郭勇:《山西省右玉县出土的西汉铜器》,《文物》1963年11期。

魁

一种盛羹餐具，为汉代新品种。《说文》："魁，羹斗也，从斗鬼声。" 因魁与勺、匜容易混淆，所以王振铎先生对此器进行了详细辩说："汉代的魁是一种形似水匜、宽腹平底、有柄的盛羹器。在民间使用的是用木料制造，在上层人物中使用则多用铜或漆制造，或有龙柄的装饰。" [①]的确，魁的造型像一件盛羹的斗，平底或带圈足，酷似注水用的匜，有柄，匜柄为一条流水的槽道，而魁柄无槽道。如湖北云梦出土了秦代彩绘凤形漆魁，造型新颖别制，以凤的首颈作柄，凤背挖制成勺，凤尾下印有文字，通体髹漆彩绘。湖北云梦出土了西汉时期的凤首形漆魁，短柄雕刻成有高冠的凤首，凤身为勺形。至东汉以后魁多为陶质。

图 2–13 汉代漆魁

壶

一种容器，或有嘴、有把、提梁，用来盛液体，从嘴往外倒。其造型有圆壶、扁壶、方壶、执壶等。金文中壶作"壺"，像有盖、两侧有系和腹部庞大的容器，故壶可以视为长颈容器的统称。壶在先秦时期主要用来盛酒，亦为礼器。《仪仗·聘礼》注曰："壶，酒尊也。"《公羊传》注曰："壶，礼器。腹方口圆曰壶。反之曰方壶。有爵饰。"《周礼·秋官》注曰："壶，酒器也。" 承放壶之器为禁，自壶中挹（yì）取酒水之器为勺，三者组合又可在祭祀活动中充当成套礼器。古代举行祭祀礼仪时，多用双壶双酒，并附二勺。尊者处尊位，以禁承两壶置显处，一酒一玄酒（从河或井中取出的新水）；卑者处卑位，置两壶皆有酒。玄酒虽不能饮用，但须置于尊位，以示不忘古。故而史籍中有"尊于宾席之东，两壶斯禁"的记载。楚墓中随葬的壶、禁多为青铜器，也有精美漆器出土。

至秦汉时期，由于酒品种增多，故酒壶器形也名有不同，这时常见的扁壶称为"椑"，因为椑字本身含有椭圆之意。湖北江陵凤凰山 168 汉墓出土遣策 28 号、29 号、30 号分别记有"大五斗柙一"、"二斗柙一"、"一斗柙一"，当指墓中出土三个大小不同的"扁壶"[②]。"柙"即"椑"，是盛酒用的扁壶式的器具。[③]扁壶还称为"榼"，古乐浪汉墓出土的西汉阳朔二年漆扁壶自名"髹汧画木黄扣榼"[④]，《广雅·释器》："扁榼谓之椑"。此外，还有一种

① 王振铎：《论汉代饮食器中的卮和魁》，《文物》1964 年 4 期。
② 湖北省文物考古研究所：《江陵凤凰山一六八号汉墓》，《考古学报》1993 年 4 期。
③ 湖北省文物考古研究所：《江陵凤凰山一六八号汉墓》，《考古学报》1993 年 4 期。
④ 梅原末治：《支那汉代纪年铭漆器图说》图版 40–41、43–45；原田淑人、田泽金吾《乐浪》第 6 章，东京，1930 年。

壶盛水之器，为盥器。

目前考古发掘较早的是湖北春秋时期墓出土的漆木勾连纹方壶、战国时期的蟠虺纹漆衣陶壶等。后来在秦墓中出土了大量的漆木蒜头扁壶。至汉代发现了大量的精美漆木圆壶、方壶、扁壶，纹饰以云气纹为主，装饰手法有锥刻、彩绘和漆画，色彩以红、黑二色为主，并辅以绿、灰等色。如马王堆 3 号汉墓中出土了云气漆圆壶，湖北汉墓中出土了七豹纹漆扁壶、云气纹漆圆壶，安徽汉墓中出土了锥画三角形漆壶，江苏出土了彩绘奔鹿云气纹扁壶和彩绘云气纹圆壶等。

唐五代以后的漆壶十分精美。至元明清以后的漆执壶非常发达，其装饰样式也很多，如明大彬款紫砂胎剔红人物执壶、明江千里款嵌螺钿黑漆执壶、明剔犀云纹葫芦式执壶等工艺都非常精致。清代的鼻烟壶非常盛行，清黑漆识文描金花卉执壶等都是清代漆器中的上乘之作。

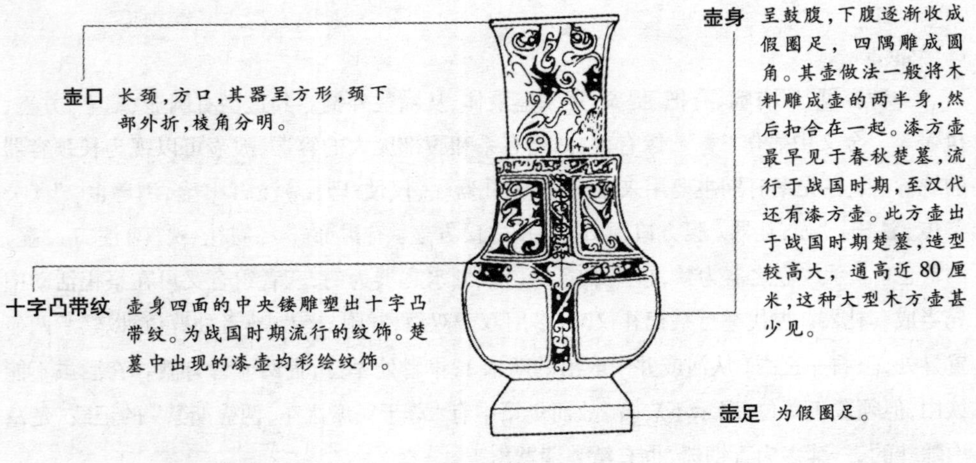

图 2–14 战国漆方壶

图 2–15 故宫博物院藏战国燕乐狩猎水陆攻战纹铜壶上的设禁陈壶图

纹饰右侧设一禁，禁上有双壶，一女子左手持觚形器，右手执勺从右壶中挹酒。

壶身 秦代多扁形，此为典型秦式漆器。汉代多圆形和方形，但受秦式扁壶的影响，西汉早期也曾出现过制作非常精美的漆扁壶。扁壶身器呈椭圆形，器身分两片制作，然后拼合起来。此壶肩部有一对铺首衔环。器身两面各绘三只豹，其器身两面采用不对称式图案布局，各豹之间充满草叶枝蔓。为西汉文帝时期的漆器。

壶盖 有圆形、方形，一般为盝顶盖。此壶为盝顶盖。有变形鸟纹，盖顶绘有一豹。

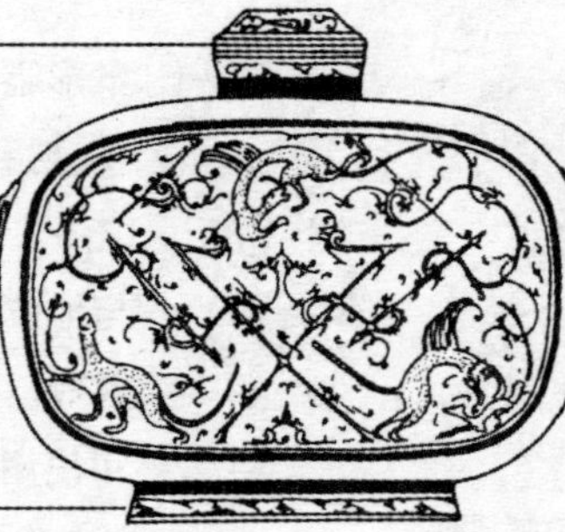

壶足 壶足呈矩形矮圈足。圈足常彩绘，此壶圈足绘有变形鸟纹。

图 2-16 秦、汉时期漆扁壶（椑）

壶盖 用薄螺钿嵌缠枝莲纹。盖纽嵌五朵梅花。这种装饰为明清漆器流行手法之一。

壶口 其壶口与器身均为六棱形。

壶颈 为细长颈。

壶柄 为卷耳状环柄。

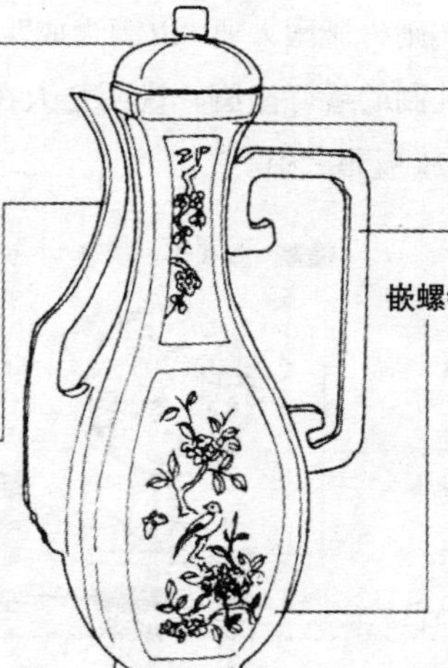

壶流 高曲流。此造型为明清时期非常流行的漆执壶。

嵌螺钿漆器 亦作"螺填"、"螺甸"，是一髹饰装饰工艺，即用贝壳磨成薄片，按图案拼成人物、鸟兽、花草等形式，嵌拼黏于髹漆器物，主要拼黏在漆坯上，再上灰底，表面髹一层上光漆，又通过磨显后在螺钿上刻画花纹。一般的螺钿嵌都用乌黑锃莹的退光漆和白色螺钿相对照，黑白分明，朴实而清丽。此种工艺方法起源甚早，近些年西周遗址发掘收获，已将螺钿漆器的历史上溯到西周。从现存唐代螺钿实物看，当时已有较高的水平。明清时期嵌螺钿漆器更为精工细作。此壶为明代黑漆嵌螺钿花鸟纹执壶，溜肩鼓腹，全器用薄螺钿嵌花鸟纹。壶体造型古朴雅致，是明代嵌螺钿器物之上乘精品。

壶足 为方圈足。圈足内螺钿嵌方框，篆书"千里"款。

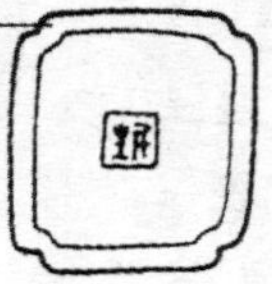

图 2-17 明、清执壶

图 2-18 战国透雕漆禁

禁

禁是先秦贵族用于陈置酒器的一种案形器座，且它通常是用于婚、冠、宴、丧、射和祭祀等各种礼仪场合，实为礼器之一。由于禁在使用场合和使用者身份与地位的差异，它又被铸成不同的形制，被冠以不同称谓。文献所载之禁的称谓和使用，屡见于《仪礼》。《仪礼·士冠礼》云："尊于房户之间，两甒有禁。玄酒在西，加勺，南枋。"郑玄注："禁，承尊之器也，名之为禁者，因为酒戒也。"《仪礼·士婚礼》："尊于室中北墉下，有禁，玄酒在西，绤幂，加勺，皆南枋。"《仪礼·乡饮酒礼》："尊两壶于房户间，斯禁，有玄酒在西。设篚于禁南，东肆，加二勺于两壶。" 承酒具之所以被称为"禁"，是因为周人鉴于夏商末君嗜酒亡国的教训，发布了中国最早的禁酒令，规定国人只在祭祀时方能饮酒，因而"酒禁"之名实则告诫国人要"以酒为戒"。楚墓中常见成双成对的壶置于禁上，这正是当时双壶双酒礼制的最好注脚，说明楚人在礼仪活动中遵从周制。迄今为止，漆禁只发现于楚系大型贵族墓葬之中。

锺

《说文》曰："锺，酒器也。"注曰："古者此器盖用以宁酒。故大其下小其颈。自锺倾之而入于尊。自尊勺之而入于觯。故量之大者亦曰锺。"与圆形漆壶相似，其功能也相同。如长沙马王堆1号汉墓出土了一件漆锺，有盖，盖上有三个S形纽，口微侈，长颈，大鼓腹，圈足。器内外髹漆彩绘。出土时器内均残存酒类或羹类的沉渣。该墓遣策中说："髹画（锺）一，有盖，盛温（醖）酒。"从文献记载来看，锺又代表一定的容量。《孟子·告子上》赵注："锺，量器也。"漆锺主要流于西汉时期。

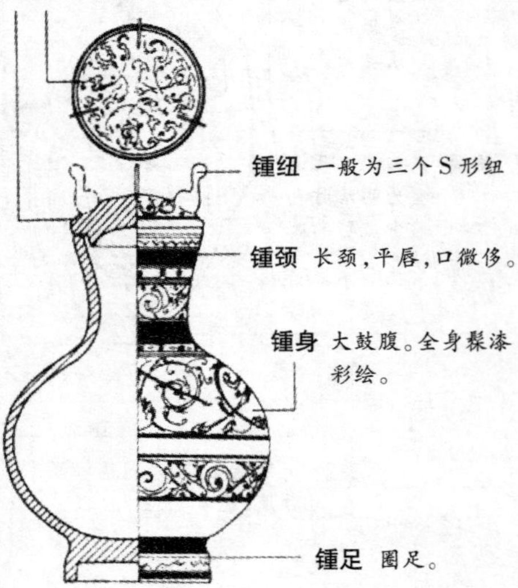

图 2-19 西汉彩绘漆锺

钫

与漆锺争妍斗奇的是漆钫，它的造型方方正正，规规矩矩，所以有人也称它为方壶，其功能与漆锺相同，是盛酒、羹之类的器具。难怪乎《说文》说：“钫，方锺也。”即漆方壶。造型与漆方壶相似，器作方形，长颈，鼓腹，高圈足。只是其方盖为四坡式器盖，上立4个长S形纽。钫是盛酒的青铜礼器之一，中原地区早在商周时期就已流行。但在南楚地区一般到战国晚期才用于随葬，且大多是用陶器仿制，但在长沙杨家湾6号楚墓首次发现了5件木钫。而在楚国中心地区江陵天星观1号楚墓中却出土了战国中期的彩绘漆钫，显系明器，这种漆钫明器在楚墓中也很少见。至西汉时期漆钫成为贵族家庭中日用器具，但随葬的不多，所以弥足珍贵。

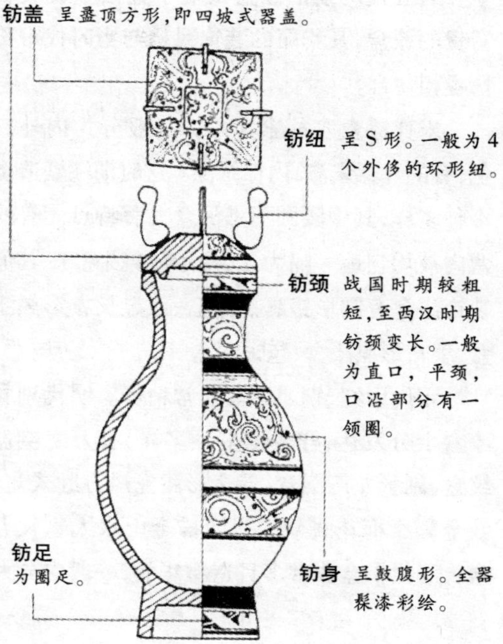

图2-20 西汉彩绘漆钫

盒

盛东西的器物。一般较小，大多有盖，与器身子母口扣合。盒形器最发达时期为战国、秦、汉时期，造型千姿百态，有圆形、扁形、长方形、带把形，甚至还有动物造型的漆盒，纹饰仍以凤鸟、龙纹、云气、几何纹为主，如云龙纹酒具盒、凤鸟纹耳杯盒、凤鸟纹扁圆盒、彩绘云纹猪形盒、鸟云纹长方盒、鸟云纹双耳长盒、彩绘云气纹有柄圆盒。这时期的具杯盒很有代表性，形态各异，有委角方圆形具杯盒、长方形具杯盒等。值得一提的，便携式酒具盒为楚国特有的典型器物，楚人基于对出游的爱好而特制了这种携行方便的酒具盒，通常都有伸出的木柄，木柄周圈有系绳的通槽，便于捆缚。这些细节设计表明此类器物兼具居家旅行的双重功用，既利于室内餐饮，又便于外出携行，足见楚人对衣食住行各方面均较为考究。

魏晋南北朝时期出现了锥刻戗金黑漆盒，同时在江西南昌东晋纪年墓出土了攒盒，即多格盒，此盒可拼合或作单体使用，有的呈扇形，有的呈四分之一椭圆形，盖面四边起棱角，平铺似小扇面。

唐五代时期的漆盒出现了金银平脱装饰富贵的漆盒,其华丽的装饰风格与当时代审美情趣相吻合。

宋代漆盒多朴素无华，一般分为内外二色,有的外髹朱漆,内髹绿漆。这时期漆盒造型多种多样,其中腰圆形黑漆盒尤著特点。有的盒内被均匀地一隔为二,便于放置果品。其他装饰漆盒有圆形银裹黑漆盒、戗金长方形黑漆盒、菱花形黑漆盒、包银漆盒等。

元代剔红、剔犀漆盒非常精美。明代剔彩漆盒十分发达,样式也多种多样,有万寿宝盆纹盒、剔彩龙寿圆盒、戗金彩漆龙凤方胜式盒、戗金彩漆梅花式盒、黑漆描金山水人物长方盒。清代果盒非常多且造型华丽,一般内分大

图 2-21 战国鸳鸯形漆盒

头与身分别雕成,形态逼真。器身由两半胶合而成,器身肥硕,内部剜空,背上有一长方形孔,承一长方形盖,盖上浮雕龙纹。翅膀微上翘,尾平伸,足作蜷曲状。全身以黑漆为地,施艳丽彩色,更为别致的是在腹两侧绘有两幅极精彩的漆画。见于战国时期楚系大型墓葬。

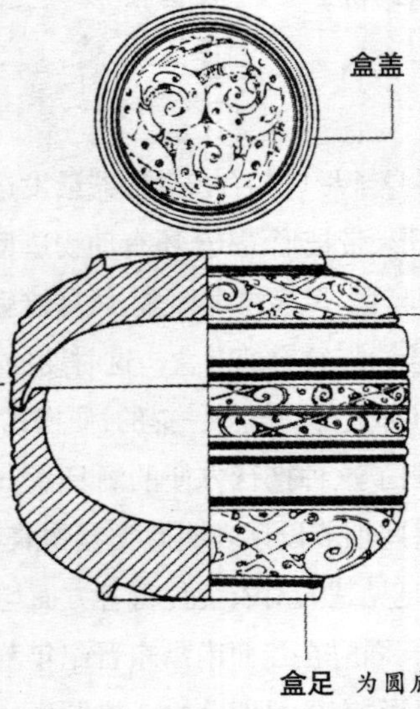

图 2-22 西汉彩绘凤纹漆盒

小不等的多格，如黑漆描金花蝶葵瓣盒、黑漆描金开光山水圆盒，盒内附椭圆形平盘 8 个，圆盘 1 个。此外黑漆描金葫芦式套盒、紫漆描金花卉长方盒、识文描金海棠形攒盒、黑漆嵌螺钿葵花形盒、百宝嵌梅花漆圆盒、描金彩漆花鸟六瓣盒等都是清代漆盒的精品之作。

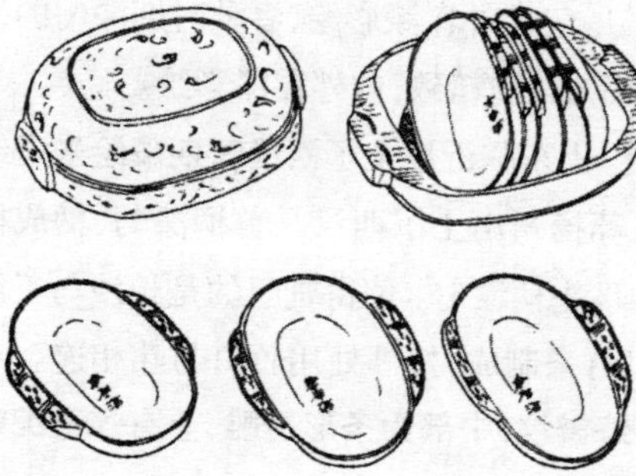

图 2-23 西汉具杯盒

一般整器呈长方形而圆其四角。由上盖和器身两部分以子母扣合而成。盖与器的两端各伸出一短把。通常里外髹漆，有的口沿还书写有文字。内套都装有多件小漆耳杯。这种专门存放耳杯的漆盒流于汉代。如马王堆 1 号汉墓出了具杯盒，简 196 记“髹画具杯检二合”，盒内套装耳杯 7 件，其中 6 件顺叠，1 件反扣，反扣杯为重沿，两耳断面三角形，恰与 6 件顺叠杯相扣合，可谓设计奇特，制作精巧。

格 指漆盒内划分部分，一般为果盒，也称攒盒，即多格盒。战国时期楚墓中的酒具盒内就有多格，后为历代工匠所沿用，只是越来越精美，至清代多格攒盒被广泛地运用于日常生活之中。

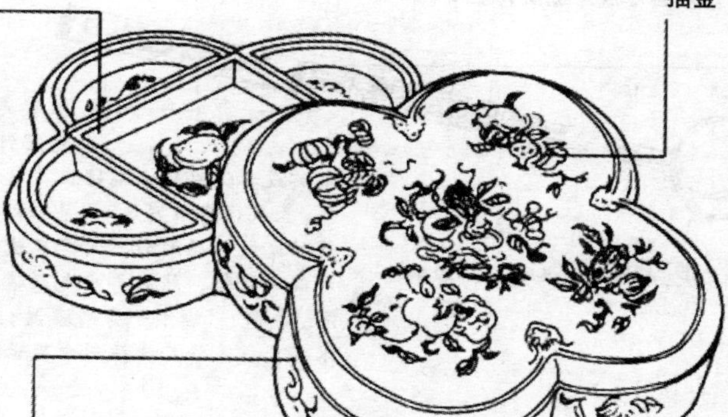

描金 指在漆器表面用金色描绘花纹的装饰方法。描金在黑漆地最常见，其次是朱色地或紫色地，也有把描金称作“描金银装饰法”。这种方法在楚墓中出土的漆器中就已见到，至明清时期运用更加广泛。此盒为清代中期识文描金盒，造型非常优美，纹饰十分华丽。

海棠形 此盒为海棠形攒盒，言其形似海棠形。

图 2-24 清代识文描金攒盒

勺

先秦时自尊中酌酒时用勺。《说文》:“勺,枓也,所以挹取也。”即为取酒浆之器。勺由斗形小杯和柄组成,一般柄为直柄。勺柄还有短柄和长柄之分,《史记·张仪列传》“令工人作为金斗,长其尾”应为长柄勺。

考古发现较早的漆勺有河南光山县出土的春秋时期漆勺、湖南临澧出土战国时期的绹纹勺和湖北江陵天星观出土的战国云纹长柄漆勺。勺内外髹漆彩绘,春秋时期漆勺的柄与斗为整木制成,斗呈扁圆状,较笨拙。战国时期漆勺较前精致,内外髹漆彩绘。

秦汉时期漆勺柄开始出现镂雕装饰,制作精美。山东临沂出土了西汉时期漆绘朱雀纹漆勺,柄上刻有浅流与勺相通,内外髹漆彩绘。江苏扬州出土了西汉马首柄漆勺,柄成槽式,端雕刻成马首状。安徽天长出土了西汉晚期的鸟头柄漆勺。值得赞叹的是长沙马王堆1号汉墓出土的龙纹竹胎漆勺,其勺斗与柄分别以竹条制成,接榫处用竹钉与斗相连。斗内外髹绘彩。勺柄近斗处为一条形透雕,上为浮雕编辫纹,中部为条形透雕,上有浮雕编辫纹三个。柄端为一条浮雕的龙纹,作奔腾状,形象生动。

此外在辽宁法库县还出土了辽时的龙首漆勺,河北张家口出土了金时花首曲柄舌形勺。漆勺后逐步被瓷器所替代。

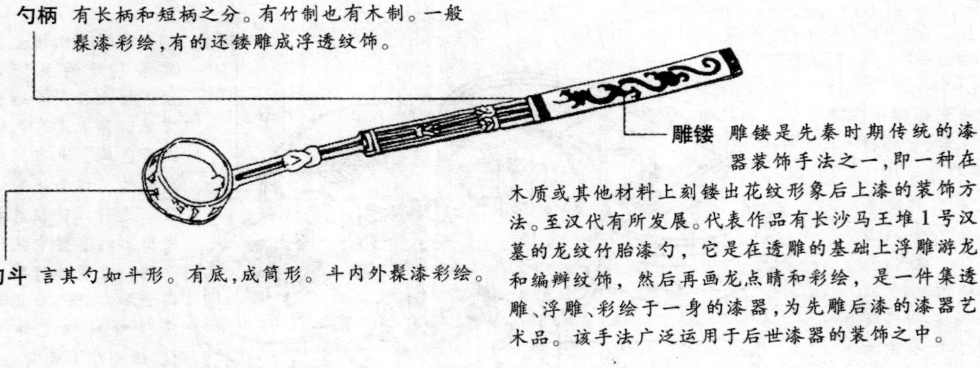

图2–25 西汉龙纹竹胎漆勺

箸

筷也,属取食器具。先秦人们进餐时大部分用手取,《礼记·曲礼》郑注:“饭以手”又说干肉“竖宜用手”。秦汉时期开始使用竹筷,东汉饮食时使用普遍,《汉书·周亚夫传》曰:景帝赐周亚夫食,不置箸,“亚夫心不平,顾谓尚席取箸。”可见当时以箸进餐已成为固定习俗。这种餐具,是中国饮食风俗中一大特色,迄今为止在日本、朝鲜等国广泛流行。西汉马王堆汉墓出土过漆箸，漆箸大量出现在宋元以后，且制作精美，出现了包银竹节式漆箸。

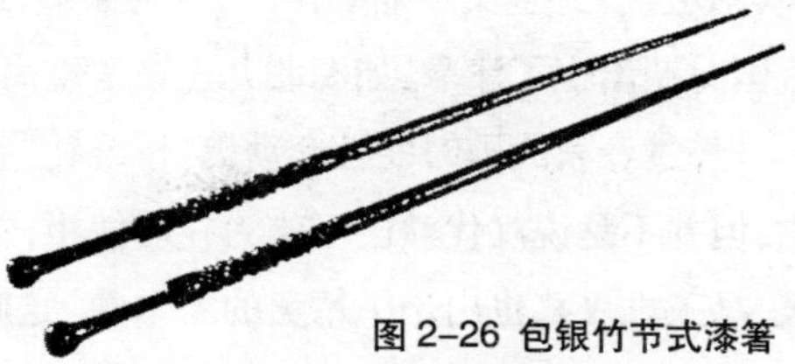

图 2-26 包银竹节式漆箸

匕

为捂取食物的匙子。有匕面和柄。一种器形的演变与器物的功能紧密相连，漆匕的演变正好说明了这一点。先秦时不论祭祀还是食用，其牲解习俗有一套严格的礼制规定，这过程匕是重要的用具。《仪礼·士昏礼》郑注："匕，所以别出牲体也。"用匕自鼎中取出肉块置于俎，以备进飨，即所谓享馔、升鼎、载俎。所以考古发现先秦时期墓葬中匕常与鼎鬲同出。因为一般正式场合鼎内肉块很大，匕兼用于在俎上切肉。所以商、西周时期的匕体呈桃叶形，叶边比较薄和锋利。考古发现最早的漆匕是在陕西扶风周原出土的西周时期的漆匕，木胎，匕面呈桃叶形，圆把较长（已残断），通体髹漆。其造型与当时青铜匕相同。到春秋晚期，如下寺 2 号楚墓出土的Ⅰ、Ⅲ式匕，以及陕西凤翔发现春秋时期的漆匕，匕面均呈舌形，仍与商、西周时期匕器形相似。随着用鼎制度已趋式微，战国时期匕的功能已向实用化转变。至汉初匕的实用性进一步加强，匕形器演变也日趋世俗化，人们常用漆匕在鼎内盛羹和米食，前扁平的匕不便舀取，于是匕叶凹度加深，成为匙，从长沙马王堆 1、3 号汉墓出土的漆匕看，其匕叶片已经明显加深，成斗作簸箕形，很像现在的匙。此外在江陵凤凰山西汉墓出土的漆匕，匕面也似匙形。汉以后匕形器逐渐向匙形器转变，所以《说文·匕部》曰："匙，匕也。"

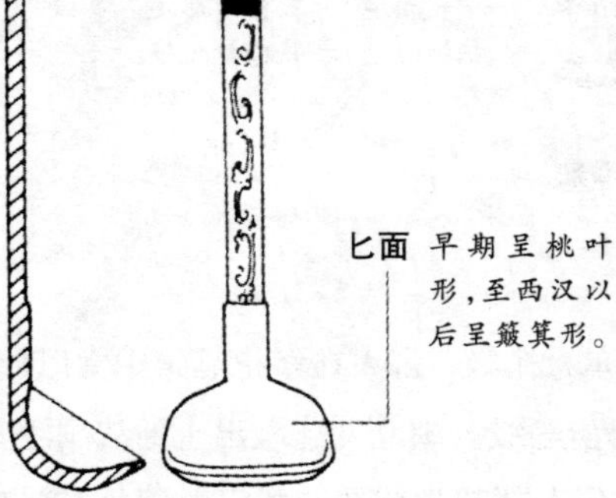

图 2-27 西汉彩绘漆匕

鼎

鼎有烹煮肉食、实牲祭祀和宴享等各种用途，这与先秦时期的礼仪活动密切相关。在商周时期，祭祀时盛牲肉的鼎为头等重要的礼器。夏代铸九鼎成为天下共主之象征。鼎被当作"明尊卑，别上下"等级制度和权力的标志。周代有一套完整用鼎制度。鼎常与俎、匕成组使用，人们在祭祀时用匕从鼎中别出牲体，用俎载之。金文中鼎字作，是为象形，进一步写作。先秦时期主要是青铜鼎和陶鼎，战国时期出土了漆鼎，如湖北九连墩楚墓出土了漆升鼎。

经过春秋战国时期社会动荡，传统礼制受到猛烈冲击，至西汉时期用鼎制度已名存实亡，但并不是说汉代鼎已不作为礼器使用，随葬鼎的记载首推长沙马王堆1号墓出土的遣策，马王堆汉墓也出土了精美的漆木鼎。这时期的漆鼎与春秋战国时期青铜鼎和陶鼎形制相近。器体为椭圆球形，下附二蹄足，盖顶中部有环形纽或鎏金铺首衔银环，器口有附耳。马王堆汉墓出土的漆鼎器表内均髹漆彩绘，有两件漆鼎底部朱书"二斗"两字，表明该器的容量。其中100号鼎内盛有藕片半鼎。此外在其他汉墓中发现了陶瓷漆鼎。随着宗法奴隶制社会结构的瓦解和用鼎制度已趋式微，鼎形制亦尚简素，或作为食器使用，用于随葬的漆鼎越来越少见，所谓"器以藏礼"的象征性含义已渐趋消失。

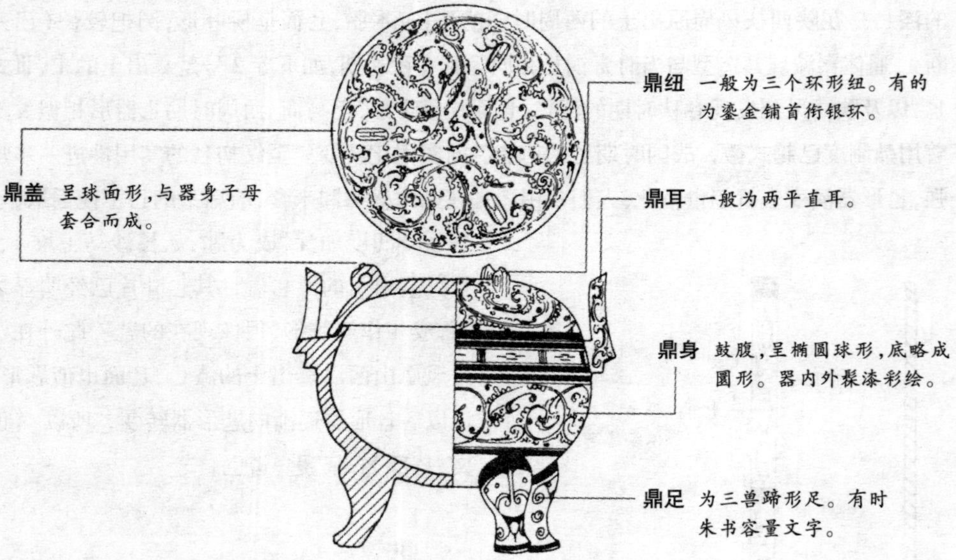

图2-28 西汉彩绘漆鼎

簋

在先秦时是盛放黍、稷、稻、粱等饭食的器具，亦为礼器。古人在祭祀宴飨中常以偶数的簋同奇数的鼎或俎配合使用，以表明使用者的身份等级。湖北九连墩出土的战国漆簋，呈现出一种轻盈灵动的美感，它的造型看似铜器，但上部却为新颖的敞口形碗状；器物上所绘纹饰与青铜器纹样相似，但仔细辨识又可发现云鸟纹等隐含流动的新元素。这种扑朔迷离的装饰效果，无疑会引发人们新奇的审美感受，标志楚漆器逐渐摆脱了对青铜艺术的单纯模仿,开始寻求新的艺术表现和刻画手法。目前,漆簋只发现于大型楚墓之中。

图 2-29 战国窍曲纹漆簋

俎

先秦贵族祭祀、宴享时陈载牲体的案形器具，是为礼俎。切肉用俎是庖厨用具。《周礼·内饔》:“王举,则陈其鼎俎,以牲体实之。”注:“取于镬以实鼎,取于鼎以实俎。实鼎曰脀(升),实俎曰载。”俎与鼎是配合使用。又《国语·周语》:“禘郊之事,则有全烝;王公立饫,则有房烝;亲戚宴飨,则有肴烝。”《诗·鲁颂·宫》:“笾豆大房。”毛传:“大房,半体之俎也。”当时以整牛、整羊等载俎祭祀的称全烝;以半体载俎称房烝,俎谓房俎,又谓大房;将牲体解节折载俎则称肴烝,俎谓折俎。礼经上也往往将载牛者称牛俎,载羊者称羊俎,载心舌称肵俎,载肤称特俎。可见因使用场合、祭祖规格和俎实的不同,俎的称谓也有所差异。这类称谓视不同的场合及俎实而定。至于俎的各种形制也有相应的名称,俎有柱形四足、凹形板足等不同形制,楚简称之为“梡(kuǎn)俎”和“房俎”(因其足似房而得名),《礼记·明堂位》也有记载。楚墓出土了大量的漆鼎、漆俎和漆豆,这与先秦时期的礼仪活动密切相关,它们是各种祭祀活动中配套使用的重要礼器。俎常与鼎、匕成组使用,人们在祭祀时用匕从鼎中别出牲体,用俎载之,故称“载俎”。豆亦常与鼎、俎组合使用,故而“俎豆之事”常被用作祭祀的代名词。史书记载卫灵公曾向孔子询问军事,孔子答曰:俎豆之事(祭祀礼仪)我听说过;用兵打仗之事我从没学过。说明孔子主张以礼治国,反对军事征战。秦汉以后俎就基本没有出现过。

图 2-30 成都百花潭中学 10 号战国墓铜壶上的陈鼎设俎图

宴会上有陈鼎设俎过程,一大鼎旁,一跪姿人手臂前伸执匕,一跪姿人双手执俎。

豆

先秦时期盛放腌菜和肉酱等调味品的器皿。其形状由豆盘、豆柄、豆底组成。《周礼》："醢人，掌四豆之实。朝事之豆，其实韭菹、醓醢、昌本、麋臡、菁菹、鹿臡、茆菹、麇臡。"《诗·生民》："卬盛于豆。"《左传》："豆，荐菹醢也。"菹，就是咸菜、酸菜之类。醢就是肉酱之类。

豆亦为礼器，豆亦常与鼎、俎组合使用。在楚墓中常以奇数鼎和俎表示身份等级，以偶数豆的多寡表示荣华富贵，故而又有"鼎俎奇（jī）而笾豆偶"的说法。《周礼·掌客》载"凡诸侯之礼，上公豆四十，侯伯豆三十有二，子男二十有四。"《乡饮酒礼》："乡饮酒之礼……六十者三豆，七十者四豆，八十者五豆，九十者六豆，所以明养老也。"楚墓出土漆豆实物及遣策释文与文献相互印证，十分吻合。河南信阳长台关1号楚墓出土遣策 2–020 号记"其木器：杯豆三十、杯三十"①。包山 2 号墓出土无盖木豆 4 件，遣策记之为"四皇梪"，与"梪"之文献记载为木豆相符合。《说文》释梪："梪，木豆谓之梪。"郑注："释器曰，木豆谓之梪。竹豆谓之笾。瓦豆谓登。"有关"皇"字这义《广雅·释诂一》释："皇，美也。"《礼记·少仪》："言语之美，穆穆皇皇。"孔疏："皆美大之状"。

考古资料表明，豆是漆器中出现最早的品类之一。迄今为止，发现最早的是山西襄汾陶寺新石器时代遗址出土的彩绘高柄豆和朱绘大型豆，其造型较原始古拙。春秋时期至战

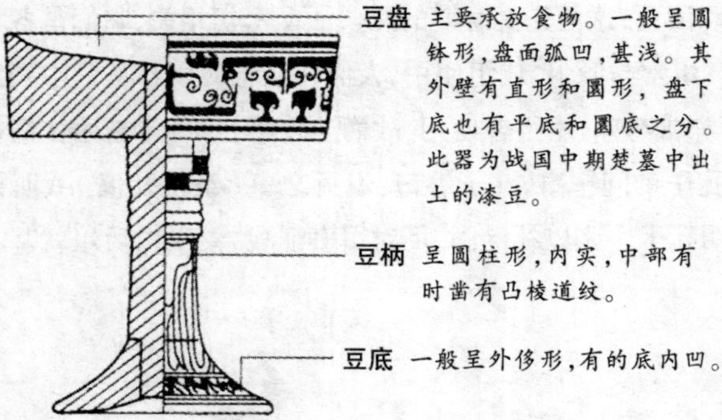

图 2–31 战国彩绘漆豆

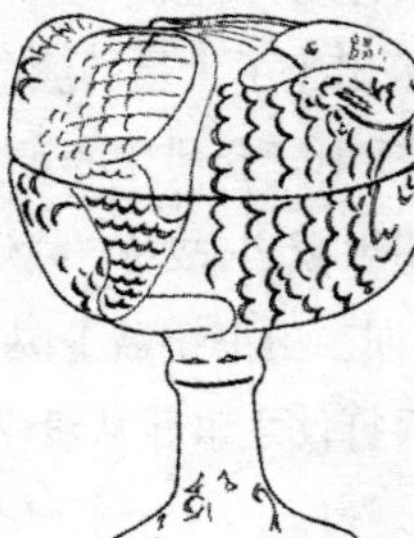

图 2–32 战国彩绘鸳鸯形漆豆

战国时期楚墓中出土的漆豆有时有豆盖。如湖北江陵雨台山战国楚墓出土的彩绘鸳鸯形漆豆，豆盖与豆合成一只鸳鸯。鸳鸯作盘颈侧视状，双翅合收，蜷爪，尾略上翘。但在整个战国楚墓中迄今为止仅出此一件动物造型的漆豆，其雕刻精细，形态生动，是楚国漆器工艺中珍品。

① 刘雨：《信阳楚简释文与考释》，见《信阳楚墓》第 129 页，文物出版社，1986 年。

国早期漆豆仍受青铜器影响，湖北当阳赵巷4号春秋墓葬中发现了波纹豆，其造型和纹饰具有青铜器特点。至战国中、晚以后漆豆雕饰突显出自身的特点，如湖北曾侯乙墓出土的龙凤纹盖豆、龙纹盖豆，湖南临澧九里出土的鸟纹盖豆，江陵雨台山楚墓出土的鸳鸯豆，信阳楚墓出土的勾连云纹豆，湖北老河口战国墓出土的凤鸟纹方豆等，均属于战国时期漆器珍品。

汉代以后的漆豆减少，也出土过精品，如江苏省宝应县出土了北宋时期葵瓣式黑漆豆。

匜

主要是盥手注水之器。其器为瓢形，有流，直口，圆唇，平底，流底平坦。《说文》曰："匜，似羹魁。柄中有道。可以注水酒。"注曰："魁羹枓也。枓勺也。匜之状似羹勺……道者，路也。其器有勺，可以盛水盛酒。其柄空中，可使勺中水酒自柄中流出。"可见匜既是酒器，又是水器。《左传》有"奉匜沃盥。"之语，意思是执匜浇水于手洗沐。《仪礼·公食大夫礼》："小臣具槃匜，在东堂下。" 因为先秦时期举行冠礼、婚礼、燕饮和祭祀等礼仪活动时，均要洗手洁面，称"沃盥之礼"，盘、匜、缶（fǒu）、勺等均属于盥洗之器。由于盥洗之礼是行礼的重要组成部分，故而古文献中有"凡礼盛者必先盥"的说法。沃盥又有一定仪规，在进行礼仪活动时，庭洗均设于台阶东南部，宾主按一定礼节在此洗手，然后才能行礼。有趣的是，古时贵族洗手是用一种巧妙的"活水"缓缓冲洗完成，通常由老少两人在旁辅助。长者先用勺从缶中挹水盛入匜中，再用匜中的清水自上而下为贵族浇手，少者则

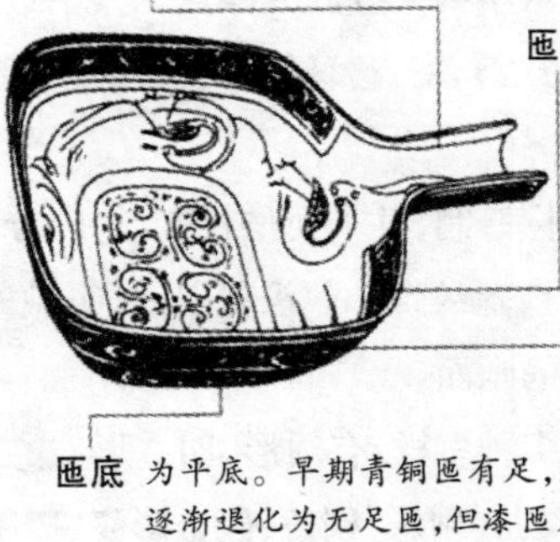

图 2-33 西汉彩绘漆匜

捧盘承接用过的弃水。这种盘匜并用的洗手流程,说明古人在两千多年前就发明了这种手动的"自来水"洗手方式。所以先秦时期墓葬中,盘、匜常成套出土。汉代对此种洗手方式加以简化,有时匜、盘并不同时出土,但至少在汉初仍沿用这种习俗,如西汉初期马王堆1号墓边箱内就同时出土了漆匜和漆盘,从而说明轪侯家族完全继承了先秦沃盥习俗,洗手同样要二人侍候。

匜最早出现于西周中期,流行于西周晚期和春秋时期,其器质主要是青铜器。漆匜出现于战国时期楚系大型墓葬之中,流行于秦汉时期。与其他漆器类型相比,漆匜在楚汉漆器中较为少见。

盘

承水或其他物体的器皿,有长方形、正方形、圆形、分格花瓣形、八方形、委角形等形状。盘又作"槃"、"柈"。槃乃本字,柈为后起简体,见玉篇。《通考》写作"鎜"。《说文》:"槃,承槃也。承槃者,承水器也。内则曰:'进盥,少者奉槃,长者奉水,请沃盥。'"早期盘多为挖制辅以斫制的木胎漆器,胎质较厚,纹饰多仿制青铜纹饰,如春秋时期的云雷纹长方形盘,为大敞口,斜壁,小平底,绘红漆云雷纹。战国以后漆盘造型和纹饰逐渐丰富起来,特别是楚墓中出土了许多精美的漆盘,除木胎外,还出现了夹纻胎,多为敞口,宽折沿,斜折腹,圆底,通体髹漆彩绘。

汉代漆盘更是精美绝伦,其胎质越来越薄,所以盘口往往饰金铜扣,加髹漆彩绘,光可鉴人。马王堆1号墓遣策202、189、207、188分别记有"髹画沐盘容五斗"、"髹画大盘径三尺一寸一枚"、"髹画平盘径二尺五寸一枚"、"髹画食盘径一尺二寸廿枚",可以看出汉代漆盘按其功能分可为"沐盘"、"大盘"、"平盘"及"食盘"等。马王堆1号墓出土平盘2件,食盘10件,小盘20件,盘内多黑漆书"君幸酒",盘底多漆书容量,出土时有的食盘内还盛有食物。最有特色是3号墓出土6个从小到大叠放的漆盘,其中最大一个盘直径73.5厘米,高13厘米,大漆盘即为遣策所记的"沐盘"。汉代漆盘另一个特点是锥刻隶书铭文,多为产地、制作工艺、工匠等内容。

三国时期出现了漆槅盘,多为薄木胎、嵌榫钉制,其平面呈长方形,内分大小不等的十几格,它是三国时期具有时代特征的新器形。漆盘纹饰一改汉代以云气、凤鸟、几何纹等样式为主的风格,出现了宴乐、人物等现实生活的画面。

元代出现了大量的剔红、剔犀漆盘,造型多种多样,有圆形、四方形、八方形等,纹饰多以花卉为主。明清时期漆盘工艺更加丰富多彩,有剔彩、剔黄、戗金彩漆、攒犀地戗金彩漆、描金彩绘、黑漆嵌螺钿、罩金漆、描彩、填彩等,造型有荷叶形、梅花形、椭圆形、菊瓣形、长方形、正方形、委角方形，纹样多以喜庆祝寿、人物山水、花鸟等图案为主。

漆画 指色彩比较单纯，花纹比较写意的漆器装饰画面。汉代漆盘内漆画多用朱黑二色绘云气、龙凤、几何所组成的图案，笔法工整，花纹构图精致巧妙，其物象介于似与不似之间。如此漆盘出自于马王堆1号墓，用色单纯，只有一、二种色彩，盘壁绘鸟头纹、波折纹，盘内黑漆地上朱漆绘云龙纹，龙和云气混沌不分，乍看，好像是团团云气，但仔细看又隐约见爪、嘴、头、尾等，好似一条腾飞的龙，这种云、龙浑然一体的漆画，达到了轻盈飘逸的最高艺术境界。

盘口 直口，圆唇。

盘腹 直壁。

盘足 为平底，矮圈足。

图 2-34 西汉彩绘云纹漆平盘

漆槅 晋诗云："并心注肴馔，端坐理盘槅。"可见槅是类似盘形的器皿，也就是说槅就是分成大小格子的"盘"。常见于两晋南北朝墓中，或长或圆，或瓷或漆，漆者则称漆槅。如南昌晋墓曾出土底部刻有"吴氏槅"的多格盘。此漆槅为东吴朱然墓出土，槅中分大小不等的7格，格内漆绘7种奇鸟异兽，为迄今发现最早的漆槅，是三国魏晋南北朝时期富有时代性的漆器品种之一。

描饰 用笔蘸漆或油在器物上画花纹的装饰方法。由于花纹干后一般比漆地略高，故《髹饰录》杨明注称"于文为阳"。此槅内分7格，朱漆地，每格用褐色彩漆描饰天鹿、双凤、神鱼、麒麟、飞廉、白虎等纹样，线条生动流畅。

盘足 为壶门足。

图 2-35 东吴朱然墓漆槅

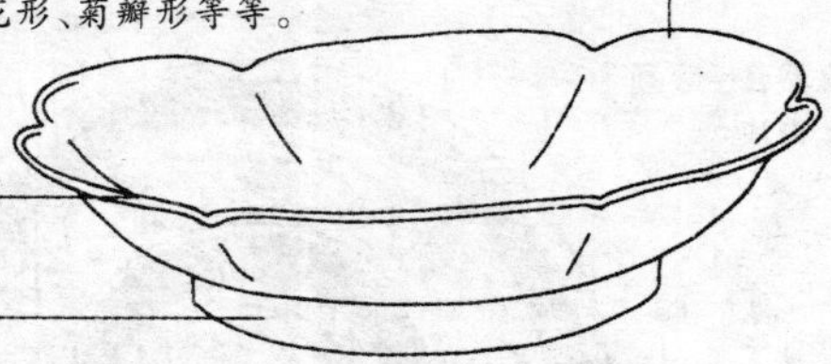

图 2-36 北宋花瓣式一色漆盘

盏托

盏托又称茶船、茶托（茶拓），是承托茶盏以防烫手的用具。据《唐语林》记载，此物始于“建中（唐德宗年号）蜀相崔宁之女，以茶杯无衬，病其熨手”，而用蜡来固定杯子。后人乃将茶托中部做成环状，即成盏托。事实上，盏托在东晋时已出现，宋、辽时样式繁多，托口明显增高。

图 2-37 北宋花瓣形黑漆盏托

渣斗

又名奓斗、唾壶，用于盛装唾吐物。如置于餐桌，专用于盛载肉骨鱼刺等食物渣滓，小型者亦用于盛载茶渣，故也列于茶具之中。元人笔记载“宋季大族设席，几案间必用筋瓶、渣斗”，即指此物。渣斗在晋代开始使用，瓷质较常见，比如青瓷渣斗。宋代许多窑场都烧制渣斗，同时出现了仿瓷器的髹漆渣斗。明清两代渣斗也被放置于床边和几案上，以备存纳微小废弃之物，用途有所拓宽，材质也日渐多样。有银器或漆器，

图 2-38 南宋渣斗

【图 6-4】 湖北随县曾侯乙墓出土透雕漆木禁

【图 6-7】 湖北枣阳九连墩 2 号战国墓出土彩绘漆豆

【图 6–8】 湖北随县曾侯乙墓出土龙凤纹盖豆

【图 6–29】 湖北荆门包山 2 号楚墓出土彩绘人物车马出行图漆奁

【图 6–21】 湖北江陵雨台山 471 号墓出土彩绘浮雕蟠蛇纹漆卮

【图 6-43-1】 湖南临澧九里 1 号墓出土彩绘虎座鸟架悬鼓复制品

【图 6-43-2】 湖南临澧九里 1 号墓出土彩绘虎座鸟架悬鼓复制品

【图 6-51】 湖南长沙五里牌 406 号楚墓出土龙凤纹漆盾

髹漆渣斗更为精美，堪与名窑瓷器比美。

奁

一种古代盛放梳妆用品的器具。漆木制，其造型为圆形、方形或多边形。有盖，盖面中部一般稍隆起，与器身子母口扣合。朴素漆奁不分层，豪华的妆奁分为双层，其中装满小奁，内置梳妆用品。内外髹漆彩绘。此奁就是《说文》所称"镜籢"。因奁中所盛之物多属化妆品，故又可叫做妆具。东汉由于避明帝刘庄之讳，改"庄"字为"严"字。因此，"妆具"曾一度称为"严具"。汉也有称方形或长方形奁为匣的，因匣为方形，所以方奁或称为匣。《后汉书·阴皇后纪》："视太后镜奁中物。"李注："镜匣也。"这一称谓有时被后世所沿用。漆奁主要流行于战国至唐宋元年间。

考古发掘资料表明，战国时期楚墓出土的漆奁非常精致，如湖北荆门包山2号楚墓出土的出行图漆奁，在漆奁盖通长八十多厘米外壁上彩绘有26个人物、众多的车马、树、猪、狗和大雁组成的漆画。在极小的空间将天空、大地包罗其间，把飞禽走兽、车马人物融于一体，堪称先秦漆画中的艺术珍品。

至汉代，漆奁不论在制作工艺上还是在漆画修饰上或产品数量上，都达到了前所未有水平。造型上有方形、长方形、圆形，有单层、双层或多层之分，子盒有三子、五子、六子、七子、八子和九子等；其胎质有木胎、夹纻胎等；其装饰有漆画、贴金箔、锥画、嵌金银等。如长

油漆绘画 即在漆液中加进各种颜料，配制成各种色漆。如文献中常说到"丹漆"，就是在漆液中加进丹砂制成的朱色漆。在漆液中加色只能配制出颜色较深的漆，凡是浅色淡色必须用油，一般用桐油等干性油调制而成。用这种方法制成的色漆称为"油漆"，至汉代称油漆绘画为"油画"，后代又称"油饰"，即用调了色的桐油作髹饰的一种方法。汉代漆器上的绘画，黑红二色多用漆画，浅淡颜色多用油画，并用毛笔来完成。此器为马王堆1号汉墓出土的九子奁，器表髹黑褐色漆，再在漆上贴金箔，金箔上施油彩，在盖顶和上下层的外壁等处均以金、白、红三色油彩绘云气纹，装饰显得富丽华贵。

奁盖 顶圆形，与器身套合。

小奁 一般大漆奁内都放置有小奁，有九子奁、五子奁不等，其形状有椭圆、圆形、马蹄形、长方形等。其内大多置胭脂、铅粉、丝绵扑、铜镜、梳篦等齐全的化妆用品。

图2-39 西汉贴金箔彩绘九子奁

沙马王堆1号墓遣策231号记有“五子检一奁”、遣策230记作“九子曾检一奁”等，“检”即“籢”、“奁”[①]。对照墓中出土的双层九子奁和单层五子奁，制作精致，内置胭脂、铅粉、丝绵扑、铜镜、梳篦等齐全的化妆用品。双层九子漆奁盖和器壁系夹纻胎做成，器表漆上贴金箔，再在上面施油彩。最有特点的是3号墓出土15件漆奁中，圆形双层奁占有5件，长方形双层奁2件。在西汉晚期至东汉早期的墓葬中还有嵌金银叶镂刻动物花纹的漆奁出土。

魏晋南北朝的镶铜扣漆奁、彩绘奁具有时代特点。唐五代时期银平脱工艺非常盛行，这时期银平脱花卉纹漆镜奁代表着这时期漆奁工艺的水平。宋代剔犀花边形漆奁很有特色。元代一色多边形漆奁也很精美。至明清以后漆奁演变成一种可开启和提携的梳妆镜匣或小箱。

针刻 为古代髹漆工艺的一种装饰技法。所谓“针刻”就是用金属针或锥在尚未干透的漆膜上，镌刻各种图画，由于用锥尖刻画，故花纹线条细于游丝，图案格外绚丽。据近年考古发掘所得，战国时期楚漆器中有针刻文字。至西汉时期不仅已有针划纹漆器，而且在针划云气纹中施加彩笔勾点，说明技法已相当成熟。长沙马王堆3号汉墓出土的漆器、扬州出土的汉代漆器，都刻有细如丝的线纹，挺拔流畅。马王堆3号墓出土的漆器用针刻画花纹作雕饰，同墓出土的竹简记载这种技法的名称谓“锥画”。可知锥画即“针刻”。该器为湖北江陵168号汉墓出土，奁内髹红漆，奁身外壁与口沿、盖内、内底的中部涂黑漆，并在黑漆地上满饰针刻花纹，有兽纹、云鸟纹、几何纹等，针刻的花纹纤细，连续萦回，构思巧妙，反映了西汉时期针刻艺术已具有很高的水平。

奁盖 奁盖与器身相套合。在黑漆地上满饰针刻花纹，纹饰细如丝游。

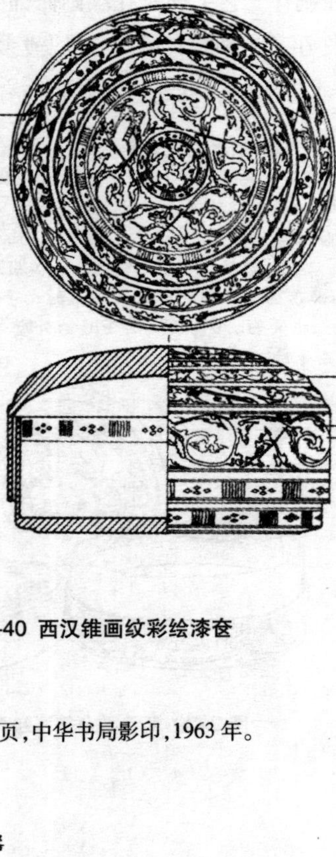

奁身 薄木胎，卷制。内置放有梳、篦、镜、细竹签、细竹管等。满饰针刻花纹。

图2–40 西汉锥画纹彩绘漆奁

① （汉）许慎：《说文解字·木部》，第125页，中华书局影印，1963年。

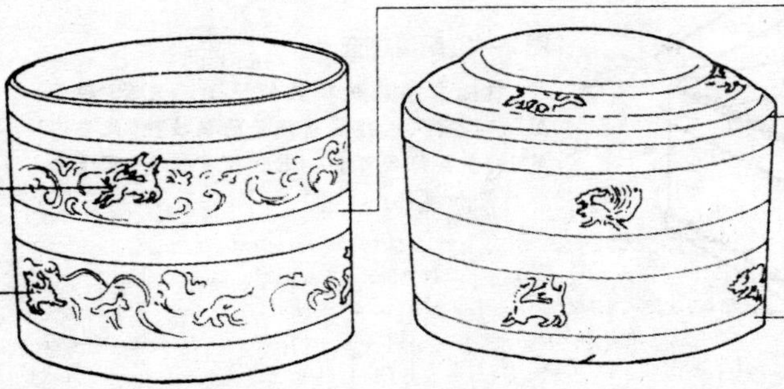

银扣 在漆器口沿、底部边缘做上银箍的一种装饰工艺。此器盖、身各饰三道银扣。银扣银光闪烁，金箔金碧辉煌，交相辉映，富丽堂皇。

金薄贴花 又作金箔贴花，因为“薄”通“箔”。这是一种在漆器表面上加薄金片的一种髹饰方法。即将黄金锤成极薄的薄片，镂刻成各种图形，再利用漆黏性很强的特性，把薄片贴于漆器表面，然后在漆器上加髹与底色相同的漆数层，至与薄片同一高度为止。始于商代，但在战国墓中仍十分罕见。考古资料表明，湖南临澧1号楚墓出土了一件金箔贴花漆器。这项工艺至西汉中期才被广泛地运用于漆器装饰之中。此器为西汉中期彩绘银扣贴金银薄漆奁，器表每层贴四金四银动物图案，动物身上又施有漆绘装饰，构图生动，纹饰富丽。

图 2-41 西汉银扣贴金银薄漆奁

莲瓣形奁盖 言其盖如莲瓣形，造型非常美丽。宋元时期这种莲瓣形造型的漆奁较多，其不以色彩取胜，而以造型见长。

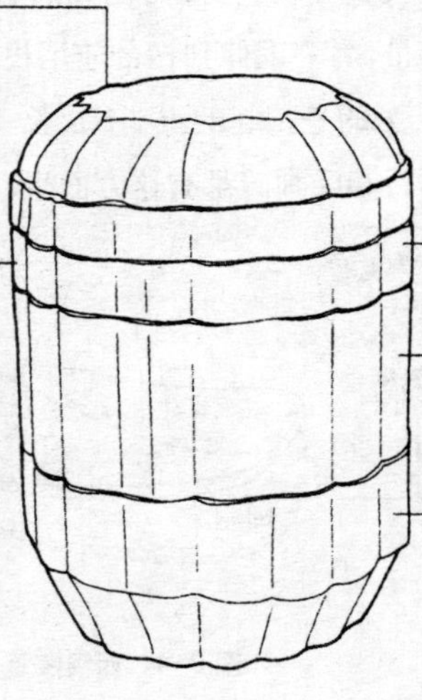

奁身 亦呈八瓣莲花长条形，分盘、中、底几层，有子口。中层置3只髹以黑漆的小圆粉盒、粉扑及木梳等物。底略内凹。

一色漆器 即指漆器用色单一不加任何纹饰。亦谓素漆器。

图 2-42 宋代莲瓣形一色漆奁

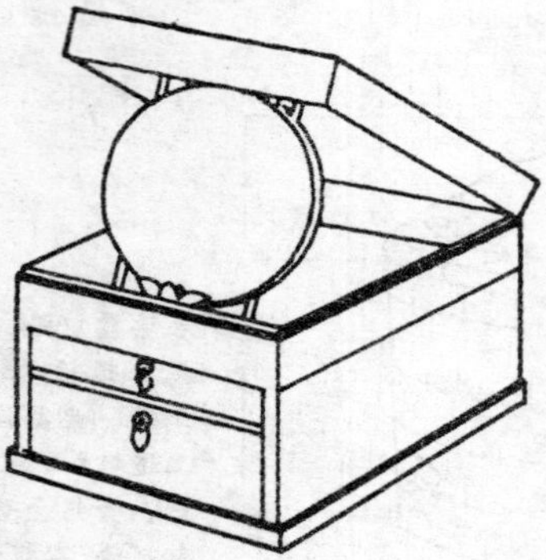

图 2-43 明清镜奁

即“镜箱”，盛放梳妆具的匣子。又称“镜匣”、“妆奁”，也指装着镜子的梳妆匣。此奁虽小，亦甚雅致可爱。宋代就有镜奁，明清以后更加流行。

箕

先秦时用箕扬去糠麸或清除垃圾。至汉代也如此。长沙马王堆3号汉墓出土了一件漆箕，髹黑漆，外壁用红色油漆绘几何纹。从汉代出土的漆箕看，当时的箕为斫木而成，器身前部较宽扁平，后为簸斗形。柄短小，位于箕后部，上有小孔用以系环或绳等，便于悬挂。与箕配套使用的是帚，小帚为“帚”，大帚为“篲”。由于箕较矮，所以扫地时须弯腰而扫。先秦时围绕扫地还派生了许多礼俗。《礼记·曲礼》：“凡为长者粪之礼，必加帚于箕上，以袂拘而退，其尘不及长者。以箕自乡而极之。”粪，即扫地，粪而有“礼”。古代箕多为木制，扫帚多竹梢编制而成，篲又重又长，扫地时两物若各在一手，既不敬，也容易碰到长者身体。“以袂拘”者，一手持帚，另一手伸到扫帚前用长袖口挡住尘土。“退”，指一边后退一边扫。“以袂拘”和“退”，为的是扫起的土“不及长者”。可见粪之礼俗与当时使用的箕之造型有很大的关系。汉画石和汉画砖都有这方面生动描述。漆箕一直为后世所沿用，其造型大体与先秦时期箕相似。

图 2-44 西汉漆箕

虎子

属亵器（便溺器）类。考古资料表明，目前我国唯一有明确出土地的先秦虎子，1980年出土于湖南长沙市五里牌3号楚墓之中。该虎子属战国晚期亵器，全器用一块整木雕成，由口部向内将腹镂成空腔。其外形像一只虎，虎身圆浑健壮，昂首匍匐，两目圆睁，张口作吼叫状，臀部圆肥，长尾上翘反卷连接脑后而成一提手。器内外均髹黑漆，器表用朱、褐二色彩绘云风纹，并突出勾勒眼、耳、臀等部件。此虎子整体雕琢线条浑圆流畅，形态栩栩如生，是一件十分难得的艺术珍品。此系迄今我国先秦漆器中仅见之珍品。

至秦汉以后的墓葬中常见铜、陶、瓷虎子，但漆木虎子极为少见。所以说汉代漆虎子仍为稀有珍品。如安徽天长、江苏等地出土了西汉时期漆虎子，江苏扬州东风砖瓦厂汉墓和仪征汉墓的漆虎子，均构思巧妙，造型生动。到魏晋南北朝以后，漆木虎逐渐被瓷虎所替代。

提手　老虎长尾上翘反卷连接脑后而成提手，其构思极为巧妙。

虎子口　一般雕镂呈老虎张口作吼叫状。

虎子身　一般呈老虎昂首匍匐状，老虎两目圆睁，臀部圆肥，造型生动。通体髹漆彩绘。

图 2-45 战国彩绘漆虎子

扇

据文献记载，古人出行时常用短柄扇子遮挡面部，借以避免阳光与风沙的侵扰；倘若遇到熟人不想打招呼，还可“以此自障面，则得其便”，故而这种扇子又称“便（biàn）面”。“便面”出现于先秦两汉时期，因形似单扇户门，故又名“户扇”。最早以细竹篾为材质，有些还用布锦丝绢包裹外缘。荆州马山 1 号墓出土矩纹彩漆是我国迄今发现年代最早的漆扇。魏晋时期，便面成为风雅之士的挚爱，宋时逐渐为折扇所取代。

图 2-46 成都百花潭战国墓出土镶嵌燕射水陆攻战纹铜壶上的依几执翣（shà）图

古人称扇为“翣”。图中一尊者凭几而坐，一卑者为其执翣拂风。这是古时器物图案上常见的依几执翣场景。

几

一种狭长面、下有足、常设于座侧、以便凭倚或搁置物件的家具。多木制，也有石制。《说文·几部》谓几字的篆文为象形。段注："像其高而上平可倚，有足。"古人有席地起居的习俗，当时的坐姿称之为"跽（jì）"，接近于现在的"跪"。由于这种坐姿容易令人疲倦，对于年长者更是如此，故而人们又发明了一种专供坐时凭倚的家具——凭几。这种家具通常设于坐席一侧，供人们伏肘凭倚之用。因为当时老人居则凭几、行则携杖，手杖是年老体弱者借以站立或行走的工具。在先秦史籍中，君主按年龄高下赐给老人"齿杖"，它是古代一种尊老的礼制。所以人们习惯以赐几仗为敬老之礼，史籍当中也常有"几杖"相随的说法，反映了先秦时期人们尊老崇老的社会风尚。据文献记载，先秦时不同的礼仪场合须以五席与五几组合使用。其中五几多以造型、装饰和颜色相区别，包括玉几、雕几、彤几、漆几和素几。说明几的起源也很早。楚墓出土的凭几多方面印证了《周礼》中关于上述五几的记载。凭几在先秦常被视为崇高礼制的化身，因而常被赋予某种神秘的文化内涵与精神力量。

秦汉以前凭几足多在几的两档，东汉以后出现了一种三足弧形凭几，由于它弧形的特点，坐时无论左右侧倚和前伏后靠都很方便。隐几，大约与凭几相似，《孟子·公子丑下》："隐几而卧"。明《遵生八笺·起居安乐笺》载："以怪树天生屈曲。若环带之半者，为之。有横生三丫作足为奇，否则装足作几，置之榻上，倚手顿颡可卧。《书》云'隐几而卧'者，此也。"三足凭几一直到清代初期还有保留。

燕几，最早《仪礼·士丧礼》就提到了该几为一种倚凭的小几，到后来发展为一种用以宴会的"组合家具"。炕几，一种放在床榻上或炕上使用的一种矮形家具。从宋代至明清时

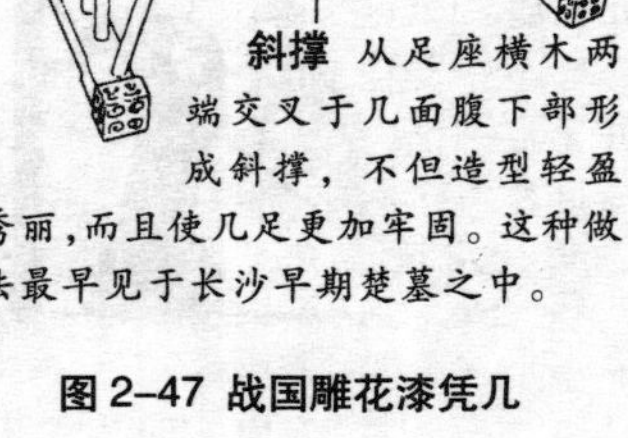

图 2–47 战国雕花漆凭几

代一直盛行;香几,一种承放香炉用高腿家具。宋以后出现;蝶几,一种十三件大小不等的等边三角形、直角三角形和等腰三角形组成单元、可以任意排列组合桌,明代戈仙所做,并著有《蝶几谱》。还有花几、搁几等,为明清家具常见品种。

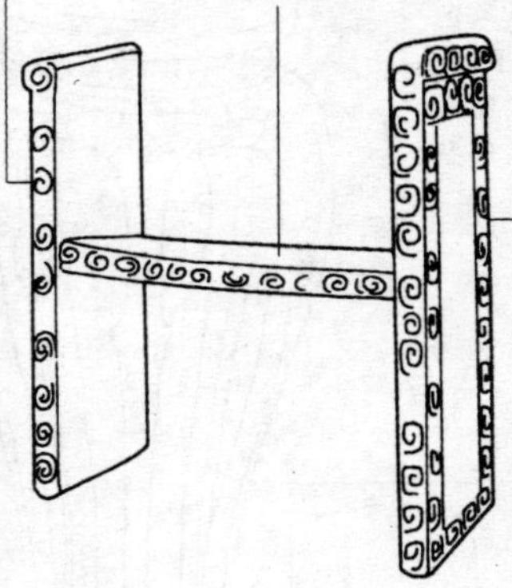

图 2-48 战国嵌玉H形几

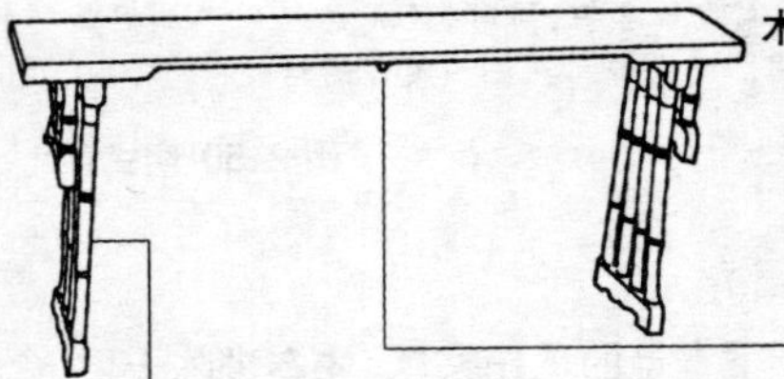

图 2-49 西汉高足活动漆几

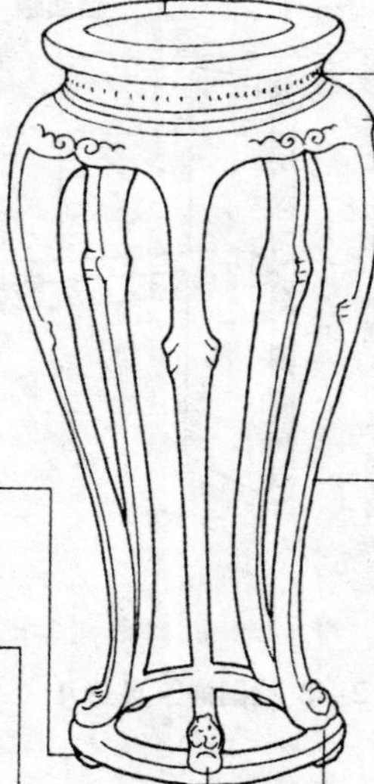

几面 圆形。因为香几使用特点之一是独立摆形，其造型不应具有方向性，无论从哪个角度看都应是完整的，而圆的造型符合这种设计要求，明代的香炉多小巧并略呈扁圆形，圆形的几面容易与之协调。至于焚香祷祝时，缭绕游移、冉冉升起的香烟，更是与其取得呼应。

龟足 从南宋以来，托泥之下还常置有小足，真正着地的是小足而不是木框。在整体呆板的木框托泥下长出的可爱四足，如同小巧的小海龟，既活泼，又起到通风的作用。明代家具的椅子、炕几等四腿下常用龟足。明式香几五个矮龟足触地，使整体获得一定的稳定感。

束腰 明清家具的构件名称。原是须弥座上枭腰与下枭之间部分，在家具上是指面框和牙条之间缩进的部分。明式束腰香几的束腰部分较高。

膨牙板 高束腰下连接几腿部分，一般雕饰为各种形状，雕饰的膨牙板一般以插肩榫与几腿相连。为明式家具常见的样式。

蜻蜓腿 明清家具中常用的一种腿式。腿足上粗下细呈S形，至脚头带弯外翻，形式柔媚而富有弹性。言其形如细长的蜻蜓足而得名，也有称“螳螂腿”。明式香几五条蜻蜓腿作大曲率S形，腿上中段向两侧局部突出，内浅雕饰花纹。五条上舒下敛的长腿设计得极富有弹性，赋予香几轻盈秀丽、亭亭玉立之美。

圆珠 几腿下端踩的部分，即圆珠雕饰，并与托泥相连。

托泥 是在椅子、凳、床榻、桌案的四腿下泥端，加方形或圆形的底框，使得四腿不直接落地，另有木框在下承托，家具受力落在木框上，这种木框叫托泥。这种托泥做法，魏晋南北朝时就已出现，不过那时是以箱形结体出现的。托泥不仅改变了四腿直接落地的旧形式，出现了造型上的新意趣，同时，托泥也起到了加固四腿的连接与稳定作用。明式香几托泥一般作圈树式样。

图 2–50 明式香几

案

一种长方形下有足的承托家具。先秦进陈干果、食物的矮足盘面具。古人进餐往往跪坐于席上，面前摆放的餐桌通常很矮，称之为“案”。古时贵族用餐多采用分食制，即根据宾客身份、地位、官职和年龄不同，每人面前摆放一张独立的案，案上分列成套的餐具，如耳杯、盘、盒等，但供食的内容却各有丰简，这在一定程度上反映了当时的食礼和等级制度。

案又根据不同用途而定为不同名称。食案为进食之承举之器。《周礼·玉人》：“案十有二寸，枣栗十有二列，诸侯纯九，大夫纯五，夫人以劳诸侯。”注：“枣栗实于器乃加于案。

聘礼曰，夫人使下大夫劳以二竹簋方，玄被纁里，有盖，其实枣蒸栗择，兼执之以进。”又《急就篇》：“椭杅槃案杯问碗。”注：“无足曰盘，有足曰案，所以陈举食也。”出于楚墓的矮足盘面具，信阳楚简谓：“二盛具，其木器：一漆案，□铺首，纯有环。”所记特征与实物正合，并指明其为盛食具。食案起源很早，考古发掘证实，早在新石器时代遗址中就出土了食案，春秋战国楚墓中出土精美的漆食案，因为楚人居住的南方地区物产丰富，食物构成也非常多样：主食方面多以稻米为主；副食则以畜牧、捕猎和采集品为主，以园圃种植物为辅，其中尤以香料烹制的鱼羹和包裹烤熟的螺蛤（gé）为日常菜肴。因而楚国的漆案常用于陈放“果隋（duǒ）蠃（luǒ）蛤”等多种食物。案在先秦是指矮足的盘面食案，陈进干果，汉代也仍以此式为食案，陈置酒食，马王堆1号汉墓出土了漆食案，四角附有矮足，高2厘米，出土时案上放置食盘、耳杯、卮和一双竹箸，表明当时贵族宴饮情形。另外，汉画像石中食案上多陈杯、盘，楚国食案的功用大概也不限于仅陈干果。

长条案，一种长方形的承具，明清时期条案的作法多为夹头榫结构，两侧足下一般装有托泥，个别不用托泥，但两腿间都镶一块雕花挡板，案面有平头和翘头两种。由于条形案和条形桌在造型上有些相似，人们往往称大型的为案，小型的为桌。严格说案、桌是有区别的，其最大的区别是桌的四腿在桌面四角且成直角，但案的四足不在四角，却缩进案面，且多夹头榫，两腿之间多镶有雕刻板心或圈口。所以说条案与桌子的差别是因脚足位置不同

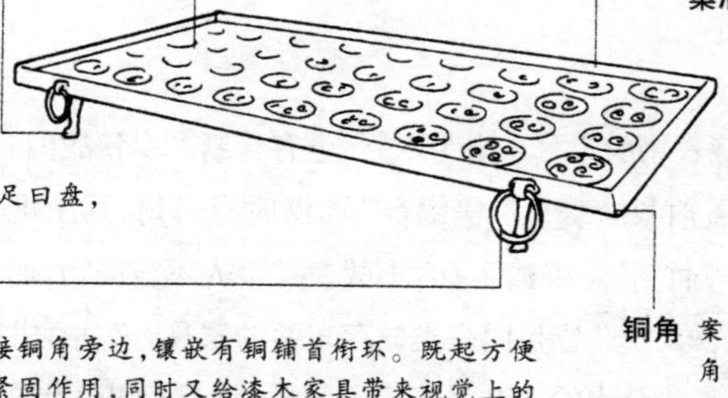

图2-51 战国金银彩绘漆案

图 2-52 西汉彩绘漆食案

为承置食器的平面器具，形如旧时饭馆上食的方盘。而案和盘的区别在于案下有矮足。颜师古注曰："无足曰盘，有足曰案"。小型食案主要流行于先秦和两汉时期。以其功能而论，这类案面非常平整，主要是案上要放盛了食物的食具；为防止食物汤水外溢，案周起沿构成拦水线；因为汉以前人们主要是"席地而坐"，就食的器具较矮才相适宜，加之需"持案进食"，案上陈放的应是较轻小的食具，所以小型食案较矮，造型轻巧，案板不厚。《东观汉纪》载："梁鸿适吴，依大家皋伯通庑下，为人赁舂。妻为具食，不敢于鸿前仰视，举案齐眉"（《艺文类聚》卷六十九）。由此可见，古人举案齐眉是极为寻常的事。这些例子，足以证明食案轻巧灵便的特点。

图 2-53 汉代圆形漆案

案面为圆形，下有三足。《说文·木部》曰："檈，圆案也。"楚墓中出土圆形木案，其上并有使用过的痕迹，背面一般髹漆。而汉代流行陶质的圆形案，其上一般置有耳杯和部分兽骨。

而采用不同的结构方式，故称"案"而不称"桌"。平头案一般是供书房中存放书籍和卷轴的书案，较食案更高，以便于读书和写字。翘头案其案面两端装有翘起的"飞角"，有的翘头还与案面抹头用一块木料做成。且挡板多施精美的雕刻，由于挡板用料较其他家具厚，常作镂空雕，所以多为明清家具木雕的优秀代表。奏案，是一种较书案还要大的长条案，是专供帝王和各级官吏升堂处理政务或接受奏章所用的。

箱

一种方形的收藏衣物的家具。多为木制，也有竹制。春秋战国时有言箧，《左传·昭公十三年》："卫人使屠伯叔向羹与一箧锦。"西汉时有言笥，马王堆1号汉墓就出土了竹箱，其遣策上记载为"竹笥"。宋戴侗《六书故》："今人不言箧笥，而言箱笼。浅者为箱，深者为笼。"可见"箱"与"笼"皆是同一类放存东西的家具。考古发掘较早的箱子为山西长治县春秋晚期墓葬、长治分水岭269号墓出土的漆箱（箱已朽）和湖北随州曾侯乙墓出土的漆木衣箱。唐宋以来又有专门的巾箱、衣箱和经箱等。

箱型家具在明清以后使用更加广泛，既保留着传统样式，同时在造型或装饰上都有所创新,不但放衣服、书籍,还置放宝物,甚至出外郊游时还携带其存放食物。种类也在不断增加,大到衣箱、药箱,小到官皮箱、百宝箱。装饰手法也很丰富,有剔红、嵌螺钿、描金,且多数有纪年。传统式的衣箱,上开盖,正面有铜饰件,上锁,提手在两侧,如 1973 年山东邹县明鲁王朱檀墓出土的朱漆戗金团龙纹箱就是这种式样,该箱内髹黑漆,外髹朱漆,并作戗金花纹。纹饰刻画精细,遒劲有力,虽然在地下埋藏了多年,金色犹灿烂夺目。大体积有明代万历年间龙纹黑漆描金药柜,为明代描金漆器中的一件珍品。小体积的有官皮箱,是一种体量较轻制作较精美的小型皮具,由宋代的镜箱演变而来。它上有开盖,盖下约有 10 厘米深的空间,可以放镜子,古代用铜镜,里面有支架。再下有抽屉,往往是三层,抽屉前有两扇门,箱盖放下时可以和门上的子口扣合,使门不能打开,最下为底座,是古时的梳妆用具。此种箱后来发展成为用来存放居家私房的小型保险箱。

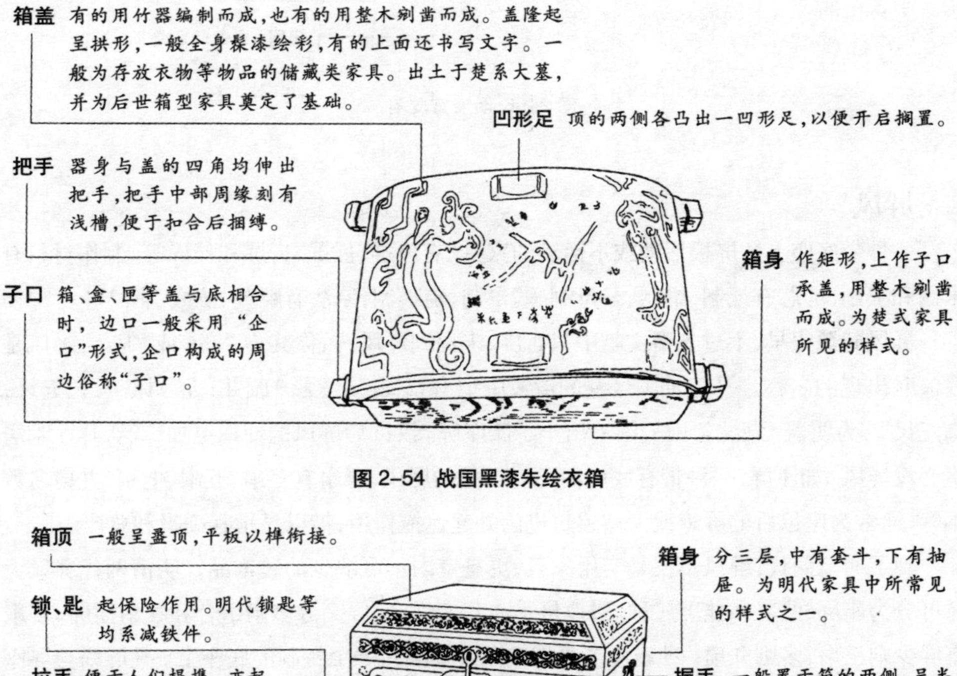

图 2–54 战国黑漆朱绘衣箱

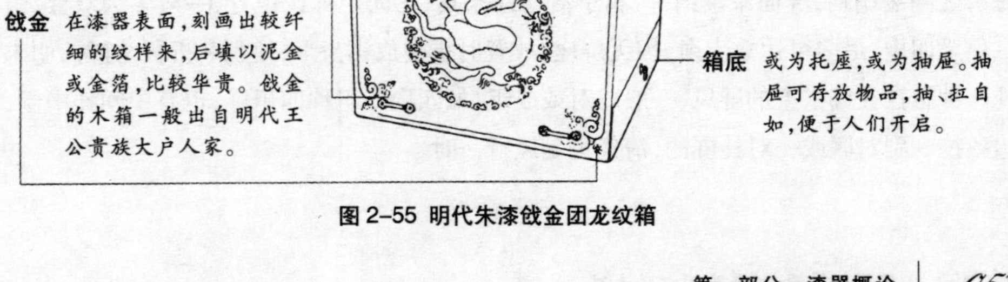

图 2–55 明代朱漆戗金团龙纹箱

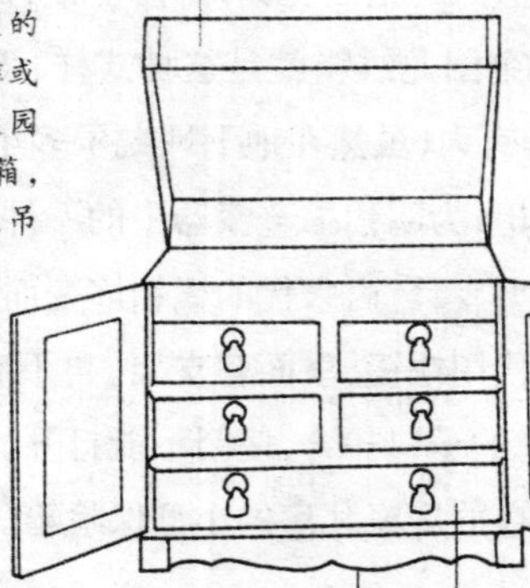

图 2-56 明清官皮箱

屏风

一种带底座上插屏板活动或不活动的家具。有座屏、插屏、折屏和挂屏等。制作材料有木制和玉制，屏芯有纸制、绢制、云母制、翡翠制、琉璃制，制法有雕刻、镶嵌、彩绘等。

屏风起源很早，不过先秦文献中只言屏，未提到屏风，而称其为“邸”或“扆”，屏风是西汉时出现的名称。马王堆 1 号墓的遣策中记有“木五菜（彩）画并（屏）风一，长五尺，高三尺”，为明器。湖北望山战国墓出土了漆座屏。汉以后屏风的使用更加广泛，凡厅堂居室必设屏风。如座屏，一种带有底座而不能折叠的屏风，屏扇有三扇、五扇、七扇、九扇名数不等，通常为座位后的屏障或大型建筑进门处起遮掩作用，借以显示其高贵和尊严。

到了明清两代，屏风不仅是实用家具，更是室内不可缺少的装饰品。明清两代屏风大体可分为座屏、曲屏和挂屏三种。以座屏最有代表性，座屏又分多扇组合和独扇插屏。多扇座屏少则三扇，多则九扇。独扇座屏是把单独屏框插在一个特制的底座上。凡屏扇与屏座可装可卸的座屏和砚屏等也可称插屏。曲屏，也称围屏，是一种可以折叠的多扇折叠屏风，每扇之间装销钩，屏面裱绫绢等，属于活动性家具，无固定陈设位置，一般多为双数，最少二扇至四扇，最多可达数十扇。因无屏座，放置时折曲成锯齿形，故别名折屏。挂屏，明末出现一种悬挂在墙壁上的屏风，一般成对或成组，如四扇一组称四扇屏，也有中间挂中堂，两边各挂一副对联或一对挂屏的，清代更是风行一时。

曲屏面 可开合，形体高大，一般放置于茵席上，均髹漆彩绘。此屏风底座至顶部横枋高1.8米，正面横宽3米，等分三间，每间宽1米。左右两次间为固定的屏壁。屏风左右两侧各有折叠铜构件连接翼障，使两扇翼障均可作90度展开或折合。张开平面呈“┌┐”形，折合则成“└┘”形。其宽度应为1米。见于汉初南越王大墓之中，其结构复杂奇巧，装饰异常华丽，为我国目前考古发掘中首次发现西汉时期的大型实用曲屏。这种曲屏对后世屏风影响深远。

顶饰 为屏风上的青铜构件。有鎏金的铜朱雀，首朝前，作振翅欲飞状。还有鎏金的双面铜兽首高踞在两翼障与屏风的顶上，组成异常壮丽的顶饰。

屏门 正面的明间为屏门。屏门两扇，上轴有一个钉入顶部横枋的铜门斗咬合，下轴直接插在铜托座构件的轴孔中，由于托座本身造出门限和门框，确定了两扇屏门只可向后启合。

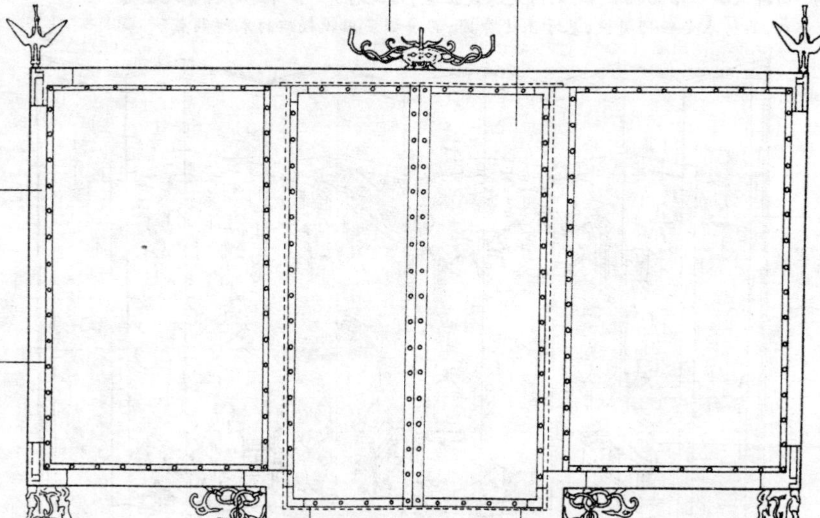

托座 分别置于曲屏下，为蟠龙等青铜构件，并与屏风包角构件有榫臼焊接连成一体。

铜包角 两扇屏门的上下四个门轴用曲尺形铜包角构件包护。分别置于曲屏下，为蟠龙等青铜构件，并与屏风包角构件有榫臼焊接连成一体。

铜泡钉 泡钉为家具铜饰件。泡钉因钉头有一小圆形铜泡而得名，是固着铜饰件用的钉子。此屏风上的边框木条上饰有鎏金的铜泡钉，大约六百多个。

图2–57 西汉折叠彩绘漆屏风

直立板屏 屏面为单层直立板式，呈长方形，上髹漆彩绘。有的正面黑屏上彩绘一条盘舞于云气中的神龙，绿身朱鳞，体态生动自然，屏背朱地上满绘浅绿色菱形几何纹，中心穿系一圆璧。屏板四周围饰以较宽的菱形彩边。有的一面绘有神龙和云纹，另一面也饰有图案。流行于西汉初期，这种独立板屏，后世沿用很久，直至唐宋。

足座 为两个长方形足座，足座上有带槽凹口，以此承托直立板屏。

图 2-58 西汉彩绘漆屏风

屏框 曲屏风属于活动性家具，无固定陈设位置，用时打开，不用时则折叠收藏起来，其特点是轻巧灵便，基于上述原因，其屏框多用较轻质的木材做成。

销钩 每扇屏风之间装有销钩，一般用金属器制成，起连接曲屏作用，因曲屏无屏座，只用销钩连接，所以放置时分折曲或锯齿形，故曲屏的别名为“折屏”。

屏心 由多扇屏面组成，一般有四、六、八、十二片单扇配置连成，屏心多用较轻质的材料做成。或用雕漆百宝嵌描绘山水人物故事，寓意闲情逸致；或用轻质木材纸绢裱糊图画各种山水风景、名人书法，以示清高脱俗；或丝绢刺绣花卉鸟兽，象征生活安逸；或用款彩漆绘宫殿庭院，表示荣华富贵。款彩是在漆灰地上按图案轮廓剔去漆灰，然后将漆色或油色填入花纹内的一种髹饰方法。这种华丽的曲屏在较大的厅堂中，不但起到分隔空间的作用，也可起到美化环境和装饰作用，所以一直深受明清以来文人雅士的青睐。

图 2-59 清代款彩曲屏

漆木竹娱乐用具

漆娱乐用具有乐器、舞具和文娱用具等。文娱用具如对弈的博具和围棋等。乐器包括弦乐、管乐器和打击乐器等，弦乐器如瑟、琴、琴线奉、筑和琵琶等；管乐器如笛、篪、竽、竽律、笙和排箫等；打击乐器如木编钟、虎座凤架悬鼓、鼓、鼓槌、钲、钲槌、编磬、钟槌和绕线棒。舞具有彩绘的漆盾等。

博具

博具为古代娱乐用具。由局、棋、箸或茕（赞）组成，缺一不可，其余如博席子、博囊、博盒、削刀、刮刀等均为辅助用品。有投箸的博，投六箸的博叫六博（大博），还有投二箸博和投八箸的博。投茕的博，有投一茕的博和投二茕的博。因博法行棋久已失传，不能言其详。但近年傅举有、孙机等先生对博戏的方法进行了详尽的考证[①]。

六博的使用方法，简单扼要地称为“投箸行棋”。《方言》卷五：“箘谓之蔽。”《楚辞·招魂》王注：“蔽，箘箸。”一套博具中有六根箸，故名六博。六博依箘箸行名。除箸以外，对博的双方各有六枚棋子，棋子布在博局上。博局又名曲道，曲道是按照栻盘的格式布置的。行棋之前要投箸，箸一般投在方枰上，或投在地上，或席上。投箸行棋双方轮流进行，根据投的结果，决定行棋的步子。

投茕的博，与六博不同之处是没有箸，有茕，另有算筹为六博所没有。长沙马王堆3号汉墓出土了一套迄今为止最完整投茕的博具。其博具装在方形漆盒里，盒内有一博局，六黑棋、六白棋共12枚，筹42枚，直食棋20枚及环刀和削。盒正中有一圆窝，内置博茕。这套博具与《颜氏家训·杂艺篇》所称：“比世所行，一茕十二棋”的博具相合。博法两人对局而坐，一方先投茕，茕为18面的球体，其中一面刻“骄”，如投之则可将棋竖起，称为“枭”棋，可食棋，食棋则可以得筹，以行筹多者为胜。

博的发明很早，最迟大约不会晚于商代。首先出现的大概是投箸的博，投茕的博较晚之。而考古发现最早投箸的博是云梦睡虎地秦墓出土的博。投茕的博是长沙马王堆3号汉墓出土的博。汉代是博戏的全盛时代，投箸的博和投茕的博同时并行。《史记·滑稽列传》曰：“若乃州闾之会，男女杂坐，行酒稽留，六博投壶。”可见博戏是汉代重要的娱乐项目，

---

① 孙机：《汉代物质文物资料图说》，文物出版社，1991年；傅举有：《中国漆器的巅峰时代——汉代漆工艺综述》，《中国历史暨文物考古研究》，岳麓书社，1999年。

考古资料也不乏其例。魏晋后，虽仍有六博之戏，但与秦汉六博已迥然不同，其后衰落，终于失传。

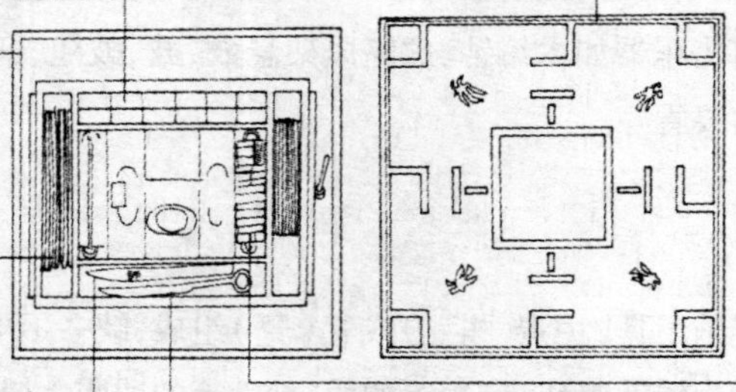

图2–60 西汉投茕漆博具

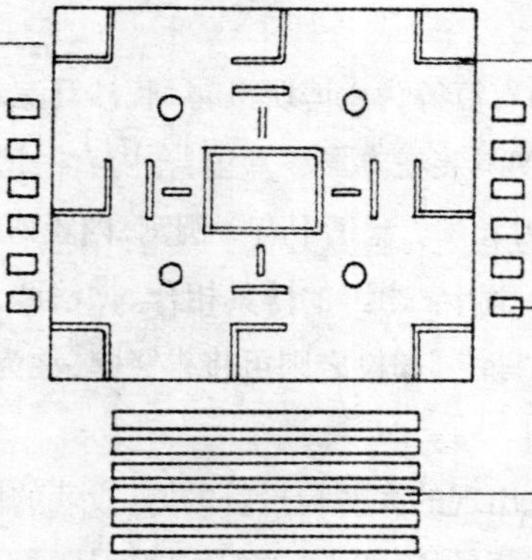

图2–61 博具曲道

有“骄”字面的茕

有“𩰚”字面的茕

图 2-62 茕

又作“樈”、“瓊”或假作“琼”。茕相当于后世的骰子，掷之则回转。《说文·卂部》:“茕，回疾也。”段注:“回转之疾飞也。”正是此义。考古发现最早的茕是在陕西临潼秦始皇陵园内出土的石制 14 茕。汉代的茕皆为 18 面体，其中 16 面上刻 1 至 16 的数字，另在相对的两面刻“骄”和“𩰚”二字。骄指骄棋，亦为枭棋。“𩰚”李学勤先生释“媿”，为骄的反义词，意不利棋步。马王堆 3 号西汉墓、江陵凤凰山 10 号西汉墓及临淄西汉齐王墓都出土了博茕。其胎质有木胎漆茕、空心错银镂孔铜茕和石制茕。

瑟

是我国最早的弹弦乐器之一，为弹散音的乐器，一弦一音，属于较原始的类型。瑟音域宽广，可独奏、合奏和伴奏。演奏时，左右手交替弹拨。先秦时，它除了作为礼乐用于祭祀、宴享等乐舞活动外，还常与琴、笙一起，成为夫妻恩爱、情投意合的象征。《诗经》中对此多有描述，如“窈窕淑女，琴瑟友之”、“琴瑟在御，莫不静好”等。提起瑟人们还会自然联想起“湘灵鼓瑟”的故事和“伏羲氏造瑟”的传说，说明瑟的历史非常久远。在春秋战国时代奏乐鼓瑟风靡一时。西汉时仍很流行。长沙马王堆 1 号墓出土的瑟为我国现存最早且保存完整的弦乐器。瑟的演奏方法，早期文献无记载，但马王堆 1 号汉墓黑地彩绘棺鼓瑟图像、汉画像石鼓瑟造型等，为了解汉代瑟的演奏方法提供了实物依据。由此可知汉代常见鼓瑟方法主要为双手并弹，其指法多为扣、弹等动作，所以汉代多称奏瑟为鼓瑟。

过去在长沙、信阳和江陵等地楚墓出土的瑟有二十三弦、二十四弦和二十五弦瑟，而以二十五弦居多。其形制与马王堆汉墓出土的瑟相似，均为首尾四岳和四个弦枘，可名之为“四岳四枘式”。这种瑟又常见于东汉出土的明器瑟和汉画像石中。说明东周至两汉时期，瑟的形制基本稳定和统一。至公元 4 世纪（约公元 350 年），有一种曲项琵琶通过印度传入我国，在隋唐时期盛行起来，在一定程度上代替了瑟的位置。不过瑟仍在民间流传。至于唐宋以来文献所载和明清宫廷所用的瑟，与先秦两汉瑟的样式更有明显的差异，形制与筝相近，首尾各有一岳，无弦枘，可名之为“二岳”式，具有明显承前启后的继承关系和时代特点。

中尾岳 尾端中间的尾岳称为中尾岳，用以绷弦。

外尾岳 尾端外侧的尾岳称为外尾岳，用以绷弦。

内尾岳 尾端内侧的尾岳称为内尾岳，用以绷弦。

尾越 底板靠尾岳一端，有一个共鸣窗，为尾越。

隐间

罗绮饰 马王堆1号汉墓瑟内外两组弦的尾部，各有一条绛色的罗绮带穿插于弦间，将弦隔开。此带古代文献记载，据理推之，为消除弹奏时引起共鸣产生的干扰。

尾

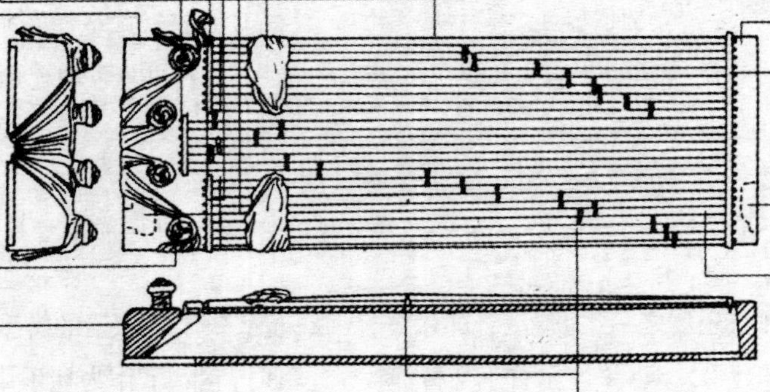

首

首岳 位于瑟面的头端，横亘一条首岳。

首越 底板靠首岳一端，有一个共鸣窗，专有名称为首越。

弦 瑟有二十三、二十四、二十五弦不等。马王堆1号墓瑟有二十五弦，被外、中、内岳分为三组。中间一组为七弦。内外两组各九弦。

瑟体 一般为木制并髹漆。瑟面略作拱形，瑟体下面嵌有底板，底板两端有挡板。

木柱 每根弦的下面，都支有一个拱形的木柱，用以调节弦长，确定音高。调弦时，先将隐间各空弦定出所需同度散音，然后再依照一定音阶的调弦需要，由低而高依次施柱，从而形成阶梯形的柱列。据《续汉书·礼仪志》说："黄钟之瑟，轸间九尺，二十五弦，宫处于中，左右为商、徵、角、羽。"说明黄钟瑟是依五音调弦。这五音相当于现代音乐简谱上的1(do)、2(re)、3(mi)、5(so)、6(la)。

枘 处于尾的木枘用于系弦。马王堆1号汉墓瑟有四个木枘，头用银制成，饰以涡状花纹。楚瑟与东汉瑟也有此式，名"四岳四枘式"。

图2–63 西汉二十五弦漆瑟

琴

是一种起源较早、使用时期较长的弦乐器，在中国古老的民族乐器中最具有代表性。它利用按弦时变更振动弦分，在同一根弦上奏出不同的音，这在演奏技法上是一大进步。琴音清幽，余音悠远，适用于独奏，不宜合奏，深具东方文化特色。早在先秦时，就受到上至天子，下至平民的普遍喜爱。当时“士无故不撤琴瑟”。我国古代有过不少造诣极高的古琴演奏家，相传春秋时伯牙善弹琴，而钟子期是他的知音，赞叹他弹琴志在高山和流水，这首感人肺腑的古曲就叫《高山流水》。

战国漆琴有七弦琴、十弦琴等，曾侯乙墓和战国晚期的长沙五里牌楚墓均出土过十弦琴。古文献中所谓琴，大都是指七弦琴，这种琴已知最早的实例为长沙马王堆3号汉墓出土的七弦琴，琴弦已不存，琴腹面下有弹奏痕迹，说明它是久经使用的实物。这具琴没有设“徽”。“徽”在先秦文献中不见记载，汉代文献有记载，约至西汉晚期，琴上才普遍装徽。琴徽一般是13个，代表弦音的主要分割点。演奏者用左手据徽按弦，右手拨弦，从而形成了较复杂的指法，因为琴音主要是由按弦决定的，故多称奏琴为抚琴。西汉琴尾与楚琴均

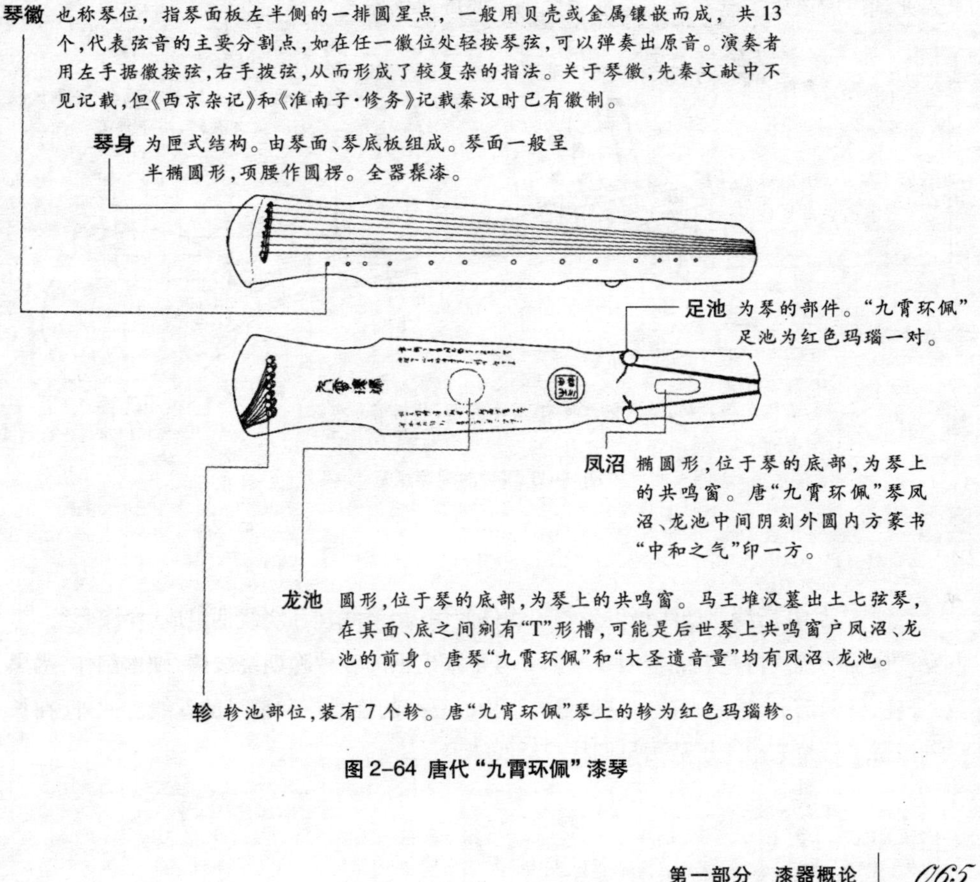

图2–64 唐代“九霄环佩”漆琴

用实木,其共鸣效果差,至东汉时期制琴工艺有所提高,共鸣箱已延至琴尾,从而使音量和音色得到改善。至隋唐以后古琴制作更加精美,故宫博物院收藏了著名的唐琴“九霄环佩”和“大圣遗音量”。

琵琶

弦乐器,用木料制成,一般有四根弦,下部为瓜子形的盘,上部为长柄,柄端弯曲。《风俗通义》说:“谨按此近世乐家所作,不知谁作也。以手批把,因以为名。”《释名·释乐器》也说:“枇杷本出于胡中,马上所鼓也。推手前曰枇,引手却曰杷,象其鼓时,因以为名也。”则琵琶初作批把或枇杷,系根据其弹奏的手法而得名。此乐器起源于美索不达米亚,后广泛流行于亚洲西部、西南部各地,东汉时经西域传入我国,如新疆尼雅汉代精绝国遗址中曾出土琵琶残件。四川乐山虎头湾、辽宁辽阳棒台子屯等地东汉晚期墓的石刻和壁画中出现过奏琵琶的人像,所弹琵琶,均盘小,颈长而直。魏晋时期琵琶使用更加广泛,如嘉峪关画砖上出现了魏晋琵琶造型,与东汉时期琵琶造型相似。由于琵琶音域广阔,表现能力强,至南北朝以后该乐器已在器乐合奏中成为主要旋律乐器。

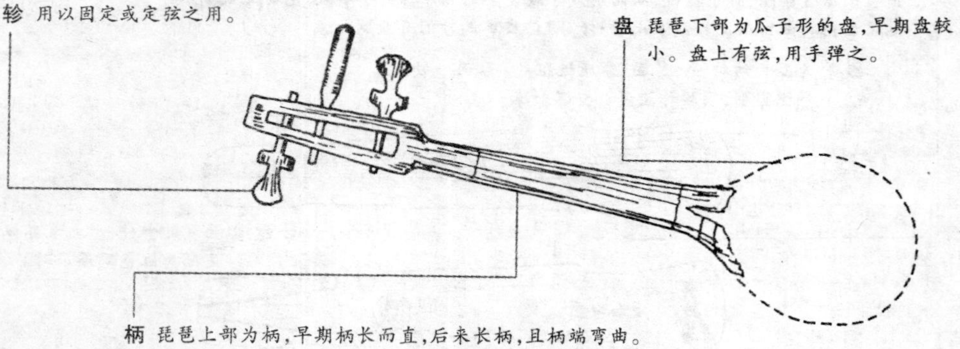

图 2-65 汉魏时期漆琵琶

绕线棒

绕线工具,其所绕之丝线可供乐器等物件使用。由绕线柱和绕线柄组成,髹漆彩绘。考古发现最早的绕线棒是湖北当阳曹家岗 5 号楚墓出土的春秋晚期绕线棒,硬木制作,褐黑色,分柱、柄两部分,这是目前所见最早的结构最复杂的绕线棒和最早的丝线。此外,在长沙浏城桥 1 号楚墓出土了战国早期柱状绕线棒。

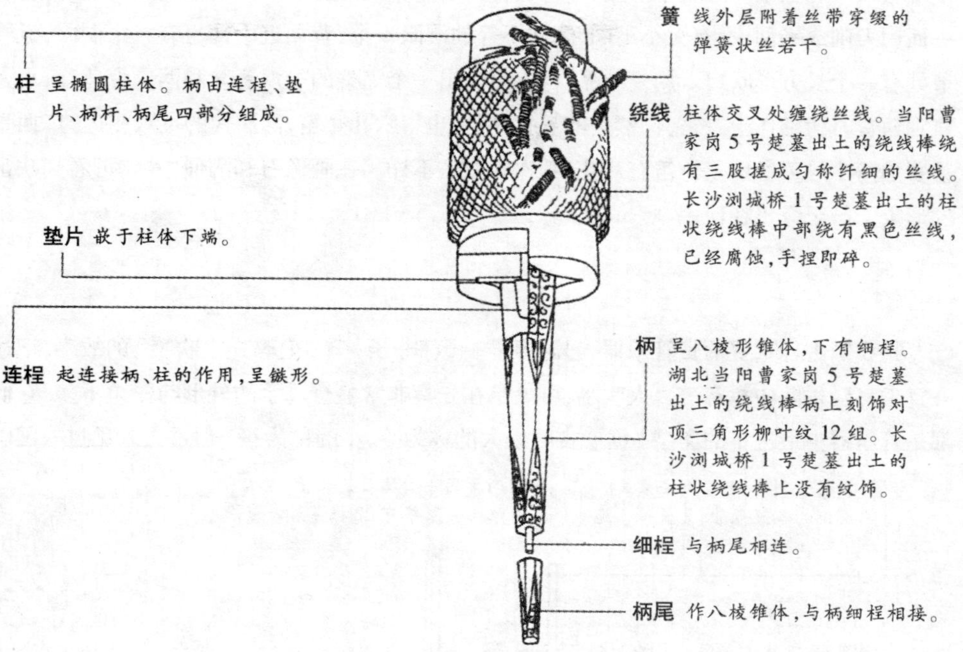

图 2-66 战国早期绕线棒

笛

是一种起源较早、使用最长的竹制管乐器，为一长条形，上有孔。《文选·长笛赋》李注引《说文》：“笛七孔，长一尺四寸，今人长笛是也。”我国最古老的横笛记载首见于《诗经·大雅·板》，其年代约为公元前9世纪。最早的实物例证是河南舞阳贾湖遗址墓中出土的七孔骨笛，距今已近8000年历史。至汉代所说的七孔笛上除了6个指孔外，另一孔或指

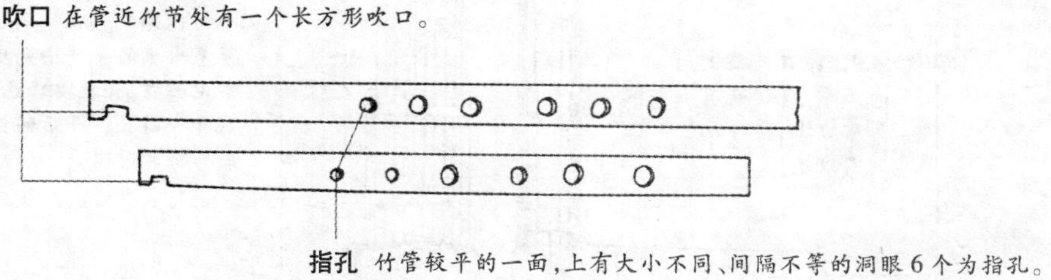

图 2-67 西汉竹笛

下端管口。马王堆3号墓中出土有两支竹笛，形制相同，上端有竹节，下端为中空，竹管的一面用刀削成平面，上有大小不同、间隔不等的洞眼6个，背面近中部也有一个洞眼，近竹节处有一个长方形吹口。用复制品吹奏，可吹出一个完整的七声音阶和两个变化音，可是直到西晋时荀勖作十二笛，仍然是前五孔、后一也得六孔竖笛，与唐代的尺八相近。广西贵县罗泊湾1号墓所出土竹笛有八孔，其吹奏方法不详。在画像石和陶俑中，均可看到吹笛的形象。笛至今仍在使用。

竽

是我国古代重要的簧管乐器，起源很早。《韩非子》有“南郭先生吹竽”的故事，记述齐宣王宫廷乐队中竟有三百人吹竽，可见竽在先秦非常盛行。竽的外形与笙差不多，它们都是管乐器中最进步的类型。据说古时候大的称为竽，小的称为笙。但过去未见过战国以

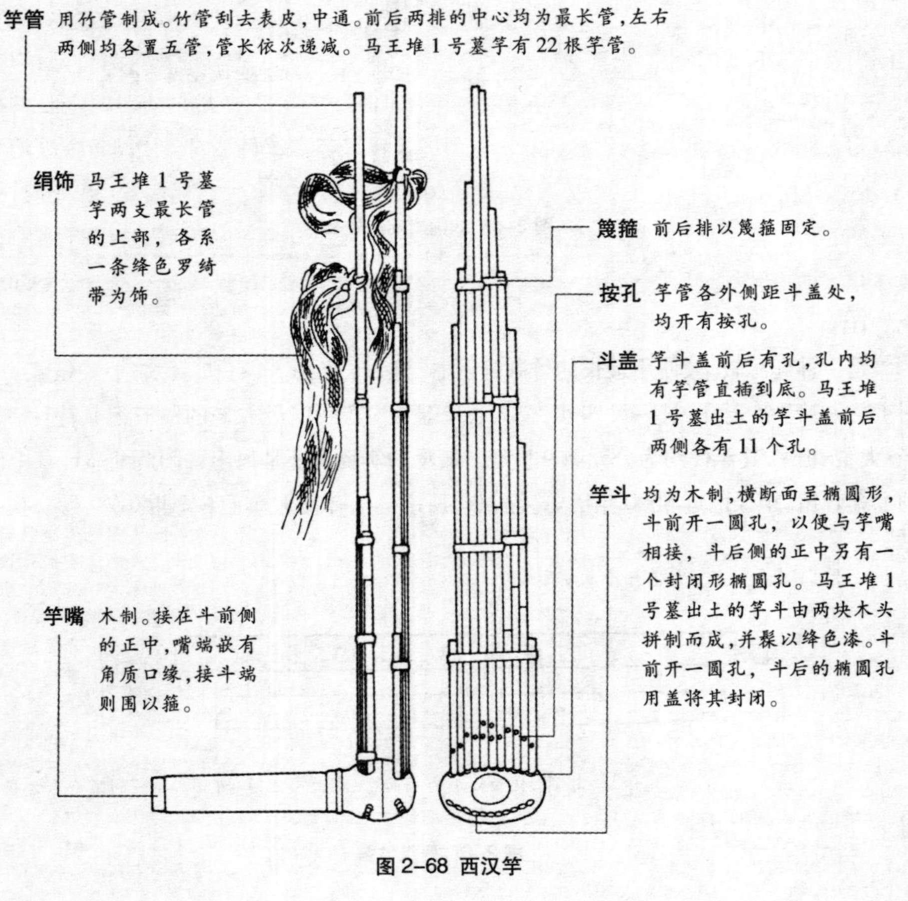

图2–68 西汉竽

至秦汉时期竽的实物，马王堆汉墓1、3号墓出土的竽为我们了解古代民族乐器的构造提供了实物资料。1号墓竽为明器,3号墓竽为实用器。将明器与实用器相对照可知竽的构造由竽斗、竽嘴和竽管等组成。竽斗是用匏做成的,竽管用细竹管制作,皆布管于匏内。特别是3号墓竽分单管和折叠管两种,各管端装簧,它是用薄竹片削成,利用簧片与管中气柱的共振作用发音。这具竽的簧片是目前发现最早的实物。簧的发明是我国古代在管乐器结构方面的重大贡献。

在发展过程中,竽管数逐渐减少,先秦文献记载有36管,汉代为26至22管,至唐代减至12管。而笙的管数却在逐渐增加，长沙浏城桥1号战国早期楚墓出土的笙斗为10管,汉代13管,晋代已增19管。所以竽逐渐被笙所取代。

竽律

为专门校正音色的定音哨。竽律一器,古代文献失载,顾名思义,竽律当用以调竽,与竽同出是其实证。《韩非子·解老》云:“竽也者,五声之长也,故竽先则钟瑟皆随,竽唱则诸乐皆和。”足见东周两汉时期竽在演奏中的重要地位,它既是主要的旋律乐器,又是诸乐的定音标准,为了校正竽音,汉代有了专门的竽律。考古资料表明汉代已有标准的竽律了。长沙马王堆1号墓出土了12根律管,遣策记载其为“竽律”,竹制明器。出土时,管上有墨书的十二律名称。汉代十二律与现代简谱对照,大致相当于从低到高排列音阶。律管装在律衣的12个筒形袋中。这一实物和简文中的有关记载,在我国音乐考古史上都是首次发现。

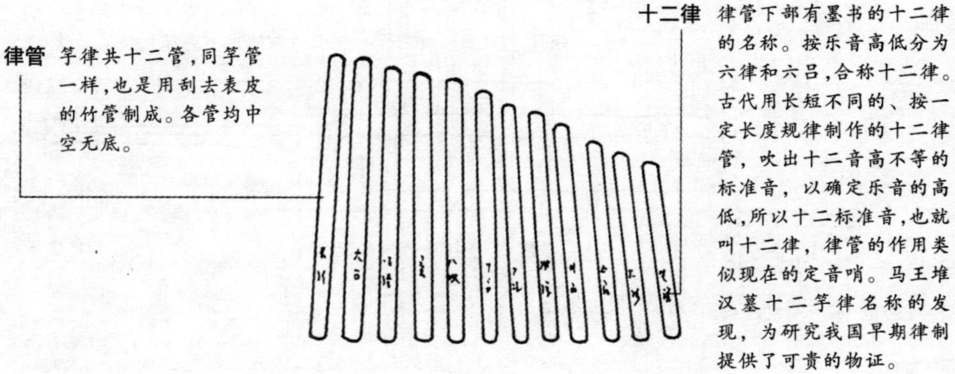

图2–69 西汉竽律

笙

为管乐中较为先进的一种乐器。其造型与竽相似布竹管于匏内，并在各管端置簧片，利用其与管中气柱的共振发音，笙出现较早，《诗经》就曾说过："吹笙鼓簧。"长沙浏城桥1号战国早期楚墓出土的笙斗为10管，形似烟斗。湖北江陵雨台山394号战国楚墓也出土了一件10孔木笙明器，每孔中插一根实心圆木条应为管。在以后的管乐器中笙逐渐取代了竽的地位。

图2–70 西汉笙

筑

一种击弦乐器，大头细颈，筑面平直，呈棒状，形似筝，通体髹漆，造型修长典雅。《释名》曰："筑以竹，罗之筑柲之也。"柲，柄也，击奏于其柄上。因为筑在竹胴上张弦而成，以竹尺击弦，故称奏筑为击筑。先秦时期已有筑，主要流行于东方六国。较早只有五根弦，由于弦少，所以奏出的曲子比较单调。至汉代对这种乐器作了改进，《史记·高祖本纪》正义引应劭曰：筑"状似瑟"，可见其外形与瑟靠近。考古发现长沙马王堆3号汉墓中出土了筑的明器，1号墓黑地彩绘棺出现过击筑的造型。长沙望城坡西汉王室墓中则出土了一件实用筑。河南新野出土的东汉画像砖有此造型。筑在汉代非常流行，但这种乐器当时并未纳入宫廷乐队，以后逐渐失传。

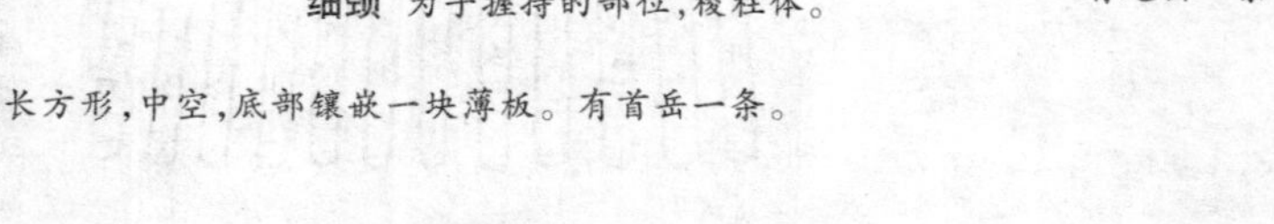

图2–71 西汉漆筑

篪（chí）

为横吹单管乐器。据《周礼·春官·笙师》郑众注："篪，七孔"。《尔雅·释器》郭注："篪，以竹为之，长尺四寸，围三寸。一孔上出一寸三分，名翘，横吹之。小者尺二寸。《广雅》云八孔。"但《风俗通义》谓篪十孔，《吕氏春秋·仲夏记》高诱注谓篪七孔。又《北堂书钞》一一一卷："篪，六孔，有底。"故篪孔有十、八、七、六诸说，形制或不尽一致。它的特殊装置是在吹口上装翘，翘亦名距。《御览》卷五八〇引《世本》："篪，……吹孔有嘴如酸枣。"湖北随州曾侯乙墓出土了战国时期两支篪，且有一器两端闭口"有底"，吹口上未装翘。汉画像石上有篪的造型，但翘结构不清楚。至云冈石窟中雕刻的伎乐所吹义嘴笛，吹孔上的突起物翘很明显。

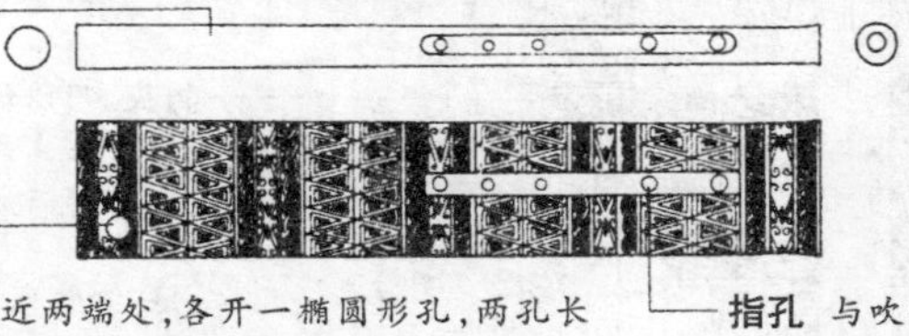

图 2-72 汉代彩绘漆篪

排箫

排箫属于管乐器，常用于合奏。先秦至汉代所谓箫均指排箫。排箫有大小箫之分，《尔雅·释乐》曾记有 32 管的大箫和 16 管的小箫。所谓排箫是由长短不一的乐管组成，这些乐管是从吹低音的长管到吹高音的短管依次排列编联起来的，故《说文·竹部》说："箫，参差管乐，像凤之翼。"《楚辞·九歌》："吹参差兮谁思。"故箫又名参差。如湖北随州曾侯乙墓出土战国早期排箫，由 13 根长短递减的箫管并列，加 3 个竹夹编缚而成。同出两件，大小相近。其中一件，13 根箫管中有 8 根可吹出乐音，音列至少是六声音阶结构。保存相当完好，为古乐器研究提供了珍贵的实物资料。

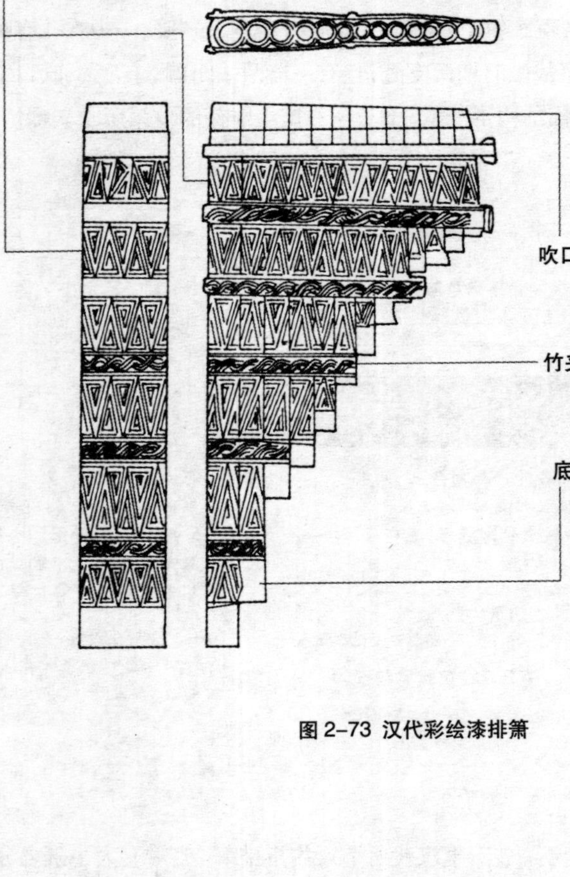

图 2-73 汉代彩绘漆排箫

鼓

属于打击乐器，广泛应用于战争、祭祀、宴享等方面。它分悬鼓、建鼓、手鼓等种类。按古代“八音”分类法，鼓属于革乐。现代鼓列入皮乐器。由分瓣木片组成，上下均有鼓皮。打击乐器发明极为悠久，原始社会中已有鼓，山西襄汾陶寺新石器时代遗址出土了鼍（tuó）鼓。到了战国时期，以编钟、编磬、建鼓等乐器组成大型乐队，从曾侯乙墓出土的宏伟乐队中可一睹其风采。彩绘漆鼓常见于楚墓之中。鼓的使用历史很长，至今仍在使用。

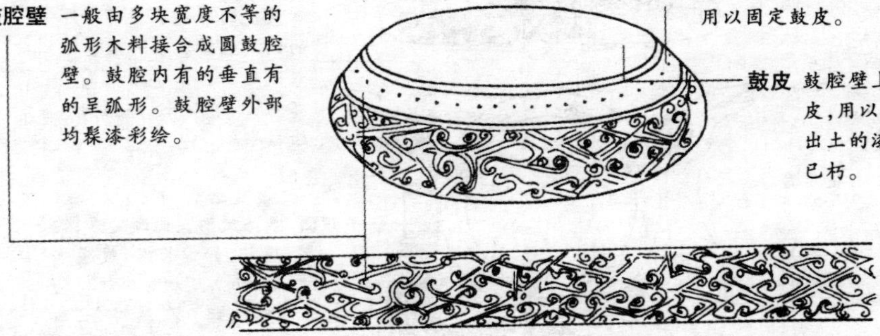

图 2-74 战国彩绘漆鼓

图 2-75 山东沂南汉画像石上击建鼓图

汉代大型鼓名建鼓。建鼓也称立鼓，用一根长杆穿鼓腔而过将鼓立起，长杆下端插于鼓座将鼓固定。史载“建鼓，大鼓也……植而建之，谓之建鼓。”其作用是“为众乐之节”，即起指挥“众乐”的作用。长沙马王堆3号墓遣策曰：“建鼓一……鼓者二人，操枹。”

虎座凤架悬鼓

是最具楚民族特点的打击乐器。由双虎、双凤、一鼓三部分组成。这种悬鼓广泛用于祭祀、宴享和战争。它以两卧虎为鼓座，两凤鸟为鼓架，将鼓悬挂在两凤之上，悬空敲击演奏。虎、凤全身均涂黑漆，用红、黄、蓝或金等色粉彩绘虎斑纹和凤的羽毛纹。鼓面用红彩绘花瓣纹、卷云纹和凰首纹等纹饰，鼓边绘斜三角云纹等几何纹饰。它造型别致典雅，设计巧妙，融实用性和艺术性于一体，表现出楚人绝妙的想象力和高超的艺术表现力，是楚乐器中富有代表性的典型打击乐器。楚国向有崇凤传统，在楚人心目中，凤鸟为至高无上的神鸟，百兽之王的猛虎也只能蜷卧在凤鸟脚下。这类悬鼓仅见于战国楚地。

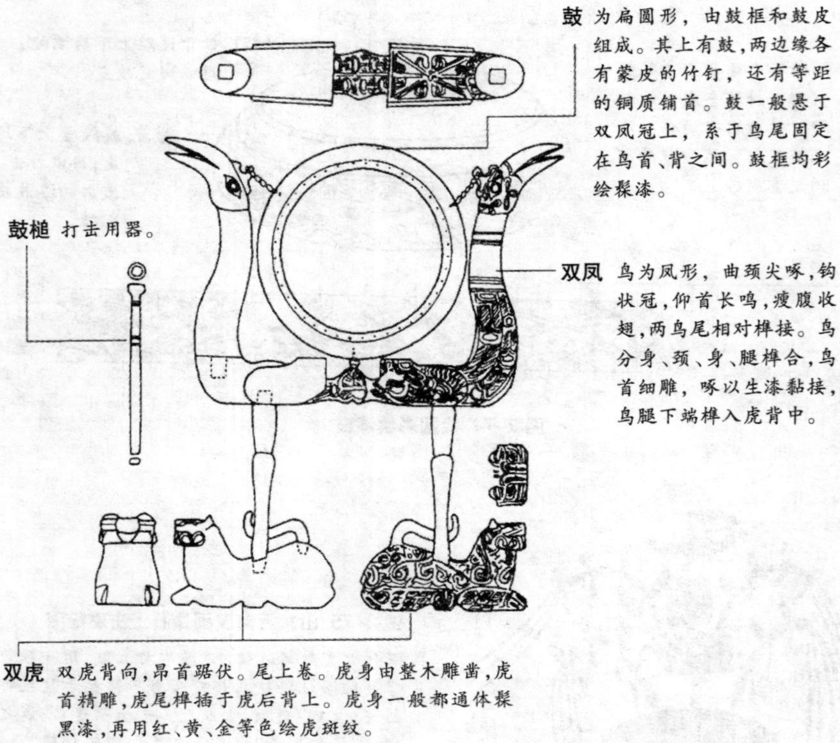

图 2–76 战国彩绘虎座凤架悬鼓

木编钟

是成套的打击乐器，主要用于祭祀、宴享和娱乐。它由大小不同的铜钟，按照音调的高低，悬挂在一个巨大的钟架上，用木槌分别敲打，使之发出不同乐音。先秦至两汉时期，以铜编钟、石玉编磬为主体乐器的“金声玉振”是最庄严、隆重的音乐礼仪，在重大祭祀、朝聘、宴享活动中不可缺少，是等级和权力的象征。仅限上层贵族使用，大型实用编钟见于战国早期曾侯乙大墓之中，由铜木结构的钟架、青铜铸制的钟、挂钟铜构件、演奏工具等组成。其中钟 65 件，有钮钟、甬钟、镈钟 3 种形态，出土时依钟的形状大小有规律地悬挂在钟架上。这种大型钟在楚墓中少见，更多的是木制明器。如战国中期河南信阳 2 号楚墓出土了木编钟明器，由横梁、立柱、方座和木编钟组成。梁髹黑漆、刻卷云纹、间断绘银灰色三角纹等。梁侧面钻有圆孔，用竹钉把木编钟插挂在钟架上。立柱亦涂漆、雕刻和彩绘。木编钟 13 枚依大小次第排列。至汉代编钟已不常用了。

簨 古代称钟架为“簨簴”，横梁曰“簨”(sǔn)，立柱为“簴”(jù)。横梁一般为木制，均髹漆、雕刻和彩绘。实用编钟一般用挂钩将编钟悬列于横梁之上。而信阳楚墓出土的木质明器编钟，其梁下侧凿有长短、间距不一的孔，再在梁对应的长方孔上部钻有圆孔，内塞有竹钉，把木编钟插挂在钟架上。

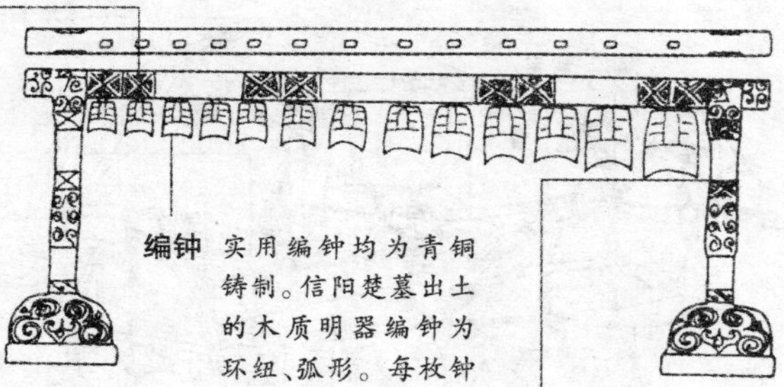

编钟 实用编钟均为青铜铸制。信阳楚墓出土的木质明器编钟为环纽、弧形。每枚钟的内壁各凿空1/3，大小依次递减。钟的表面凿出棱线，作为篆部的边沿。除较大的四钟为素面外，其余各种均有36枚乳钉。

簴 即两根立柱。曾侯乙墓出土的编钟实用立柱为带座人形铜柱。信阳出土的木质编钟立柱为圆角四棱形，有髹漆、雕刻、彩绘相结合的装饰。上部雕有兽面卡口，衔接横梁的两端。下端以长方榫插入方座的孔中。两座皆正方形，外髹漆、彩绘和雕刻。

图 2-77 战国漆木编钟

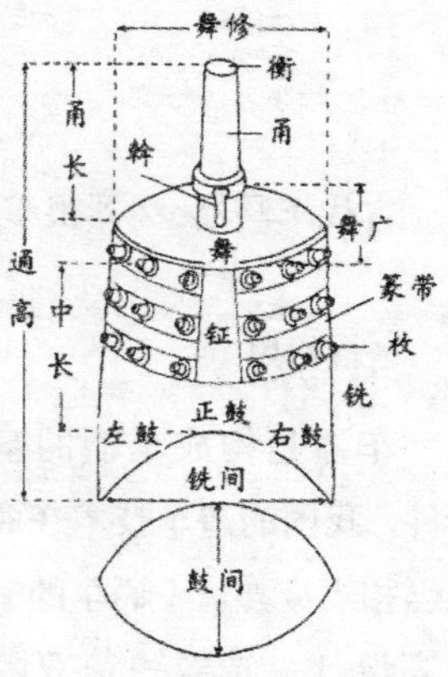

图 2-79 战国编钟

钟槌 伴随着打击乐器而产生，成为打击乐器重要的演奏工具。由槌、柄两部分组成，均为木质。如湖北随州曾侯乙墓出土的黑彩绘木钟槌，制作十分精美。

槌 有的为圆形，有的为长条形。曾侯乙墓出土的黑漆彩绘木钟槌近八棱柱体，槌背中部微凸起，两端面平。槌里面正中凿长方形榫眼，以装木柄。通体髹漆彩绘。

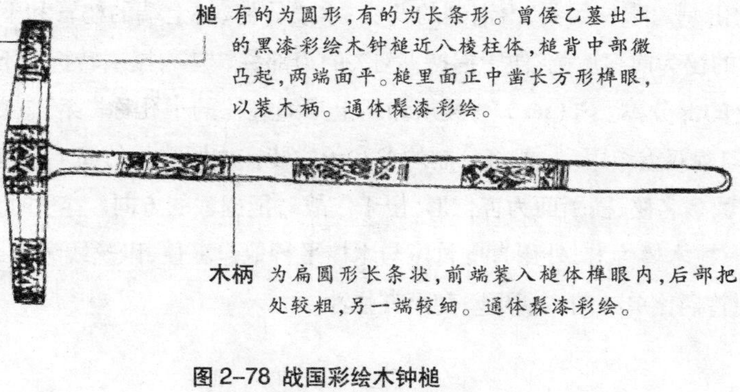

木柄 为扁圆形长条状，前端装入槌体榫眼内，后部把握处较粗，另一端较细。通体髹漆彩绘。

图 2-78 战国彩绘木钟槌

漆木车马器及兵器

古代车马器、兵器很多部件都髹漆彩绘，十分精致。

车马器

车器是构成车辆的基本器件。我国的造车技术在商代就已相当成熟。一辆车的制造从高设计、选料一箭双雕加工、合成，每个环节都有着明确的分工。西周时期形成严格制度。从考古发现看，春秋以前的车形体通常较小，车厢狭窄，只装独辕，即“独辀”，战国时出现双辕车。从战国、汉代墓出土的车马器看，其车厢、车伞盖、车舆髹漆彩绘，十分精美。随着车制的不断改进，构成车的各个部件也有不同程度的变化，在机动车出现以前车马器是人们生活和战争中重要的交通工具。《周礼·冬官·考工记》特将“轮人”、“舆人”、“辀人”着于篇首，可见其重要。

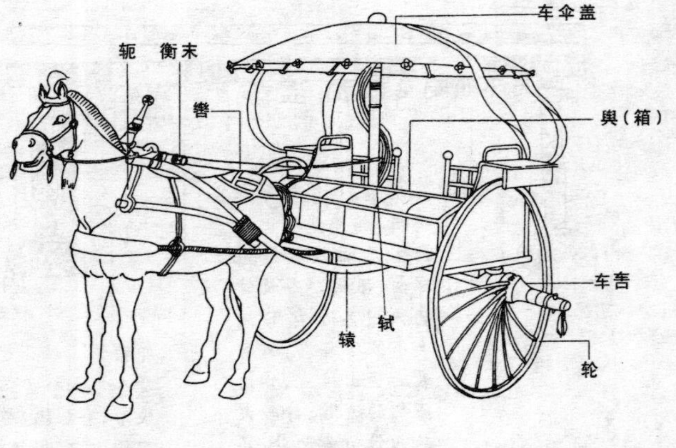

图 2-80 汉代双辕马车系驾方式及部件名称

戈、戟柲

戈为击刺勾啄长兵器，由铜制的戈头、木或竹柲、柲上端的柲冒和下端的铜镈四部分构成。戈的柲为前扁后圆，便于握持。戈头的刃部称“援”；援末转折而下的部分称“胡”；嵌入木柲的部分称“内（nà）”；援末和胡上穿绳缠柲的小孔称“穿”。戟为戈、矛合体兵器，具有勾刺双重作用。一般将分制的戈和矛联装在木柄或积竹筒上，使直刺有力，横钩不易脱落。戟柄名柲，横断面为杏仁形，便于作战时把握戟的方向。春秋时，出现了积竹制的柲，即以有棱木棒为芯，外用青皮竹篾与木棒平行地包裹住，以丝线缠紧，再涂漆使其光亮平滑。积竹柄比单纯的木柄更坚韧而有弹性。

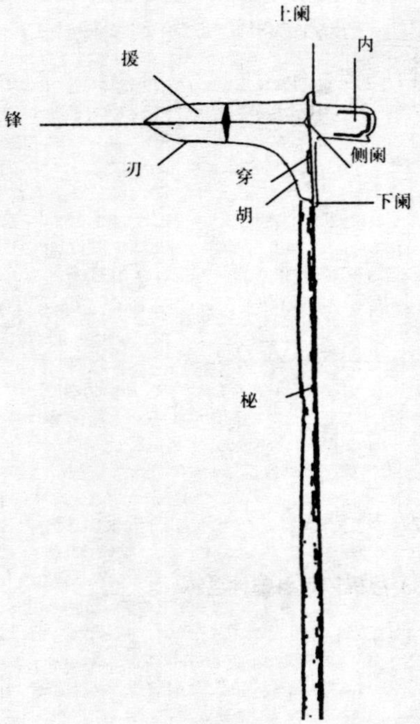

图 2-81 战国戈各部件名称

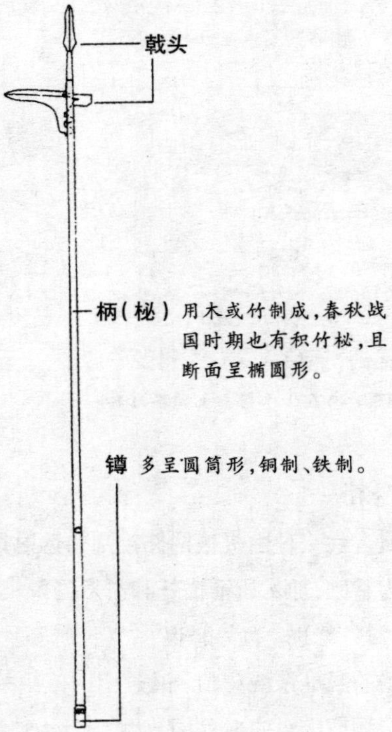

图 2-82 战国戟各部件名称

漆弓

是出现时代最早、使用时间最长的远射兵器。至迟在旧石器时代就已出现,一直沿用到清代。商代出现了以两片材料制成的合体弓,其射程较远。西周时期也用合体弓。春秋以后发展成为复合弓,其材料和结构在《考工记·弓人》有记载,是用干、角、筋、胶、丝、漆六种材料制作而成,各种材料按不同季节伐取,选用有严格的标准。考古发掘所见弓以楚国为多。楚国弓有木制,也用竹片叠合的,外缠胶质薄片,再用蚕丝绕紧,表面涂漆。

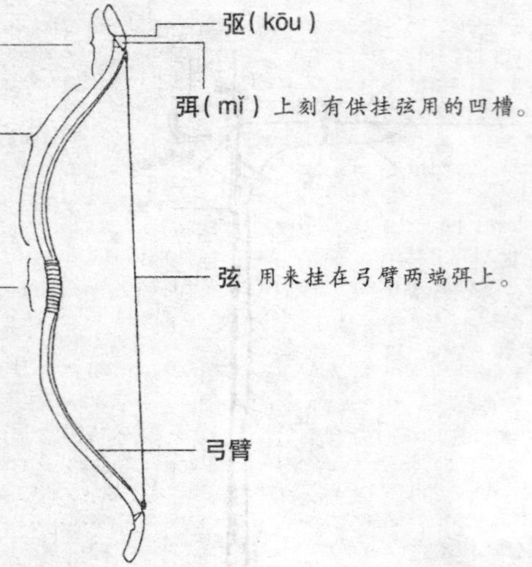

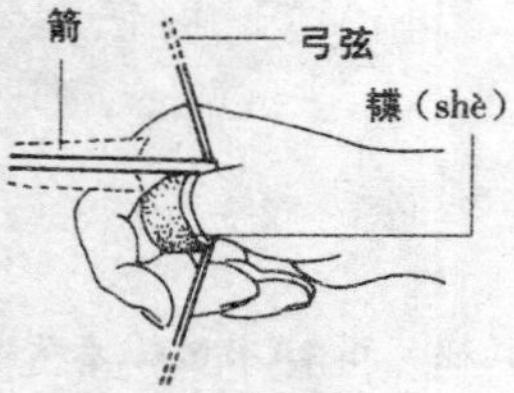

图 2-84 韘(shè)

射手挽弓时套在右手拇指上的箍形器。

图 2-83 战国漆弓各部件名称

弩机

属古代一种由机械构件控制的远射兵器。弩是我国兵器史上最古老的瞄准机动装置，以弓为基础，加木质箭槽托和击发铜弩机发展而来，通过射出的利箭杀伤敌人。《释名·释兵》："弩，怒也。有势怒也。"《吴越春秋》记载楚箭师琴氏发明了弩机。铜质弩机配备了最原始的瞄准系统望山。通过望山控制镞端高低，以准确命中目标。目前发现最早的弩机是战国早期山东曲阜鲁国故城。在长沙、江陵中、晚期楚墓中出土弩机，髹漆彩绘，制作精美，汉代因常与匈奴骑兵作战，弩机在军队中应用更广泛，制作更精良。先秦时期出现的连发弩到明代仍在使用。它可以说是我国最古老的"步枪"。

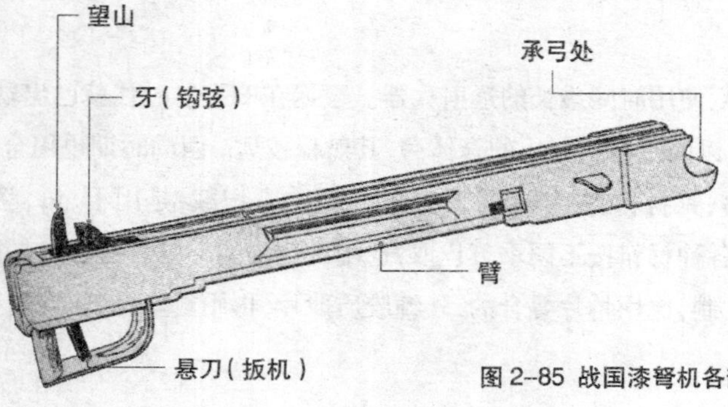

图 2-85 战国漆弩机各部件名称

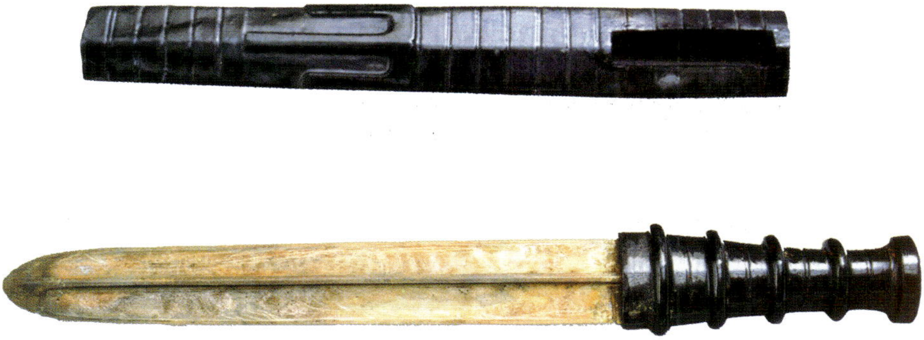

【图 6–46】 春秋时期带髹漆鞘短剑

【图 6–53】 甘肃省木河乡桃园村北马家塬出土车马器复原图

【图 6-57】 湖南临澧九里 1 号墓出土彩绘雕虎

【图 6-58】 湖南长沙仰天湖 25 号墓出土木雕龙纹笭床

【图 7-2】 长沙马王堆 1 号汉墓出土凤纹漆盒

【图 7–3】 安徽天长出土西汉月牙形双层漆盒

【图 7–5】 巢湖北头山 1 号墓出土漆盖盒

【图 7–6–1】 长沙马王堆 1 号汉墓出土漆具杯盒

【图 7–6–2】 长沙马王堆 1 号汉墓出土漆耳杯

【图 7–8】 长沙出土西汉早期彩绘宫闱燕居图樽

剑鞘、剑椟

古代近战时使用的一种劈刺兵器。剑还可作佩饰，炫耀身份，或提防不测以自卫。周时重剑，平时服用，但不能露刃佩带，必须插置于鞘中，方可随身佩饰，而剑鞘多髹漆。至于收藏时，除插置鞘中以外，还须储藏于剑椟之中。《礼记·少仪》："剑则启椟，盖袭之，加夫与剑焉。"郑注"椟，谓剑函也。袭，却合之。"

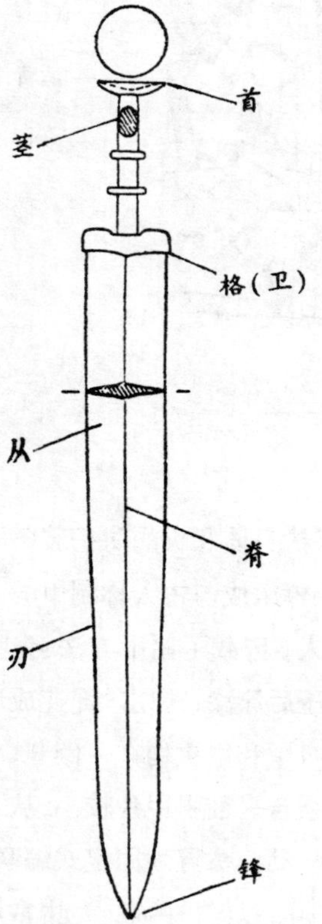

图 2-86 战国剑

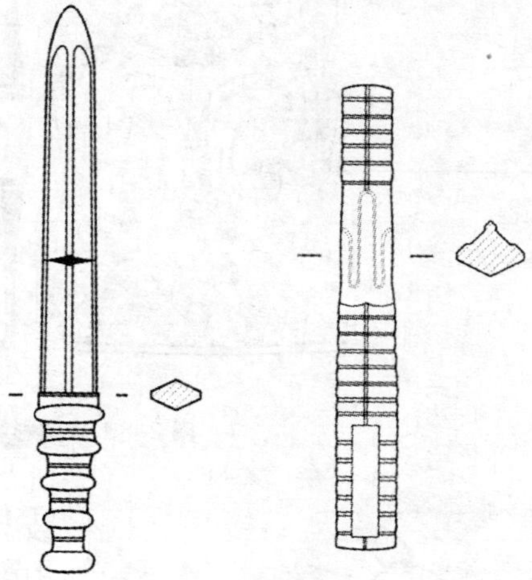

图 2-87 剑鞘

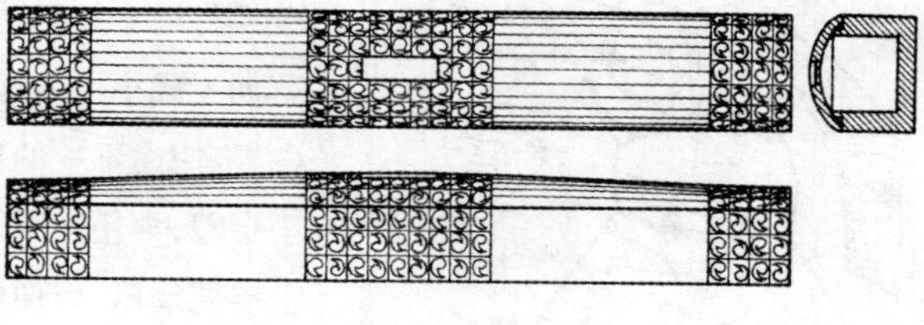

图 2-88 战国剑椟

整体呈长方匣形，分盖和匣体两部分，木制，内外髹漆彩绘。

漆盾

古代战争中使用的防御装备。自新石器时代晚期起，使用了几千年。由于重量问题，历代盾牌以藤、木或皮盾为主。与戈、戟、剑等兵器配合使用。楚国实战用的盾以皮革制成，可防止箭、矛和剑的伤害；用赭、黄色漆绘出生动的龙凤纹和云纹，表面涂漆可防潮腐。楚国还有一种造型纤巧细致的盾，可能是用于乐舞的舞具。《诗经·邶风·简兮》"方将万舞"，"万舞"是一种模拟作战的舞蹈，常用盾、戚、戈为舞器。

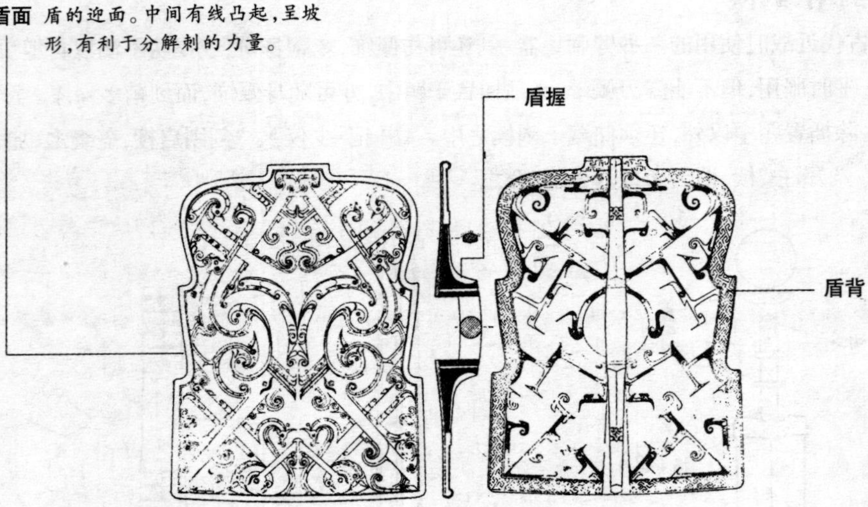

图 2-89 战国彩绘龙凤纹漆盾

皮甲胄

古代军队中用来保护身体和头的防护装备。由身甲、甲袖、甲裙和头胄组成。古人称制甲的人为“函人”，《考工记·函人》记载了制甲方法：先将皮革加工成小甲片，经模压后涂漆，再用丝绳连成形制各异、用途不一的甲。身甲和甲裙均在一侧开口，便于穿着，再用丝带结扣系合。袖甲甲片较小，从下到上层层反压，以便臂部活动。头胄为固定式编联，左右两侧向下延伸形成护耳，以保护两颊。楚甲常用犀牛、鲨鱼等皮革制成，上施彩绘。

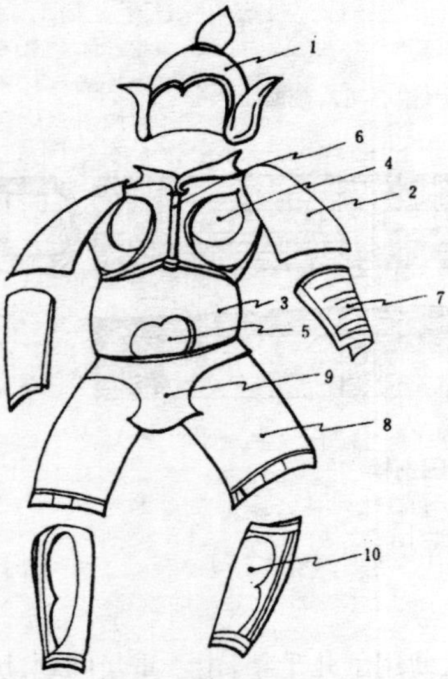

1.兜鍪(胄、盔) 2.披膊(掩膊) 3.身甲 4.胸护 5.腹护 6.甲绊 7.臂甲 8.腿裙 9.鹘尾 10.吊腿

图 2-90 战国皮甲胄各部位名称

漆木丧葬用具

漆木丧葬用具包括黄肠题凑、椁室、棺具、笭床、镇墓兽、梅花鹿、鹿角虎座飞鸟、木俑、木璧、木犀角、木牌、纪年木牍等。

黄肠题凑

是古代的一种葬制，但文献记载不详，国内学者俞伟超、孙机、单先进、高崇文等先生对此进行了翔实的考证①。

黄肠题凑的基本结构大约由棺（梓宫）、内椁和棺室（便房）、外藏椁、短柏木枋堆叠垒之墓壁（黄肠题凑）等部分组成。它既有加固外墙椁的作用，而在《周礼》、《礼记》等先秦文献中还强调其为“天子之制”的一种礼制。近年考古发现先后在陕西凤翔、河北石家庄、北京大葆台、江苏高邮天山、湖南长沙等地出土了春秋战国至汉代的这种葬具。迄今为止发现最早的黄肠题凑墓为陕西凤翔三畤原秦景公墓，时间大约不会晚于春秋中期，以后在湖北平山中山王陵出土的《兆域图》铭文中有“提（题）趆（凑）”。此外文献《吕氏春秋·节丧篇》中也提到“题凑之室”，可见战国时期已不罕见。至汉代更为普遍，但汉代一般诸侯非帝王恩赐是不能享用“黄肠题凑”的。从现有的资料表明，北京大葆台 1 号墓中黄肠木堆垒起的题凑用料最多，为 15880 根；此外，在长沙王后“渔阳”墓及象鼻嘴 1 号墓出土了较为完整的黄肠题凑葬具，它们为研究其葬制提供了难得的实物资料。

外藏椁 即外回廊和墓坑内外的一些盛有车、马、牛、羊、奴婢、炊具等的土坑或木椁及其他葬具，皆称为“外藏椁”。也可以说外藏椁是地下放置礼、乐、酒、兵、车等的库房。外藏椁的多少是墓主拥有财产多寡的标志。

黄肠题凑 《汉书·霍光传》苏林注曰：“柏木黄心，致累棺外，故曰黄肠。头皆向内，故曰题凑。”即指在墓室中增加一层以顶端向内的短柏木枋垒成的墓壁的一种葬具。其木枋有相对的规格，长度约三至六汉尺，即 0.7~1.4 米，断面约为 1 平方尺，即 23.1×23.1（平方厘米）。

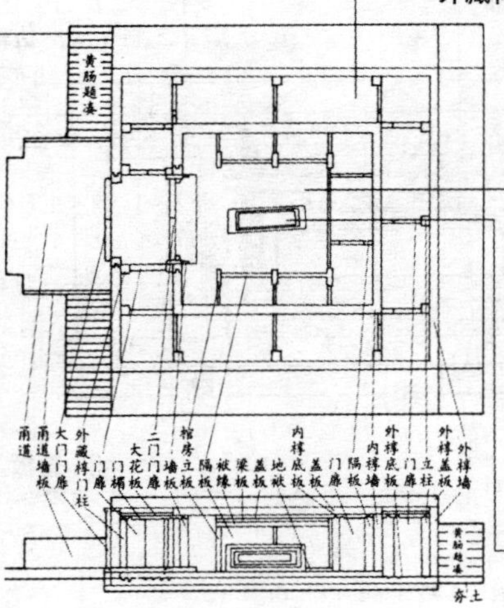

便房 即内椁和棺房的总称，是汉代“黄肠题凑”葬制中重要的组成部分。是安置套棺的地方，即安置“梓宫”之处。不但用于盛柩，而且还可以给死者后人做礼拜。

梓宫 从文献上看，凡是用梓木做成的棺木就称为梓宫或梓棺。只有天子的梓器才能称“梓宫”，天子最亲信的大臣才能受赐“梓宫”，其他的人，就只能用一般棺木。梓宫为汉代最高的礼制性葬具，它的大小、套棺层数及漆绘等都有区别，为礼制的反映。

图 2-91 西汉黄肠题凑

---

① 单先进：《西汉“黄肠题凑”葬制初探》，载《中国考古学会第三次年会论文集》，文物出版社，1984 年；俞伟超：《汉代诸侯王与列侯墓葬的形制分析》，《先秦两汉考古学论集》，文物出版社，1985 年；黄展岳：《汉代诸侯王墓论述》，《考古学报》1998 年 1 期；刘振东：《题凑与黄肠题凑》，载《新世纪的考古学——王仲殊先生八十华诞纪念论文集》，科学出版社，2005 年；高崇文：《西汉“黄肠题凑”葬制再研究》，《文物研究》2008 年 10 期。

椁室

古文献中的“椁”有两重意义，一指外棺，一指椁室。这里专指椁室。椁室与外棺的主要区别在于：椁室是用厚木板在墓坑中重新搭成。外棺则是预先做成有盖的木匣子，套在内棺外面埋入墓坑。椁室由垫木、下层底板、上层底板、壁板、隔板、边箱、棺房、顶板、下层盖板、上层盖板组成。其顺序是，先置垫木于墓底，后在垫木上放底板，再在底板的四边立放壁板，四壁板内留出一定空间（即边箱）处又立放四隔板。之后再把预先做成的套棺逐一放在椁室四隔板内的棺房中。随葬器物置于边箱内。最后在棺房和边箱上盖顶板和盖

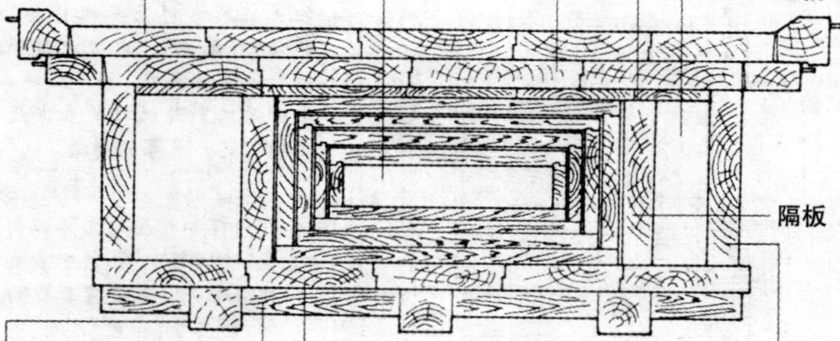

图 2-92 西汉椁室

板。椁室一般不用金属嵌钉，而用扣接、套榫与栓钉结合而成。小型木椁墓内狭小，仅足容棺。大型者则在椁内设隔墙，将椁室分割成头箱、边箱、足箱和棺室。江陵、广州一带这类墓葬，有的在棺室周围隔墙上做出门窗，表明木椁本为地上居室的象征物。

这种椁室在古文献上叫“井椁”。春秋战国时期楚墓均为此类木椁结构。西汉初年仍沿袭旧制，椁室采用这种“井椁”形。南方较常见，如长沙马王堆1号汉墓的葬具定为1椁4棺。在若干边远地区一直延续到西汉后期。关中一带也发掘过不少西汉早期的大型木椁墓。

棺具

漆木棺具是起源较早、使用时期最长的殓具。我国古代称棺为器，《史记》等古籍上均有记载，至魏晋南北朝时期仍沿用这种称谓。先秦时期天子、诸侯等贵族的棺制非常讲究，有一套严格不可逾越的礼制。考古发掘资料表明，精美彩绘漆木棺常见于楚墓之中。木棺一般髹漆彩绘，其色泽艳丽、用笔流畅，图案多为龙凤、神兽、云气、几何纹等纹样。有的棺外还缄以葛布，葛布外再髹漆。至汉代以后皇帝和高级贵族棺具更加讲究，臣庶之棺称棺器，皇帝之棺称秘器，因多为梓木制作，故又称梓器、梓棺或梓宫。这时期彩绘漆木棺更加精美，常内外髹漆彩绘。之后历代皇亲贵族的木棺大多髹漆彩绘。

盖板 棺具上部板面。马王堆1号汉墓出土黑地彩绘漆棺的盖板彩绘内容为怪神操蛇衔蛇、仙人降豹等场面。

足挡板 指墓主人足向一端的挡板。马王堆1号汉墓出土黑地彩绘漆棺足挡板主要内容为格斗、休闲、弋射等场面。

头挡板 为墓主人头向一端的挡板。马王堆1号汉墓出土黑地彩绘漆棺头挡主要内容为歌舞、狩猎场面。

左、右侧板 指棺具两侧面的挡板。马王堆1号汉墓出土黑地彩绘漆棺左右侧板主要内容为仙人行迹图、乐舞、格斗和狩猎场面等。

堆漆 堆漆是西汉漆器装饰手法的新创造。所谓“堆漆”，是利用漆黏稠不易展开的特性，使图像高出画面，有时还特意用漆灰或油灰堆起，使图像具有立体感，有如后世的油画效果。长沙马王堆西汉墓出土的漆器中，有多件是采用堆漆手法进行装饰，最典型的是1号汉墓出土的黑地彩绘漆棺，其图案轮廓线明显凸出画面，有浅浮雕的装饰效果。堆漆工艺在西汉早期发明后，便成为我国传统的漆器装饰工艺，唐宋时期尤其流行，明代黄成《髹饰录》将它列为漆器装饰的主要方法，对此进行专门论述。

图2-93 西汉黑地彩绘漆棺

笭床

楚墓中常用的丧葬用具，棺中垫尸的雕花木板，古称楄柎（pián fū），长宽接近于棺内空间，置于棺底，均用整块木板雕刻而成，全身髹漆彩绘。其用意仿居室坐卧具，雕刻孔隙，可起到隔水防湿和通风透气的作用，使遗体不受潮湿侵袭。其装饰图案以龙、凤纹和几何纹为主，具有沟通天地人鬼的特定寓意。如湖南长沙楚墓和湖北江陵楚墓先后出土了战国时期漆绘几何纹木笭床、龙纹木笭床、三组几何纹木笭床、四组几何纹木笭床等。特别是湖南常德德山楚墓出土了战国晚期变形龙纹木笭床，十分精美。反映楚人通天地人鬼的神秘思想。

笭床板 多系整块木板雕刻而成，全身髹漆彩绘，多为龙纹。

透雕 笭床板均用透雕手法。透雕是介于圆雕和浮雕之间的一种雕塑形式。笭床板一般在浮雕基础上，镂空其背景部分，多双面雕，这种有边框的装饰板也称镂空花板。

图 2-94 战国变形龙纹木笭床

木俑

古代随葬用的偶人，活人殉葬的替代品。一般用圆雕的技法将木头雕刻成人的轮廓，墨绘须眉，彩绘衣裳。分为坐俑和立俑二大类，细分还有戴冠木俑、佩剑木俑、墨书文字木俑、奏乐木俑等。多数为整木雕刻而成，但手、足多为套榫而成。精致的木俑彩绘服饰、头饰和面部，或者衣饰。

殷商时期普遍流行用活人殉葬，西周时期殉人现象逐步减少，春秋以后基本绝迹，取而代之的是模拟活人而制作的木俑。2005 年陕西韩城芮（ruì）国墓地出土了彩绘木俑，是中国境内考古发现的最早的木俑，说明用俑代替活人殉葬已始于西周时期，比孔子所谓“始作俑者，其无后乎”要早得多。楚人用木俑随葬出现于春秋晚期，到战国时期较为普遍。如河南信阳 2 号楚墓出土的彩绘双串饰物木俑，先用木雕出人和衣着的雏形，然后着彩。河南信阳 1 号楚墓出土木跽坐俑，头部直挺，发、眉均用墨绘，脸和手微涂朱色。至西汉时期木俑制作更加精致细腻，从马王堆汉墓出土的木俑来看，或为着衣冠的高大管家俑，或为愁眉苦脸的矮小杂役俑和侍女俑，或为雕刻眉清目秀的歌舞俑，或为鼓瑟吹竽的乐俑，神态逼真，栩栩如生。东汉后期随着瓷器的兴起，许多木俑均由瓷俑所代替。

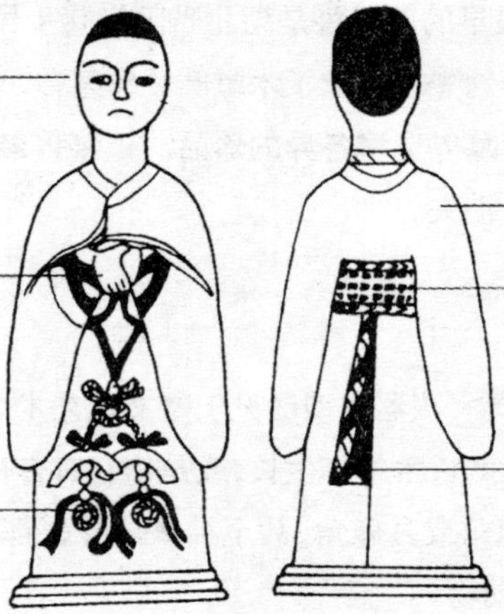

图 2-95 战国木俑

镇墓兽

是楚国贵族墓中一种特有的且较常见的镇墓辟邪用具，反映了楚人信巫鬼的习俗。镇墓兽最早源于方相氏驱鬼习俗，《周礼》记载，傩仪时，方相氏“掌蒙熊皮，黄金四目”，执戈扬盾，以驱疫鬼。楚人笃信巫鬼，将镇墓兽放置墓中，用以驱邪赶鬼，保护死者安宁。

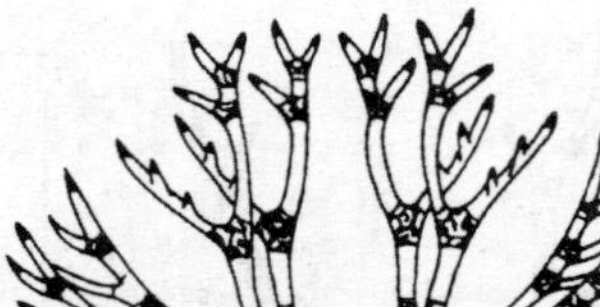

图 2-96 战国彩绘镇墓兽

镇墓兽有双头和单头之分，其造型由兽形首、真鹿角和方形座构成，全身大多髹漆彩绘。兽首均两眼圆睁，口吐尖舌，狰狞可怕，颈部多弯曲，全身彩绘，下有方形凸榫插入方形座的卯眼内。镇墓兽一般头顶插鹿角，由于鹿角容易腐朽，所以镇墓兽头部常留有供插鹿角的两个方孔。考古发现最早的镇墓兽是湖北当阳赵巷4号楚墓出土的春秋中期镇墓兽。随后，在长沙、江陵、信阳等地先后出土了木雕凸眼镇墓兽、双头镇墓兽、四鹿角镇墓兽、鸭嘴形镇墓兽、人形吐长舌镇墓等造型各异的珍品。镇墓兽最早出现在楚墓中，流行于魏晋至隋唐时期，五代以后逐步消失。

梅花鹿

楚墓中常见的丧葬用具。该器造型屡见于楚文化艺术之中，鹿为楚人喜爱表现的题材，鹿生性警觉、温顺可爱，鹿长角年年生长，或是信它有吉祥、长寿之意。楚人在墓中随葬雕鹿，鹿头插有木质雕刻鹿角或真鹿角，甚至神禽或异兽都添加上了一对神秘的鹿角，楚人示它为死者祈福的吉祥动物。

梅花鹿常用整木雕刻而成，髹漆彩绘，有的雕刻成平首俯卧式，如曾侯乙墓出土的木雕朱绘梅花鹿，平首俯卧，前肢跪屈，后肢侧左弯曲，两眼平视前方，形态自若，表现出憩静安详的神态。有的雕刻成蜷曲卧式，如长沙浏城桥1号楚墓出土的梅花鹿卧于椭圆形平底座上，蜷曲至腰部，头上部有两个方形卯眼，应是供插鹿角用的，两前脚一前横屈，一向后屈，后脚自然平放。全身髹漆彩绘。梅花鹿的腿部都有孔，应是插某物的卯眼，可见原为某物的底座，或可兼作摆饰。

鹿角 梅花鹿的头顶或插有木质雕刻鹿角或插有真鹿角，木质雕刻鹿角均髹漆彩绘。真鹿角一般都已腐朽，所以只在鹿的头部留下方形榫眼。

梅花鹿 鹿一般全身髹黑漆，绘白色桃形斑纹，并用朱色勾勒，模仿真梅花鹿。鹿的神态似乎在静卧小憩，但眼神却紧凝前方，含有警觉之情，可谓静中有动，动中有静。不论平首俯卧式或蜷曲卧式梅花鹿，整个雕刻刀法都简洁明快，不拘泥于局部形似，而重整体神似。色彩丰富，在深沉的底色上绘出明亮的桃形花纹，色调对比强烈，沉稳中又透出明秀，为楚墓中常见的艺术珍品。

图2-97 战国彩绘梅花鹿

鹿角虎座飞鸟

楚系贵族墓葬特有的丧葬用具。一般为木胎，由一虎一鸟及一对鹿角三部分构成。虎均作昂首瞪目踞伏状，其背上立仰首展翅凤鸟，凤鸟背上插一对锐利的真鹿角。整体造型怪诞奇妙，给人以神奇之感。虎、鸟都通体髹漆彩绘。如江陵天星观1、2号墓出土了精美的鹿角虎座飞鸟，虎、鸟通体髹黑漆，体各部分纹饰用红、黄、金三色描绘。此类器物高大，结构精巧，纹饰鲜艳，具有浓厚的楚文化色彩。

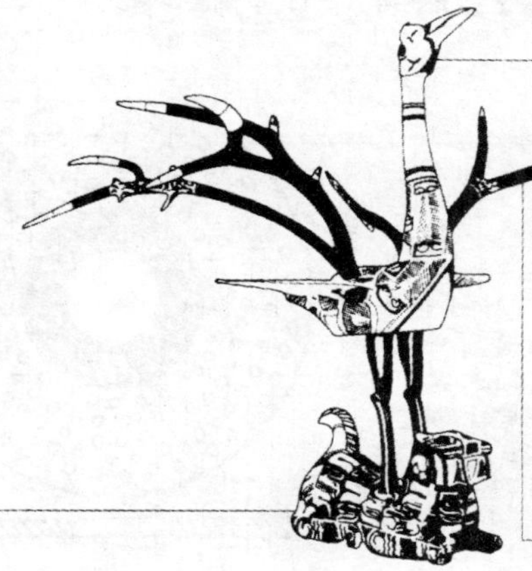

图2-98 战国鹿角虎座飞鸟

图2-99 西汉木犀角

木犀角

丧葬用具，为犀牛角之明器。形作角状，一般彩绘。因犀牛为稀有动物，物稀为贵，物贵为珍，古代贵族们常将其作为财富的炫耀物。又由于犀牛稀有和珍贵，所以贵族们常用木质犀角作为随葬明器，以此作为墓主人财富的写照和象征。主要流行于汉代。如长沙马王堆1号汉墓共出土了十多件木犀角，除根部涂朱色一周并加划斜方格纹外，其余部分遍涂黑色，又画有条纹。

木璧

丧葬用具，为替代玉璧随葬之明器。自古以来，玉璧一直是古代贵族“礼天地，聘会盟，赠君子，配富贵”的礼器。不同时代和不同情况下也有起信物和装饰作用的。玉璧还是一种财富象征的代表，同时又是历代贵族死后财富和高贵的象征，所以玉璧就成了他们主要随葬品之一。先秦时期流行真玉璧随葬，至汉代以后有用木质璧替代的，谓之明器。长沙马王堆汉墓出土了精美的谷纹璧，有涂金粉的谷纹璧，也有涂银粉的木质璧。

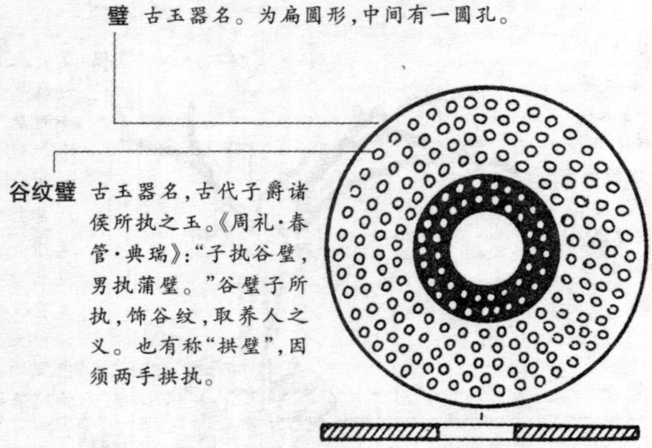

图 2–100 西汉木璧

木牌

写明随葬物品数量和名称，作系挂之用，属丧葬用具。其形状顶部作半圆形，下部为长方形。长沙马王堆汉墓出土近百个盛放各种随葬物品的竹笥，竹笥用朱红、蓝色或棕色麻绳捆，系挂标明所盛物品名称的木牌和缀上缄封的封泥匣。《周礼·秋官·职金》：“受其入

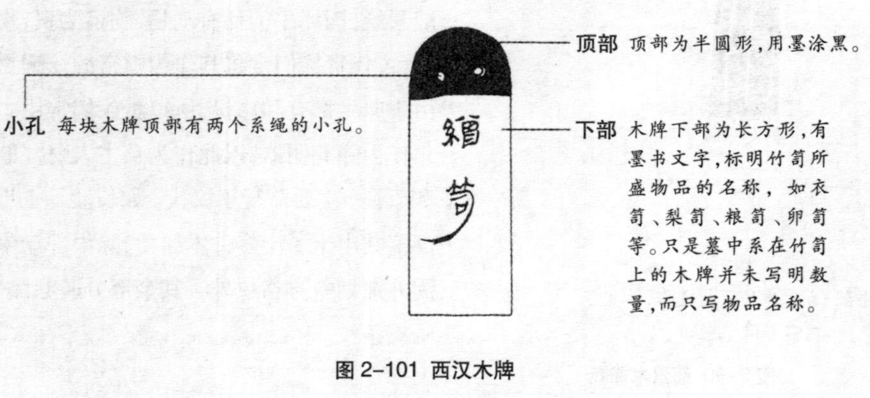

图 2–101 西汉木牌

征者，辨其物之媺恶与其数量，楬而玺之。”郑注：“楬而玺之者，楬书其数量以著其物也。玺者印也。既楬书揃其数量，又以印封之。今时之书有所表识，谓之楬櫫。”长沙马王堆汉墓竹笥所系木牌大小不一，共 49 枚，所述与竹笥的缄封情形大体相符，木牌应即所谓“楬”。

纪年木牍

即所谓“告地策”。丧葬用物。长条形，木质，上黑书墓主人下葬的年代。如下列之木牍出土于长沙马王堆 3 号墓。这是一块有该墓下葬年代的木牍，其文字是：“十二年二月乙巳朔戊辰，家丞奋移主赟郎中，移赟物一编，书到先质，具奏主赟君。”所谓“十二年二月乙巳”即汉文帝前元十二年（前 168 年）二月二十四日，也就是墓主人下葬的日子。其中“奋”是家丞的名字，“移”是汉代文书传递中由下级往上级传递时所用的专用术语。“赟物一编”即随葬品清单，也就是所谓“遣策”。下葬当时由“家丞”点交随葬品给“主赟郎中”，然后由“主赟郎中”报告“主赟君”的情况实录。“主赟郎中”和“主赟君”分别是主持葬礼的官名或地府官吏名。

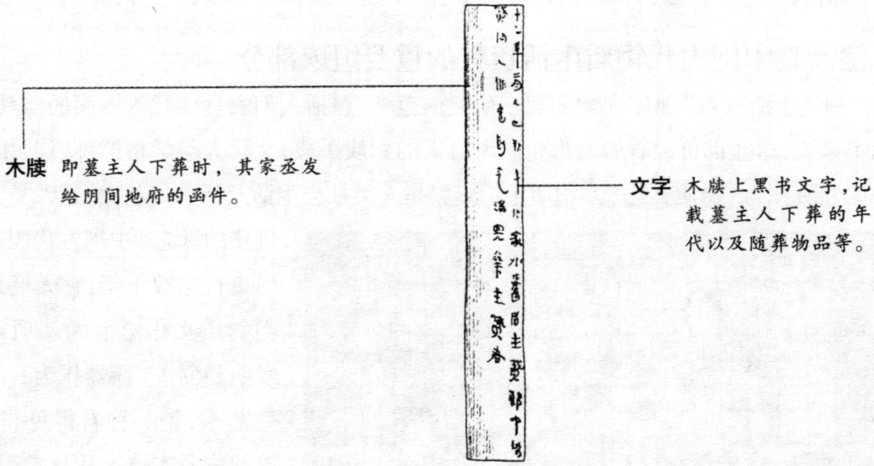

图 2-102 西汉纪年木牍

中国髹漆工艺的作用与价值

中国髹漆工艺的作用

漆器是中国古代物质生活资料的重要组成部分

“物质生活资料”属于文化人类学研究的范畴，包括人们衣食住行等方面的器具，对于人类来说，这些都可以看做是再生产所必需的物质手段，文化人类学将这种以“物”为对象的领域称为“物质文化”。物质生活资料是人类社会生活及活动的基础，是人类文明进步的标志。中国古代漆器的历史长达数千年，它无疑是人类物质文化史上的一项重大发明和创造。漆器作为一门造型艺术，是一种看得见、摸得着的物质实体，从日常用具、丧葬用具、娱乐用具到交通用具和兵器等，几乎渗透到古代人们生活的方方面面，自从它诞生起就成为人们日常生活中必不可少的物质器具，是中

图 3–1

国古代人们物质生活资料中重要组成部分。如唐《宫乐图》中描绘宫廷贵妇们日常生活中使用漆器的情况，图面有漆凳、漆案、漆耳杯、琴、琵琶、排箫、竽等（图3–1）。

众所周知，漆器具有胎薄体轻、坚固耐用、防腐耐酸、色泽明亮和色彩绚丽等特性，具有实用价值与审美价值，因为具有这些良好的性能，我们祖先很早就利用它来髹涂器物，可以说漆器是我国起源最早、使用时间最长的一种传统手工艺产品，特别是在先秦、秦汉时期的漆器几乎是人们生活中其他器具无法替代的物质生活资料。如果从河姆渡新遗址出土的髹朱漆碗算起，中国漆工艺已有七千多年的漫长历史，从这时起，漆器一直默默无闻地为人类服务。《韩非子·十过》等古代文献就对史前漆器的使用情况进行了记载。商周制漆工艺具有一定的水平，人们在制作礼器和生活用具等物质生活资料方面都离不开漆器。至战国时期漆器其数量、纹饰、工艺均空前发展，漆器已成为人们日常生活中的必需品。秦汉时期漆器达到鼎盛时期，特别是西汉时期漆器工艺已步入黄金时代，众多的出土漆器为研究汉代物质生活资料提供了丰富的物证。至隋唐五代以后，漆器制作向华丽的装饰工艺品方向发展，各种新工艺技法相继问世。元明清三代漆工艺空前发展。总之，在物质文化史的历史长河中，中国古代漆器工艺从原始状态，发展到用途广泛、千文万华的巅峰期，其间经历了数千年的漫长岁月，伴随人类童年到壮年，特别是在人类早期成长的历程中，与其石器、陶器、青铜等器具一起构成了人们赖以生存的主要物质生活资料。

漆器是构成中国历代室内环境艺术的重要因素

室内环境艺术的构成有多方面的因素，诸如室内各种家具、文玩书画、花木盆景和生活器具等物品的陈设和配置都是构成室内环境艺术的重要因素，它们是中国传统室内装饰的重要组成部分，是一门综合性很强的艺术。然而，漆器一直作为中国人赖以生存的重要物质生活资料，在古代人们日常生活中起着重要作用，它与人们朝夕相处，时时相见，那么如何使美丽的漆器摆设实用方便、具有审美价值，成为室内环境艺术所要讨论的问题，中国古代早就对室内漆器等器具的陈设问题做了阐述，如《考工记》中说漆几与席在室内规格的权衡标示是“室中度以几，堂上度以筵。”《诗各物证》曰：“夫高室近阳，广室多阴，故室适形而止”，说的是人们必须按照“适”有“止”观点制作器具的形体和结构。明清许多工艺美术著作中对器具的陈设也有过详细记载，《闲情偶寄》说：“器玩未得，则讲购求；及其既得，则讲位置。位置器玩与位置人才同一理也” ，所以说，漆器与其他器具一样是古代室内环境艺术的重要构成因素之一。

从历史发展的长河来看，先秦以前的室内陈设艺术仍属于初始阶段，因为人们长久保

图 3–2

留着席地跪坐的习俗，与之相适应的是矮型家具、生活用具和乐器。由于先秦等级制度渗透到社会生活的各个方面，使得中国古代饮食、乐器等日常用具很早就有礼教的含义，与祭祀礼乐息息相关，先秦《周礼》、《礼记》、《仪礼》等古文献中屡屡言及于此，人们在使用家具、食器、酒器、乐器等器具上其数量多寡、规格大小和陈设方式等方面都有严格的规定，要符合礼制。如故宫博物院藏战国燕乐狩猎水陆攻战纹铜壶，上有执勺挹酒图（图 3–2），反映了先秦时期室内禁、壶、勺陈设使用等级与礼制的关系①。先秦时期，室内“小木作”即细木漆器装饰还不十分发达，诸如漆家具、漆食器和漆乐器及帷帐在构成室内艺术环境因素中扮演着重要的角色，如虎座凤架鼓、漆瑟、漆琴等都是当时人们随用随置的陈设品，针对当时室内陈设平铺直叙的低矮性特点，以及器具当面首先映入人们视线的特性，工匠们一般都将当面装饰得十分醒目，以红、黑为鲜丽主调，使得这些漆器不但具有实用价值，而且兼有观赏的审美价值。不难想象，光彩华丽的漆器与当时室内常用的朱红承尘、悬挂玉钩、珠翠缀被等陈设交相辉映，雍容华丽的艺术氛围多么令人陶醉。

进入秦汉时期，青铜器艺术日益衰弱，取而代之是轻便精巧的漆器，漆器成为汉代人们日常生活的必需品，当时器具凡是可以髹漆的，无不制成漆器，据《盐铁论》记载当时漆器是“银口黄耳”、“金错蜀杯”、“良民文杯画案”，从河南洛阳东汉壁画中“墓主夫妇宴饮图”中漆案、漆耳杯及室内其他陈设图可见一斑（图 3–3）。汉代居室内装修也华丽无

① 聂菲：《先秦楚系禁及相关问题的研究》，《湖南省博物馆馆刊》第二期，岳麓书社，2005 年。

比，有绢锦和羽饰的墙衣、嵌以玉的门户即玉户、以金银制作门环的铺首即金铺，即所谓“金铺玉户”。丰富多彩的室内装饰与光泽明亮的漆器交相辉映，流光溢彩，造成室内陈设组群配置上一种渲染气氛，其中富丽堂皇的环境意境不言而喻。

图 3–3

隋唐五代时期，漆屏、漆案和大型漆乐器仍是室内主要陈设，当时特别流行在漆屏上绘画，增加了漆屏室内陈设的艺术装饰效果。至东汉以后，由于青瓷的兴起，逐渐取代了漆器在人民物质生活中的地位，由于帝王将相的青睐，漆器更多地走进宫廷，渐渐成为纯观赏性陈设漆器，特别是宋元以后高型家具普及，文人士大夫对古玩的嗜爱，明清以降文人居室陈设的兴起，使得漆器的审美价值得到了进一步发展，逐渐导致对实用的彻底扬弃，漆器造型不再考虑盛物的需要而走向纯粹抽象造型，这时期“小木作”既做工精细，又材质优良，是室内极其理想的陈设品，各种落地罩、博古架、桌案上置的琴棋文具和梳妆镜奁等“小木作”室内装饰已成为一种时尚，人们往往将其作

图 3–4

图 3-5

为室内整体陈设部分加以考虑，将其与整个室内空间乃至于整个建筑艺术格调融为一体，以此来体现主人古雅精丽的艺术格调和尊显富贵的气派。如苏州城西大型古典园林留园厅南内景，厅宽敞明亮，专供宴饮会客之用。室内陈设有供桌、太师椅以及茶几等，家具用上等红木、楠木，其装饰富丽，陈设古雅（图 3-4）。清代府第住宅室内陈设也更显富丽堂皇（图 3-5）。

总之，漆器是中国古代室内陈设艺术整体中的有机部分，是构成不同室内环境艺术格调和气氛的重要因素之一。

漆器是不同时尚审美观和意识形态的物化反映

中国漆器工艺史源远流长，随着历史的变迁，人们在追求其实用功能完美的同时不断追求其审美意义上的精神功能，更注重它的欣赏性，于是漆器渐渐成为一种文化形态，一种具有深厚文化底蕴的物质载体，蕴藏着中华民族的审美观念，成为不同时尚审美观念和意识形态的物化反映。

可以说漆器自诞生之日起就与人们审美观念和意识形态紧密相连。早在原始社会时期，当远古人类在七千多年前河姆渡遗址漆碗涂抹上红色的时候，再追溯到山顶洞人在尸体旁撒上矿物质红粉的时候，也正是人类社会意识形态的开始，正如李泽厚先生所说的那样："原始人类的意识形态活动，亦即包含着宗教、艺术、审美等等在内的原始巫术礼仪就算真正开始了"[①]。制造漆器是物质生产的产物，而在其上装饰红色则是意识形态的产物，这里的所谓"红"色主要储存着特定的社会性巫术礼仪含义，髹漆红碗是人的观念凝结在漆器物质上一种物化活动。楚漆器还仍保留着绚烂鲜丽远古社会的遗风，出于图腾崇拜的遗风，楚人莫不尊凤。楚人深信自己的祖先是祝融，而祝融正是凤的化身，吴人与越人的图腾是龙，巴人的图腾是虎，楚人与巴人又是夙敌，凤战胜龙、虎，意味着楚人战胜吴人、越人和巴人，虎座凤架鼓就是最好的诠释。虎的华美不在凤之下，而凤被雕刻的形体高大、雄姿英发，把小小虎踩在脚下，从艺术视角来看，二者形成了鲜明的对比。由于楚人对凤钟爱，

① 李泽厚：《美的历程》，文物出版社，1981 年。

凤虎相斗、龙凤相斗始终是楚漆器中一个屡见不鲜的主题，结局自然是凤胜虎败，凤胜龙败，楚人惯于用象征和借代用法，来表达自己的观念和理想，这是楚人审美观念和意识形态的露骨表现。镇墓兽是楚人常用丧葬用具，《说文》云："虎，山兽之君。"取虎首，长舌，面目狰狞，象征雄威，鹿角，设方座刻饕餮纹，形制庄严，镇墓兽是楚人敬奉鬼神的意识所制作的一种偶像。

当然，随着时代的发展，社会意识形态也发生了变化，漆器审美观念也跟着不断发生变化，同时也反映了当时人们的思想意识和审美观念。如黄金时代的汉代漆器与大汉宏伟磅礴气势极为吻合，装饰润妍唐代漆器艺术与大唐富丽堂皇风格特征一致，朴素无华宋代漆器表现了宋人提倡节俭简洁、崇尚工整规范鲜明个性，明清时期漆器争奇斗胜，与封建社会后期经济殷实、达官贵人炫耀富贵的社会意识一拍即合。

中国髹漆工艺的价值与意义

漆器是研究中国古代工艺美术史的重要资料

工艺美术属造型艺术之一，通常分为两类，一类为日用工艺，即经过装饰加工的生活实用品，如陶瓷器、铜器、纺织品、家具和漆器工艺等；另一类为陈设工艺，即专供欣赏陈设品，如一些装饰绘画、象牙雕刻等。漆器是古代劳动人民发明和创造的工艺品，是工艺美术重要门类，既有纯生活用器和陈设用品，也有两者兼而有之的漆器，它的生产常因历史时期、地理环境、经济条件、文化水平、民族习尚的不同而表现出不同的工艺特色，它以其源远流长的历史和广博深厚的文化积淀开启着中国工艺美术的向前发展，在我国工艺美术史上占有光辉的一页，为研究中国工艺美术史提供了不可多得的宝贵资料。

第一，为研究中国古代工艺美史提供了丰富的形象资料。漆器是一种起源很早延续时间很长的物质器具，上开新石器时代漆器工艺之先河，下启楚汉漆器工艺之黄金盛世，以及明清漆器工艺之千文万华，延绵数千载，不论是出土文物，还是传世品，都为人类留下了丰厚而宝贵的资料。如江陵雨台山地区 558 座楚墓出土的漆器达八百多件[①]，河南信阳楚墓出土漆器 150 件[②]，长沙地区楚墓从 1952 年到 1994 年四十多年在长沙近郊发掘的楚墓 2048 座中髹漆的木器就有 416 件，有生活用器、丧葬用器、车马兵器等[③]。至汉代时期漆器

① 湖北省荆州地区博物馆：《江陵雨台山楚墓》，文物出版社，1984 年。
② 河南省博物馆：《信阳楚墓》，文物出版社，1986 年。
③ 高至喜主编：《长沙楚墓》，文物出版社，2000 年。该书属国家"八五"重点课题，笔者担任其中漆器部分的整理与撰写工作。

工艺已到了鼎盛时期，马王堆汉墓共出土了六百多件漆器，广西贵县罗泊湾1号汉墓出土了漆器七百多件[①]。历代漆器资料为人们研究中国古代工艺史的起源、发生、发展、繁荣和衰落过程提供了不可多得的资料。

第二，为研究中国古代工艺美史提供了可贵的文献资料。中国历代文人视小木作为工匠艺人，不入史册大雅之堂，在浩如烟海古籍中有关考工、工艺书籍较少，而阐述技法的专书就更加微乎其微了。明代黄成著《髹饰录》漆工艺书籍，是我国现仅存的有关髹漆工艺专著，它为研究中国古代工艺美史提供了宝贵的文献资料。全书分干、坤两集，共十八章，一百八十六条。此书后又经明代漆工杨明逐条加注，并撰写了序言。该书其内容之广，包罗了髹漆工艺的方方面面。王世襄先生对《髹饰录》一书做了全面评价：第一使我们认识到祖国漆工艺的丰富多彩；第二《髹饰录》是研究漆工史的重要文献；第三《髹饰录》为继承传统漆工艺，推陈出新，提供了宝贵的材料；第四《髹饰录》为髹饰工艺提出了比较合理的分类；第五《髹饰录》为漆器定名提供了比较可靠的依据[②]。《髹饰录》后又经王世襄先生注释《髹饰录解说》，成为诠释《髹饰录》最具权威的漆器工艺研究专著，成为研究漆工艺必备的工具书。王世襄先生著《中国古代漆器》是我国第一部按年代顺序编著的漆器图录，为研究中国古代漆器工艺提供了很有价值的资料。1936年中华书局出版郑师许著《漆器考》是我国考证漆器的专著。古文献《考工记》，分攻木之工、攻金之工、攻皮之工、设色之工、刮摩之工、搏埴之工六大部门三十个工种，是我国古代一部工艺规范标准汇编，对研究先秦工艺设计思想和工艺技术提供了重要的参考。汉代桓宽著《盐铁论》是一部研究我国经济史的重要参考书，该书"散不足"篇有关于漆工艺的记载。《汉书》中"食货志"有专门论述漆器篇章。此外，《古今图书集成》、《艺文类聚》等历代史志都将漆器作为一个门类加以修订。

第三，为研究中国古代工艺美史提供了难得的文字资料。中国古代漆器很早就出现了款识铭文，诸如工匠名、制地、作坊名、工官、管理体制、生产分工和工艺流程等，为后代研究中国古代工艺美术史提供了珍贵的文字资料。汉代漆器铭文有锥画、漆书、烙印等方法，内容涉及纪年、工匠名、容量、产地、官署作坊、工序流程和吉祥语等。马王堆1号墓出土的184件漆器，有书写文字的占149件，文字内容分物主标记、用途和容量等。贵州清镇汉墓出土漆耳杯上铭文记有"素工"、"休工"、"上工"、"涂工"、"画工"、"汧工"、"清工"、"造工"等[③]。如此丰富的文字资料为研究中国工艺美术史提供了重要的文字资料。

① 广西壮族自治区博物馆：《广西贵县罗泊湾汉墓》，文物出版社，1988年。
② 王世襄：《髹饰录解说——中国传统工艺研究》，文物出版社，1983年。
③ 贵州省博物馆：《贵州清镇压平霸汉至宋代墓发掘简报》，《考古》1975年6期。

漆器是研究历代社会经济发展的重要资料

漆器作为中国古代重要的手工业产品，它的兴衰反映了社会经济发展状况，成为研究中国历代社会经济发展的重要参考资料。

第一，制漆生产工具的改进。如原始社会，由于制漆器工具较原始，大量使用的是石工具，陶寺新石器遗址出土彩绘木器采用石扁铲、石锛等工具经斫、凿、剜等几种方法制作而成，漆器制作较粗糙，反映原始社会生产力低下的经济状况。进入奴隶社会以后，由于生产工具改进，制漆器使用的是青铜工具，漆工艺有了较大的发展，出现雕刻、镶嵌和螺钿等装饰漆器，反映了生产力提高的奴隶社会经济状况。 进入春秋战国时期，由于使用铁器工具提高了制漆器的生产效率，制作难度较大的凿制、斫制、轮制漆器已成为可能，反映了铁工具普遍使用、生产力不断提高的社会经济状态。到了封建社会后期，社会经济高度繁荣，制漆工具十分完备，如明代漆器和漆木家具繁荣得益于漆木工具的不断提高，这时木工具种类增多，可适应于各种加工需要，如刨有推刨、细线刨和蜈蚣刨等，从而反映了明代锤锻生产技术的提高，据《天工开物》记载："凡健刀斧皆嵌钢包钢整齐，而后入水淬之，其快利则又在砺石成功也。"制漆工具的改进为研究社会生产力发展提供了实物资料。

第二，漆器区域性特点。同一时期漆器发展水平往往存在差异性，反映了区域性经济发展的状况。以东周漆器为例，可分为齐鲁、三晋、秦和楚等地区，由于这些地区经济发展状况不一，导致了漆器生产发展水平的不平衡。如春秋时期齐鲁、三晋地区漆器制作工艺水平很高，说明当时这些地区经济较发达。而楚国这个时期漆器生产水平不高，其原由是楚地这个时期经济落后于齐鲁、三晋地区，至战国楚国漆器出现迅速发展的局面。漆器区域性特点为研究区域经济发展水平提供了实物资料。

第三，漆树种植经济意义。中国古代漆树种植具有十分重要的经济意义，国家常设专吏管理漆园。《史记·老庄列传》曰："庄子者蒙人也，名周，尝为漆园吏"，说明周代漆林，生产主要归国家掌握，漆园置吏，以司其事。《史记·货殖列传》载："陈夏千亩漆……此其人皆与千户侯等"，说明种漆树千亩，可与千户侯的官职相等，这句流传汉代民间谚语与我国民谚："家有百株桐，一世永无穷"说法一脉相承。以后历代政府对种植漆树都十分重视，如唐代大诗人王维有《辋川集》序中言"漆园"、"椒园"等，今传宋郭忠恕所绘《辋川图》卷，系唐本所出，图中漆园、椒园等，都是经济作物，从中可以看出唐代地主庄园的经济面貌和漆园、椒园的种植情况。明政府对漆生产也十分重视，江南十省漆树种植面积扩大，洪武初，曾在南京东郊设漆园、桐园、棕园，以示提倡，近人王焕镳《首都志》卷三引《方舆纪要》曰："洪武初，以造海军及防倭战船，所用油漆棕缆，为费甚重，乃立三园，植棕、漆、桐树各千万株以备用，而省民供焉。”说明了漆树或桐树的生产，自古以来具有十分重要的经济意义。

第四，漆器的赋税制度。漆器生产成为历代政府国库财政税收重要来源之一。如《周礼》载：“唯其漆林之征，二十而五”，从这段文字中可以看出周代民间产漆，政府则征收四分之一的赋税，这是一种很沉重的剥削。汉代是我国漆器发展的顶峰时期，汉代漆器生产有专门管理机构，西汉初漆器生产由所在地方政府管理，至武帝时为了增加国库税收，将地方国营漆器生产收归中央管理。唐代政府已将漆器列为重要税收实物之一，据《唐书·地理志》所记，一些地区如襄州、澧州等地，均以漆器作为贡品。漆器税收状况为不同时期税收制度提供了重要的参考资料。

第五，漆器经济价值。以汉代为例，据史书记载，蜀郡和广汉郡是汉代著名的金银饰漆器产地，当时黄金一斤值万钱，每年仅皇宫使用的高档金银饰漆器其价值就高达一千斤黄金，《汉书·贡禹传》：“臣禹尝从之东宫，见赐杯案，尽文画金银饰”。这些地区生产的漆器均刻有制作年代、器名、工种等铭文，说明当时其流水作业生产方法，适合用于成千上万大批生产。由于汉人从事漆器生产利润丰厚，因此各行各业纷纷转向漆业，全国有一支庞大漆工队伍，成都一地“雕镂扣器，百会千工”。汉代桓宽《盐铁论》是一部研究我国经济史的重要参考书，其中关于漆器记载，如“今富者银口黄耳，金罍玉锺；中者野王纻器，金错蜀杯”、“一杯棬用百人之力，一屏风就万人之功”、“一文杯得铜杯十”等，从而可以看到当时富裕人家大量使用高级漆器，甚至于漆器拥有多寡成为一个人财富的象征，一件绘有花纹的漆杯可与十件铜杯等值，制作一件漆杯需百人的劳力来完成，制作一套屏风需万人劳动来完成，其经济价值不言而喻。

第六，漆器商品生产。漆器生产早在汉代就有国营和私营之分，江苏邗江扬寿乡宝女墩新莽墓出土漆案有“王氏”字铭①，是私营漆工标记。而宋代民间漆业广泛发展，《东京梦华录》记载北宋开封设有漆行和漆店，《清明上河图》就有漆店的描述，漆器上有温州、杭州造等字样。巨鹿出土漆盘，不仅标有价格，有“货真上牢”字铭，上牢是说产品非常坚固。河北省巨鹿县故城出土黑漆残器底朱漆草书“辛大郎祖铺”字样，无锡宋墓出土漆杯上写着“杭州元本胡七郎”②，均为当时商铺的商品。明清两代商品经济繁荣，明代出现了资本主义萌芽，明代有“果园厂”制造专为皇帝享用的漆器，也有大量出售的商品。北京有官办“漆作”，江、浙、蜀、粤、闽等地“民坊”各有特色，市面上到处可见出售的漆器商品，

---

① 扬州市博物馆等：《江苏邗江扬寿乡宝女墩新莽墓》，《文物》1991年10期。
② 朱江：《江苏无锡市锡山建校工地发现六朝以来的墓》，《文物参考资料》1956年4期。

标志着漆器商品生产的繁荣。漆器的商品生产为研究中国古代商品经济的起源和发展提供了珍贵资料。

漆器是历代对外文化交流的最好见证

历代精美绚丽的漆器不但丰富了我国人民的物质文化生活，也在对外文化交流中起到了一定的促进作用，成为中外文化交流的历史见证。

早在先秦时期我国漆器工艺在对外文化交流中就起着重要的作用，如东南亚一些国家考古发现了战国时期楚国商品传入该地的物证，据杰里米·戴维森《越南近年来的考古活动》说："在东山时期（约公元前5世纪），文郎文化在东南亚和太平洋地区的传播……与战国艺术初次接触……开始同印度和西亚地区进行交流，出现铁器和漆器。"①这是中国漆文化最早的对外交流。"漆器是楚国大量制造的产品之一，具有很高的工艺水平，与东山文化初次接触的战国艺术应该是楚国文化艺术品，那里出现的漆器很可能是楚漆器或受楚影响的产品。"②

到西汉时期，封建政权进一步巩固，对外关系也有很大的发展。汉代漆器，不只作为贵族阶层生活用品，也作为馈赠的礼物，远销国外。上个世纪20-30年代在朝鲜平壤附近乐浪，出土不少汉代漆器，许多漆器铭文记录了制地、年月、分工、工官等，铜扣漆器上还有元始三年和元始四年蜀郡西工的铭文。此外，汉代皇帝还多次派大臣出使西域，携带大量礼物访问西域各国，受到了热情接待，内地的丝绸、铁器、漆器等传入到西域，汉朝与西域之间贸易得到很大的发展。1924年蒙古匈奴贵族墓中出土汉代漆器，有漆杯、漆盘等，杯上刻有"建平五年九月，工王潭经，画工获壶，天武省"等字，杯底刻"上林"二字，当是汉代上林苑漆器输入匈奴的有力证明。

至唐代，由于封建经济高度发展，国力强大，对外经济与文化交流频繁，这时期漆器制作工艺出现了繁荣局面，丰腴绚丽的大唐漆器在世界工艺美术史上占有重要地位。日本奈良朝——尤其天平时代（公元724—781年）中国许多精美漆器输入日本，现日本奈良正仓院收藏许多精美唐代漆工艺品，有"金银平脱古琴"、"金银平脱八角镜"，"银平脱墨斗"、"鸟毛立女屏风"、"木柜"等漆器。保存在日本唐昭提寺中僧鉴真大师"夹纻造像"是唐代中日僧人的合作精品。中国漆器艺术在中日友好文化交流史上占有重要的地位。

元明清时期，中国与各国继续保存着友好的经济与文化交流，这时期雕漆大量流往国

---

① 杰里米·戴维森：《越南近年来的考古活动》，《考古学参考资料》1979年2辑。
② 后德俊：《楚国科学技术史稿》，湖北科学技术出版社，1990年。

外，享有崇高的声誉，日本、朝鲜以及欧洲各国收藏有中国这个时期大量雕漆及其他漆器，明清家具对欧洲影响更大，18 世纪英国著名家具工艺家汤姆·齐平特曾以中国漆木家具和中国雕漆为蓝本，进行设计制造，风行一时，称“齐平特时代”。总之，中国漆工艺丰富了世界文化宝库，在世界工艺宝库中，占据重要位置，放射出灿烂光辉。

第二部分

历代漆器风格与特点赏析

这一部分对历代漆器按年代顺序进行论述，将不同时期漆器艺术风格置于不同的时代背景之中，借助于考古类型学，重点从形制、纹饰、工艺、款识等方面分析每种漆器的时代特点，力争帮助漆器收藏者和爱好者在窥视中国漆工艺发展脉络的同时，对不同时期漆器的风格特征有所认识，以此增强辨识古漆器的能力。

初露曙光的史前漆器

史前漆器概述

考古发现及相关材料

首先必须界定中国“史前”漆工艺所包含的时间界限,通常指成文史以前的历史,我国通常划在夏商之前的石器时代,以此为史前漆工艺的下限。但由于有些文化类型在新石器时代晚期与夏文化时代划分上尚存争议，故将有争议的夏文化类型遗址归放此章节。

漆器工艺作为一门实用造型艺术,是一种看得见摸得着的物质实体,它的起源比任何其他门类的艺术都要较早地来到人间,早在原始先民们用劳动的双手制作石器工具、获取生活资料的时候,木头就与石头为伍成为人类征服自然的强有力的工具。因为木材来自大自然,比石头更容易采集和制作,而漆本身就是从漆树身上割取的一种液汁,在那漆树茂密的原始森林里随处可得,人们在长期劳动实践中发现漆液涂在木头可起到防腐、抗酸的保护作用,所以人们将其广泛地运用到生活领域的各个方面,从工具到建筑到处都可见到使用它的踪迹。距今7000至8000年湖南澧县八十垱新石器早期遗址出土了大量珍贵木耒、木铲、木锥、木杵、木钻和木牌等木制工具,其中木耒末端利用树杈加工成斜柄扶手,木铲刀上部有数道便于捆缚的系槽,木钻略用火烧烤呈圆锥形,木杵可用于加工食物,木牌上钻有小孔估计用于记事或占卜。淤土中还出土了大量留有砍、凿等加工痕迹的木料与树干。八十垱遗址的发掘对深入研究中国新石器早期文明提供了重要的资料[①]。距今七千多年前河姆渡新石器遗址出土了架空的榫卯木构架房屋和漆餐具。1997 年在湖北荆州阴湘古城址大溪文化壕沟内出土了距今五千年左右的漆钺柄、漆皮、木器等，时代为屈家岭文化早期[②]。新石器晚期遗址，如距今四千多年前山西襄汾陶寺新石器墓地出土的彩绘木家具、饮餐具、乐器、工具等。毋庸置疑，人类从诞生那天起就与木头和漆器结下不解之缘，史前漆艺的曙光已在中华大地上冉冉升起，成为中国古代物质文明的象征。

漆器起源于中国已成为不争的事实，台湾学者潜斋先生说："探讨古器物之起源，是为一易致争论之话题，如史前之石器、陶器，新石器时代之铜器，其后之铁器，此在不同民族间所共有之产物，其渊源发展之先后，众说纷纭，迄今尚无定论；唯漆器是乃我国土生土长之独家发明，追无疑义。"[③]《韩非·十过》篇曰："尧禅天下，虞舜受之，作为食器，斩山木而财之，削锯修之迹，流漆墨其上，输之于宫以为食器。诸侯以为益侈，国之不服者十三。舜禅天下而传之于禹。禹作为祭器，墨染其外而朱画其内。"[④]这是我国古籍关于漆器起源的最早记载。事实上，据考古资料表明，我国漆器出现的时期更早。在南方，江苏和浙江的新石器时代遗址的发掘中，多次发现木胎与陶胎漆器，其中 1977 年在浙江余姚河姆渡遗址发现了七千多年前的漆碗，是目前我国发现年代最早的漆器。晚于河姆渡时期的漆器，有余姚安溪乡瑶山良渚文化时期遗址、江苏吴江梅堰新石器时代遗址、江苏常州圩墩遗址等地出土的漆器。在中原和北方地区，山西襄汾陶寺新石器、辽宁敖汉旗大甸子遗址、河南偃师二里头时期墓葬（在夏商周断代工程中多数学者认为二里头文化属于夏文化）[⑤]等出土了漆器。特别是在山西襄汾县陶寺龙山文化早期墓地出土的一批彩绘木器，胎骨虽已腐朽，尚可辨认出为鼓、案、俎、几、匣、碗、斗（勺）、豆等多种器形。彩绘木器出自于大、中型墓中，其多寡、种类代表着墓主生前的社会地位。制作方法采用了斫、凿、剜、刮、削等多种方法。有的木器是在素胎上先涂一层漆（今作炭黑状），1111 墓和 3015 墓的一部分木豆，"彩皮剥落时呈卷状，与漆皮相似"[⑥]。然后遍涂红彩（朱砂），红彩上再用赭石、石黄（雄黄）、石青、石绿（孔雀石）等色绘制花纹。所用颜料大多应是天然矿物。其彩绘纹样一般外施单色红彩，或以红彩为地，用黄、白、蓝、黑、绿等色绘出繁缛的图案，纹样有条带纹、几

---

① 裴安平：《洞庭湖地区新石器早期文化研究又获重大突破》，《中国文物报》1998 年 2 月 8 日。
② 湖北荆州博物馆研究员刘德银提供，另见《考古年鉴》1997 年。
③ 潜斋：《试从考古资料探窥先秦之漆工艺》，台北《故宫学术季刊》第五卷第三期 1 页。
④ 《韩非子》第 3 卷"十过"，第 26 页，上海古籍出版社，1989 年 9 月。
⑤ 李缙云：《夏商周断代工程》，《文物》2000 年 11 期。
⑥ 中国社会科学院考古研究所山西工作队等：《1978—1980 年山西襄汾陶寺墓地发掘简报》，《考古》1983 年 1 期；高天麟、张岱海、高炜：《龙山文化陶寺类型的年代与分期》，《史前研究》1984 年 3 期。

何纹、云纹、回纹等。这种制胎方法由凉山彝族继承下来了。“墨染其外，朱画其内”，现在彝族是用高山杜鹃木，碹制成形，次以羯烟墨合米汤将胎骨染黑，干后再涂一层生漆。再用生漆一半，生桐油一半调朱砂、石黄在黑漆内画纹样。《简报》虽一律笼统地称为彩绘木器，但并不排除其中有一部分真正意义上的漆器。这批木器的发现填补了木器到漆器发展史上的一段重要空白。它不仅将案、俎、盘等许多器物出现的年代提前到公元前2400多年，而且可以看出其中许多的器类、器形和彩绘纹样与商、周漆器有相似之处。有学者认为，四千多年前，黄河中游地区生长着茂密的植被，获取漆料并没有今天想象的那样困难。在黄河中、下游地区存在一个与江淮流域漆器工艺有联系、又有区别的古代北方漆工系统。张家坡、琉璃河等地成批西周漆器的发现，无疑对商代以来的北方漆工系统增添了重要证据。陶寺龙山文化彩绘木器开商、周漆器之先河，为中原地区商、周时期漆器工艺发展奠定了基础[①]。

陶寺的随葬木器出自大和中型墓葬，据碳素标本测定，陶寺遗址年代约当公元前2600年—前1900年，分为早、中、晚三期。根据夏商周断代工程年代分期，夏代为公元前2070年—前1600年，那么，陶寺早期墓葬应早于夏代，中、晚期属于夏代纪年范围。

漆器的品类、纹饰与工艺

新石器时代至夏代漆器就品类而言，有碗、喇叭形器、筒形器、案、俎、豆、盆、杯、几、匣、斗（勺）、盘、鼓、觚、钵等。就其质地而言，以木胎为主兼有陶胎等。就其装饰风格而言，纹样有条带纹、几何纹、云纹、回纹等。色彩有红、黑、黄、白等色。就其工艺水平而言，制漆工艺出现了镶嵌玉器漆器和雕刻漆器。当时漆器较笨拙，胎质较厚，但这时的漆器为商周时期漆器的成熟和发展奠定了基础。我国古代气候较温暖，因此，南北广大地区都种植漆树，所以漆器制作中心南方和北方都有，其主要在长江下游和黄河中游地区。新石器时代漆艺曙光已崭露头角。

史前漆器品类举要

考古资料表明，史前漆器仍处于漆器发展的初始阶段，其品类不齐全，一物多用，功能交错，形态原始，制作相对比较粗糙，但它为以后商、周漆器的发展奠定了基础。

---

① 高炜：《陶寺龙山文化木器的初步研究》，《中国考古学研究—夏鼐先生五十年纪念论文集》（二），科学出版社，1986年。

漆木生活用具

史前漆木生活用具主要有碗、喇叭形器、筒形器、罐、案、俎、豆、盆、杯、几、匣、斗（勺）、盘、鼓、觚、钵等，虽然制作原始笨拙，但各类漆木生活用具都已初具规模。

图 4–1

碗　河姆渡新石器时代遗址出土棱状带圈足的朱漆碗木胎，挖制，器壁较厚，壁部残甚，圈足稍外撇。“器壁外薄薄一层红色涂料，微有光泽”，经红外光谱分析等手段鉴定，可确认涂料的基质是中国生漆[①]。朱漆碗的发现，说明早在新石器时代中国就已认识了漆的性能并调配颜色，用以制器。这件漆碗是我国至今发现最早的漆器之一，在中国漆器发展史上占有相当重要的地位。高 5.7 厘米，口径 9.2~10.6 厘米（图 4–1）。

图 4–2

筒形器　河姆渡新石器时代遗址出土缠藤篾朱漆筒，系整木挖制辅以斫制，外壁缠有数道藤篾类圈箍，内外壁错磨光洁，厚薄均匀，外涂一层朱色漆状物，出土时呈金黄色，光泽仍依稀可见[②]。这件朱漆木筒也是我国漆器发展史上最早的实物之一。长 32.6 厘米，直径 9.4 厘米（图 4–2）。常州圩墩马家浜类型遗址中出土了筒形器和“喇叭形木器”，“微有光泽，直观同现在的漆没有什么差别”。[③]

图 4–3

罐　江苏吴江梅堰良渚文化类型遗址中出土有黑皮陶罐（图 4–3）。[④]

杯　浙江余杭瑶山良渚文化类型遗址出土的嵌玉高柄朱漆杯，敞口、圆筒形，下接细而高的喇叭形圈足。出土时，杯的胎体已朽，但内外壁原髹之漆膜仍保持原状，漆膜呈朱红色、仍有光泽感。在杯体与圈足的接合部及圈足近底处的外壁，镶嵌椭圆形玉珠一周，红漆与白玉交相辉映。这是我国已知最早的嵌玉漆器。高 29

① 河姆渡遗址考古队：《河姆渡遗址第一期发掘报告》，《考古学报》1978 年 1 期。《浙江河姆渡遗址第二期发掘的主要收获》，《文物》1980 年 5 期。

② 河姆渡遗址考古队：《河姆渡遗址第一期发掘报告》，《考古学报》1978 年 1 期。《浙江河姆渡遗址第二期发掘的主要收获》，《文物》1980 年 5 期。

③ 吴苏：《圩墩新石器时代遗址发掘简报》，《考古》1978 年 4 期。

④ 江苏省文物工作队：《江苏吴江梅堰新石器时代遗址》，《考古》1963 年 6 期。

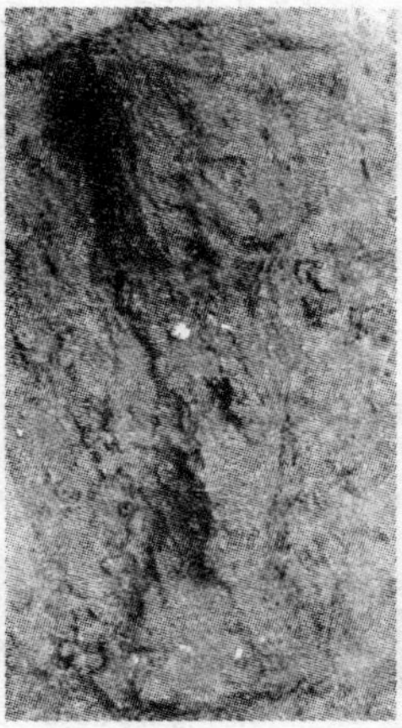

图 4-4

厘米（图 4-4）。[1]陶寺墓葬出土木杯，口部对称双鋬，似后世漆双耳杯。其作法大约与楚汉时期杯、卮等一类薄板胎漆器装鋬方法相似，大约先将杯壁凿出小孔，后将木鋬穿插并以漆胶固定（图 4-5）。浙江遂昌县发现良渚文化大型墓地，清理出 80 座墓葬，发现朱红色漆器印痕，所见漆器和“杖柄饰”镶嵌物系质地较软的叶蜡石及泥岩质，发现“杖柄饰”和某种“神像”上的镶嵌物多用闪玉，为进一步研究我国镶嵌漆器的起源提供了重要的新资料。[2]

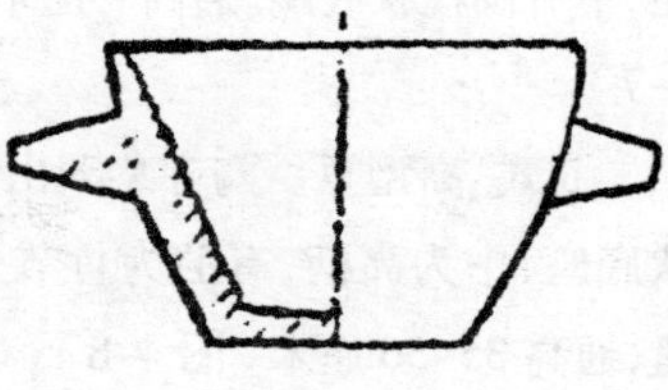

图 4-5

盘　山西襄汾陶寺 3015 墓葬中出土彩绘盆形大盘，木胎。其制作方法为截断的原木方斫出大样器形，再在内腔剜、凿制作而成。翻沿甚宽，上腹壁近直，中腹以下呈弧形内收，下接喇叭口形圈足底座。通体器表施红彩，沿面上并隐约可见白色图案残迹。出土时，有曲柄木勺置盆内，《简报》称木盘“应是盛装汤羹的容器”。通高 22 厘米，口径 63.6 厘米（图 4-6）。这种大形盆常见于陶寺大型墓中，并每与木俎、石刀等共存。

图 4-6

木斗（勺）　陶寺 3015 号墓出土，长柄扁平，斗与柄的夹角小于 90°，通体施红彩，柄面加绘白色回形纹。出土时，放在圈足盘上。斗（勺）的造型则与殷墟妇好墓所出商代铜勺相似。

豆　史前出土的豆形器形式较多，皆通身施彩。陶寺墓葬出土的“豆型器”一般通体髹红彩，彩皮剥落后呈卷状，其物理性能与漆皮相似。出土时，有些豆盘周局部残损，有的盘中心已塌陷，其中 1111 墓和 3015 号所出木豆彩皮剥落时呈卷状，与漆皮相似，是中原地区迄今所见最早的木器标本。这些木豆 5、7 成组出土于大型墓棺前木案旁侧。“从这种器物的造型、组合和出土位置看，都应是一种十分庄重的礼器。”[3]分可为 2 式。

Ⅰ式　矮型豆。陶寺 3073 号墓出土矮型木豆，敞口，斜折沿，盘壁中间有一道折棱，圈

---

① 江苏省文物工作队：《江苏吴江梅堰新石器时代遗址》，《考古》1963 年 6 期。
② 王海明等：《遂昌好川发现良渚文化大型墓地》，《中国文物报》1997 年 10 月 19 日。
③ 高炜：《陶寺龙山文化木器的初步研究》，《中国考古学研究—夏鼐先生五十年纪念论文集》（二），科学出版社，1986 年。

足，下有圆柱状底座。通高 9 厘米、口径 19.4 厘米（图 4-7）。

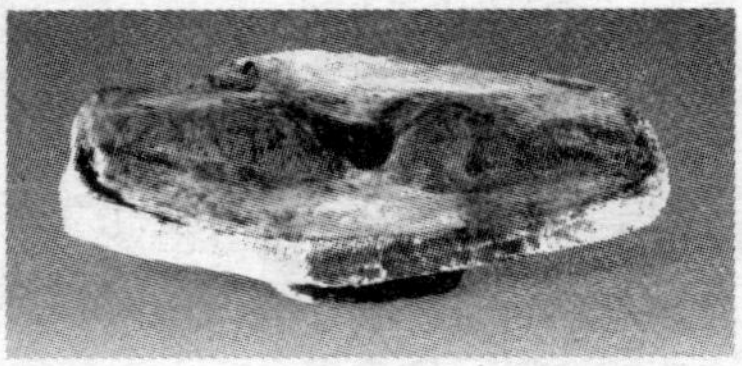

图 4-7

Ⅱ式 高型豆。陶寺墓葬出土高型豆，下有圆柱状底座，中为高柄，有的为竹节形细高柄，顶部有豆盘，通高 35~50 厘米（图 4-8）。

图 4-8

案 陶寺墓葬出土木案一般平面作长方形或圆角长方形，案面下有“ ㄇ ”形足。案面彩绘，案面红彩地上白彩绘边框式图案。木案皆置于棺前，案上陈设的全是酒器，其上放置木斗、木觚、木杯等器物。觚、杯皆饮器，斗当为舀酒器。“陶寺早期彩绘木案与先秦漆案之间，在陈放位置、附设器物与用途等方面，颇具雷同之处。彩绘木案及有关遗迹的发现证明，在棺前设案置器致奠，这一项商、周以来延续数千年的古老风习，实发端于中原龙山文化早期或更早一些。”[①]高 10~18 厘米，长 90~120 厘米，宽 25~40 厘米（图 4-9）。

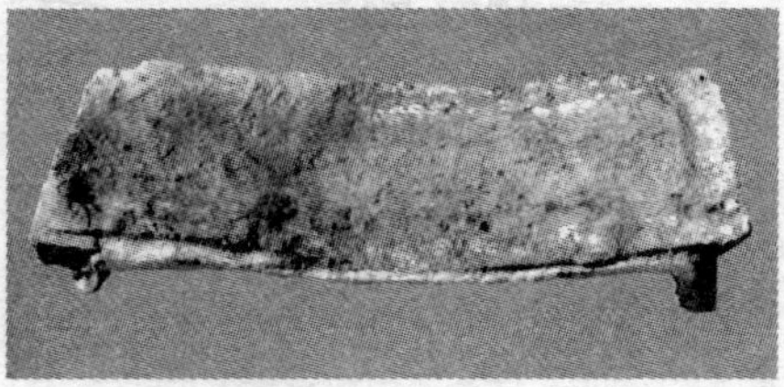

图 4-9

觚 陶寺墓葬出土木觚与陶觚相似。呈喇叭口，平底（图 4-10）。此外在辽宁敖汉旗大甸子遗址出土了两件朱色觚形漆器，为目前所见较早的薄胎漆器[②]。河南偃师二里头 5 号墓墓葬出土了漆觚，朱红漆皮上未见到装饰纹样[③]。

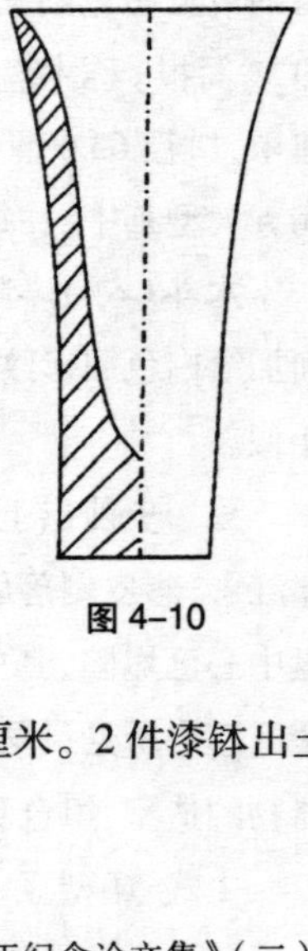

图 4-10

匣 陶寺 3015 号墓出土的木匣拼板做成，出土时曾压在俎上，可能是俎结构的一部分。

钵 河南偃师二里头 4 号墓出土了 2 件漆钵，高 9 厘米，口径 20 厘米。2 件漆钵出土时近似重叠，朱红色。河南偃师二里头 4、5 号墓属二里头二期偏晚。

① 高炜：《陶寺龙山文化木器的初步研究》，《中国考古学研究——夏鼐先生五十年纪念论文集》（二），科学出版社，1986 年。

② 转引自王世襄：《中国古代漆工杂述》，《文物》1979 年 3 期。

③ 中国社会科学院考古研究所二里头队：《1980 年秋河南偃师二里头遗址发掘简报》，《考古》1983 年 3 期；《1981 年河南偃师二里头墓葬发掘简报》，《考古》1984 年 1 期；《1984 年河南偃师二里头发掘的几座墓葬》，《考古》1986 年 4 期。

“仓形器” 出土陶寺3015号墓，下部为一圆柱体，上有蘑菇形盖。圆柱体周围凹进三个拱形小洞，但三洞各不相通。外壁满施红彩。整体形状近似秦汉墓中的攒尖顶陶仓，因名称、用途不明，故此《简报》称暂定“仓形器”。这种器物一般是3、5成组出土于大型墓棺前与高柄豆位置对称的另一侧，器盖上均附骨匕，可能是食器的模型。高24厘米（图4-11）。

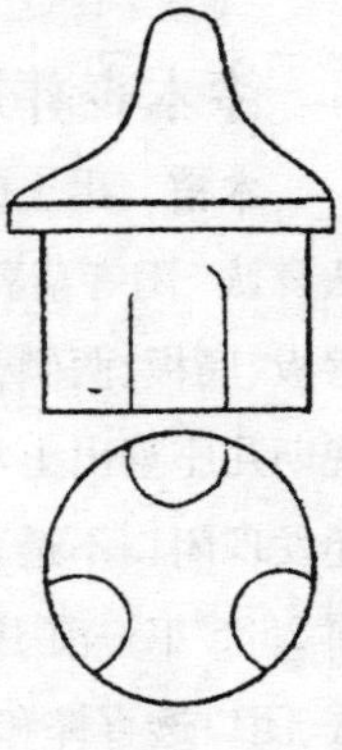

图4-11

此外，在河南偃师二里头三期遗址出土了朱漆雕花漆器痕迹，上阴刻兽面纹，髹朱漆，为目前所见年代最早的雕花漆器（图4-12）[①]。

图4-12

漆木娱乐用具

我国打击乐器起源很早，早在新石器时代出现了打击乐器和管乐器，漆器类乐器就有漆木鼓。

鼓 在河南偃师二里头4号墓葬出土了漆鼓，通长54厘米。呈长筒形，束腰，是器形较大的一件。在陶寺大型墓中往往成对的木鼓与石磬同出，放置位置固定。鼓身皆作竖立桶形，当为树干挖制而成，外壁着彩绘，鼓皮已朽，据“鼓腔内常见散落的鳄鱼骨板数枚至数十枚”等情形，推证“原以鳄鱼皮蒙鼓，即古文献中记载的鼍鼓”。[②]鼍是爬行动物，吻短，体长大，穴居江河岸边，皮可以制鼓，也叫鼍龙或扬子鳄，通称猪婆龙。可能出于某种原始图腾信仰，古人一直视鼍鼓为祭祀重大典礼活动中一种庄重礼乐，我国古典文献和出土的两周青铜铭多有记载，如《诗经》、《郘钟》铭文、《史记》等记述了王室等贵族使用鼍鼓演奏的盛况。陶寺3015号墓出土了卷云纹鼍鼓，木胎挖制辅以斫制，呈竖立圆筒形，未做成中围外突的橄榄形，表现出一定的原始性。鼓皮已朽。鼓腔周壁满涂红彩或赭经底为地色，以白、黄黑、宝石蓝等色绘图案，已残损不清，仔细辨识，上部为回形纹，下部有几何纹、云纹等，图案上、下有条带状的边框数周。此为我国目前所见最早鼍鼓实物。通高100厘米（图4-13）。

图4-13

① 中国社会科学院考古研究所二里头队：《1980年秋河南偃师二里头遗址发掘简报》，《考古》1983年3期；《1981年河南偃师二里头墓葬发掘简报》，《考古》1984年1期；《1984年河南偃师二里头发掘的几座墓葬》，《考古》1986年4期。

② 中国社会科学院考古研究所山西工作队等：《1978—1980年山西襄汾陶寺墓地发掘简报》，《考古》1983年1期。

漆木丧葬用具

木棺　出土的新石器时代墓葬的木棺大多腐朽，其结构大多无法辨认。陶寺墓葬木棺痕迹发现于中型墓中，从板灰可以看出木棺的盖板、底板、两侧壁板和前后挡板，但木板交接结构无法辨认。对陶寺晚期几座墓出土木棺的解剖得知其结构比较复杂，除闭口透直榫外，还发现闭口不透直复榫和落槽榫[①]。此外，在青海柳湾墓地（约公元前2505年—前1915年），半山、马厂和齐家文化木棺上，发现了穿榫法、闭口透直榫和落槽榫，马厂类型的木棺垫板还使用了拼板作法[②]。新石器时代除木棺椁上使用了许多高水平的榫卯结构外，河姆渡遗址建筑构件使用企口木板、带梢钉孔榫头和燕尾榫等先进榫卯结构[③]，人们可以看到新石器时代木工卯榫技术的高超水平。

另外，湖北荆州阴湘城古城址大溪文化壕沟内出土距今5000年左右屈家岭文化早期漆器也十分精美，如漆钺柄，黑漆上髹红色几何纹饰，长约60厘米，宽约6厘米（图4–14）。

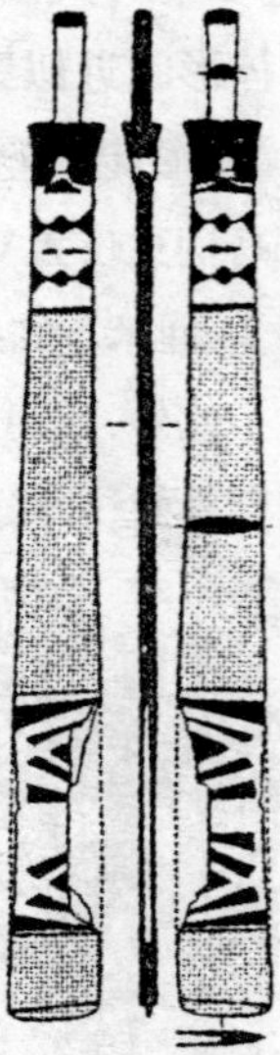

图4–14

论述

初露曙光的史前漆工艺是先民们用勤劳的双手创造的一种工艺文化，是勤劳中华民族智慧的结晶。我们祖先在漫长的漆工艺创作活动中，从朱绘漆碗到彩绘木质器具周而复始创造和长期积淀中，不仅造就了自身的审美观念和创造意识，也提高了对漆工艺各种材料的把握能力和加工技术，给后世漆工艺留下了宝贵经验和启示。它作为漆工艺最初阶段表现出明显的时代特征，无不打下时代的烙印。

劳动创造了漆工艺

史前漆工艺的起源来自于劳动，因为人类的劳动是从制造工具开始的，原始的漆工艺正是伴随着石器时代原始木工具的被创造与使用而产生的，漆工艺的产生一开始就根植

---

① 林寿晋：《战国细木工榫接合工艺研究》，香港中文大学出版社，1981年。
② 中国社会科学院考古研究所等：《青海柳湾》，文物出版社，1984年。
③ 河姆渡遗址考古队：《河姆渡遗址第一期发掘报告》，《考古学报》1978年1期；《浙江河姆渡遗址第二期发掘的主要收获》，《文物》1980年5期。

【图 7-9】 长沙马王堆 1 号汉墓云纹漆案出土时情形

【图 7-10】 长沙马王堆 1 号汉墓出土云纹漆锺

【图 7-11】 长沙马王堆 1 号汉墓出土云纹漆钫

【图 7-18】 长沙马王堆 1 号汉墓出土漆匜

【图 7-15】 长沙马王堆 1 号汉墓出土漆鼎

【图 7-20】 巢湖 1 号汉墓出土漆罐

【图 7-22】 山东日照海曲 106 号汉墓出土银扣贴金薄漆盒

【图 7-27】 山东日照海曲西汉墓出土漆虎子

【图 7-39】 长沙马王堆 1 号汉墓出土黑地彩绘漆棺

【图 7-40】 扬州平山雷塘 26 号西汉墓出土彩绘云气鸟兽人物纹漆面罩

【图 8-4】 江西南昌火车站工地 3 号东晋墓出土彩绘宴乐图漆盘

【图 7-42】 四川绵汉双包山 2 号汉墓出土人体经脉漆俑

于人类赖以进行生产活动的木工具之中，如史前大量的木耒、木铲、木锥、木杵和木钻等木制工具制造，到漆的发现和运用，以及日常漆器用具的制造，都说明漆工艺直接产生于劳动，反过来又直接为劳动生产和日常生活服务。

明显的功利性

史前漆工艺制作首先在适合于人使用的前提下形成一定的造型和装饰特点，实用功能始终是第一位的，审美功能必须符合实用功能，器具的实用意义往往大于审美意义，具有明显的功利性。如先民用漆髹器物增加了器具的艺术美，但人们开始是为了提高其使用强度、牢固度和延长其使用的寿命；在漆杯上装双錾增强了器物的对称美，符合工艺造型美的设计原理，但其创作初衷是便于人们提携，为了提高器物的实用价值，人们还用漆胶固定，在这里原始人类的功利主义表现得淋漓尽致。由此可见，史前漆工艺的审美功能不是附加的，而是实用功能的有机统一体。

抽象的表象符号

史前漆工艺由于受到技术等方面限制，通常运用简约的表象符号突出其形象特点，这些抽象的表象符号是经过原始人感知的客观事物在脑海中形成的固定形象，如陶寺墓葬出土彩绘木案，案面红彩地上白彩绘边框式抽象图案，其目的是为了提示人们放置餐具的位置，以便防止食物的倾泻。鼍鼓上模仿自然界的云彩纹和抽象的几何纹也许与某种原始图腾祭祀有关等。史前漆工艺所表现出的那种天真、稚拙的造型和装饰艺术语言，只有在人类童年时期才会如此完美地表达出来，它代表着原始人类思想情感、生活习俗的演变，同时也体现了当时生产力技术的发展水平。

逐渐成熟的商、西周漆器

商代漆器概述

考古发现及相关材料

进入奴隶社会以后，商、西周时期漆工艺比新石器时代漆工艺制作水平有明显的进步，这时期漆工艺技术已逐渐趋于成熟。考古发现商代漆器比新石器时代明显增多，在河北藁城县台西村商代早晚期遗址、湖北盘龙城商代中期墓葬中，殷墟1001号大墓、殷墟花园庄东地54号大墓、武官村大墓、小屯388号墓及其他中小型商代晚期墓中，河南罗山天湖商代晚期墓地和山东益都苏埠屯商代晚期墓葬中等地都发现了商代不同时期的漆器。但出土的商代漆器，多数胎骨腐朽。

商代早期墓葬出土漆器，有1973年至1974年在河北藁城台西村出土了商代遗址，它是几年来商代遗址发掘规模最大的一处，也是漆器收藏最丰富的一处。在早晚两期遗址中发现了几十片漆器残片。在晚期居址F6室内外发现漆器残片26块，其中两块有画彩，在木胎雕刻花纹，后涂朱、镶嵌，表面呈现浮雕式的花纹。花纹有饕餮纹、夔纹、圆点纹、雷纹和蕉叶纹几种，在饕餮纹中并镶有绿松石。在一块残片花纹间还有原来安装合页的痕迹。在14号墓出土圆盒朽痕中发现一段半圆形金箔饰片。该遗址为商代文化堆积，大部分遗迹、遗物相当于殷墟文化早期，这些珍贵遗物能够保存至今，实属难得①。

① 河北省博物馆、河北省文管处台西发掘小组：《河北藁城县台西村商代遗址1973年的重要发现》，《文物》1974年8期；河北省文物管理处台西考古队：《河北藁城台西村商代遗址发掘简报》，《文物》1979年6期。

商代中晚墓葬出土漆器，安阳是商代晚期的政治、经济、文化中心，因而发现的漆器最多。有殷墟 M1001 大墓、武官村大墓、小屯 388 号等墓葬中也曾出土的盘、盒、罍、鼓等漆器，特别是在安阳侯家庄 1001 号大墓的椁室顶板之上，发现了多件髹漆木器。其中一件器物为搬运器物用的抬盘，器物两端各雕刻一组兽面纹，上髹红漆，兽面眼睛用圆石片嵌成。眼角、兽牙及兽面周围的装饰带，则系由蚌片镶嵌而成。发现用蚌片镶成的扉棱装饰[①]。1980 年在河南罗山天湖的商代晚期墓地出土 10 件漆器，髹黑漆，它可能是现知最早的一件车镟木胎漆碗[②]。商代车木胎出土说明商代制漆工艺中已出现了镟床。在山东益都苏埠屯商代晚期墓葬中，发现表面用蚌片和龟甲镶嵌出虎纹和兽面纹的漆器[③]。1991 年在河北定州出土了 42 座商代晚期墓，其中 67 号商墓出土了棺漆皮，色彩艳丽。[④]2001 年中国社会科学院考古研究所安阳工作站抢救发掘一座未被盗掘的高级贵族墓葬，它是继殷墟妇好墓及郭家庄 160 号墓之后第三座保存完好、规模较大的贵族墓葬。这座编号为花园庄东地 54 号的墓葬，有椁盖板板灰痕迹和金箔，可能镶嵌在棺盖上，它是一座未被盗掘的商代晚期大型贵族墓葬，为殷墟考古重大发现[⑤]。

这个时期的漆器，还在黄河中下游和长江中游地区也有发现。这些漆器，按其用途主要有礼乐器、生活用具、车马具、兵器，以及棺椁等丧葬用具。而且各种漆器的数量，也较此前有较大的增多。1974 年湖北黄陂盘龙城商代中期墓葬中，也发现十余块内外壁髹漆的木椁，外壁雕刻饕餮纹和斜角云雷纹，并填以黑红两色漆[⑥]。

漆器的品类、纹饰与工艺

商代漆器就其品类而言，有豆、碗、杯、案、觚、盘、盒、罍、鼓、筒形器等。就其质地而言，以木胎为主。就其装饰风格而言，花纹有饕餮纹、雷纹、夔纹、蕉叶纹、圆涡纹等。色彩均朱漆地黑色花纹，漆面乌黑发亮，朱地颗粒细小，花纹纤细，比例匀称，表现了当时人们在晒

① 梁思永、高去寻：《侯家庄·1001 号大墓》，第 58、61、64、65 页；郭宝钧：《一九五〇年春殷墟发掘报告》，《中国考古学报》第五册；石璋如：《殷墟最近之重要发现附论小屯地层》，《中国考古学报》第二册；中国社会科学院考古研究所安阳发掘队：《1958—1959 年殷墟发掘简报》，《考古》1961 年 2 期；中国社会科学院考古研究所安阳工作队：《1969 年—1977 年殷墟西区墓葬发掘报告》，《考古学报》1979 年 1 期。

② 河南省信阳地区文管会等：《河南罗山蟒张商代墓地第一次发掘》，《考古》1981 年 2 期；《罗山县蟒张后李商周墓地第二次发掘简报》，《中原文物》1981 年 4 期；《罗山天湖商周墓地》，《考古学报》1986 年 2 期。

③ 苏埠屯漆器转引自罗勋章：《刘家店春秋墓琐考》，《文物》1984 年 9 期。

④ 李文儒主编：《中国十年百大考古新发现》，文物出版社，2002 年 5 月。

⑤ 徐广德、何毓灵：《殷墟发现商代贵族墓》，《中国文物报》2001 年 3 月 28 日。

⑥ 湖北省博物馆等盘龙城发掘队：《盘龙城一九七四年度田野考古纪要》，《文物》1976 年 2 期。

漆、兑色、髹漆等几个方面的成就。就其工艺水平而言，这时期制漆工艺已经出现了薄板胎，有的还在其上漆绘雕花，使漆器表面呈现出浮雕式的美丽花纹。这时期出现的贴金箔装饰漆器为后世平脱工艺奠定了基础。出现的镶嵌蚌壳、蚌泡、绿松石和玉石等镶嵌技术，使漆器色彩更加绚丽鲜明。这时期嵌镶漆器出现了磨制成圆形、方圆形、三角形嫩绿色松石，用蚌片、龟甲镶嵌出虎纹和兽面纹饰嵌镶在漆器上，从而说明距今三千多年前商代漆器已出现螺钿工艺，商代漆工艺已达到相当高的水平。

西周漆器概述

考古发现及相关材料

西周时期髹漆工艺继商代髹漆工艺又有新的发展。西周漆器制作已经发展成为一种新兴手工业，《考工记》等文献都有记载。考古发现这时期漆器较多，河南浚县辛村、河南洛阳庞家沟、河南三门峡上村岭、陕西长安普度村、陕西西安张家坡、陕西岐山贺家村、湖北圻春毛家嘴、安徽屯溪、北京房山琉璃河等遗址和墓葬中都出土了漆器。

20 世纪 80 年代在北京琉璃河西周燕国墓地出土了大批漆器，它们多出于大中型墓葬中。种类有罍、觚、壶、簋、豆、杯、盘、俎、彝等。以豆居多，均为木胎，器胎一般较厚重，以斫、剜、凿、磨为主。器表皆有漆绘，多为红地褐彩或褐地红彩，黑漆者少见。有些漆器表面镶嵌蚌泡、蚌片、绿松石或金箔等。纹饰有饕餮纹、雷纹、夔纹、圆涡纹等，出现了彩绘凤鸟纹等图案。漆罍、漆觚、漆豆的外表都有嵌饰，除在漆地上绘出云雷纹、弦纹外，器盖上还用细小的蚌片嵌出圆涡纹图案，颈、肩、腹部饰有各种形状的蚌片，嵌出凤鸟、圆涡和饕餮的图形。个别漆器表面雕花，使图案呈浮雕状①。琉璃河出土的西周漆器，数量丰富，器类齐全，装饰精美，保存完好，在西周时期遗存中实属罕见。它为研究西周髹漆工艺问题提供了宝贵的资料。

在西周国都所在地陕西长安丰镐地区西周墓葬中出土了大量精美漆器。20 世纪 50 年代发现许多蚌泡和各种小蚌片与漆皮共出。陕西长安县普度村西周墓发现漆器残片，棕黑色的漆皮上镶嵌有蚌泡②。1967 年在陕西长安张家坡西周晚期 115 号墓发现漆豆、漆俎、漆杯，木胎已朽，仅存外形及各种蚌饰，豆镶嵌有蚌泡物，俎座四周镶嵌各种形状的蚌

---

① 中国社会科学院考古研究所琉璃河考古队：《1981—1983 年琉璃河西周燕国墓地发掘简报》，《考古》1984 年 5 期。

② 中国社会科学院考古研究所编著：《沣西发掘报告》，文物出版社，1962 年；石兴邦：《长安普渡村西周墓葬发掘记》，《考古学报》第八册（1954 年）。

片图案。从而说明嵌蚌泡是当时最常用的一种漆工装饰[①]。在陕西岐山贺家村出土了漆皮，上有黑、紫、红等色绘出的花纹[②]。2001年初，在成都市西北郊的金沙遗址出土了金器、铜器、玉器、象牙等大量珍贵文物，其中还出土了西周时期的漆器残片，一时间默默无闻的金沙村成为世人关注的焦点。[③]

河南浚县辛村卫国墓地，曾出土很多蚌泡和各种几何形的蚌片，当系螺钿漆器的装饰。还发现一段用磨制的小蚌条组成的图案[④]。河南三门峡上村岭虢国墓地，发现外壁嵌有6枚蚌泡的漆豆、嵌有蚌泡的漆器托盘残片[⑤]。河南洛阳庞家沟西周墓中出土了朱黑两色漆豆，盘和柄上镶嵌两排蚌泡，分别与上下的两道平行弦纹组成装饰纹带[⑥]。甘肃灵台白草坡西周墓中发现大量残破漆皮，一种棕色的漆皮薄如纸，微透明，多附在椁板上；另一种是在深色上加涂红色，或以红、黑二色相间绘云气、草叶、鳞虫、几何形等纹样，说明当时朱绘漆器已达到很高的水平[⑦]。湖北圻春毛家嘴发现的漆杯，呈圆筒形，有圆足[⑧]。安徽屯溪西周墓发掘器表髹朱红色漆的器具[⑨]。

漆器的品类、纹饰与工艺

西周时期漆器就其品类而言，有罍、觚、壶、簋、豆、杯、盘、俎、彝、匕等，以豆居多。就其质地而言，均为木胎，有个别陶胎。就其装饰风格而言，目前所见的西周漆器器表皆有漆绘，器表有褐、朱、黑三种地色，红地褐彩或褐地红彩者多，黑漆者少见。纹饰有饕餮纹、雷纹、夔纹、圆涡纹等。多是以兽面纹图案为主，以几何形图案为辅，出现了彩绘凤鸟纹等图案。常出现多组兽面纹，一般由回纹和雷纹组成装饰带，均匀绘圆涡纹和几何纹，纹饰布局合理，色彩对比鲜明，线条流畅均匀，表明了西周时期娴熟的漆绘技法和深沉高贵的装饰风格。

就其工艺水平而言，西周时期漆工艺继承了商代晚期的传统，有所发现和创新。可分为制胎、雕刻、髹漆、彩绘、镶嵌等多种工序。胎制作以斫、剜、凿、磨为主，小型器具多整块

---

① 中国社会科学院考古研究所沣西发掘队：《1967年长安张家坡西周墓葬的发掘》，《考古学报》1980年4期。
② 陕西省博物馆：《陕西岐山贺家村西周墓葬》，《考古》1976年1期。
③ 2006年作者拍摄于成都市考古所库房。
④ 郭宝钧：《浚县辛村》，科学出版社，1964年版，图版伍贰，1。
⑤ 中国社会科学院考古研究所：《上村岭虢国墓地》，科学出版社，1959年。
⑥ 洛阳市博物馆：《洛阳庞家沟五座西周墓的清理》，《文物》1972年10期。
⑦ 甘肃省博物馆文物队：《甘肃灵台草坡西周墓》，《考古学报》1977年2期。
⑧ 中国社会科学院考古研究所湖北队：《湖北圻春毛家嘴西周木构建筑》，《考古》1962年1期。
⑨ 安徽省文化局文物队：《安徽屯溪西周墓发掘报告》，《考古学报》1959年4期。

木料挖凿而成，大型器具则先加工各个部分后粘接而成。其胎质较厚重，但也有少量薄板胎，商代晚期就出现薄胎漆器开后世薄胎漆器之先河。西周漆器表面平整光滑，有数次髹漆的痕迹，反映出当时髹漆具有高超的技艺。雕花漆器是在木胎上雕刻出花纹图案，后髹漆，其刀法熟练。镶嵌是西周漆器主要的装饰技法之一，镶嵌漆器所用材质为贴金箔、绿松石、蚌片和蚌泡等。"随着漆器制作技术的提高和规模的扩大，至迟在西周时期，漆器制作可能已经脱离了木工而单独成为一个生产部门了。""这时期漆器主要用途是作为礼器，北京琉璃河出现的漆礼觚取代了铜礼器觚，或漆礼器与青铜礼器配套使用的情况。"[①]但仅见于少数上层贵族墓葬之中。

商、西周漆器举要

考古资料表明，商、西周时期漆器比史前漆器数量和品类明显增多，镶嵌漆器十分发达，为春秋战国时期漆器工艺的发展奠定了基础。

漆木生活用具

商、西周时期漆木生活用具主要有罍、觚、壶、簋、豆、杯、魁、盘、俎、彝、匕等，生活用具出现了薄木胎漆器，有的漆器上还镶嵌各种饰物。但绝大部分漆木生活用具胎骨已腐朽，经石膏浇注，可窥其全貌。

图 5–1

碗 河南罗山天湖 12 号墓出土商代漆碗，较新石器时代漆碗薄且制作较精，尖唇，腹壁弧裹收成平底，口沿下有两道深弦纹，下腹近底处也有一道深弦纹。通体髹黑漆。口径 16.6 厘米（图 5–1）。

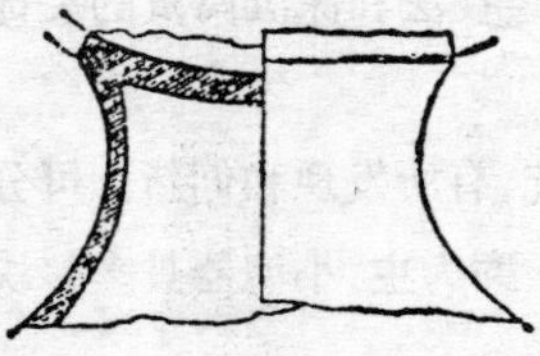

图 5–2

豆 商、西周墓葬中以漆豆类器具居多，可分为 3 式。

Ⅰ式 敛口弧腹豆。河南罗山天湖商代墓葬共出土了 8 件漆豆，15 号墓豆胎已变成泥质，漆皮颜色鲜艳，里红外黑，可复原豆柄（图 5–2）。18 号墓可复原，豆盘为尖唇，敛口弧腹，圈足。口沿下与下腹部共有三道宽弦纹，圈足残存两道宽弦纹。器外壁髹黑漆，深弦纹髹朱红漆，色彩鲜明（图 5–3）。

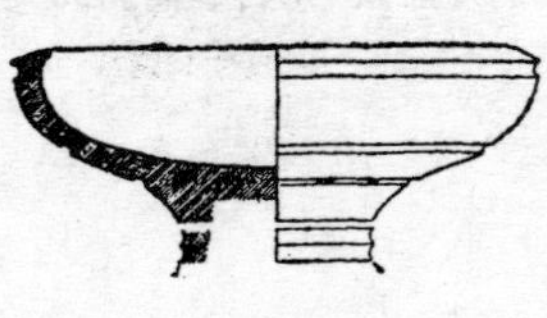

图 5–3

① 殷玮璋：《记北京琉璃河遗址出土的西周漆器》，《考古》1984 年 5 期。

Ⅱ式 略敛口斜腹矮型豆。陕西长安张家坡 115 号西周墓葬中出土 2 件镶曲蚌泡饰物的矮型漆豆，形状相同，深盘，柄把较短粗。豆盘的外表镶嵌有 8 枚蚌泡，蚌泡以红彩画圈，豆柄中部镶嵌 2 枚菱形蚌片和 4 枚小蚌泡，小蚌泡上也涂红彩。其一高 16.2 厘米（图 5–4）。[①]

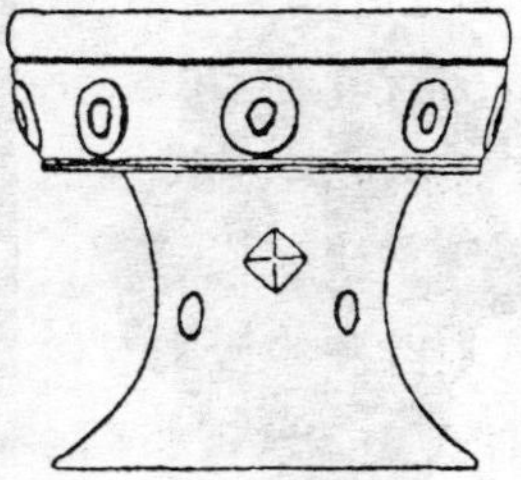

图 5–4

Ⅲ式 直口直腹高型豆。北京市琉璃河 1009 号西周墓地出土高柄型漆豆，深盘，柄把较Ⅱ式细高，褐地朱彩，豆盘外镶一周蚌泡，间以小蚌片，与上下朱色弦纹组成装饰带。豆柄以蚌片嵌出眉、目、鼻等部位，与漆绘构成饕餮图案。镶嵌蚌片的“螺钿”工艺是我国漆器装饰的传统工艺之一。螺钿漆器在西周时许多遗址和墓葬中都有发现。镶嵌蚌泡技法是将蚌壳磨成一面平整一面圆鼓的圆泡，将平整的一面嵌入漆器表面，圆鼓面向外。说明西周镶嵌漆器十分发达[②]。复原尺寸通高 20.3 厘米，口径 17.6 厘米（图 5–5）。

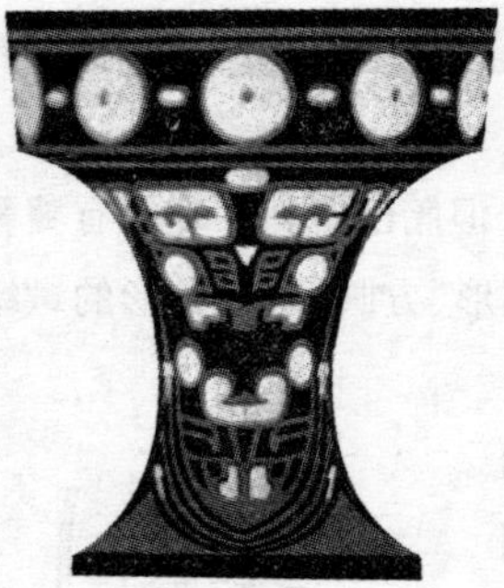

图 5–5

觚 北京琉璃河 1043 号西周墓地出土的漆觚为彩绘贴金嵌绿松石觚，木胎挖制，敞口作喇叭形。器身镶三道金片，下面两道金箔上，镶嵌有绿松石。两条金箔之间，雕刻出三个变形夔龙纹组成装饰纹带，以椭圆形的绿松石片镶于雕刻而成的变形夔龙纹的眼部，作为兽面的眼睛，绿松石和黄金箔交相辉映，显得光彩夺目。贴金箔装饰工艺精致，金箔表面平整，与漆器粘接牢固，表明当时对金箔加工和贴金箔技术具有一定的水平。复原尺寸为通高 28.3 厘米（图 5–6）。

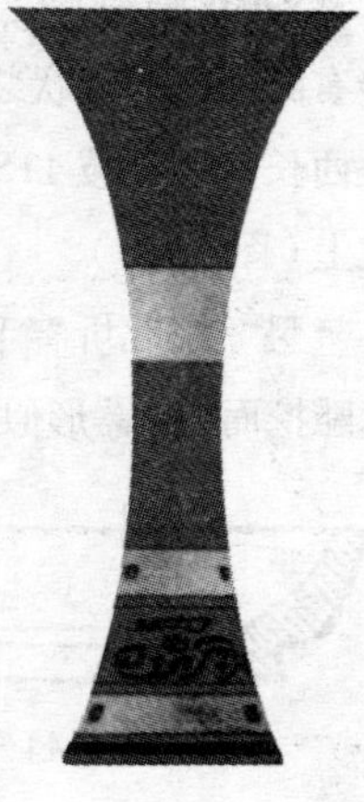

图 5–6

罍 北京琉璃河 1043 号西周墓地出土兽面凤鸟纹嵌螺钿漆罍，以朱漆为地，施以褐彩。花纹均以蚌片镶嵌和彩绘组成凤鸟纹带、圆涡纹带和兽面图案。器盖用蚌片镶嵌木雕兽头，有眼、角、耳。肩部和上腹部均为用蚌片镶成的圆涡纹和漆绘花纹带。下腹部为蚌片和漆绘构成的饕餮纹。圈足之上镶嵌着多组长方形蚌片，间以

① 中国社会科学院考古研究所沣西发掘队：《1967 年长安张家坡西周墓葬的发掘》，《考古学报》1980 年 4 期。

② 中国社会科学院考古研究所琉璃河考古队：《1981—1983 年琉璃河西周燕国墓地发掘简报》，《考古》1984 年 5 期。

图 5–7

图 5–8

长方条形漆绘。器耳为两只由蚌片镶嵌和彩绘构成的带冠凤鸟，大鸟在上，小鸟在下，鸟喙向外。漆罍形体高大，蚌片表面光滑平整，可见当时的填嵌技法已达到相当高水平，它为研究西周螺钿漆器工艺提供了实物资料。复原尺寸通高 54.1 厘米（图 5–7、5–8）。

盘　藁城台西商墓中发现的漆器残片较重要的有盘残片，但胎已腐朽。花纹有饕餮纹、夔纹、雷纹、蕉叶纹等几种，均为朱红地黑彩，花纹上镶嵌圆形、方圆形、三角形的嫩绿松石，色彩绚丽，漆面乌黑发亮[①]。

盒　藁城台西商墓中发现漆器盒有长方形盒和圆形盒两种。花纹有饕餮纹、圆点纹和云雷纹三种。在 14 号墓的一件圆盒朽痕，还发现一段半圆形金饰片，厚不到 0.1 厘米，正面阴刻云雷纹，显然是原来贴在漆器上的金片。

图 5–9

杯　湖北圻春毛家嘴出土漆杯，呈圆筒形，黑、棕色地上绘红彩，颜色鲜艳。纹饰由云雷纹或回纹组成带状纹饰，每组中还绘有圆涡纹蚌泡状装饰。残高 8.3 厘米，厚 0.3 厘米（图 5–9）[②]。陕西长安张家坡 115 号西周墓中出土了漆杯。出土时位于漆俎之上（图 5–10）。

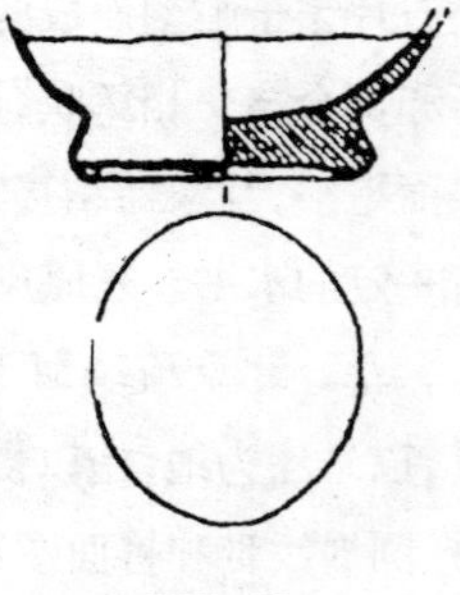

图 5–10

魁　湖北圻春毛家嘴西周遗址中发现了漆魁，系用一块整木雕挖而成。器形似碗，一侧有把手。《简报》称为“木瓢”，但王振铎先生考证应释为“魁”[③]，高 6 厘米（图 5–11）。

图 5–11

匕　陕西扶风周原西周出土漆匕，木胎，斫制。匕面呈

---

① 河北省博物馆、河北省文管处台西发掘小组：《河北藁城县台西村商代遗址 1973 年的重要发现》，《文物》1974 年 8 期；河北省文物管理处台西考古队：《河北藁城台西村商代遗址发掘简报》，《文物》1979 年 6 期。

② 中国社会科学院考古研究所湖北队：《湖北圻春毛家嘴西周木构建筑》，《考古》1962 年 1 期。

③ 王振铎：《论汉代饮食器中的卮和魁》，《文物》1964 年 4 期。

舌形，通体髹漆（图 5–12）[①]。

图 5–12

漆木娱乐用具

本世纪三十年代，梁思永先生发掘安阳西北岗1217号大型殷商王陵墓中，曾发现过与石磬并存的鼍鼓。鼓经彩漆髹饰，横向放置。两面皆有鼓皮，一面鼓皮上鳄鱼骨板的痕迹清晰可见。又有悬挂鼓、磬的木架，木架经过髹漆，并用蚌片嵌出饕餮纹、虎纹和人字形纹[②]。

漆木丧葬用具

棺椁　商、西周时期墓葬中出土的髹漆木棺椁大多腐朽，有的只能依据髹漆痕迹得以剥离出某些髹漆残片。如安阳殷墓多次发现木棺上髹漆的现象，其髹漆木棺上一般涂红、黄色漆，有的涂漆数层。少数棺上还彩绘，有粉红、杏黄、黑、白等 4 种颜色，彩绘的图案不甚清晰，多以三角、圆圈、圆点等几何形花纹组成[③]。2001 年至 2002 年间在安阳殷墟 54 号商代晚期贵族墓葬中出土了两椁一棺，从木纹纹理可以判断出椁盖由 21 块东西向的木板拼合而成，从保留的痕迹可以辨出外椁立壁是采用榫卯结构套合而成的，椁盖髹漆，以黑漆为主，兼有红漆与黄漆。内椁椁盖雕刻十分精美，以夔龙纹和方格纹构成的鱼纹为主，后阴线用黑漆、阳线用红漆髹成。内椁雕刻花纹局部保存较完整，采用榫卯结构套合而成，棺外内髹鲜艳红漆，四周发现有金片一周，金片呈长条形，长约十厘米，宽约三厘米，镶嵌在棺盖的四周。[④]

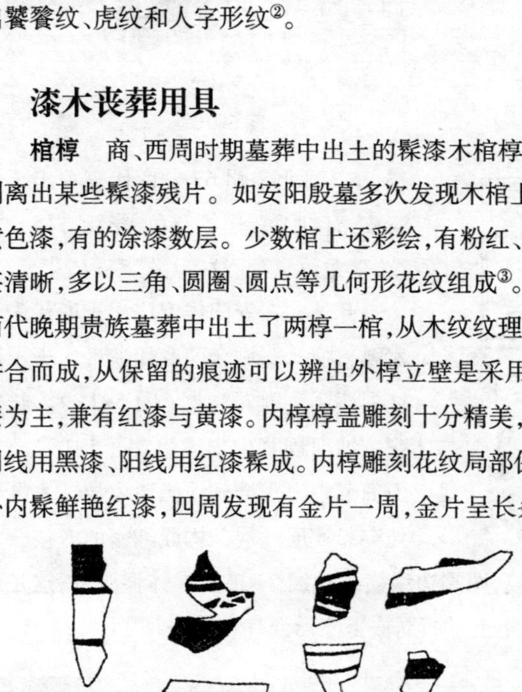

图 5–13

甘肃灵台白草坡 7 号西周中期墓填土和葬具周围发现大量残破彩绘漆皮，一种深棕色，薄发纸，微透明，多附着在椁板上。另一种是在深棕色上加涂红色，或以红、黑二色相间绘出云气、草叶、鳞虫、几何形等纹饰，可能是棺木上的彩绘（图 5–

① 陈振裕：《中国美术分类全集·中国漆器全集第 1 卷先秦》，福建美术出版社，1997 年。
② 梁思永、高去寻：《侯家庄》第六本《1217 号大墓》，1968 年，台北。
③ 中国社会科学院考古研究所安阳队：《1969—1972 年殷墟西区墓葬发掘报告》，《考古学报》1979 年 1 期。
④ 徐广德、何敏灵：《殷墟发现商代贵族墓》，《中国文物报》2001 年 3 月 28 日。

图 5–14

图 5–15

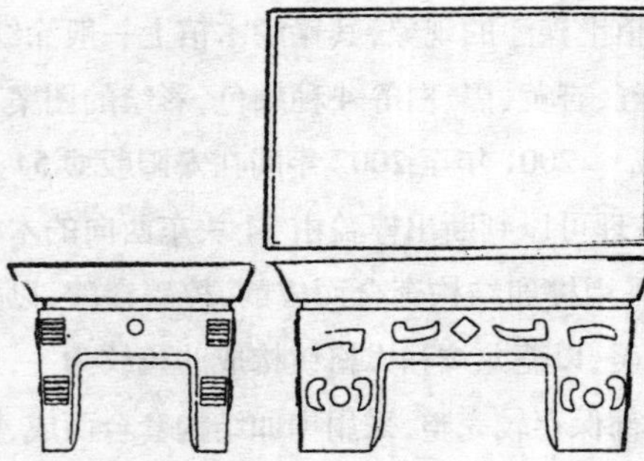

图 5–16

13)。[1]河北定州 67 号商代墓葬出土棺漆皮,有红、黄、黑等颜色,彩绘方格云雷纹、夔龙纹、兽面纹等(图 5–14)。[2]

此外，在安阳侯家庄出土商代朱漆木雕遗痕，藁城台西商代遗址出土了髹红黑漆阴刻雕花漆器(图 5–15)。长安张家坡西周墓中出漆俎(图 5–16)。罗山商墓中出土缠丝线黑漆木柲，木握手处突起 5 层丝线，构成细密的方格云雷纹,每组图案为 4 层方格纹和 1 个十字纹,两端边缘横缠丝线 21 道。通体髹黑漆,这是最早的漆线雕(图 5–17)。成都金沙遗址出土了西周嵌玉漆器残片(图 5–18)。

图 5–17

图 5–18

① 甘肃省博物馆文物队:《甘肃灵台白草坡西周墓》,《考古学报》1977 年 2 期。
② 李文儒主编:《中国十年百大考古新发现》,文物出版社,2002 年 5 月。

论述

商、西周时期，是中国奴隶社会，集中反映这个时代工艺水平的代表是青铜器，但考古资料表明，这时期漆工艺也已达到较高水平，与青铜工艺相比毫不逊色。由于新生产关系的产生，新宗教观念的出现，以及新材料和新工艺的运用，使得商、西周漆工艺带有明显的时代特征。

漆工艺装饰的社会意义与审美意义

由于商代君主专制的统治阶级和崇尚鬼神的宗教观念，使得这时期漆工艺装饰风格带有浓厚的宗教迷信色彩，漆器装饰的社会意义往往大于审美意义。商代漆器装饰常运用对称而又规整的格式，安定而又庄重的手法，不论是漆器上饕餮纹、雷纹、夔纹、蕉叶纹和圆涡纹等纹样，还是在漆器上用蚌片、龟甲镶嵌出虎纹和兽面纹饰，其艺术特点给人一种威严、冷峻和神秘精神力量之感。人们不难看出漆艺风格与当时青铜艺术风格一致，具有古朴、宏伟和精美的风格特点，人们在赞叹它们艺术杰出创造的同时，又会产生一种沉重的压抑感。

礼的无所不在造成了漆工艺制作的等级格局

西周统治者吸取殷商王朝覆灭的教训，加强礼制规定维护奴隶制度统治的等级和秩序。由于礼的无所不在造成了漆器的等级格局，西周漆器在制作、装饰等方面都要符合礼制，漆器兼有礼器的职能，成为礼器的组成部分，如《礼记·燕义》："俎豆、牲体、荐羞，皆有等差。所以明贵贱也。"漆俎、漆觚和漆豆等作为礼器，与青铜器和玉器一起构成一定的组合而放置墓中。西周漆器绝大多数都出自大、中型墓，使用者多为生前有一定身份的人，直至春秋战国时期漆俎、漆豆皆出自地位在大夫和上卿之列的贵族墓中。当时漆器的色彩也一定要符合礼制的规定，先秦文献中多有记载，《春秋·榖梁传》有"天子丹（朱红色），诸侯黝垩（黑白色），大夫苍（青色）"的记载。这种在"礼"的约束下所创造出来的工艺美学造型标准，体现在当时漆工艺造型比例、装饰风格的诸要素之中，它闪烁着东方艺术精华的美，这一种秩序感和等级观念成为后世中华民族工艺美学思想的重要组成部分。

金箔贴花漆器崭露头角

所谓"金银箔贴花漆器"是将黄金、白银捶打成薄片，或在金箔上刻出图形，或直接用金箔，借助漆的黏性特点将其贴于漆器表面，这是一种古老的传统漆器装饰工艺。古文献关于金银箔贴花漆器的最早记载，为西晋初年司马彪写的《续汉书·舆服志》：汉代皇帝煌车子，“贰毂两辖，金薄缪龙，为舆倚较。”薄通箔。汉代称车厢为“较”，称两龙相交的“缪”。说明汉代帝王髹漆车上贴有黄金箔片制成的交龙图案。但考古发掘实物证明，商代遗址中出土漆器残片上有金箔贴花，说明漆器金箔贴花，已有三千多年的历史。因受工具和技术的限制，金银薄厚一般为300~400微米。战国曾侯乙墓金箔漆器，其厚度为100~200微米。长沙杨家山西汉墓金箔漆奁，其厚度为9~17微米。清代金箔漆器比之更薄，而现代极薄的金银薄片是夹在乌金纸中捶打而成，仅0.12微米，称“飞金”。漆器金箔厚度经历了从商代的300~400微米到今天的0.12微米的变化过程。[①]金银薄贴花漆工艺经历了一个由低级到高级发展过程。

① 傅举有：《金银箔贴花漆器》，《紫禁城》，紫禁城出版社，2007年4月。

华丽浪漫的春秋战国漆器

春秋漆器概述

考古发现及相关材料

春秋战国时期，我国奴隶制逐渐瓦解，封建制逐步建立，社会大变革促进了人们思想活跃和手工艺解放，这时期以青铜的重量显示统治者身份地位的礼制已趋衰微，而漆器所具有的体胎轻巧、美观实用和色泽绚丽等优点，使陶器和青铜器相形见绌，髹漆工艺在这时得到了很大的发展，华丽浪漫的漆器艺术风格成为这个时期的时代标志。

目前发现春秋时期出土漆器墓葬有几十处。北方地区，春秋时秦、三晋、齐、燕等国墓葬中均发掘出漆器，只保存条件较差，多数留漆器残片。陕西凤翔是秦国都城——雍城的所在地，从秦德公元到献公二年，这里一直是秦国的政治、经济、文化中心。20 世纪 70 年代在这里出土了 40 座秦墓，共分六期，从春秋早期到战国晚期均有漆器出土①。山西长治分水岭出土 269 号和 270 号春秋晚期至战国早期墓中，出土了长方形漆木箱等漆器②。山西长子县春秋时期 1、2、7、11 号墓中均发现有漆棺、漆扁壶、漆盒、漆舟、漆箱等漆器③。山

① 陕西省雍城考古工作队吴镇烽等：《陕西凤翔八旗屯秦国墓葬发掘简报》，《文物资料丛刊》(3)，文物出版社，1980 年。

② 山西省文物工作委员会晋东工作组等：《长治分水岭 269、270 号东周墓》，《考古学报》1974 年 2 期；山西省文物管理委员会：《山西长治市分水岭古墓的清理》，《考古学报》1957 年 1 期。

③ 山西省考古研究所：《山西长子县东周墓》，《考古学报》1984 年 4 期。

西侯马村13号墓发现大量漆皮和包金的圆形装饰品[①]。山东曲阜鲁国故城西部望父台3号墓春秋墓中发现两件漆食奁，子奁髹黑漆铜胎，尚存禽骨[②]。山东临淄朗家庄1号东周墓中出土了一批重要漆器，有彩绘雕花条形器、朱地黑彩羊形器、绘彩红黄绿三彩镇墓兽、黑地红彩漆豆等，其纹饰除传统的雷纹、几何纹外，出现了现实生活写实性较强的图案。[③]山东省沂水刘家店1号春秋墓发现了漆木棺，嵌金漆勺，制作之精实属罕见[④]。山东莒南大店1号春秋墓出土了漆木棺、漆剑鞘、车伞盖弓、木棒漆盘残片等[⑤]。河南光山县黄君孟夫妇墓出土了一批春秋早期漆器，漆豆、漆盖、漆斗、髹漆棺等[⑥]。

南方地区，由于楚国气候温和，雨量充足，湿度较大，适宜漆树、油桐和其他树木的生长，这为楚国发展髹漆工艺提供了丰富的物质资源。但由于楚国至春秋中期才逐渐强大起来，楚系漆器主要出土于战国时期的墓葬之中。春秋时期早期出土漆器的墓葬不多，有湖北当阳赵家塝2号墓出土的漆木俎。[⑦]春秋中晚期有当阳金家山9号、252号墓葬出土漆俎[⑧]，当阳赵家塝3号出土漆俎[⑨]，当阳曹家岗3、5号墓出土漆俎和漆瑟，当阳赵巷2号、4号墓出土漆豆、漆瓒、漆豆、漆俎、漆簋、漆方壶、漆绘镇墓兽、漆瑟等，其保存完整，制作精美[⑩]。

漆器的品类、纹饰与工艺

春秋时期漆器品类有簋、豆、扁壶、方壶、盒、盘、盆、匜、俎、瑟、镇墓兽和漆绘棺椁等；制作工艺水平较高，其胎质大多数为木胎，出现了竹编胎，仍有少部分铜胎髹漆漆器。木胎主要有斫制、挖制和雕刻三种，而漆木与金工结合的工艺制作十分精美；装饰手法逐渐增多，有黑地朱彩或朱地黑绘，有二方连续纹样，也有单独适合纹样，传统的几何纹依然是这时期的主要图案之一，其他还有云雷纹、蟠龙纹、窃曲纹、变形鸟纹等，值得注意的是出现

---

① 山西省文物管理委员会侯马工作站：《山西侯马上马村东周墓葬》，《考古》1963年5期。
② 山东省文物考古研究所、山东省博物馆等：《曲阜鲁国故城》，齐鲁书社，1983年。
③ 山东省博物馆：《临淄朗家庄一号东周殉人墓》，《考古学报》1977年1期。
④ 山东省文物考古研究所等：《山东省沂水刘家店春秋墓发掘简报》，《文物》1984年9期。
⑤ 山东省博物馆：《莒南大店春秋时期莒国殉人墓》，《考古学报》1978年3期。
⑥ 河南信阳地区文管会等：《春秋早期黄君孟夫妇墓发掘报告》，《考古》1984年4期。
⑦ 湖北省宜昌地区博物馆：《当阳赵家湖楚墓》，文物出版社，1992年。
⑧ 湖北省宜昌地区博物馆：《当阳金家山九号春秋楚墓》，《文物》1982年4期；湖北省宜昌地区博物馆：《当阳金家山春秋楚墓发掘简报》，《文物》1989年11期。
⑨ 湖北省宜昌地区博物馆：《当阳赵家湖楚墓》，文物出版社，1992年。
⑩ 湖北省宜昌地区博物馆：《当阳赵家湖楚墓》，文物出版社，1992年；湖北省宜昌地区博物馆：《湖北当阳赵巷4号春秋墓发掘简报》，《文物》1990年10期；湖北省宜昌地区博物馆：《湖北当阳赵巷楚墓第二次发掘简报》，《江汉考古》1991年1期。

了写实题材的图案，写实题材往往伴随着夸张的艺术手法，但图案讲究均衡对称。这时期总装饰纹样风格虽已摆脱商、西周青铜的那种神秘、恐怖的饕餮纹样，但可以看出从青铜器云纹、窃曲纹和云雷纹等纹饰演变的痕迹，具有过渡时期的特点。

战国漆器概述

考古发现及相关材料

战国时期，漆器以其外观绚丽华美、实用轻便而明显优于青铜器，漆器品种、数量、制作工艺、用途等方面，都远远地超过前代，成为我国漆工艺史上出现的第一次大发展的时期。这时期各诸侯国都十分重视漆树的栽培，种植漆树具有十分重要的经济意义，漆园经济与桑麻鱼盐相提并论，且设有专官进行管理，当时有名的思想家庄子也曾做过管漆园的官吏，《史记·老庄列传》说："庄子者，蒙人也，名周，尝为漆园吏。"另外，由于这时期铁工具的普遍使用，手工艺生产的提高，劳动分工与生产组织的扩大，促使了漆工艺向前发展，漆工艺已成为社会经济中一个相对独立的手工艺部门，其分工越来越精细，据《考工记》载，"攻木之工七"的最后一道工序是"丹臒"，即髹漆。当时漆工艺发展之迅速，分布之广泛，品类之齐全，造型之精美，装饰之华丽，制作之精良都是前所未有的。漆器以其轻巧、美观、实用等优点很快赢得人们的青睐，漆器用品取代了青铜器和陶器的地位，广泛地深入到了人们日常生活的各个方面。战国漆器在全国各地都有发现，漆器生产在成都等地已拥有较大规模的作坊，四川青川县战国墓出土了漆器一百多件之多①。此外，在河南辉县琉璃阁②、浚县山彪镇 1 号墓③、河北平山县中山王墓群等出土了大量漆器④。近年来，2006 年甘肃张家川县木河乡桃园村北马家塬发掘了 3 座战国晚期西戎贵族墓葬，1 号墓发现了装饰华丽的漆车 5 乘，还出土了漆棺上银饰件。⑤

战国时期的漆器，考古发现遍及全国各地。尤以南方的楚国最为发达，漆工艺在楚文化中占有重要地位，迄今为止的战国漆器大部分出自楚墓之中。其原因由来久远，考古发现早在湖北黄陂盘龙城遗址出土了商代中期雕花髹漆彩绘椁板和商代晚期漆木柲

---

① 四川省博物馆等：《青川县出土秦更修田律木牍——四川青川县战国墓发掘简报》，《文物》1978 年 1 期。

② 中国社会科学院考古研究所：《辉县发掘报告》，科学出版社，1959 年。

③ 郭宝钧：《山彪镇与琉璃阁》，科学出版社，1959 年。

④ 河北省文物管理处：《河北省平山县战国时期中山国墓葬发掘简报》，《文物》1979 年 1 期。

⑤ 甘肃省文物考古研究所、张家川回族自治县博物馆：《2006 年度甘肃张家川回族自治县马家塬战国墓地发掘简报》，《文物》2008 年 9 期。

残件[①]，其饕餮纹与当时的中原地区商代青铜纹饰相同。湖北圻春毛家嘴遗址中还发现了西周时期的漆杯[②]，其上绘有圆涡纹蚌泡状装饰，其风格与北京琉璃河出土西周时期兽面凤鸟纹嵌螺钿相同，西周时期楚是周的属国之一，中原地区在商周时期曾是我国漆器工艺的制作中心，楚人很早就与中原地区的华夏族人民有着密切的往来，并受到了中原文化的影响，所以说“商周时期今湖北一带的漆工艺与黄河流域的漆工艺应是一脉相承的。”[③]“之后又发挥了楚地多竹木、多漆源的自然条件的优势，使漆器工艺兴旺发达，并在发展中形成了有楚国自身特征的漆器工艺系统。”[④]的确，楚国具有地域辽阔、气候温和、山林茂密、盛产漆树、油桐和木材等优越的自然条件，它们为楚国发展髹漆工艺提供了丰富的物质资源。楚国漆器工艺的发展，还与楚国疆域的开拓、社会经济和文化的发展密不可分，春秋中期以后楚国一跃成为当时最大的国家之一，楚国政治军事上强大，手工业和商业发达，楚人在接受北方中原先进文化影响包括青铜工艺的相互影响，以及与秦、巴蜀等国文化交流的同时，又充分吸收自身文化的积极因素，包括南方蛮夷文化、杨越文化，推陈出新，使楚漆工艺在这时期得到了长足的发展。考古发现反映楚与各国文化交流的文物不少，以漆器为例，如30年代出于长沙楚墓的“二十九年”漆樽，樽底刻铭文四行：“二十九年大后詹事，丞向，右工师象，工大人台”，铭左朱书一“长”字。裘锡圭先生认为铭文为秦国文字，“二十九年”应为秦昭王二十九年，“大后”是秦昭王之母宣太后，是楚人[⑤]。这件漆樽刻有当时生产者、监造者及分工情况，不仅成为战国漆工艺“物勒工名”的实证，同时也反映了战国晚期秦与南楚长沙之间的交往情况。考古发掘反映楚文化与当地土著文化相互交融、相互渗透的文物也不少，以长沙地区为例，商周时期主要活动在长沙地区的是越族，从春秋晚期开始，随着楚人向南扩张，而被破坏。越式器物中硬陶罐比较典型，大多数无釉，胎质坚硬，叩之声音清脆，长沙楚墓的随葬器物中随葬越式器物的为数不少[⑥]。楚漆工艺在先秦漆工艺史中占有重要地位，恐怕是与这些有利条件分不开。

就考古发掘而言，具有众多的出土地点。考古资料证实，大量使用精美的漆器随葬，是楚墓重要特色之一。现已清理发掘的楚墓数千座，其中近千座墓出土了大量漆器。楚国漆器发现地点遍及湖北、湖南、河南、安徽、山东、江苏和浙江等省，其中楚漆器出土地区以湖北、湖南两省最多，尤以江陵楚墓、包山楚墓、当阳楚墓、长沙楚墓、淅川下寺楚墓、信阳

---

① 湖北省博物馆：《盘龙城1974年度田野考古纪要》，《文物》1976年2期。
② 中国科学院湖北发掘队：《湖北圻春毛家嘴西周木构建筑》，《文物》1962年1期。
③ 后德俊：《楚国的矿冶髹漆和玻璃制造》，湖北教育出版社，1995年。
④ 院文清：《楚与秦汉漆器的几个问题》，《江汉考古》1987年3期。
⑤ 商承祚：《长沙古物见闻记》，金陵大学中国文化研究所，1939年。
⑥ 高至喜主编：《长沙楚墓》，文物出版社，2000年。

楚墓出土的漆器最为著名。江陵是楚郢都所在地,先秦时代最繁华大城市之一,近年来,出土了大批精美的漆器,天星观1、2号楚墓、马山楚墓出土漆器堪称艺术珍品,天星观2号墓出土漆器达一百八十件之多[①];江陵九店楚墓出土漆器760件;江陵雨台山楚墓出土九百余件[②]; 随县曾侯乙墓出土漆器计有二百多件[③];2002年湖北枣阳九连墩1、2号楚墓出土了大量精美漆器,车马坑内还发现了髹漆车马[④]。信阳是楚国北方重镇,信阳长台关1、2号墓出土漆器三百余件[⑤];2002年信阳长台关7号楚墓出土了许多精美漆器[⑥]。湖南是楚南方边陲重镇,常德临澧九里楚墓[⑦]、长沙楚墓、岳阳楚墓、益阳楚墓均出土了众多华丽无比的漆器[⑧]。楚漆器以战国中期最为突出和精美。楚地漆器数量大,品类多,造型美,髹饰精,代表着这时期髹漆工艺的最高水平。璀璨夺目、光泽如新的漆器在当时的文献中也有记载,如屈原《楚辞·招魂》中曾描绘过"羽觞"、"竽瑟"和"方连"等类漆器,从而足见楚髹漆工艺之发达。

漆器的品类、纹饰与工艺

就漆器品类而言,具有花样繁多的器具种类。楚国漆器种类极多,多数是实用器,少数为明器,其漆器品类齐全广泛地运用于社会生活的各个方面,涉及礼器、乐器、兵器、葬具、杂物玩具以及各种生活日用品到处可见漆器的使用。最常见的是日常生活用品,其次是军事和文化娱乐用品。按其用途可分为生活用具、兵器、娱乐用品、丧葬用品等。生活器皿有:羽觞、盒、卮、樽、豆、俎、盘、碗、勺、奁、禁、虎子、几、案、屏和床等。兵器有:弓、盾、甲、剑盒、剑鞘、戈、矛、戟和矢箙等,而且工艺水平很高,如长沙楚墓出土的剑鞘至今光亮照人、色泽如新。乐器有:鼓、瑟、琴、笙、笛、排箫、五弦乐、编钟、舞具和对弈用的六博等。丧葬用具有:镇墓兽、木俑、鹿、卧鹿立鸟、飞鸟和棺椁等。如楚墓中出土的镇墓辟邪的镇墓兽、造型奇特

---

① 湖北省荆州地区博物馆:《江陵马山一号楚墓》,文物出版社,1985年;湖北省荆州地区博物馆:《江陵天星观1号墓》,《考古学报》1982年1期; 荆州市博物馆:《湖北省荆州市天星观二号墓发掘简报》,《文物》2001年9期;张万高:《湖底楚墓重见天日》,《文物报》2000年3月31日。

② 湖北省荆州地区博物馆:《江陵雨台山楚墓》,文物出版社,1984年。

③ 湖北省博物馆:《曾侯乙墓》,文物出版社,1980年。

④ 湖北省文物考古研究所:《湖北枣阳市九连墩楚墓》,《考古》2003年7期。

⑤ 河南省文物研究所:《信阳楚墓》,文物出版社,1986年。

⑥ 《河南信阳长台关七号楚墓》,《2002中国重要考古发现》,文物出版社,2003年。

⑦ 湖南省博物馆:《临澧九里楚墓》,《湖南考古辑刊》第三辑,岳麓书社,1986年;湖南省博物馆:《湖南临澧九里一号墓发掘简报》,油印待刊稿;湖南省文物考古研究所:《临澧九里双峰包南包大墓发掘简报》,《湖南考古辑刊》第六辑,《求索》(增刊),1994年;楚文化研究会:《楚文化考古大事记·临澧九里1号墓发掘简报》,文物出版社,1984年。

⑧ 高至喜主编:《长沙楚墓》,文物出版社,2000年;湖南省常德市文物局编著:《沅水下游楚墓》,文物出版社,2010年;益阳市文物管理处、益阳市博物馆编著:《益阳楚墓》,文物出版社,2008年。

的鹿角飞鸟，似人非人，似兽非兽，是楚漆器中常见的典型器物，为研究远古神话、巫术礼仪等方面提供了宝贵资料。楚地漆器工艺经过了一个由初级向高级发展的阶段，器具功能由一物多用发展到一物专用，同类器具由单一型发展到花样百出，以生活器皿羽觞为例，有圆耳杯、方耳杯，还有具杯盒等。漆盒由圆形、长方形，发展为方形盒、长条形盒、带四足形盒、带三足形盒和动物形盒等。传统漆豆造型就更多了，有鸟首豆、带盖豆、圆形盖豆、方形盖豆和鸳鸯形豆等，这些都是楚地漆艺杰作。

就漆器装饰而言，具有华丽浪漫的艺术风格。楚国漆器装饰艺术与同时期造型艺术、绘画艺术相得益彰。其一，漆色艳丽、纹饰优美、题材广泛、装饰华丽。楚国漆器髹漆颜色以黑、红漆为主，大多墨髹朱里，即在器表髹黑漆，器内髹红漆。色彩的衬托最普遍的是黑地朱绘或朱地黑绘，常用颜色有红、黄、褐、绿、蓝、白、赭、黑和金银等，色彩丰富，光泽绚丽。也有不施油彩的木器，如虎座飞鸟、木俑、镇墓兽等木器。其二，纹饰丰富多彩，楚漆器更加优美典雅，而且谲怪神秘，纹样极富变化，颇有特点。有单独纹样、二方连续和四方连续纹饰。纹样则包括动物纹、云气纹、几何纹及生活题材等，其具体纹样有几何纹、云纹、龙纹、凤纹、鸟兽、花草、车马和人物等图案。比较有特色的纹样，第一是仿铜器上夔龙、蟠龙、蟠凤等纹样加以变化而来的；第二是由云雷纹加以变化而来的；第三是以人、神、动物等形构成漆画来装饰漆器，或以狩猎、宴乐、车马、巫师作法等人间现实生活与各种诡异怪诞的神灵交织在一起，具有浓厚的巫术文化色彩，或以现实社会中的禽兽为主，再辅以传说的龙、凤或与现实生活中虎形相结合而构成想象奇特的“神兽”、“神鸟”等图案，一个光怪陆离、富丽堂皇的缤纷世界便跃然而出。其三，装饰手法往往彩绘、浮雕和阴刻多种方法同时使用，富丽雍容。其四，楚漆器具有地域性特点。战国各地漆器风格有所不同，云梦秦简《语书》曰：“古者，民各有俗。”楚人信巫好祀，崇鬼神，所以楚漆器带有明显的地域性特点，如狰狞神秘的镇墓兽，集壮奇美于一身的虎座立凤，造型奇特的虎座凤架鼓，巧夺天工的小座屏，吉祥神瑞的雕鹿，出神入化的辟邪，盘曲缠绕的蛇卮等，它们蕴含着楚人丰富的情感世界和深厚的思想文化内容，是瑰丽缤纷和人神交融的浪漫主义艺术风格的生动写照。

楚国漆器工艺制作精良，漆器制作有明细的分工，有工师、右工师、右军工师、丞和佐等。其一，胎骨可分为木胎、竹胎、皮胎、夹纻胎、藤胎和积竹胎，尤以木胎为多。为了改变木胎厚重的缺点，战国中期以后，人们用轻巧的卷制薄木胎或夹纻胎作为漆器的内胎，夹纻胎胎骨以轻质的麻布和漆灰做成，笔者在整理长沙楚墓漆器时发现夹纻胎漆耳杯为数不少，如1953年长沙仰天湖14号楚墓出土夹纻胎漆耳杯，其胎质很薄，纹饰精美①。为了加

---

① 高至喜主编：《长沙楚墓》，文物出版社，2000年。

强薄胎漆器的牢固度,人们在这些漆器口沿、底部边缘加上铜箍,名为“扣器”。夹纻胎和扣器的出现是漆工艺的重大进步。竹胎有竹筒器和竹篾编器,多为兵器和竹笥。皮胎漆器主要用来制作漆盾、甲胄等兵器,它取形方便,无接缝和不易开裂,为后世所沿用。积竹胎戈柲和矛柲以木棒为芯,外用青皮竹篾与木棒平行地包裹,以丝线缠紧,再涂漆使其光亮平滑,积竹柄比单纯的木柄更坚韧而有弹性。其二,制作方法主要有斫制、镟制和雕刻等多种制法,榫卯结构虽较简单,但后世常用的明榫、暗榫、透榫、半榫和燕尾榫等都已出现。耳杯、方盒等小器物一般用整木挖凿而成,几、案大形器具为斫制,卮、樽圆形器外镟制和内斫制,而虎座凤架鼓、镇墓兽为雕刻。其三,工艺有描漆、描金银、金箔贴花、错金铜扣和针刻等。描漆图案富丽堂皇、经久不衰,有些漆器是用桐油配制成油彩绘饰图案,不易脱落,虽经数千年仍色彩鲜明,光泽如新。当时在漆器上绘画所用的工具是毛笔,考古发现长沙左家山 15 号楚墓中出土了目前我国最早的毛笔和笔筒①。毛笔描绘云气纹饰线条流畅、细若游丝,极富运动感,蘸金银粉描绘则更加金碧辉煌,针刻主要用于刻画符号和文字。从楚漆器描金银、金箔贴花工艺看,说明早在两千多年前人们就熟练地掌握了使用金、银颜料的高超技术,如长沙仰天湖 26 号墓出土彩漆雕花笭床大量运用了金银描绘技法②。湖南临澧九里 1 号楚墓出土了金箔贴花漆器, 这种嵌金工艺为汉代金银扣漆器的发展奠定了基础③。

春秋战国时期漆器举要

漆木生活用具

图 6–1

春秋时期漆木生活用具不论是造型与纹饰都与同时期的青铜器十分接近,其主要器形为簋、方壶、长方形盘、斗和匕等。战国时期漆木生活器具更加丰富,主要有羽觞、盒、卮、樽、豆、俎、盘、碗、勺、奁、禁和虎子等,许多器具为后世所沿用。

方壶 湖北当阳赵巷 4 号春秋楚墓出土了两件漆方壶,长颈,肩部附对称的两兽耳,耳上浮雕变形牛头,腹微鼓,凹底,下接喇叭口状方座。器身以黑漆为地,以红、黄色绘几何卷云纹、水波纹、三角纹等图案,局部勾金银彩。高 46.5 厘米,口径 17 厘米(图

---

① 湖南省文物管理委员会:《长沙左家公山的战国木椁墓》,《文物参考资料》1954 年 12 期。
② 湖南省博物馆:《湖南省文物图录》,湖南人民出版社,1964 年。
③ 熊传薪:《临澧县发掘一座大型战国木椁墓》,《湖南日报》1980 年 12 月 13 日。

图 6–2

图 6–3

图 6–4

6–1）。湖北枣阳九连墩 2 号墓出土战国时期彩绘云纹木雕漆方壶，通高 79.2 厘米，口长 25.6 厘米，宽 24 厘米（图 6–2）。公元前 329 年秦已灭巴蜀，所以在四川战国晚期墓出土了秦文化因素影响较大的扁壶。动物形漆壶是具有巴蜀文化特征的漆器，1979 年四川青川 1 号战国墓出土彩绘鸱鸮壶，面部狰狞，双目炯炯，双足前伸。器表髹黑漆，用红、朱、赭等色彩绘羽毛纹、变形鸟纹等纹样。通高 32.2 厘米，腹径 22 厘米，底径 11 厘米（图 6–3）①。

禁　1978 年湖北随州曾侯乙墓出土了透雕漆木禁，它由整块厚木雕成，禁面阴刻云纹加朱绘，四角浮雕龙纹，四腿雕成兽形，实为罕见的艺术珍品，可见楚人对禁的制作非常重视和考究。通高 52 厘米，面长宽均 55 厘米，底座长宽均 41.8 厘米（图 6–4）。

图 6–5

簠　当阳赵巷 4 号春秋楚墓出土了 6 件漆簠。由盖与器身组成，簠身为敛口、鼓腹，圆底，圆圈足外侈较甚，肩上有两个对称的牛形耳。器内髹红漆，器表髹黑漆，并用红、黄漆绘水波纹、窃曲纹、变形窃曲纹、三角纹、波纹、波浪条纹和勾纹等图案。通高 21 厘米（图 6–5）。1985 年凤翔秦公 1 号墓也出土了春秋时期的云雷纹漆簠耳。

① 四川省博物馆：《青川县出土秦更修田律木牍——四川青川县战国墓发掘简报》，《文物》1982 年 1 期。

俎 湖北枣阳九连墩2号墓出土战国彩绘带立板凹形板足漆俎，此为文献所记“房俎”。通高89.8厘米，面长91.2厘米，宽38厘米（图6–6）。

图6–6

豆 分有盖、无盖和杯豆3式。

Ⅰ式 无盖盘形豆。这是一种古老的形式，从新石器时代就已出现，至春秋战国时期无盖盘形豆十分发达，如河南光山县黄君夫妇墓出土了春秋早期漆豆，湖北当阳赵巷4号春秋中期楚墓出土了6件漆豆，江陵荆州砖厂2号楚墓出土了蟠螭纹漆豆[①]。其中九连墩2号战国墓出土的彩绘漆豆十分精美，无盖，通体髹红漆，绘黑漆勾连云纹图案。通高26.4厘米，口径17.9厘米（图6–7）。

图6–7

Ⅱ式 有盖豆。有盖豆很少见于春秋以前的墓葬，至战国早期以后大量出土于楚系墓葬之中。随县曾侯乙墓就出土了4件这种带耳盖漆豆。其中龙凤纹盖豆由盖和身两部分组成，盖、盘、耳、柄、座均为雕刻而成。盖顶中心浮雕相互盘绕的龙纹装饰，两耳则浮雕成龙形兽面形象，纹饰刻画细致入微。在彩绘云纹和变形凤纹的共同映衬下，盖顶盘错的龙身宛如游走于云鸟之间，形象若隐若现、呼之欲出。战国早期漆木器多以仿青铜礼器的风格出现，这件漆木豆即是如此。就其胎骨与造型的精美程度而言，堪称战国早期的漆工艺佳作。通高24.3厘米，口长20.8厘米，宽18厘米（图6–8）。江陵雨台山427号楚墓出土的彩绘鸳鸯盖豆，这是一件巧夺天工的盛食器。带盖的深盘和喇叭形把手分别由鸟身、鸟足雕刻接榫（sǔn）而成，如神鸟正在小憩。神鸟盘颈侧视、双翅收合、蜷足翘尾，形象生动逼真。其头、身、翅、脚和尾为精细的半浮雕，身上满绘金

图6–8

① 湖北省荆州地区博物馆：《江陵马山砖瓦厂二号楚墓发掘简报》，《江汉考古》1987年3期。

图 6-9

灿灿的羽毛，鸟尾两侧绘有气宇轩昂的回首立凤。洗练别致的造型辅以色彩斑斓的彩绘，使之成为仿生造型器物中的艺术精品。此器旧称鸳鸯豆，但据文献记载这类神鸟应称为“鹥（yì）”，其身有五彩，而文如凤，为楚人祭祀时与神灵沟通的一种神鸟。盘通高 25.5 厘米，盘径 18.2 厘米（图 6-9）。

Ⅲ式 杯豆。主要出土于战国中期以后的墓葬中。信阳 1 号楚墓出土了 30 件杯豆，2 号楚墓出土了 21 件杯豆，其中鸟纹杯豆由杯、柄、座接榫构成。杯呈椭圆形，把上部为八菱形，下部喇叭形座。杯内髹红漆，余髹黑漆，红漆绘变形鸟纹、几何纹。通高 18.7 厘米，盘长 16.5 厘米，宽 11 厘米（图 6-10）。九连墩 1 号墓出土战国时期彩绘龙凤纹漆豆，这件盛食器堪称诡谲之作。其造型类似于高足盘，由盘、座和底三部分构成，器表彩绘龙凤纹和卷云纹图案。整器以盘踞于方形圆角底足上的回首衔蛇的蹲龙为座，以龙角、龙爪和龙头为支点，托起长圆形莲花口浅盘。其构造既稳重大方，又轻盈剔透。莲花是佛教中的圣洁之物，也是楚地的特产。《楚辞》有云：“制芰（jì）荷以为衣兮，集芙蓉以为裳。”说明早在佛教传入中国之前，莲花出淤泥而不染的品质已为人们所喜爱和推崇。通高 19.7 厘米，盘口径 13.2~15.4 厘米（图 6-11）。

图 6-10

图 6-11

斗 河南光山黄君孟夫妇墓出土春秋漆斗。木胎，挖制辅以斫制。斗口呈扁圆形，把残。斗内髹红漆，柄髹相间红、黑漆。素面。高 7.4 厘米，残长 13.8 厘米，口宽 9.4 厘米（图 6-12）。

图 6-12

勺 山东沂水刘家店子春秋中期墓出土了嵌金漆勺，木胎已朽，所附漆皮背面木质纹理清晰可辨，勺外壁与柄面镶嵌有三角形、菱形压花金箔片和金贝共计

图 6-13

图 6-14

65 枚。除河北藁城商代遗址出土了嵌金箔漆盒残件外，此为较早的实例，代表了当时漆工艺发展水平。九连墩 2 号墓出土的彩绘漆木勺（图 6-13）。

匕　春秋漆匕与青铜礼匕十分接近，如 1985 年陕西凤翔秦公 1 号墓出土的春秋漆匕，匕面呈舌形，圆短把。匕面髹红漆，圆把髹相间红、黑漆。素面（图 6-14）。

耳杯　漆耳杯造型上有圆耳、方耳之分，还有带流杯和豆形杯等异形杯。其纹饰丰富多彩，花鸟鱼龙、花草枝蔓等皆是楚人擅长的题材，但主流纹饰仍以凤鸟居多，主要分为 2 式。

Ⅰ式 圆耳杯。杯口呈椭圆形，两端椭圆，弧壁，小平底，耳呈新月形。大部分为木胎，少数为夹纻胎。江陵马山 1 号楚墓出土对凤纹漆耳杯，用朱红、黄、浅黄、金粉彩绘首尾相连的双凤，全图华丽，柔美中透出力量，高 3.3 厘米，长 15.7 厘米，宽 10 厘米（图 6-15）。同墓所出的勾连云纹漆耳杯在纹饰上则较为抽象，器内外满绘卷云纹和变形凤鸟纹，暗含插羽催饮之意。两件耳杯构意异曲同工，均突出了凤鸟的主题，体现了楚人对凤鸟的尊崇，堪称楚器中的精品之作。

图 6-15

Ⅱ式 方耳杯。其胎质较厚，器身略作长方形，双耳中部凹进。如 1984 年湖南常德德山夕阳坡 1 号墓出土的彩绘云凤纹漆方耳杯通高 5.2 厘米，长 17.4 厘米，宽 15.4 厘米（图 6-16）。

杯　战国时期杯形器很多，造型也很奇特，可分 4 式：

Ⅰ式 筒形杯。这种形制出现于新石器时代。湖北随县曾侯乙墓出土的回旋纹漆筒杯，器身作圆筒形，上粗下细，为一截圆木棒剜制而成，敞口较薄，下部增厚，实心平底。器身内外髹黑

图 6-16

图 6–17

图 6–18

漆，朱色彩绘。造型简朴大方。通高 17.2 厘米，口径 7.4 厘米（图 6–17）。

Ⅱ式 带耳漆筒杯。随县曾侯乙墓出土双耳漆筒杯。器身作圆筒形，两侧伸出两扁耳，耳呈圆弧状上翘与口平齐，耳上有两扁形穿孔。全器髹黑漆，朱色彩绘。器外饰回旋纹，两耳沿扁形穿孔画成尖刀形上翘。此器造型别致，为少见器物，通高 16.2 厘米，连耳宽 24 厘米（图 6–18）。湖北荆门包山 2 号墓出土彩绘凤鸟形双连漆杯（图 6–19）。

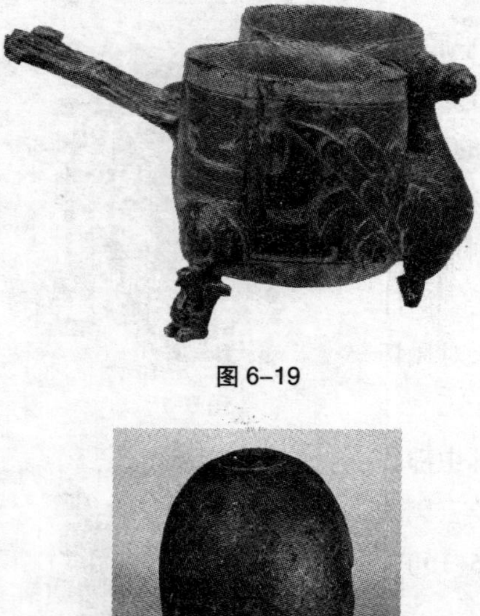

图 6–19

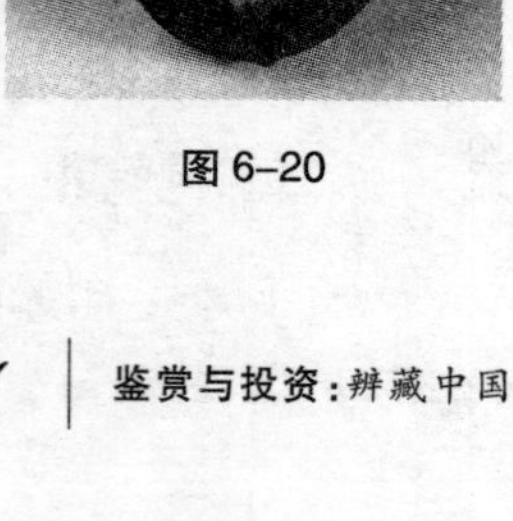

图 6–20

Ⅲ式 蛋形杯。常见于战国时期楚墓之中。江陵雨台山 378 号楚墓出土彩绘云纹漆蛋形杯，通体髹黄漆，用红、金色漆绘云纹。长沙楚墓中也出土了类似的蛋形杯（图 6–20）。

卮 江陵雨台山 471 号墓出土彩绘浮雕蟠蛇纹漆卮，器表髹黑漆，器内髹红漆。盖上雕 8 条相蟠的蛇，4 条红蛇头向盖顶正中，4 条黄蛇头向盖沿四周。卮身四周雕 12 条蟠蛇，其中有 4 条对称的长黄蛇和长红蛇，8 条短粗的黄蛇相蟠其间。全身共 20 条蛇。蛇头、身和鳞片都用红、黄漆绘出。此器在楚墓中尚属首见。这既是一件实用日用器，也是一件难得的艺术品。高 20.9 厘米，口径 11 厘米（图 6–21）。

樽 1952 年长沙颜家岭 35 号楚墓出土狩猎纹漆樽，此樽在褐色漆地上朱绘三道变形凤鸟纹，并将整体纹饰分隔成上下两个部分。上部分

图 6-22

主要反映猎人勇斗野牛的情景：前一人持长戟刺向野牛，后一人作引弓待发状，牛则低首扬角、殊死抵御。下部分则绘有老者牵狗、猎犬追鹿、凤鸟飞奔和两鹤啄食等四组图案。此器物象纷然却繁而不乱，无论人物还是鸟兽均排列井然、有如剪影，纹饰构图生动活泼、故事情节紧张激烈，给人一种惊心动魄的视觉冲击效果。狩猎纹最早出现于春秋晚期铜器上，主要流行于北方地区，南方楚地十分罕见。高 12.5 厘米，径 11.2 厘米，重 124 克（图 6-22）。

图 6-21

盒 在战国时期楚墓中也是常见器物。有圆形、方形、长条形等，最为奇特的是动物形漆盒。如曾侯乙墓出土了舞纹鸳鸯盒，整体作鸳鸯形，颈下有一圆柱形榫头，头颈插入器身，可以转动。身中空，背开长方孔，复以浮雕夔龙盖。尾平伸，翅膀上翘，足作蜷卧状。全身黑漆地，朱绘羽纹，间饰黄色细点。腹部左侧绘撞钟、击磬场面，右侧绘敲鼓、舞蹈场面。其造型独特，堪称战国漆器的代表作。高 16.5 厘米，长 20.1 厘米（图 6-23）。1978 年安徽舒城秦家桥 1 号墓出土了战国晚期银扣漆盒，它是目前所见最早的镀银银扣漆器珍品之一[①]。

图 6-23

酒具盒 包山 2 号墓出土云龙纹漆酒具盒，内髹红漆，

---

① 舒城县文物管理所：《舒城秦家桥战国楚墓清理简报》，《文物研究》第 6 辑，黄山书社，1990 年。

图 6–24

图 6–25

外髹黑漆。盖与器身以子母口相扣合，两端各浮雕一龙首，以嘴为柄，便于开合；器身即为龙身，底部两端浮雕四只龙足。器内分隔成四段六格，便于放置盘、壶和耳杯等成套餐具。一器在手，居家携带两相宜，高 19.6 厘米，通长 71.5 厘米，宽 25.6 厘米（图 6–24）。江陵雨台山 56 号楚墓出土彩绘猪形漆盒的奇妙构思则更是令人惊叹称奇，其两端各雕成一猪头状，嘴、眼、眉、耳均惟妙惟肖、憨态可掬；底部雕有倨伏状四足。据《山海经》记载，这种双头猪形的动物是传说中的神兽“并封”。高 20 厘米，长 43 厘米，宽 15 厘米（图 6–25）。

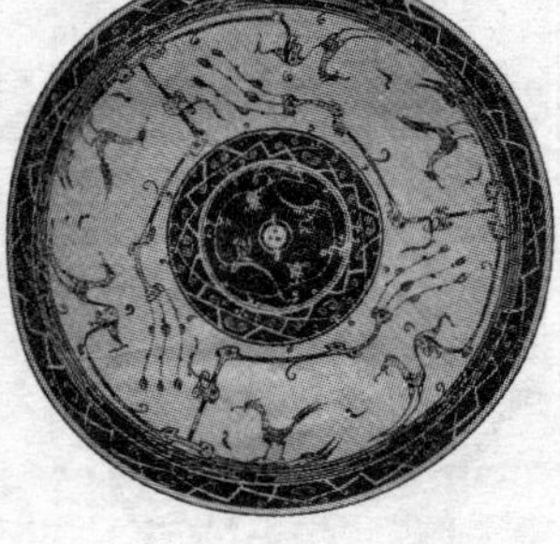
图 6–26

盘 湖南长沙市近郊出土战国凤纹漆盘，用整木制成，器外壁在黑漆地上绘朱红色弦纹和云纹。盘内以朱色漆为地绘黑色花纹，绘有弦纹、变形龙纹、云纹和细点纹，中区主纹为六只凤鸟，或昂首作奔走状，或昂首张嘴作站立状，表现了楚人对凤鸟的崇敬和楚人丰富的想象力（图 6–26）。湖北江陵马山 1 号墓楚墓出土了十分珍贵的夹纻胎漆盘，此器因在墓中受挤压而略有变形，内外髹漆，以黑漆为地，暗红和朱红漆彩绘。内底正中有 4 个对称的矮尾凤，周围绘有 4 个对称的长尾凤鸟及卷云纹、短形云纹，口径 27.1 厘米，深 5.1 厘米，厚 0.2~0.4 厘米（图 6–27）。

图 6–27

匜 楚墓所出盥洗之器常为盘匜同出，器形与纹饰均以大方简洁为特色，旨在突出其盛水和浇水的实用功能。九连墩 2 号墓出土彩绘漆匜，通体似瓢，凸出的流为出水口。两器外壁均镶有环形纽饰，用以方便人们提携。这套盥洗之器均为木质，无论造型还是纹饰都突破了对青铜器的简单模仿，表明楚国的漆器制作开始崭露新风。高 16.6 厘米，长 24.4 厘米，宽 22.8 厘米（图 6–28）。

奁 楚墓出土漆奁非常精致，如包山 2 号楚墓出土彩绘人物车马出行图漆奁，在奁盖通长八十多厘米的外壁上彩绘有人物、车马、树、猪、狗和大雁组成的漆画，共有 26 个人物、4 乘车、10 匹马、5 棵树、1 头猪、2 条犬、9 只大雁等。在极小的空间将天空、大地包罗其间，把飞禽走兽、车马人物融于一体，堪称先秦漆画中艺术珍品（图 6–29）。长沙五里牌 3 号楚墓出土漆奁，内置铜镜、木梳、篦等物。器盖用黄、褐色彩绘对称 S 形龙纹和云纹，龙云交融，浑然一体。中心内绘昂首奔腾状的小马纹。高 8 厘米，径 23.4 厘米（图 6–30）。枣阳九连墩 1 号战国墓出土便携式漆木梳妆盒，由两块木板雕凿铰结而成。盒面以篾青镶成外框，嵌出几何纹图案。盒内置放铜镜、木梳、刮刀、脂粉盒，上下装可伸缩支撑铜镜。这是目前所见最早的一件便携式漆木梳妆盒。长 35 厘米，宽 11.2 厘米，厚 4 厘米（图 6–31）。尤其值得一提的是，1941 年湖南长沙黄土岭战国楚墓发现针刻纹漆奁，针刻漆器至西汉更为流行，称“锥画”。

图 6–28

图 6–29

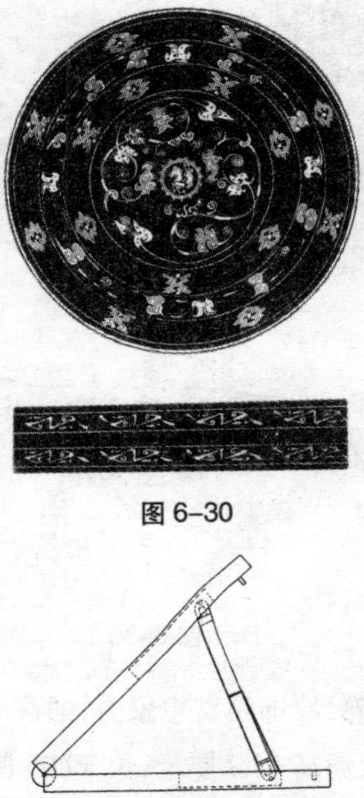
图 6–30

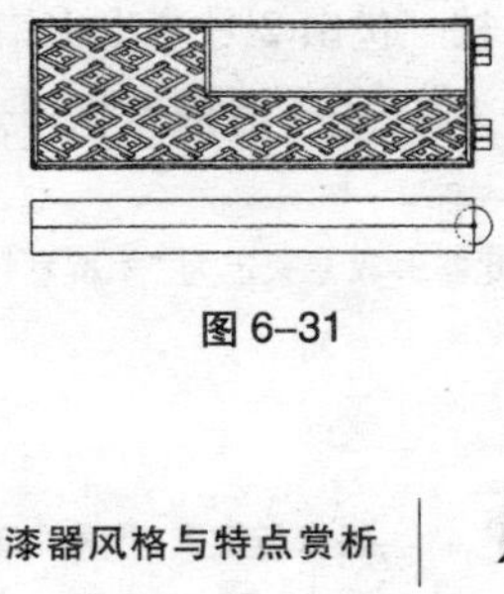
图 6–31

虎子 长沙市五里牌 3 号楚墓出土了彩绘漆虎子，全器用一块整木雕成，由口部向内将腹镂成空腔。其外形为昂首匍匐的老虎，两目圆睁，作吼叫状。臀部圆肥，长尾上翘反卷连接腔后成一提手。器内外均髹黑漆，器表用朱、褐二色彩绘云风纹，勾勒眼、耳、臀等部位。此虎子整体雕琢线条浑圆流畅，形态栩栩如生。秦汉以后漆木虎子极为少见。此为目前唯一有明确出土地点的最早的虎子，也是一件难得的艺术珍品。通高 16.5 厘米，通长 28 厘米（图 6–32）。

扇 荆州马山 1 号墓出土战国矩纹彩漆竹扇，整扇用竹篾编织成矩形纹样，表面分髹红黑两色彩漆。竹篾细薄如纸，红黑相映成趣，花纹优美如新，造型简

图 6-32

图 6-33

图 6-35

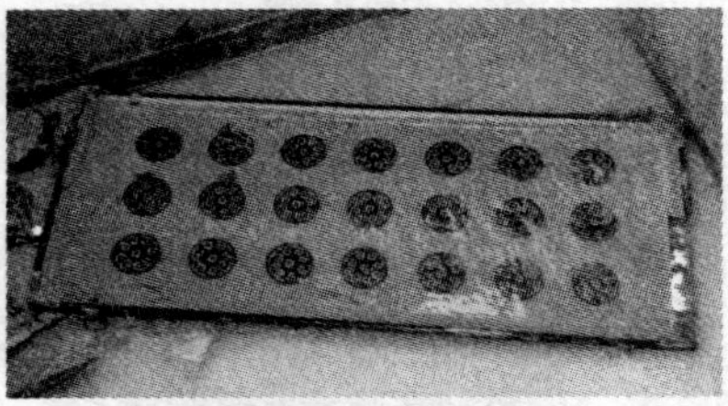

图 6-34

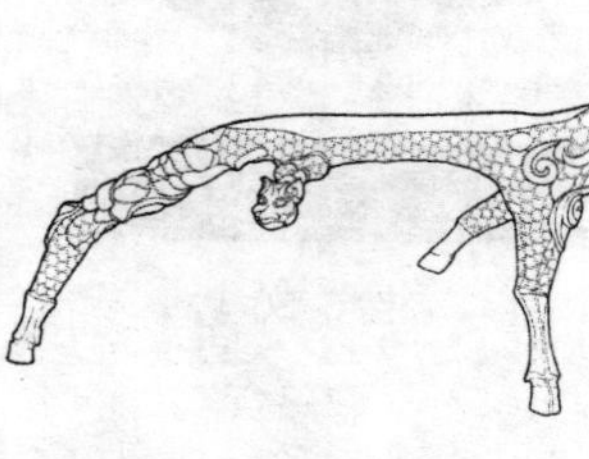

图 6-36

单灵巧。这是我国迄今发现年代最早的彩漆竹扇。柄长 40.8 厘米、宽 14.7~16.8 厘米（图 6–33）。

案 2002 年河南信阳长台关 7 号楚墓出土彩绘漆案，周沿上弧，铜、木蹄足。髹漆，案面彩绘数列圆涡纹，与文献所称案上枣栗排列有序的情况一致。值得说明的是，楚国食案的功用不仅限于陈干果，楚国是一个“饭稻羹鱼”、“食多方些”的美食之乡，楚墓中曾出土过许多食物（图 6–34、6–35）。

几 长沙浏城桥 1 号墓出土战国雕花云纹漆几，即属“雕几”，长条形的几面上浅刻有云纹，两端则浮雕有饕餮（tāo tiè）兽面纹，整器雕刻技法娴熟，纹饰颇富想象力，通高 47 厘米，长 56 厘米。九连墩 2 号墓出土战国彩绘木雕漆兽几，通高 17.9 厘米、长 39.95 厘米、宽 16.8 厘米（图 6–36）[①]。

杖 包山 2 号墓出土错金银龙首漆杖，以龙为首、以凤为镈（zūn），虽在地底埋藏了两千多年，出土时依然色泽光亮、纹饰华美。整杖由铜质首、镈和髹漆积竹木柲（bì）三部

---

① 此器多数专家定为“木辟邪”，笔者认为是凭几，见聂菲：《“木辟邪”应为凭几考》，《文物》2006 年 1 期。

图 6–38

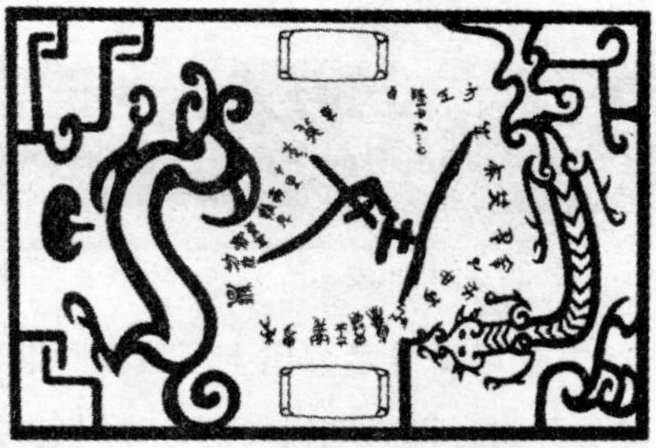

图 6–39

分构成，杖首横卧一龙，吐舌为握，饰错金银的卷云纹等。杖末端金属套的镈部铸凤鸟形。整器龙凤呈祥、气势轩昂。文献中除赐给老人“齿杖”记载外，还有丧葬中使用“丧杖”和军旅仪卫中使用“兵杖”的记载。此外，还可见一类杖称“爵杖”，是等级、地位和权势的标尺。由于墓主生前执掌“司法”，官居“左尹”，位在“大夫”，故而此杖应是一根象征其身份和等级的“爵杖”。通长 155.2 厘米（图 6–37）。

箱　曾侯乙墓出土战国黑漆朱绘星宿图衣箱，这件衣箱通体彩绘，环“斗”字一周书二十八宿名称，是我国迄今发现记有二十八宿全部名称，并与北斗、四象相配的最早的天文实物资料，说明我国至少在战国早期就已形成二十八宿体系。漆箱中青龙朝下与白虎首尾相邻，呈顺时针旋转状，与传统天文图不同。西周至春秋时期，楚国既使用周正历法，也使用夏正历法，这在春秋战国各国中是独创。此箱的出土也证明中国是世界上最早创立二十八宿体系的国家之一。高 40.5 厘米，长 71 厘米，宽 47 厘米（图 6–38、6–39）。

漆木竹娱乐用具

春秋战国时期的乐器有：鼓、建鼓、瑟、琴、笙、笛、排箫、五弦乐、编钟、舞具和对弈六博等。

瑟　湖北当阳曹家岗 5 号墓出土春秋晚期动物纹漆瑟。曾侯乙墓出土二十五弦漆木瑟，其上浮雕、彩绘饕餮纹、凤鸟纹等，是现存最精美的先秦漆瑟。是曾侯乙生前喜爱的乐器。长 167.3 厘米，首宽 42.2 厘米，尾宽 38.5 厘米（图 6–40）。

图 6–37

图 6–40

琴　九连墩 2 号楚墓出土了战国时期彩绘漆十弦琴。通体在黑漆上朱绘纹饰，并浮雕凤纹，琴身分为音箱与尾板两部分，尾板微翘，其下有拴弦柱。它是迄今所见先秦时期最精美的古琴之一，对研究我国古代弦乐器的发展有较大的参考价值。通高 7.5 厘米，通长 73.5 厘米，宽 25 厘米（图 6–41）。

琴座　江陵望山 1 号墓出土战国彩绘凤鸟纹木雕漆座屏，漆座屏是用于置放琴瑟的用具，由屏面和屏座构成，屏面竖嵌于屏座之上。这件座屏以透雕、圆雕和浮雕相结合的手法，刻画出凤、鹿、蛇、蛙等 55 只形态各异的动物，各类动物形象相互穿插交织在一起。屏面以双凤争蛇造型为中心，左右雕刻双鹿和朱雀衔蛇，屏框旁各有凤鸟啄食蟒蛇图案，屏座由盘绕纠结的蟒与蛇组成。这组雕像在极为有限的屏面空间内，高度浓缩了自然界万类相竞、生生不息的壮观场面，其中凤鸟战胜毒蛇的主题表现得淋漓尽致。由于南方楚地气候潮湿，人们时常受到毒蛇攻击，故而座屏以凤鸟战胜毒蛇为构图核心，反映了楚人崇善抑恶的理性追求。整幅画面形象生动、栩栩如生，堪称楚人雕刻艺术的一件瑰宝。通高 15 厘米，长 51.8 厘米（图 6–42）[①]。

图 6–41

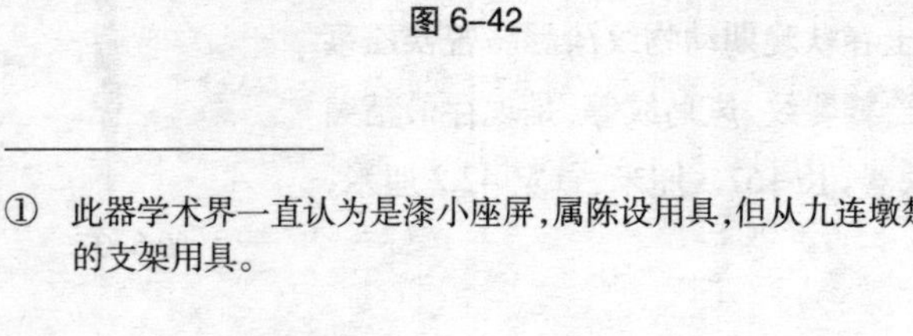

图 6–42

虎座凤架悬鼓　湖南临澧九里 1 号墓出土彩绘虎座鸟架悬鼓，鼓架为双凤相背站立，黄色长喙，短红冠，长颈，黑足。身上羽毛用红、黄色绘成，尾部相连，两凤颈部之间的空间即为悬鼓之处。器座用整木雕成，两伏虎相背，虎尾相连，四足匍匐，虎身以黑漆为

① 此器学术界一直认为是漆小座屏，属陈设用具，但从九连墩楚墓出土情况来看，此器是用于置放琴瑟下的支架用具。

地，漆绘红、黄虎斑纹，腿上绘红、黄色折线纹。全器气势雄伟，设计巧妙，色彩对比鲜明，反映了楚人对凤鸟的钟爱。它是南楚地区目前所见于封君级墓中最高大的鼓架。通高 163 厘米，宽 115.5 厘米；虎座高 32 厘米，长 98 厘米，宽 17 厘米（图 6–43）。

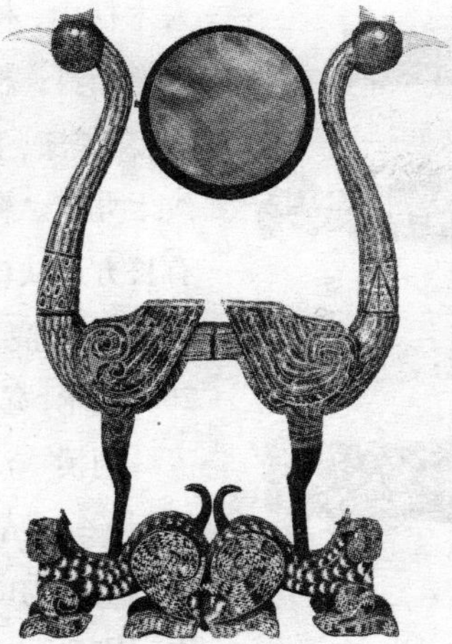

图 6–43

图 6–45

编钟架　2009 年信阳 9 号楚墓出土了保存较完整的编钟架与编钟，两根立柱和横梁组成，皆雕刻髹漆。立柱为圆角四方形，亦涂黑漆。上部雕有兽面卡口，衔接横梁的两端。柱的顶端、中腰雕以卷云纹，下端以长方榫插入方座孔中，外髹黑漆，上部圆鼓无棱角，四面各雕出对称的卷云纹。铜编钟，18 枚，大小依次递减（图 6–44）。编钟铸造精良，纹饰精美，编磬架也比较完整，是目前发现的保存最好的楚国编磬之一。

排箫　随县曾侯乙墓出土彩绘排箫，为战国早期管乐器。形如凤翼，由 13 根长短递减的箫管并列，加三个竹夹缠缚而成，各管吹口朝上，口沿平齐。通体髹黑漆为地，用朱色线描三角雷纹等。13 根箫管中有 8 根可吹出乐音，音列至少是六声音阶结构。它为古代乐器研究提供了珍贵的实物资料（图 6–45）。

六博棋盘　1995 年江陵纪城 1 号墓出土的战国六博棋盘由长方形盘板和四足组成，盘面凿出边框和“—”“∟”符号，有两个单向小穿孔作对角状分列。盘板下四角各设一蹄形足。通体髹黑漆，无花纹彩绘。

图 6–44

漆兵器与车马器

春秋战国时期漆木兵器也很多，有弓、盾、甲、剑盒、剑鞘、戈、矛、戟、矢箙等，且工艺水平很高。

短剑　长沙市博物馆征集春秋时期带髹漆鞘短剑，剑身较短，中脊直起凸方棱。剑格、茎、首均嵌

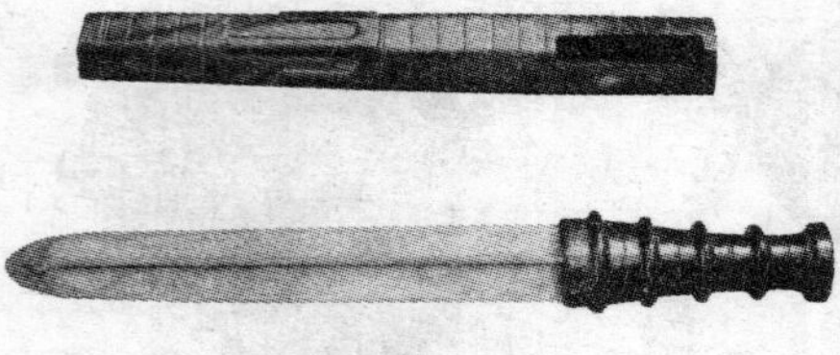

图 6–46

入木柄内，木柄断面呈扁圆形，上髹黑漆，有四道凸箍，椭圆形剑首。鞘为两木片拼合而成，髹黑漆，上宽下窄，两面脊部起棱，饰有弦纹十九道。鞘一面前部雕刻“山”字纹，后部有长方形缺口，应是饰剑珥之处。此漆木柄与鞘保存完整，十分珍贵。长 31.8 厘米，剑长 26.2 厘米，宽 3.6 厘米（图 6–46）。

图 6–47

剑椟　江陵天星观 1 号墓出土浮雕云纹漆剑椟，是战国中期盛剑器具。呈长方形盒状，盖、盒均以整木制成，子母口套合。盒、盖中间段浮雕云纹。通体髹黑漆。高 10 厘米，长 68 厘米，宽 12 厘米。1986 年长沙荷花池 1 号楚墓出土的剑椟保存十分完整，通高 8.6 厘米，长 61 厘米，宽 9 厘米（图 6–47）。

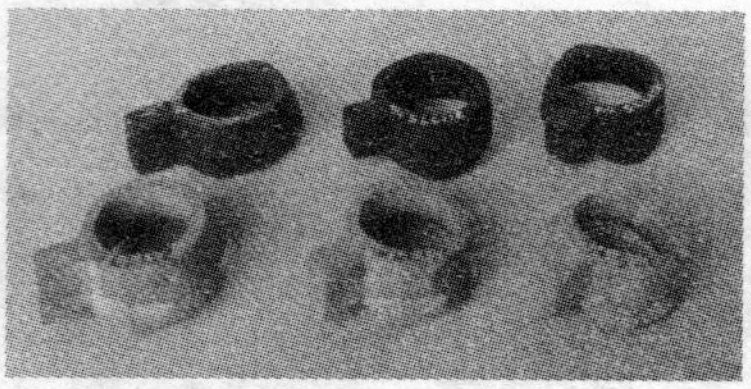

图 6–48

扳指　1971 年长沙浏城桥 1 号楚墓出土了 6 个扳指，三个为黄色，三个为黑色。高 1.8 厘米，直径 3.5~4.2 厘米（图 6–48）。

弩机　1992 年湖北老河口安岗 1 号墓出土彩绘方块纹弩机，通体髹黑漆，上绘红漆条纹。左右分列有两个发射孔，出土时每槽装有 9 支铜箭镞，可连续发射两支铜镞，射程约二十米，提高了射击速度，可称得上古代的“连发步枪”。通长 65 厘米（图 6–49）。

矢箙　湖南长沙市浏城桥 1 号墓出土云纹竹矢箙，是战国早期盛箭用具。用两块半圆形竹片相合而成。出土时内盛完整的长 75.5 厘米的箭 8 枝。全身髹黑漆，绘朱色几何形云纹，黄色云勾纹点缀，色彩鲜明美观。矢箙的两端各有两个小孔，可以穿绳将箭夹住，便于背负。这是目前所见楚国最早的竹矢箙。长 81 厘米，直径 3.4~4 厘米（图 6–50）。

图 6–49

图 6–50

漆皮盾　长沙五里牌 406 号楚墓出土龙凤纹漆盾，为髹漆皮革制品，器形扁平，盾上两角作圆形，类似葫芦，中脊稍隆起。一面中间有执

【图 8–5】 安徽马鞍山三国吴朱然墓出土彩绘宫闱宴乐图漆案

【图 8–8】 安徽马鞍山三国吴朱然墓出土漆槅盘

【图 8–10】 朱然墓出土犀皮黄口耳杯

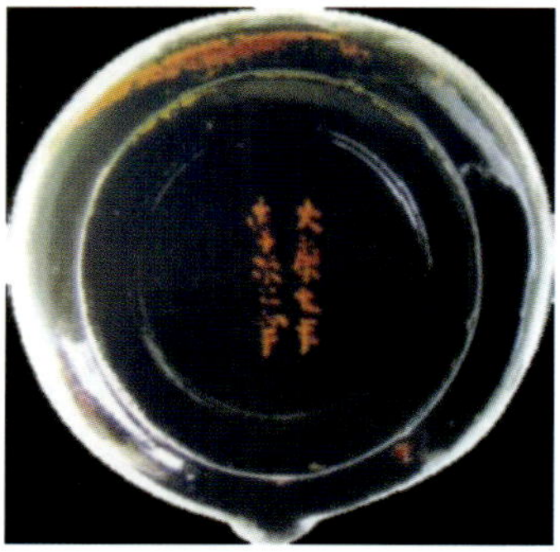

【图 8–12】 山东临沂洗砚池街西晋墓出土朱黑漆碗外底铭记“太康七年李次作上牢”

【图 8–18】 阿斯塔那墓地出土西晋至十六国时期彩绘三足漆盆器

【图 8–17】 江西南昌火车站东晋纪年墓出土漆攒盒

【图 8-25】 宁夏固原北魏墓出土棺板漆画

【图 9-1】 江苏常州五代墓出土银平脱花卉纹漆镜盒

【图 9-4】 杭州市第十五中学出土五代漆盘

【图 9-11】 苏州瑞光寺塔窖藏晚唐至五代间花鸟纹嵌螺钿盝顶式黑漆经箱

【图 9-18】 新疆维吾尔自治区吐鲁番张雄夫妇墓出土唐代彩绘木身锦衣裙女俑

【图 9-19】 新疆维吾尔自治区吐鲁番市阿斯塔那 224 号墓出土唐代彩绘泥塑镇墓兽

图 6-51

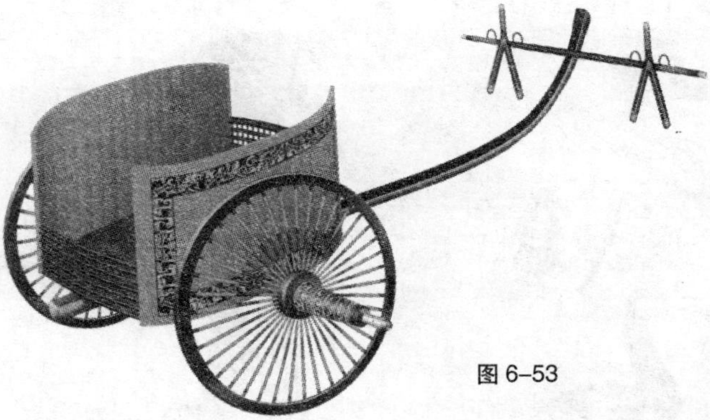

图 6-53

图 6-52

手，执手上、下端有筒状错银装饰。两面均髹黑漆，用赭、黄色漆绘出生动的龙凤纹和云纹。造型纤巧细致，很可能是用于乐舞的舞具。《诗经·邶风·简兮》"方将万舞"，"万舞"是一种模拟作战的舞蹈，常用盾、戚、戈为舞器。它是研究战国漆器工艺的珍贵资料。通高 64.5 厘米，下宽 45.5 厘米（图 6-51）。

皮甲胄　九连墩 1 号楚墓出土，甲长 97 厘米，肩宽 40 厘米，下摆周长 170 厘米（图 6-52）。

车马器　甘肃省张家川县发掘了 3 座战国晚期西戎贵族墓葬，出现了精美的车马器，马家塬墓葬车坑前部分多为战车。战车车舆较高，乘车者可立、可蹲。车整体髹漆，以木料做车舆框架，用皮革蒙面，在皮面上有黑漆朱绘纹饰，有少量石绿、石青和白色填充。从诸多随葬迹象分析，这种车可能为战车（图 6-53）。

漆木丧葬用具

漆木丧葬用具包括椁室、棺具、面罩、笭床、镇墓兽、梅花鹿、鹿、鹿角虎座飞鸟和木俑等。

羽人　2000 年湖北荆州天星观 2 号墓出土战国漆羽人，该器由上部羽人和下部凤鸟两部分组成。全器通体髹黑漆为地，用朱红、黄和蓝色绘花纹。羽人长着人的身形，头发后披，却人面鸟喙，有着扇形鸟尾和爪子，周身绘羽鳞纹和羽纹。羽人站在凤鸟头顶，凤鸟又立在蟾蜍底座之上，其造型十分怪异奇特，它是楚国巫风特盛时期的代表作品。羽人的出现与楚地流行的宗教信仰有关，屈原《楚辞·远游》："仍羽人于丹丘兮，留不死之旧乡"。发展到汉代，羽人与仙人联系在一起，成了长生不老的象征。通高 65.6 厘米（图 6-54）。

图 6–54

图 6–55

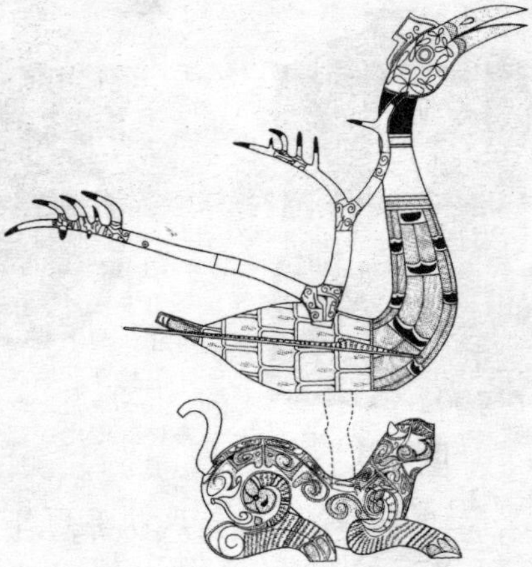

图 6–56

镇墓兽 长沙浏城桥 1 号墓出土单头镇墓兽属战国早期镇墓辟邪用具，分别用整木雕刻而成。兽身作方形，兽首两眼圆睁，口吐尖舌，狰狞可怕，颈部弯曲，身绘云纹，显得神秘而魔幻，下有方形凸榫插入方形座的凹榫内。头顶有供插鹿角的两个方孔，但鹿角已朽。全身髹黑褐色漆。通高 43.2 厘米（图 6–55）。

木雕虎座立凤 湖北江陵天星观 2 号墓出土战国木雕虎座立凤，在卧虎背上，立着一只振翅欲飞的凤鸟，凤鸟背上插一对真鹿角，整体造型怪诞神奇，这与楚人崇凤习俗及多神崇拜有关。通体髹漆彩绘。通高 108 厘米（图 6–56）。

卧虎 楚墓中常见老虎形象。湖南临澧九里 1 号墓出土，虎匍匐在地，昂首挺胸，全身髹漆朱绘纹饰，形态相当逼真。楚人好巫信鬼，迷信虎能噬食鬼魅，守护死者免受侵害，因而把虎当成辟邪压胜的神物。高 39 厘米，长 57.5 厘米（图 6–57）。

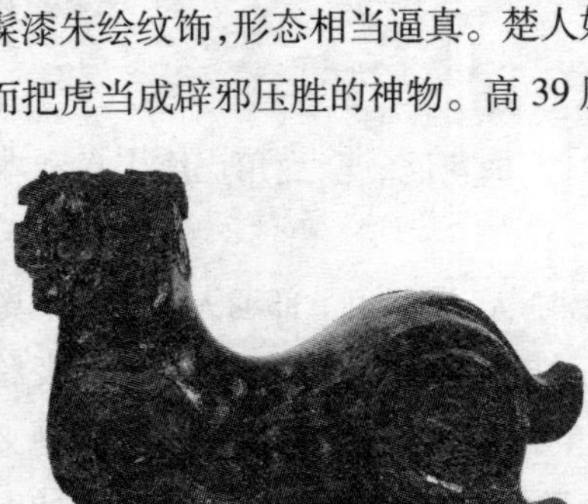

图 6–57

笭床 长沙仰天湖 25 号墓出土木雕龙纹笭床，用整块木料，采用透雕、浮雕技法雕刻三组六条龙连成一个整体的图案。长 177 厘米，宽 43.5 厘米（图 6–58）。

棺 长沙五里牌 406 号墓出土缄葛内棺，棺内髹红漆，外髹褐漆，棺外缄以葛布，横缄三周，纵减两周，葛布宽 14 厘米。葛布外髹漆。这与古代文献中所记载的 “葛以缄之”、“棺束缩二衡

图 6-58

图 6-59

三”正相符合。高 63 厘米，长 204 厘米，宽 68 厘米（图 6-59）。

论述

春秋战国时期的漆器工艺，无论品种、制作和艺术等方面，都得到了空前的发展。

空前繁荣社会背景下的缩影

春秋时期漆工艺可以说是我国髹漆工艺史上一个重要的转折时期，这时期的漆工艺与商、西周时期漆工艺比较有了很大的发展，其表现为，第一，制作漆器的领域在不断扩大，商、西周时期出土漆器的地点主要集中在中原地区的黄河流域中游地区，而春秋时期已扩大到黄河流域下游和长江流域；第二，这时期各国都有自己的漆器手工业，漆器制作出现了不同的艺术风格。空前繁荣的漆工艺，与当时政治、经济和文化时代背景密而不分。一方面，随着铁器的广泛使用，生产力得到了很大提高，漆器制造业至迟在战国中期已成为一个独立运作的手工业部门，漆器的优点亦愈来愈被人们所认识，成为上自皇室下至民间较为普遍使用的生活物品；另一方面，这时期由于思想学术领域出现了“诸子蓬起，百家争鸣”的景象，受当时社会思想和审美风尚的影响，漆器制作呈现出奇巧、清新和活泼等艺术风格。所以说空前繁荣漆工艺是当时繁荣昌盛大社会背景下的缩影。

鲜明的地域性特点

《淮南子·览冥》记载：“七国异族，诸侯制法，各殊习俗”，由于当时各诸侯国的人们生活习俗不同,审美观点也不尽相同。反映在漆工艺制作风格上,因所包含着不同的文化因素,诸如不同的地理环境、各诸侯国政治制度、民族传统、漆器的制作方式和使用方法等,从而造就了这时期漆器的器物类型、装饰风格存在一定的差异。如陕西凤翔是秦国都城雍城的所在地,这里所出土的春秋时期漆器具有承接商、西周时期中原地区漆工艺的特征,而明显有别于山东齐鲁地区漆器和楚系漆器的艺术风格。巴蜀地区漆器除本地土著文化因素外,具有较强的秦文化因素,并为汉代漆器的发展奠定了基础。这时漆器生产以南方的楚国漆器最具特色。楚人习俗信巫、崇鬼神,漆器具有明显的楚国特点。运用写实的现实主义方法和夸张变形的浪漫主义艺术手法来表现题材,将各种装饰纹样巧妙构成在一起。如形制狰狞恐怖的镇墓兽,在各地楚墓中是最常见的;还有造型奇特的虎座飞鸟、鹿座飞鸟、卧鹿等与镇墓避邪有关漆器在当时其他诸侯国墓漆器中均未见到。楚漆棺以凸弧形棺与长方盒棺为主,其共同特点是悬底,亦与他国的漆棺不同。同在楚国也存在着地域性差别,楚国中心地带江陵漆器与边远南楚地区漆器有较大区别,江陵楚墓出土的漆器数量大大超过长沙楚墓。在品种方面,如江陵出土的虎座飞鸟、六博、鸳鸯豆、长方形酒具盒、蟠蛇纹卮、双连杯、扇和床等均未见于长沙楚墓。而长沙楚墓所出漆虎子和击鼓、吹笛、鼓瑟和炊厨类木俑等又未见于江陵楚墓。产生这些差异的原因,除了江陵地区大量使用青灰泥保存葬具,因而漆木器保存较多之外,可能还与传统文化的影响和风格的不同有关。

中国漆工艺史上的一颗明珠

楚地漆器是中国悠悠七千年漆工艺史上一颗璀璨的明珠。漆器制作工序繁复、造价高昂,春秋战国时期主要流行于楚国贵族阶层,并有取代铜器之势,可见其国力之雄厚。祖先崇拜的传统风俗奠定了漆器艺术尚赤崇黑的鲜丽主调,道学与巫风的融会孕育出漆器艺术诡谲的造型及飘逸生动的图案。早期漆器仿青铜礼器的特点,反映先秦时期“礼”制的无所不在,战国漆器逐渐走出青铜造型及装饰风格的窠臼,表现出楚人对木质材料的深刻感悟与非凡巧工,突出南方席地起居的生活方式以及“饭稻羹鱼”、“瑶浆蜜勺(zhuó)”的饮食特点,成为展现楚人浪漫情韵和艺术风韵的物质载体。

鼎盛繁荣的秦汉漆器

秦代漆器概述

考古发现及相关材料

秦代的制漆工艺过去了解甚少，但自从湖北云梦睡虎地秦墓出土了众多的精美漆器以后，人们开始重新审视秦代漆器。1975年、1977年、1978年先后在湖北云梦睡虎地进行了3次考古发掘，发现的漆器共计560余件，其中1978年云梦秦墓出土了200件漆器①。1975年在江陵凤凰山秦墓和江陵岳山②、河南泌阳秦墓③等地也出土了漆器，从而展示出了秦漆工艺的较高水平。据《睡虎地秦简》记载，秦代制漆已有严格的组织管理，有统一的质量标准。云梦睡虎秦墓许多漆器上都有烙印、针刻和墨书的文字与符号，为有关漆器的产地、工匠的姓名、“物勒工名”生产责任制与生产工序等内容。有学者从“咸市”、“咸亭”、“亭”、“许市”、“郑亭”、“市”等烙印文字分析，认为这些秦代漆器，分别为咸阳市亭、许昌市亭和新郑市亭所管辖的漆器手工艺作坊产品④。漆器上烙印有“素”、“上”、

① 云梦睡虎地秦墓整理小组：《云梦睡虎地秦》，文物出版社，1981年；云梦县文物工作组：《湖北云梦睡虎地秦汉墓发掘简报》，《考古》1981年1期；湖北省博物馆：《1978年云梦秦汉墓发掘报告》，《考古学报》1986年4期。

② 湖北省江陵县文物局、荆州地区博物馆：《江陵岳山秦汉墓》，《考古学报》2000年4期。

③ 驻马店地区文管会等：《河南泌阳秦墓》，《文物》1980年9期。

④ 陈振裕：《略论睡虎地出土秦汉漆器》，湖北美术出版社，1986年。

“包”、“告”等文字，过去睡虎地秦代漆器上也曾见到素工、上工、䰞工和造工在制作时的戳印，反映了当时漆器生产有着多道工序。秦代针刻文字漆器中还有一些是物主的姓名及其身份与居住的里名，《睡虎地秦简》曾记载：“为器同物者，其小大、短长、广亦必等。工律”。可见秦代对于各种器物的制作都有严格的规定，秦墓出土的漆器不论其大小长短基本相同，正是这种历史情况的反映。

值得一提的是，2002年湖南湘西里耶古城古井中秦简的出土，让世人再一次看到秦代制漆手工业的繁荣。里耶位于湖南湘西北地，西临巴蜀，北接荆楚，东抵荆湘，是楚人征服“蛮濮”的军事要地。秦扫六合，这里成为洞庭郡下辖的迁陵县治。延至两汉，这里一直是军事要塞和行政机构所在地。里耶古城共出土3万多枚秦简，内容多为官署档案，涉及当时社会政治、经济、文化的各个层面，其中里耶秦简公文中关于迁陵县种植漆树的记录，反映了秦代迁陵官府对制漆手工业的有效管理和重视。“漆园”简释文（16-1105）：▨受孱陵桼（漆）园▨；迁陵库工用漆簿籍简释文（9-1138）：卅七年迁陵库工用计受其贰春乡桼▨桼（漆）三升·歙（饮）水十一升干重八▨[①]简文记载了当时的漆园以及用漆簿籍，说明秦代漆器手工业的制造除中央官府外，还有地方官署所属的作坊。里耶秦简中对制漆、用漆的记录，一定程度上弥补了秦代漆器手工业文献记载之不足，为了解秦对漆器手工业经营管理方面提供了重要的资料。在里耶古城一号古井出土了漆刷，可谓天下第一漆刷。里耶古城壕还出土厚胎漆耳杯、圈点纹漆盘等漆木器。

漆器的品类、纹饰与工艺

秦代漆器就其品类而言，有圆盒、盂、双耳长盒、长方盒、圆奁、椭圆奁、凤形勺、扁壶、小壶、杯、盘、卮、樽、耳杯和匕等，还有木梳、木篦和俑等木器，其中漆扁壶和漆盂最具特色。就漆器的装饰而言，一般里涂红色，器表涂黑漆，黑漆地上褐绘凤鸟、牛、马、梅花、鸟头纹、云气纹、柿蒂纹和几何等花纹图案。秦代漆器的装饰手法，除继承战国时期装饰手法之外，还出现了用银箔镂刻成图案花纹贴在器壁上的精湛工艺。制作方法主要有挖制、卷制和斫制三种。秦代漆器品类丰富、造型优美、图案生动，富有浓厚的生活气息和装饰情趣。

① 湖南省文物考古研究所：《里耶发掘报告》，岳麓书社，2007年。

汉代漆器概述

时至汉代中国漆器工艺已步入黄金时代。如果说原始社会是古拙淳朴的陶器时代、奴隶社会是狰狞神秘的青铜时代、春秋战国是青铜与漆器并用时期的话;那么汉代则是光彩熠熠的漆器时代,其数量之多、品种之全、工艺之精都达到了前所未有的水平。汉代漆器流光溢彩、金碧辉煌、美不胜收,成为我国漆工艺发展史上的鼎盛时期。傅举有先生通过汉代文献记载对其作过详尽的考证[①]。

空前繁荣的原因

汉代漆器繁荣昌盛的发展直接原因与社会环境因素有关，当时政治的高度统一和经济的繁荣昌盛,为漆器制造业的发展提供了必要的物质条件和良好的环境。由于中国经过春秋战国长期战乱,经过秦的短暂统一后,汉一统天下达四百年之久,汉初统治者采取了一系列"休养生息"的措施和"轻徭薄赋"政策,使遭受战争破坏的经济得到了快速的恢复和发展,形成了历史上著名的"文景之治"兴盛时代。到了西汉中期封建经济有了突飞猛进的发展,国力强大,经济繁荣,为汉代漆器制造业的空前繁荣提供了雄厚的物质基础。汉代漆工艺繁荣昌盛的间接原因与中国漆工艺延绵数千年发展积累了丰富技艺有关,在继承前人特别是战国、秦代制漆工艺的基础上,汉代漆器制作得到了长足发展,呈空前繁荣之势,并在新条件下形成了自己的风格和特色。

繁荣昌盛的景象

第一,汉代漆器出土地点不胜枚举。汉代漆器先后在国内外众多地点出土,如在朝鲜、蒙古,中国河南、浙江、湖北、湖南、广东、甘肃、广西、江苏、山东、河北和安徽等地汉墓中都发现了许多漆器。其中朝鲜的平壤[②]、蒙古的诺音乌拉[③]、河南的洛阳[④]、山东的文登[⑤]、江苏的盐城和连云港[⑥]、浙江的宁波[⑦]、湖南的长沙[⑧]、贵州的清镇[⑨]、广东的广

---

① 傅举有:《中国历史暨文物考古研究》,岳麓书社,1999 年。
② 小场恒吉等:《乐浪汉墓》,日本,乐浪汉墓刊行会,1974 年。
③ 梅原末治:《蒙古ノィンワテ发现の遗物》,日本,东洋文库论丛,1960 年。
④ 洛阳区考古发掘队:《洛阳烧沟汉墓》,科学出版社,1959 年。
⑤ 山东省文物管理处:《山东文登的汉木椁墓及漆器》,《考古学报》1957 年 1 期。
⑥ 江苏省文物管理委员会等:《江苏盐城三羊墩汉墓清理报告》,《考古》1964 年 8 期; 南京博物院:《江苏连云港市海州网疃庄汉木椁墓》,《考古》1963 年 6 期。
⑦ 赵人俊:《宁波地区发掘的古墓葬和古文化遗址》,《文物参考资料》1956 年 4 期。
⑧ 中国社会科学院考古研究所:《长沙发掘报告》,科学出版社,1957 年。
⑨ 贵州省博物馆:《贵州清镇平坝汉墓发掘报告》,《考古学报》1959 年 1 期。

州[①]、广西的合浦和贵县[②]、甘肃的武威[③]、江苏的海州[④]、山东的临沂[⑤]、河北的满城[⑥]、北京的大葆台[⑦]、安徽的阜阳[⑧]等地都出土了漆器，且部分漆器有详细的铭文。其中长沙马王堆汉墓[⑨]、长沙曹嫘墓[⑩]。广州南越王汉墓[⑪]、江陵凤凰山汉墓[⑫]、湖北光化汉墓[⑬]、云梦大坟头汉墓[⑭]、荆州高台汉墓[⑮]、巢湖汉墓[⑯]，以及近几年考古发掘北京老山汉墓[⑰]、湖北随州孔家坡8号汉墓[⑱]、山东日照海曲汉墓[⑲]、甘肃成县尖川汉墓[⑳]、安徽六安双墩汉墓[㉑]、湖北荆州谢家桥1号汉墓[㉒]、长沙望城风篷岭1号汉墓[㉓]、长沙"12·29案"被盗汉墓[㉔]均出土了大量精美漆器，虽然在地底埋藏了数千年，却依然闪耀着目眩神迷的色彩。其保存之完整，工艺之精湛，堪称漆艺史上亮丽的一篇；其数量之众多，品类之齐全，几乎囊括了汉代所有漆器的种类；其上承先秦漆器之风骚，下启唐宋漆器之绚丽，为研究汉代漆器提供了珍贵的材料。

第二，汉代漆器产地遍及全国。汉代制漆业星罗棋布、遍及全国，有大小之分。据《汉

---

① 广州市文物管理委员会：《广州市龙生冈43东汉木椁墓》，《考古学报》1957年1期；广州市文管会：《广州市黄花冈003西汉木椁墓发掘简报》，《考古通讯》1958年4期。

② 广西壮族自治区文物考古写作小组：《广西合浦西汉木椁墓》，《考古》1972年5期。广西壮族自治区文物工作队：《广西罗泊湾一号墓发掘简报》，《文物》1978年9期。广西壮族自治区博物馆：《广西贵县罗泊湾汉墓》，文物出版，1988年。

③ 甘肃省博物馆：《武威磨嘴子三座汉墓发掘简报》，《文物》1972年12期。

④ 南京博物院：《海州西汉霍贺墓》，《考古》1974年3期。

⑤ 山东省博物馆：《临沂银雀山四座西汉墓葬》，《考古》1975年6期。

⑥ 中国社会科学院考古研究所满城发掘队：《满城汉墓发掘纪要》，《考古》1972年1期；中国社会科学院考古研究所等：《满城汉墓发掘报告》，文物出版社，1980年。

⑦ 大葆台汉墓发掘组等：《北京大葆台汉墓》，文物出版社，1989年。

⑧ 安徽省文物工作队等：《阜阳双古堆西汉汝阴侯墓发掘简报》，《文物》1978年8期。

⑨ 湖南省博物馆等：《长沙马王堆一号汉墓》，文物出版社，1973年；湖南省博物馆：《长沙马王堆二、三号墓发掘简报》，《文物》1974年7期；傅举有、陈松长：《马王堆汉墓》，湖南出版社，1992年。

⑩ 长沙文化局文物组：《长沙咸家湖西汉曹嫘墓》，《文物》1979年3期。

⑪ 广州市文物管理委员会：《西汉南越王墓》，文物出版社，1991年。

⑫ 湖北省文物考古研究所：《江陵凤凰山一六八汉墓》，《考古学报》1993年4期。

⑬ 湖北省博物馆：《光化五座坟西汉墓》，《考古学报》1976年2期。

⑭ 湖北省博物馆等：《湖北云梦西汉墓发掘简报》，《文物》1973年9期。

⑮ 湖北省荆州博物馆：《荆州高台秦汉墓》，科学出版社，2000年。

⑯ 安徽省文物考古研究所等编著：《巢湖汉墓》，文物出版社，2007年5月。

⑰ 国家文物局编：《北京老山汉墓》，《2000年中国重要考古发现》，文物出版社，2001年。

⑱ 国家文物局编：《2004中国重要考古发现》，文物出版社，2005年5月。

⑲ 山东省文物考古研究所：《山东日照海曲西汉墓（M106）发掘简报》，《文物》2010年1期。

⑳ 国家文物局编：《2004中国重要考古发现》，文物出版社，2005年5月。

㉑ 《六安双墩汉墓》，百科网，2010年。

㉒ 荆州博物馆：《湖北荆州谢家桥一号汉墓发掘简报》，《文物》2009年9期。

㉓ 何佳：《望城风篷岭一号汉墓简介》，《湖南省博物馆馆刊》第四辑，岳麓书社，2007年。

㉔ 长沙市文物考古研究所：《长沙"12·29"古墓葬被盗案移交文物报告》，《湖南省博物馆馆刊》第六辑，岳麓书社，2010年。

书·地理志》记载,汉代著名漆器生产有八郡,即蜀郡、广汉郡、河内郡、河南郡、颖川郡、南阳郡、济南郡和泰山郡,其中四川的蜀郡和广汉郡取代原来楚地和秦都咸阳制漆业,成为汉代制漆器业的中心。长沙马王堆汉墓和湖北江陵汉墓出土部分漆器有“成市草”、“成市包”烙印文字。这两个地区出的漆器均刻有制作年代、器名、容量、工种、工人和主管官吏等铭文,说明当时制漆业生产先进,有分工极细的流水作业生产方式,适用于成千上万大批漆器生产。但据傅举有先生统计,考古发现著名漆器产地远不止此,广州西村石头岗西汉墓出土烙有“番禺”文字的云气纹漆盒盖,“蕃禺”即“番禺”,是目前考古实物中所见广州最早的名称,说明汉代南海郡的番禺为制漆中心。广西贵县罗泊湾西汉墓出土烙印有“布山”、“市府”的漆器,说明汉代郁林郡的布山(今广西桂平)亦为制漆中心。山东临沂银雀山和金雀山西汉墓出土烙印有“莒市”、“市府”的漆器,江苏张集团山西汉墓出土戳印“东阳”的漆器,湖北云梦 47 号西汉墓出土烙印有“郑亭”、“咸亭”的漆器,朝鲜平壤和中国湖南永州出土有“考工”、“右工”、“供工”铭文的汉代漆等,说明汉代莒市、东阳、郑亭、咸亭以及首都长安等都是汉代著名的漆器制作中心[①]。考古发现,西汉广陵国包括现在的江苏扬州、仪征、邗江和安徽天长等地西汉中晚期墓中出土了数以万计的漆器,其以轻巧华丽扣器夹纻胎漆器闻名遐迩,成为汉代另一个重要制漆中心。

第三,汉代漆器制业有官营和私营之分。汉代漆器生产有官营和私营之分,且官私并存共同发展。汉代官营漆器生产有专门管理机构。西汉初漆器生产由所在地方政府管理,西汉初期漆器铭文中常见“护工卒史”、“长”、“丞”、“令史”、“啬夫”、“佐”等,护工卒史为中央少府派到各工宫中的督察员,其他为各级地方工官中的官吏。马王堆初汉墓和江陵凤凰山初汉墓漆器有“成市草”、“市府饱”铭文,说明汉初漆器是由如同蜀都成都市府这样的地方政府管辖的作坊生产的,是汉代较早的官营漆器。湖北云梦大坟头 1 号墓漆器上针刻文字如“宦里大女子驽”,是制作者的题名,漆器上烙印“亭”,可能是官营作坊的制作地标记[②]。

同时并存的还有诸侯王国和侯国经营的漆器作坊,如安徽双古堆汝阴侯墓的漆器上有“女阴侯盂容一斗五升,库襄工延造”,上有主管官吏、制造工匠姓名、器物名称和容量等,为汝阴侯府漆器作坊制造。物勒工名是汉代漆器一大特点,漆器上刻有主管官吏、制作年代、地点和工匠名,以示对此产品质量负责。近几年考古发现,2006 年长沙风篷岭 1 号西汉墓出土了一件“二年三月己酉”纪年漆皮残片和标有“长沙王后家”朱书文字的漆耳杯,其他漆器残片上还标有“中永巷”、“家”、“口厨”文字,应为某代长沙王后府中设置

① 傅举有:《中国历史暨文物考古研究》,岳麓书社,1999 年。
② 湖北省博物馆:《云梦大坟头一号墓》,《文物资料丛刊》1983 年 4 期。

的官署。重要的是出土的铜器上有“长沙元年”纪年铭文，铭文中未见汉中央某代皇帝纪年年号，而在年序数“元年”之前有“长沙”二字[①]。这些漆器铭文表明，长沙国诸侯王不但有自己的漆器生产部门，而且与蜀郡、广汉郡工官生产的“乘舆”漆器和都城考工、供工生产的御用纪年漆器一样，长沙国生产的漆器也有自己的纪年，有专门的管理机构及生产漆器的管理工官，并形成了一定的规模。2008 年长沙“12·29 案”查获被盗汉墓出土漆器共151 件，总计 144 件有铭文，铭文内容涉及漆器产地、生产单位、收储单位、纪年、墓主、历史地理等，尤为重要的是漆器产地分布于湖南沅水、澧水、湘水流域数县且铭刻纪年[②]。

至西汉中期以后，约武帝时为了增加国库税收，就将地方国营漆器生产收归中央管理，蜀成都市府为当时漆器制作中心，这时也改为中央管理，朝鲜古乐浪郡汉墓出土漆耳杯铭文有这方面的记载：“始元二年。蜀西工长广成，丞何放，护工卒史胜，守令史母夷，啬夫索喜，佐胜，髹工当，画工文造。”“这是目前发现关于中央直接管理地方漆器生产而设立工官记载中年代最早的一件，始元二年是昭帝即位后的第二年，也是武帝去世后的第二年。”[③]。西汉中后期蜀郡和广汉郡工官成为最重要的官营漆器生产机构。与此同时，汉代首都长安也有中央直接管辖的漆器生产基地，属少府管辖，甘肃武威磨嘴子 6 号汉墓、江苏邗江县宝女墩汉墓、湖南省永州鹞子岭 2 号汉墓等地出土的漆器上书有“考工”、“供工”、“右工”等铭文，其为少府属下的工宫，考工室中的“右丞”负责分管漆器生产。

除官工外，汉代的民间漆工经营也相当发达。这时期的私营漆器作坊也很多。西汉时期漆器常有私营作坊产品的简洁文字，像“王氏”、“羽氏”、“周氏”、“尹氏”等，如江苏邗江扬寿乡宝女墩新莽墓出土的漆案有“王氏”字铭[④]。江苏仪征烟袋山漆器有铭文“周氏”[⑤]。江陵荆州高台 28 号汉墓漆勺背面朱书“尹氏”等，当是私营漆工标记。自东汉中晚期以后，官营漆器作坊渐渐衰落，而豪强地主私营漆器作坊逐渐增多。

第四，汉代漆器业分工很细。汉代漆器工业，不仅分工很细，而且是综合性的大生产。从汉代漆器铭文可以看出早在西汉初期髹漆业内部专业分工就很详细，如湖北云梦大坟头 1 号墓，晚于秦始皇三十年（公元前 217 年），早于汉文帝十三年（公元前 167 年），为西汉初年县丞之类官史墓葬，其出土的漆耳杯上有“告（即造）”、“包（即匏）”、“素”、

---

① 聂菲：《关于湖南地区楚汉漆器的生产、管理和产地问题的再讨论——马王堆汉墓漆器研究之三》，《湖南省博物馆馆刊》第五辑，岳麓书社，2008 年。

② 何旭红：《对长沙谷山被盗汉墓漆器铭文的初步认识》，《湖南省博物馆馆刊》第六辑，岳麓书社，2010 年。

③ 傅举有：《中国历史暨文物考古研究》，岳麓书社，1999 年。

④ 扬州市博物馆等：《江苏邗江扬寿乡宝女墩新莽墓》，《文物》1991 年 10 期。

⑤ 南京博物院：《江苏仪征烟袋山汉墓》，《考古学报》1987 年 4 期。

"上"等烙印文字，应是造工、髹工、素工和上工等不同工种的工匠，所烙戳记反映了西汉初期漆器制作已有很细致的分工。江陵凤凰山168号汉墓是湖北省西汉前期迄今发现的数量最多、保存最好的一批精美漆器，也是研究我国西汉文景时期纪年漆器群最好资料，其中不少漆器烙印文字为"素"、"饱"、"草"等，反映了当时漆器制作已有多道工序与"物勒工名"的产品责任制。不少漆器上烙印"成市"、"市府"，说明它们是四川成都市府管辖的漆工产品，由此也反映了当时漆器产品已有较强的商品性。西汉中期以后漆器制作业分工更细，如朝鲜古乐浪郡东汉墓出土漆耳杯铭文记载："建武廿八年。蜀郡西工。造乘舆侠纻量二升二合羹杯。素工回、髹工吴、汜工文、洀工廷、造工忠、护工卒史旱、长汜、丞庚、掾翕、令史茂主"[①]。贵州清镇出土的一件西汉晚期漆耳杯铭文记有："元始三年，广汉郡工官造乘舆髹洀画木黄耳棓，容一升十六龠，素工昌、休工立、上工阶、铜耳黄涂工常、画工方、洀工平、清工匡、造工忠造。护工卒史恽、守长音、丞冯、掾林、守令史谭主"[②]。出土的汉代纪年铭文漆器，不仅说明了当时漆工作坊内劳动分工相当繁细，而且也为了解当时的漆工艺操作流程提供了宝贵资料。根据铭文可知汉代髹漆工艺有如下工序：素工为制胎的工人；髹工为初步上漆的工人；上工为进一步复漆的工人（即所谓匏，《说文》曰："复漆之"），何豪亮先生认为上工即高级漆工，设计大师。铜耳黄涂工是专门在铜扣上涂金的工人（制装有涂金铜耳漆杯的漆工称"铜耳黄涂工"，制镶有铜箍或金箍的漆工称"铜扣黄涂工"、"金扣黄涂工"）。画工是在漆器上油漆彩绘或锥画之工，"洀工"学术界有争议，后德俊先生认为"洀工"是将刚髹漆的器物放入阴室中、负责漆膜干燥的工人。何豪亮先生认为洀工即铭文洀工。事实上，自从20世纪初在朝鲜乐浪汉墓发现"洀"字漆器铭文以来，在境内外不断发现这个字，因为这个字不单是字形与字义问题，还涉及汉代的制漆工艺，所以中外学者陆续对此字进行解读，历时半个多世纪，至今仍众说纷纭。为此，笔者发表《"洀"[③]字铭文研究述略》一文，对此进行一番梳理，以历年出土"洀"字漆器铭文和遣策为依据，介绍学术界关于"洀"字铭文的研究状况、研究成果及争论问题[④]。清工是将漆器运出作坊之前清洗修理漆器的工人。造工是工场主管。经多种工艺的制作，一件精耕细作的精美漆器就这样诞生了。

第五，汉代制漆业具有重要的经济价值。桓宽《盐铁论》是一部研究我国经济史的重

---

① 原田淑人：《乐浪》第六章，昭和五年，日本，东京帝国大学文学部。

② 贵州省博物馆：《贵州清镇平霸汉至宋墓发掘简报》，《考古》1961年4期。

③ "洀"字系采用陈松长编著、郑曙斌和喻燕姣协编的《马王堆简帛文字编》一书中的摹本。

④ 聂菲：《"洀"字铭文研究述略——马王堆汉墓漆器研究综述之一》，《湖南省博物馆馆刊》第四辑，岳麓书社，2007年。

要参考书，该书“散不足”篇有漆器的记载：“今富者银口黄耳，金罍玉锺；中者野王纻器，金错蜀杯”。“一杯棬用百人之力，一屏风就万人之功。”“一文杯得铜杯十。”“良民文杯画案”，“涂屏错跗”，“采画丹漆”。从这些文字中一方面可以看出当时富裕人家，大量使用高级漆器，另一方面说明一件绘有花纹的漆杯（即文杯），可与十件铜杯等值。制作一件漆杯，需百人的劳动来完成，制作一套屏风，需万人的劳动来完成，反映出当时制漆工艺的繁荣景象。据史书记载，蜀郡和广汉郡是汉代著名的金银饰漆器产地。当时黄金一斤值万钱，每年仅皇宫使用的高档金银饰漆器其价值就高达500公斤黄金，《汉书·贡禹传》：“臣禹尝从之东宫，见赐杯案，尽文画金银饰”。另蜀郡和广汉郡，设置有工官监造漆器，据《汉书·贡禹传》，只广汉郡一处每年为造金银饰漆器设立了三工官，岁费五千万钱，耗去大量人力物力。漆器铭文中的“黄涂工”和出土物的金银扣器漆器，就是造此漆器的一个工种。由于从事漆器生产利润颇丰，大量“农夫掇耒而雕镂”（见东汉崔寔《政论》），全国范围内许多人涌入漆业，《扬雄集校注》记载成都一地就有“雕镂扣器，百伎千工”。与此同时，精美的漆器成为财富和身份的象征，《史记·货殖列传》记载种植漆树千亩，可与千户侯的官职相等，可见漆树种植的兴盛，说明漆树或桐树的生产，自古以来在社会经济上的重大意义，同时说明制漆业的发达。

由于汉代漆器生产的空前繁荣，出现不少带漆字的地名，如“漆园”、“漆里”、“漆亭”、“漆县”。据长沙马王堆汉墓医书记载，汉代已有漆行业的崇拜神：漆王。漆王的出现“也正是西汉漆器工业高度发达在意识形态上的反映”[①]。王侯将相争先恐后收敛漆器，在漆器上书写姓氏或官爵铭文字，长沙刘骄墓中漆盘有“杨主家般”。汉初长沙丞相生前将大量朱书有“轪侯”漆器收藏于府上，炫耀富贵荣华，死后还将其随葬于墓中，利苍家族墓葬共出土了六百多件精美漆器，形象地向人们叙说着汉代漆器在人们经济生活中占的地位是多么重要。

包罗万象的器具品类

汉代漆器品类包罗万象，以实用器具为主。其品类齐全广泛地运用于社会生活的各个方面，涉及礼器、乐器、兵器、葬具以及各种生活日用品和杂物玩具到处都见漆器的使用，其数量之众多，造型之丰富前所未有。饮食器具有鼎、盒、盘、盂、锺、钫、耳杯、卮、具杯盒、勺、匕；盥洗器皿有盆、匜、沐盘、桶、罐；梳妆用品有奁、盒、匣；日常家具及陈设有床、榻、枕、屏风、几、案、杖、镜匣、箱、笥、扇、器座、熏炉；洁具有箕、虎子；文娱用品有笔洗、笔筒、

① 傅举有：《中国历史暨文物考古研究》，岳麓书社，1999年。

算筹、尺、琴、瑟、筑、排箫、竽、编磬、六博;丧葬用具有棺、椁以及髹漆兵器和车马器等,不胜枚举,况且每件器物都有很多不同的造型,所以说汉代漆器品类是应有尽有。

华丽优美的装饰风格

第一,汉代漆器色彩绚丽鲜明。漆器以红色为主调,继承楚漆器文化因素,一般以黑色为地,或在黑地外加红色作衬,用朱红赭色或者用朱色和灰绿色作画,艳丽的红与黑相配,光亮照人。汉代漆器纹饰色彩使用非常丰富,除红、黑外,还发展到多彩,其他色彩如青、黄、白、绿、灰、错金和银等色都具备,且混合成千变万化的色彩。这些色漆主要是用丹砂、石黄、雄黄、红土和铅粉等矿物颜料与漆、油调和而成。汉初尚赤,大约与刘邦自认为是“赤帝之子”有关,所以西汉初期漆器主要以红色为主调。到汉武帝时,他接受的董仲舒进一步发挥了的五德终始说,于太初元年(前104年)发布诏令,宣布“改服色,易正朔”。《史记·孝武本纪》载,太初元年“夏,汉改历,以正月为岁首,而色尚黄”。于是,就以法令的形式确立起尚黄的制度。东汉时,在五行中特别突出了“土居中央”的地位,而土德为黄色,尚黄更具有了理论根据和神秘色彩,因而尚黄的观念便愈加牢固,中国人以黄为尊贵的思想意识是在汉代确立的。这种思想在漆器装饰上也有所反映,西汉中晚期以后出现了以黄为主调的漆器,如安徽天长市城南乡三角墟汉墓出土的“怪神嬉门图”漆盒盖以橘黄色为主调,再如山西大同北魏早期官僚司马金龙墓出土的木板漆画屏风都是以黄色为主调。

第二,汉代漆器具有优美的纹饰图案。汉代漆器上所描花纹的纹样,最常见的有云气纹、云樝纹(即各种神兽纹)、龙凤纹、五灵纹(即代表东方木德、南方火德、西方金德、北方水德的“灵”为青龙、朱雀、白虎、玄武,至于代表中央土德的“灵”古文献记载不一)、几何纹、动物纹(包括许多近于写实的兽类、鸟类和鱼类的图纹)、植物纹、璧纹、狩猎纹、舞蹈纹、羽人纹和人物故事纹等。汉代漆器一般采用二方连续或四方连续纹样,点线结合,线条有粗细、刚柔、曲直和虚实的变化,构图疏密有致,各臻甚妙。总的说来,纹样的特点是细致流畅。

汉初漆器,纹饰富丽而复杂,马王堆汉墓漆器和纹饰装饰风格,集中反映了汉初时代特点,漆器上装饰花纹主要有几何纹与云气纹,流云飞动的装饰成为这个时代漆器装饰最明显的特点。云气纹就有十几种之多,如行云流水,具有强烈的运动感,马王堆1号汉墓黑地彩绘棺,其内髹朱漆,外髹黑漆地,并在盖的四壁彩绘飞动的流云和奔放的怪兽,构成了一个怪异的神奇世界。动物纹也被广泛运用,继战国时的凤鸟纹更加图案化。同时,漆器上还有烙印文字、刻画文字。

至西汉后期和东汉时的漆器,其花纹则显得比较简单,出现了宣扬孝子、义士、圣君、羽化升仙和烈女故事等题材,反映了汉人尊崇儒家、信奉道教、“三纲五常”、“忠孝仁义”伦理道德思想。如江苏海州侍其繇西汉中晚期墓地出现了以人物故事为题材的漆器图纹[①]。朝鲜平壤附近出土的个别东汉漆器有神仙及孝子等人物,代表了一种新的艺术风尚。

技艺精湛的制作工艺

第一,汉代漆器胎质有木胎、夹纻胎和竹胎。其一,木胎制作方法有轮制成器,后再挖空其内部,也有沿用前代的斫、雕、挖、凿制而成的漆器。其二,少部分为竹胎,如长沙马王堆1号墓竹胎髹画勺,系以竹节为斗底,削长竹片为勺柄,接榫处用竹钉与斗相联结,外加髹漆而成。这种竹胎漆器过去在长沙地区的楚墓很少发现。其三,薄木片卷成筒形或木钉榫卯或麻布裱糊而成,更多地使用了卷接成型技术,整体造型讲究轻、精、巧。夹纻胎的制法与战国时期相似,即先做内胎,后用麻布或帛若干层上漆糊裱,等干后去掉内胎模,故称“脱胎”。考古资料表明,战国中后期楚墓中曾昙花一现的夹纻胎漆器,到汉初才开始崭露新风,至汉中晚期进入成熟时期,如马王堆汉初墓葬出土了夹纻胎漆器,虽与汉中后期夹纻胎漆器相比数量上有些相形见绌,但是崭露头角的夹纻胎漆器工艺制作之精美,远远超过楚墓中出土仅有的夹纻胎漆器,还出现了夹纻胎漆器上锥画纹饰、金银镶嵌等新工艺。如马王堆1号汉墓“漆布小卮”,为锥画纹漆卮,漆下麻布纹隐约可见,漆卮的纽、耳上镶有鎏金铜环,即《盐铁论》的所云“银口黄耳”,为汉初十分珍贵的器物。由于汉初夹纻胎漆器在工艺制作上日趋完善,为西汉中后期夹纻胎漆器大量流行奠定了基础,考古资料表明,西汉初期至中期,是漆器由木胎向夹纻胎转变的时期。西汉中期以后,如长沙、满城等处所见杯、盘、卮、盒、奁等器物使用夹纻胎的不断增多,如长沙曹嫘墓为西汉中期墓葬,出土漆器一百五十多件,其胎质大多数为夹纻胎。

第二,汉代漆器装饰十分精美。主要有以下几种方法:

其一,传统的漆绘艺术。用生漆制成半透明的漆液并拌入各种颜料,绘描于髹涂过的器物上,另一类为油彩,用油汁(大约为桐油料)绘描于涂过漆的器物上,如江陵凤凰山168号汉墓漆器上的漆画,图案优美,彩绘的色泽艳丽如新,有弥足珍贵且形态各异的三豹纹,当时漆画师是运用三足鼎立的构图方法,使不对称的三豹组合成优美的平衡式独立装饰纹样,其间又填绘其他花纹。花纹的线条勾勒交错,使其达到对称中有变化、变化中有规律的艺术效果。这种方法早已运用于楚漆器漆绘艺术之中,是一种较古老的传统漆绘艺术。

---

① 南波:《江苏连云港市海州西汉侍其繇墓》,《考古》1975年3期。

其二,初显端倪的堆漆工艺。堆漆是在漆器面上堆出花纹作为装饰,有用漆调制和用胶或其他物质调制的,据考古发现汉初漆器中堆漆已初显端倪,如长沙马王堆汉墓就有采用堆漆手法进行装饰的漆器,如3号墓出土的漆屏、粉彩云气纹长形奁、1号墓出土的黑地彩绘棺等。这些堆漆方法,用近似喷枪用具挤压漆液形成凸起线条作为装饰,后用颜色填充纹饰,具有立体装饰效果。堆漆工艺在西汉初期已见端倪,之后并逐渐成为我国传统的漆器工艺的主要装饰手法之一,难怪乎明代黄成所著《髹饰录》中将其“阳识”、“堆起”归纳为18种重要漆器装饰工艺之一。

其三,细如游丝的锥画纹饰。锥画也叫针刻,是在髹漆的器物上用锥加以镌刻,纹饰细如游丝。汉初出现的锥画漆器大概是受战国“针刻纹”的启示,并在此基础进行改进。如长沙马王堆3号汉墓部分漆器用针划花纹作装饰,同墓随葬的遣策记载这种技法为“锥画”。长沙马王堆1号墓出土的漆卮、奁盒和六博都为锥画纹,特别是锥画纹漆卮,卮外表锥画云气、仙人、异兽,线条纤细飘逸、细如游丝。到西汉中期以后,人们又在锥画漆器的锥划中填金,即《髹饰录》中所云“戗金”。如属于汉武时期的湖北光化3号、6号汉墓出土的两件漆卮为“戗金”手法①。可以说自汉初出现的锥画髹漆工艺开启后世戗金漆器之先河。

其四,似“百宝嵌”和“金银平脱”的工艺手法。镶嵌是用多种材料作为漆器上的嵌饰。镶嵌漆器可上溯到商代,河北藁城商代遗址中出土的漆器残片上嵌有各样的绿色松石,但先秦漆器中并不多见。汉初漆器开始出现用象牙镶嵌,如马王堆3号汉墓的漆博局上镶有象牙片,南越王汉墓漆木彩屏风周边全用鎏金铜框架镶嵌,屏面上以象牙垫托的铜鎏金泡钉为饰。到汉中后期开始出现金银、玛瑙、云母和玳瑁等多种材料镶嵌在漆器上的装饰手法,为后世漆器“百宝嵌”工艺之鼻祖。《髹饰录》云“嵌金”、“嵌银”的纹饰是由片、屑、线组成。长沙马王堆1号汉墓九子漆奁装饰手法使用此手法,在黑褐色漆上嵌贴金薄片,金薄上再施油彩绘。南越王墓出土的博局上也嵌饰有金银片。这种用金、银箔制成各种图纹嵌贴在器物的漆面上的装饰手法,使漆器更增华美和富丽,呈现了类似唐五代时期“金银平脱”的效果,这种装饰手法在西汉晚期至东汉早期的墓葬中多有发现。这种技法应属“金银平文”。

其五,华丽无比的“扣器”工艺。所谓“扣器”是将镀金或镀银的铜圈嵌在漆器口沿、边沿、转角及器身等处,与器身浑然一体,既起加固防护作用,又使漆器本身更显精致珍贵。从战国晚期以来,特别是西汉中期以后,在盘、樽、盒、奁等漆器的口沿上镶有镀金或镀

① 王世襄:《中国古代漆工杂述》,《文物》1979年3期。

银的铜箍，在漆杯的双耳上镶有镀金的铜壳。这就是《盐铁论》中的所谓“银口黄耳”，也就是《后汉书·和熹邓皇后纪》中的所谓“扣器”，注曰：“扣，音口，以金银缘器也。”从西汉中期到东汉，扣器的制作技术日臻成熟，器物愈加精美，如西汉晚期霍贺墓出土的奁盒，连云港网疃庄汉墓出土的银扣，均是此一时期扣器之代表作。汉代扣器还有纯金扣、银扣和铜扣，考古发现汉代扣器银扣、铜扣和鎏金银扣比较多，而金扣较少，仅此在南越王墓发现了两件金扣漆器，十分珍贵。

秦汉漆器举要

漆木生活用具

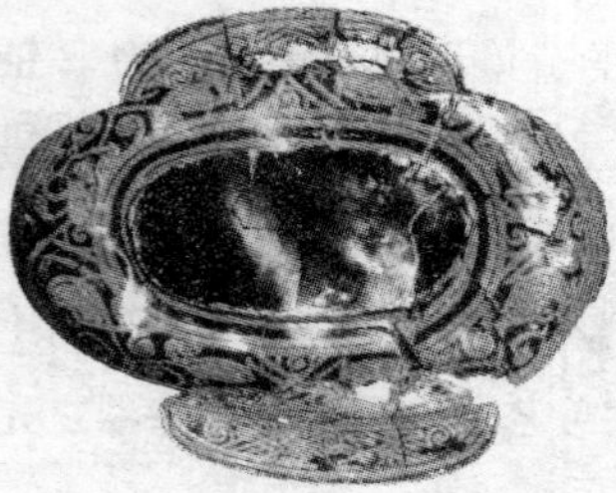
图 7–1

漆木生活用具有耳杯、卮、樽、盒、盘、盂、锺、钫、具杯盒、勺、匕、鼎、盆、匜、沐盘、桶、罐、奁、盒、匣、箕和虎子等。

耳杯 贵州清镇出土西汉晚期夹纻胎漆耳杯，耳缘铜扣涂金，纹饰有对鸟纹等，并锥刻隶体铭文：“元始三年，广汉郡工官造乘舆髹泪画木黄耳棓，容一升十六龠，素工昌、休工立、上工阶、铜耳黄涂工常、画工方、泪工平、清工匡、造工忠造。护工卒史恽、守长音、丞冯、掾林、守令史谭主”等 70 字，为中国国内汉代同类漆器中铭文记事之最完备者，弥足珍贵。高 3.8 厘米，口径 16.6 厘米（图 7–1）。

图 7–2

盒 马王堆 1 号墓漆盒，外髹黑漆内髹红漆。盖顶中心以红色的刚劲线条勾勒出三只凤，凤作反首回盼、呼应姿态，线条精细、准确，羽毛细如发丝，图案组织严密对称。盖内和器内外均漆书写 “君幸食”、“六升半升”字样。高 9.4 厘米，宽 10.6 厘米（图 7–2）。安徽天长出土西汉月牙形双层漆盒、马蹄形双层漆盒，外表髹黑漆，绘朱漆云纹，盖面嵌双体柿蒂银片。高 5.7 厘米，长 12.2 厘米；高 6 厘米，长 8 厘米（图 7–3、7–4）。

图 7–3

碗形盒 巢湖北头山 1 号墓出土两件漆盖盒，似碗形，半球形盖，盖纽周饰四组蚕纹，外圈为两组四匹马纹，马头相对，尾部各以菱形纹相隔。器口绘变形鸟纹四组，鸟作回首状，鸟首尾相连。腹部上饰四马纹，鬃毛相连。外底部刻“大官”2字。通高9.6厘米，口径13.7厘米（图7–5）。

图7–4

具杯盒 马王堆1号汉墓出土的具杯盒，由子母口扣合而成。外壁在黑漆地上彩绘云纹、旋纹、几何纹等图案，漆书“轪侯家”和“君幸酒”。盒内装有小酒杯8个，其中7个顺叠，1个反扣。为了保持耳杯清洁，将使用过的耳杯放入具杯盒之中，宛如现在一套餐具（图7–6）。

图7–5

卮 马王堆汉墓出土了许多精致的漆卮，多数为卷木胎，器内黑漆书“君幸酒”，底部红漆书“七升”等计量单位。与简文对照，可分为“斗卮”、“七升卮”、“二升卮”和“髹布小卮”等四种，其中“斗卮”最大，“七升卮”次之。尤以马王堆1号汉墓“髤布小卮” 最为精美，其为夹纻胎，有盖有耳，耳、纽上均有鎏金铜环，耳上有两个铜环，盖纽有一个铜环。古代文献《盐铁论·散不足》中所说的“银口黄耳”，就是指像这样镶有鎏金铜耳（黄耳）纽的漆器而言，这种金银镶扣的漆器，在当时极为贵重。更可贵的是这件漆卮的器盖和器壁均为锥画纹，黑漆地上锥刻云气纹和兽纹，云纹四处迷漫，怪兽空中飞舞，神态如此逼真，线条细如游丝，令世人惊叹（图7–7）。

图7–6

图7–7

图 7–8

樽 南京博物院藏长沙出土西汉早期彩绘宫闱燕居图樽，夹纻胎，樽体一侧嵌接环形鋬指，盖S形纽，底三蹄足，彩绘男女十一人，或立或坐，姿态各异，装饰十分精美。高 14.5 厘米，口径 14 厘米（图 7–8）。

图 7–9

案 马王堆 1 号汉墓出土漆案，内髹红、黑漆地各两组，黑漆地上绘红色和灰绿色组成的云纹，底部红漆书“轪侯家”三字。先秦时期，人们进餐时多用手取食，秦汉时始用竹筷，东汉后筷子的使用就更为普及。这种轻便的小型食案在汉代墓葬中出土颇多，类似托盘。为了便于当时人们“席地而坐”、“举案齐眉”进食器具都低矮。这个漆案的案面较薄、造型轻巧，为防止汤水外溢，四沿高起成“拦水线”。这件漆案出土时摆放着五个小漆盘，盘内有炭化后的牛排等食物及一串竹签，一个酒卮和一个漆耳杯，耳杯上搁有一双筷子。这种摆设，应是当时贵族宴饮时的情形。长 60.5 厘米，宽 40 厘米，高 5.2 厘米（图 7–9）。

锺 马王堆 1、3 号汉墓漆锺，胎质较厚，有硕大的腹腔，里面髹有红漆，外表髹黑漆，上面有用波折纹、几何纹以及鸟形图案组成的多种纹饰。似乎与漆圆壶相似，只是盖上多三个S形纽罢了。给人造型稳重牢实之感觉，其一高 57 厘米，口径 18.1 厘米，腹径 34 厘米（图 7–10）。根据漆锺底朱漆书容量“石”字、器内残存的酒类沉渣和出土的清单表明，它是用来盛温酒的酒具。“石”为汉制 120 斤，相当我们今天的 13.5 千克。经实测其容量为 19.5 升，像这样大的漆锺一般是作为礼器用于宴会场合。该墓随葬清单记载漆锺内盛有温酒。何为温酒？其实“温”字就是“醞”。《说文》解释：“醞，酿也。”就是用经过发酵大米酒曲酿制成的低浓度酒。凡用酒曲酿制而成的米酒，均为低浓度酒，与现在的甜酒相似。

图 7–10

钫 长沙马王堆汉墓漆钫，有四坡式器盖，其上有四个S形纽，亦有一个外凸的鼓腹。器表面髹黑漆，器内髹红漆。盖顶朱色绘制云纹组成的“米”字形图案，橙黄色的纽。器身朱色和灰绿色鸟头形纹、云纹、菱形图案等。器外底部均朱书“四斗”二字。最使人惊奇的是漆钫与漆锺一样出土时器内均残存酒类或羹类的沉渣，遣策称之为“漆画枋”，并写明“盛米酒”或“盛白酒”。其一高 25 厘米，腹径 12 厘米（图 7-11）。

图 7-11

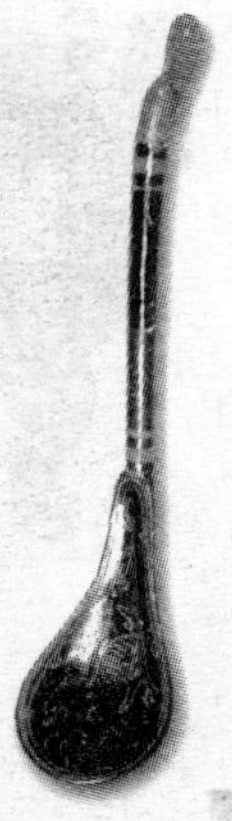

图 7-12

匕 山东日照海曲西汉墓出土漆匕，分斗和柄两部分，斗很像簸箕形，褐黑色漆为地，朱绘云纹、宽带纹，雕刻精致，纹饰华美（图 7-12）。

勺 马王堆 1 号汉墓出土雕镂龙纹竹胎漆勺，其勺斗与柄分别以竹条制成，接榫处用竹钉与斗相联。斗内外髹漆彩绘。首先在透雕的基础上，浮雕游龙和编辫纹饰，然后再画龙点睛和彩绘，浮雕的龙纹，作奔腾状，形象生动，是一件集透雕、浮雕、彩绘于一身的漆器，为先雕后漆的漆器艺术珍品。其一高 32.4 厘米（图 7-13）。雕镂是秦汉时期漆器常用装饰手法之一，即一种在木质或其他材料上刻镂出花纹形象后上漆的装饰方法。

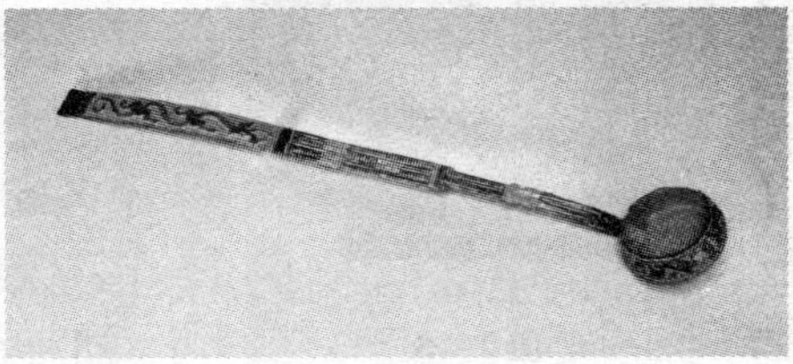

图 7-13

魁 云梦睡虎地 9 号秦墓出土彩绘凤形漆勺，勺体挖成凤身，勺柄雕成头颈，用红、褐漆绘出凤的眼、鼻、耳及羽毛。凤尾下有“咸□”等烙印文字。凤鸟昂首挺胸注视前方，其构思独特，制作精巧，融实用与观赏性于一体。高 13.3 厘米，长 14.8 厘米，宽 10.6 厘米（图 7-14）。

图 7-14

鼎 马王堆汉墓漆鼎，器表内均髹漆彩绘，有两件漆鼎底部朱书“二斗”两字，表明该器的容量。最令人惊奇的是在清理 1 号墓 100 号鼎内发现盛放有水和莲藕片，浸泡在水中两千多年的莲藕片竟仍清晰可辨，随着鼎中藕片搬动和暴露于空气之中而不断地减少直至消失，说明长沙地区两千多年来未发生过大的地震。高 14 厘米，宽 16 厘米（图 7-15）。

图 7-15

壶　湖北云梦睡虎秦墓中出土了3件漆扁壶，由两半黏合而成，小圆口，扁腹，平底，长方形圈足。44号秦墓出土了一件牛马纹扁壶，通体髹黑漆，用红、褐漆绘花纹。扁腹的一面绘奔马和飞鸟各一；另一面绘一头肥壮的牛。形象生动逼真，侧腹绘鸟头纹。高22.8厘米，最大腹宽24.2厘米（图7-16）。

图 7-16

盂　马王堆1号汉墓共出土漆盂6件。器形大小相同，造型一致，均为圆木旋削而成。器外壁以黑漆为主调，黑地上朱绘点纹，并以单体卷云纹点缀其间；内壁上部和底部装饰与外壁相同，但两组装饰带之间大面积髹红（图7-17）。

图 7-17

匜　马王堆1号汉墓边箱内就同时出土了漆匜和漆盘，器形与纹饰均以大方简洁为特色，旨在突出其盛水和浇水的实用功能（图7-18）。

盘　马王堆汉墓出土的漆盘，多为旋木胎，1号墓出土平盘两件，食盘10件，小盘20件，盘内多黑漆书“君幸酒”，盘底多漆书容量，出土时有的食盘内还盛有食物，其一为三猫一龟纹漆盘，画面特别突出猫睁大的双眼和长尾巴，形象颇为生动，高5厘米，宽28厘米。最有特色是3号墓出土的6个从小到大叠放的漆盘。其中最大一个盘直径73.5厘米和高13厘米的“沐盘”。山东临沂银雀山7号墓出土彩绘漆盘，内髹红漆，褐绘云纹，口沿黑底上朱绘几何云纹和圈点纹（图7-19）。

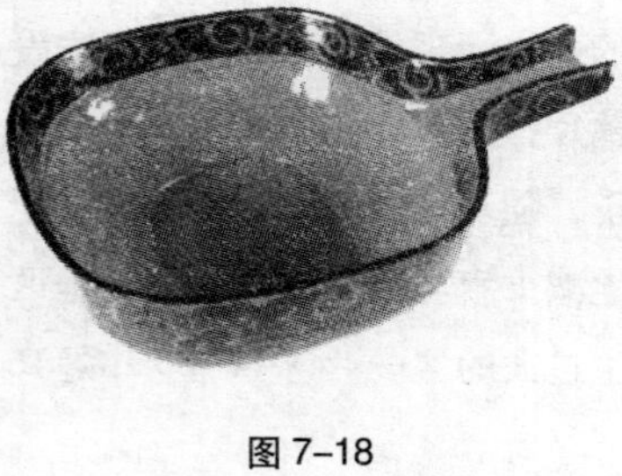

图 7-18

图 7-19

罐　巢湖1号汉墓漆罐，旋制木胎，外髹黑漆，内髹红漆。口颈与圈足部以铜铸成后安装在木胎上，铜扣的表面均以细线刻琢四组正反相对的八只

图 7-20

图 7-21

图 7-22

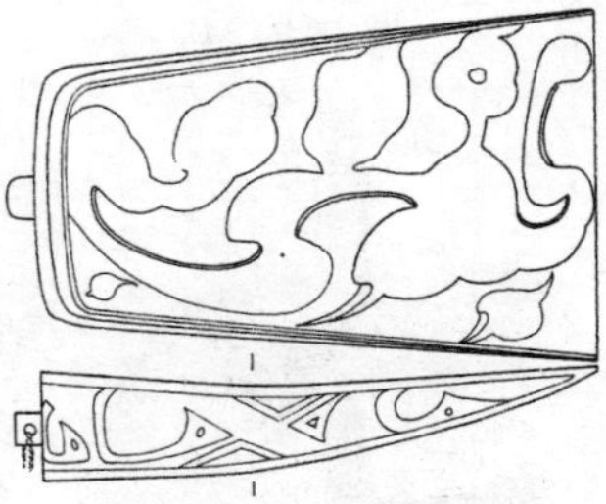

图 7-23

凤鸟纹，并填金箔，外套水晶环。上肩部和近底部各镶嵌银带状饰，等距离点缀八点半球形蓝色料珠，玉质铺首环耳，镶嵌有桃形玉片饰，桃形片上饰十数颗浅浮雕圆点纹。在腹部嵌金质带状箍，等距离填料珠和桃形玉片，玉片上刻有凤鸟。此件漆罐集金、银、铜、玉、水晶、料器装饰于一身，制作精良，尤为华丽，前所未见，具有较高的工艺美术价值。通高 16.7 厘米（图 7-20）。

奁 马王堆 3 号汉墓出土的堆漆云气纹长方漆奁，出土时内装一顶乌纱帽，器壁锥画青山绿水、云彩、鸟飞、鱼游、神人乘龙和生动的狩猎图（图 7-21）。日照海曲 106 号汉墓出土银扣贴金薄漆盒，夹纻胎，器内壁口部髹黑漆，以朱漆绘云纹带，其间镶嵌鎏金银质菱形图案，盖顶中央镶嵌金质柿蒂纹，其外镶嵌银扣、绘云纹，柿叶四周贴金薄，有云纹、鸟纹和走兽。盖壁和器身各有三道银扣，银扣之间用金薄剪贴成纹饰带，有云纹、凤鸟、卧虎、走兽等纹样，这些是汉代人们幻想中的神仙世界。通高 9.8 厘米，口径 9.6 厘米（图 7-22）。

箕 马王堆 3 号汉墓漆箕，髹黑漆，外壁用红色油漆绘几何纹。高 6.5 厘米，长 26.5 厘米，宽 17 厘米（图 7-23）。

凭几 长沙望城坡西汉墓出土的彩绘云气纹几，弓状形，几面微凹，束腰方座足。通体髹黑漆，朱绘云气纹，做工精巧。其高 36.5 厘米，长 63 厘米，宽 11.5 厘米（图 7-24）。

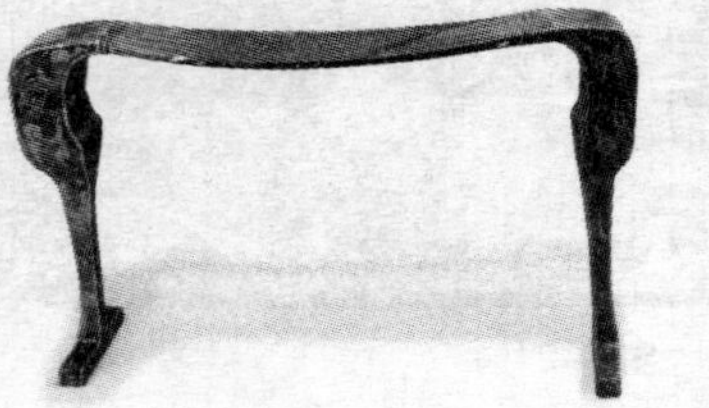

图 7-24

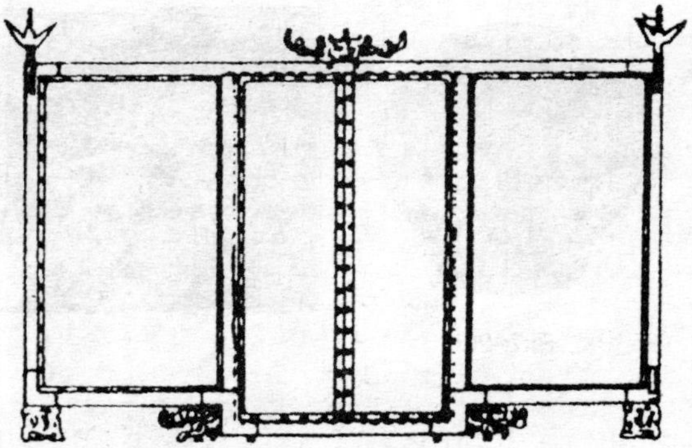

图 7-25

图 7-26

图 7-27

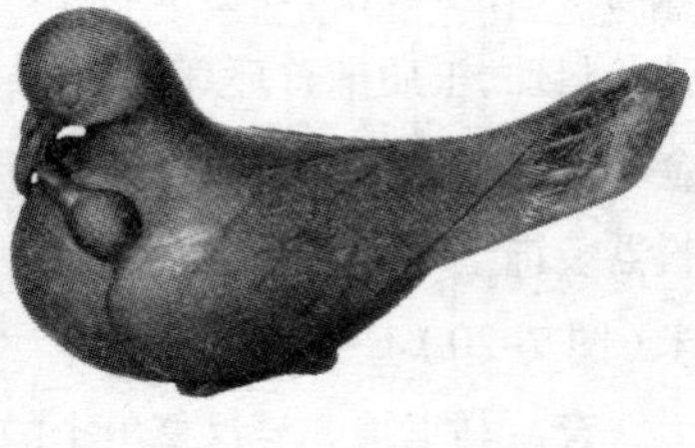

图 7-28

屏风　广州西汉南越王墓出土漆木大屏风，漆木胎朽坏，但鎏金铜构件保存较好，该屏风通高 180 厘米，通宽 300 厘米，这种做工考究的漆屏风，只有高级贵族家庭才能享用（图 7-25、7-26）。

此处，汉代墓葬中还出土了漆虎子（图 7-27）、漆枕、漆葫芦、漆鸠杖首（图 7-28）和漆量等生活用具。

漆木文娱用具

漆乐器包括弦乐、管乐器和打击乐器等。弦乐器有瑟、琴和筑等；管乐器如笛、竽和竽律等；打击乐器如鼓、鼓槌和筑等。娱乐用具如对弈的博具、围棋等。文具有笔洗、笔筒、算筹和尺等。

瑟　马王堆 1 号汉墓出土的瑟，其主体用木制成，并髹以黑漆，由二十五瑟弦、木枘、

图 7–29

图 7–30

图 7–31

首越、尾越、首岳和外、中、内三条尾岳等部分组成，长 116 厘米，宽 39.5 厘米（图 7–29）。它是我国现存最早且保存完整的弦乐器。马王堆 1 号汉墓黑地彩绘棺上鼓瑟图像，为了解汉代瑟演奏方法提供了实物依据，汉代多称奏瑟为鼓瑟（图 7–30）。

琴 马王堆 3 号墓七弦琴，髹黑漆，琴身为匣式结构，头部有岳，岳上有七个弦孔。琴的面、底板之间都凿出 “T” 形槽，在其相当于轸沟的部位，装有七个轸。尾部则为实木（图 7–31）。此琴的琴面上没有徽，大约至西汉晚期，琴上才普遍装徽。

笛 马王堆 3 号汉墓中出土了两支竹笛，形制相同，上端有竹节，下端有中空，竹管的一面用刀削成平面，上有大小不同、间隔不等的洞眼六个，背面近中部也有一个洞眼，近竹节处有一个长方形吹口。用复制品吹奏，可吹出一个完整的七声音阶和两个变化音（图 7–32）。

竽 马王堆 1、3 号墓出土的髹漆竽为我们了解古代民族乐器的构造提供了实物资料。1 号墓竽为明器，由竽斗、竽嘴和竽管等组成。竽斗是用匏做成的，竽管用细竹管制作，皆布管于匏内（图 7–33）。

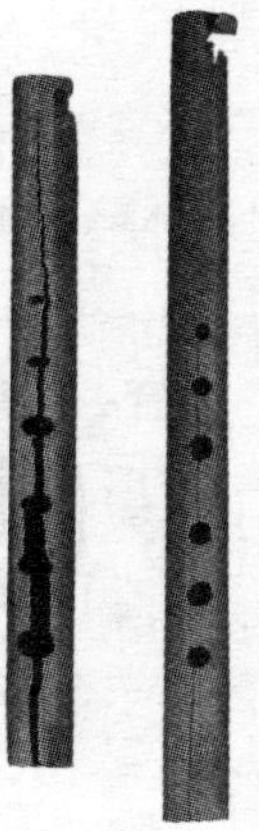

图 7–32

图 7–33

图 7-34

图 7-35

图 7-36

筑　长沙望城坡西汉王室墓出土了实用漆筑(图 7-34)。马王堆 1 号汉墓黑地彩绘棺上击筑图,为了解汉代击筑演奏方式提供形象资料(图 7-35)。

博具　马王堆 3 号汉墓出土了一套迄今为止最完整投茕的漆博具。其博具装在方形漆盒里,盒内有一博局,六黑棋、六白棋共 12 枚,筹 42 枚,直食棋 20 枚及环刀和削。盒正中有一圆窝,内置博茕(图 7-36)。河南灵宝张湾汉墓出土汉代陶俑合坐榻,两个陶俑在博戏(图 7-37)。

砚盒　长沙望城坡西汉王室墓出土的砚盒,内外髹黑漆,盒身正方形,子母口,与顶盒盖相扣合,盒底四角配矩形扁平足。盒身中凹嵌入一圆形砚石,石质细润,台面微凸,其上残存有墨痕,可视为这时文具漆器珍品。长 19.5 厘米,宽 18.5 厘米(图 7-38)。

图 7-37

图 7-38

漆木丧葬用具

汉代漆木丧葬用具有棺、椁和明器。

棺 马王堆1号汉墓第2层为黑地彩绘漆棺，内涂朱漆，外表以黑漆为地，彩绘了复杂多变的云楗气纹，四周都有以流云纹为中心的带状图案，穿插其间最多的是面部似羊非羊、似虎非虎、顶竖长角、兽身有尾的神怪一百五十多个，构成神秘而生动的画面。这些神怪和禽兽形态各不相同，描绘得栩栩如生，富有浓厚的浪漫主义色彩。高1.14厘米，长2.5厘米，宽1.18厘米（图7–39）。

漆面罩 在扬州汉代墓葬中发现了漆面罩等丧葬明器，扬州市平山雷塘26号西汉墓出土彩绘云气鸟兽人物纹漆面罩，盝顶，侧面下端各留一马蹄形缺口，便于拿放和枕端伸出套合，背面中央开一方孔。通体髹朱漆地，以黑、黄、灰三色彩绘云气纹，云气间饰珍禽、瑞兽、四灵、羽人。背面方孔上下饰朱雀、玄武，左右绘持戟的守门人。长58.4厘米，宽30.5厘米（图7–40、7–41）。

图7–39

图7–40

图7–41

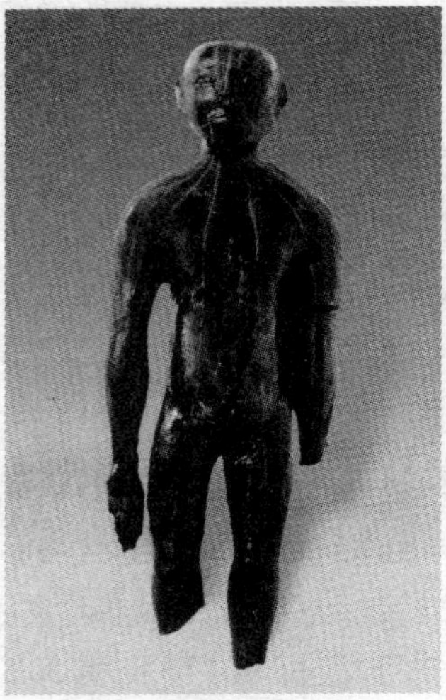

图 7–42

图 7–43

漆木人俑 四川绵汉双包山汉墓出土的人体经脉漆俑，通体髹黑漆。裸体，呈直立状。手臂垂直放于两侧，手五指并齐，掌心向前，双腿呈一字形站立。光头、眉、眼清晰，双目圆睁，胸肌发达。俑的头部，体、手臂、双手至脚各线条均连接贯通，形成纵横密布的经络系统。残高 28.1 厘米（图 7–42）。

漆车马 甘肃省武威市磨嘴子汉墓出土木轺车，由车、伞、车夫和马组成。马首微颔前倾，眼睛鼓突，鼻孔张大，尾巴上举，矫健有力。车的造型轻便简洁，与马的雄健形成了鲜明对比。这件木轺车是迄今为止发现的最大的汉代木雕作品。通长 120 厘米，车高 97 厘米，马高 87 厘米（图 7–43）。

图 7–44

另一方面，汉墓中常随葬兵器。锥画漆弩（图 7–44）、漆矢、漆矢箙（图 7–45）、漆弓、漆兵器架（图 7–46）、漆剑鞘、漆角质剑、漆盾和漆鞘环首刀等大量漆兵器，以及漆车马、漆木人俑和漆雕塑等常见于汉代墓葬之中。

图 7–45

图 7–46

论述

在中国古代漆器工艺史上，秦汉漆器工艺正处于一个承前启后、空前繁荣的时期。这时期漆器工艺既继承了先秦制漆工艺优良传统，又开拓了新的漆工艺领域，既有先秦遗风的传承，又显现了其受外界环境诸多因素影响而发生的变异，形成了独特的工艺特征，达到了日臻完善的程度，以其应有尽有的品类、精美华丽的装饰、轻巧精致的造型，在中国漆工艺史上写下光彩熠熠的篇章。纵观汉代漆器有其独特的时代特点①：

漆礼器品类和数量骤减，实用器日益增多

先秦时期器服制度的一个最大特点是，各阶层的人们都要按礼制的规定来执行，并规定了一套专门的器具作为礼仪用器。汉初漆器组合也仍有一定礼教含义。如漆匜、盘同出，说明完全继承了先秦沃盥之礼。诸如用鼎制度，在先秦礼制中是有严格限制的。汉初，用以鼎为代表的器具来别等第的先秦遗风仍在不同程度地因袭和继承。如马王堆一号墓遣策记载漆（陶）鼎制仍沿用了先秦的上卿之礼，说明至少在汉初的上层贵族仍部分保留原来的礼制。到汉武帝以后，漆器品类上就发现了根本的变化，西汉后期墓葬根本不见漆鼎。长沙马王堆 1 号汉墓北边厢漆几漆杖同出也具有一定礼教含义。先秦时期凭几主要凭倚身体，杖为依托人身之物，二物皆为礼器，故《周礼》等文献中常“几杖”连文。西汉早期墓葬几杖同出，但到西汉中晚期就很少见到。

---

① 聂菲：《从湖南西汉贵族墓出土漆器审度汉初漆器功能工艺的传承与变异——兼论湖南汉初漆器产地问题》，《湖南省博物馆馆刊》第一期，船山学社，2004 年。

与先秦时期漆器以礼器为主形成鲜明对比的是：汉初漆器品类已从礼器的圈子里跳出来而广泛应用于日常生活的各个方面，且实用器更加精致，新型器皿不断涌现，成为这时期漆器品类变化的一大特点。其品类包括礼器、乐器、兵器、葬具以及各种生活日用品和杂物玩具。先秦时期有些器类多为权贵的象征，到汉初已广泛运用于民间。汉初与先秦墓葬随葬漆器数量比较，其数量之大前所未有，且生活器皿占绝大多数。长沙马王堆3座汉墓随葬漆器达六百多件，如3号墓316件漆器，数量最多的是生活用具耳杯，竟然174件，其次是盘68件，1号墓耳杯九十余件，2号墓漆盘七十余件。广西贵县罗泊湾1号汉墓则更为惊人，出土漆器多至七百多件，耳杯有近七百余件，盘一百余件。

但更为突出的是，先秦墓葬中常见的某些漆礼器制品在此时已荡然无存。楚墓中习见的禁、俎和豆这些漆礼器，在经历了秦文化的冲击后，似乎再没有得以延续，众多汉初高级贵族墓葬中没有发现一件漆俎、禁、豆等。此外，先秦楚墓中所常见的漆木虎座飞鸟、漆鹿已完全消失，反映神祇、巫鬼的祭祀法器同样不见于汉初墓葬中。这一变化，说明汉代的漆器制作实用功能日益增强。

器形演变日趋世俗化

一种器形的演变与器物功能紧密相连，不可否认，器物形态的演变与变异，主要是取决于人们的生产、生活需要，但意识形态方面的影响，仍是不可忽视的因素。汉初世俗化演变的器具是与当时漆器的礼器功能减退、实用性功能不断加强相适应的，马王堆1、3号汉墓出土的漆匕的器形演变正好说明了这一点。汉初许多新型漆器都是从先秦某些漆器品类中演变而来的，其目的是为了适应实用功能不断加强的需要。如马王堆3号汉墓活动漆几是从先秦矮足几演化而来。为了实用功能的需要，汉初工匠常将过去的一些器形进行改进使之更加精致和实用。如先秦单层漆奁到汉初已被改造为实用的双层漆奁。

瑰丽多变的装饰工艺

汉代漆器之所以灿烂辉煌，主要是在造型优美的漆器上尽显绚丽多彩装饰之工艺。汉初漆器工艺，在继承先秦和秦代制漆工艺的传统上发展成熟，力求把工艺制作要素达到最高值，将装饰艺术提升到更高的水平。汉武帝以后，通西域，丝绸之路更加畅通，促进了中西文化的交流，西汉漆器工艺在社会经济环境和外来异质文化的激发下，出现了一些新的因素[①]，使得制漆工艺在传承中发生了某种变异，漆器文化的内涵更为扩大。

① 据《西京杂记》记载，在漆床、漆榻上装置云母、琉璃屏风等，它可能与西亚等古典漆家具有着某种深层含义的联系。

其一，胎质制作的变化。汉初漆器胎质及制作在继承先秦时期漆器工艺的基础上有较大的改进。木胎制作沿用前代斫、雕、挖、凿制成器的方法，并加以改进，较多的运用轮制成器的方法。少部分为竹胎。薄木片卷成筒木钉榫卯而成，其制法比战国楚墓漆器更为精美。楚墓中昙花一现的夹纻胎漆器，到汉初才崭露新风。西汉中晚期夹纻胎漆器极为普遍。

其二，装饰工艺的富丽堂皇。漆工艺制作精湛，除继承战国彩绘和锥画装饰方法外，金箔贴花、扣器和镶嵌各种工艺也极为盛行，装饰工艺达十余种之多。奇巧精致漆器上再彩绘、金银扣、镶流光溢彩的百宝嵌，价值高昂不言而喻，其富丽堂皇的装饰工艺在中国工艺史上无与伦比、空前绝后。

其三，色彩风格的传承与变异。汉初尚赤，则大约与刘邦自认为是“赤帝之子”有关。汉初漆器仍以红色为主调，艳丽的红与黑相配，光亮照人，它是否沿用了楚人尚红的风习已不得而知，但它与楚系漆器的主色调大同小异确是一目了然的。至汉武帝理政以后，接受五德终始说，就以法令的形式确立起尚黄的制度。这种思想观念的改变也影响到漆器装饰上的变化，汉武帝以后便出现了以黄为主色调的漆器。

其四，纹饰图案的传承与变异。汉初云气纹在先秦漆器云气纹的基础上有了很大发展，得到了更大的张扬，汉人好神仙，云气纹中加画各种神兽、神禽和神仙，构成了一种称为“云虚纹”的新装饰纹样，组合成寓意吉祥如意、辟除邪厉的图案，为汉初漆器上的主体纹饰。汉武帝以后，漆器纹饰出现了变化，一改汉初艺术风格，出现了宣扬孝子、义士、圣君、四灵、五灵和富有生活气息故事题材的图案，反映了当时人们尊崇儒家、信奉道教的伦理道德观。

其五、铭文变化。发现最早的漆器铭文见于战国楚墓之中，至汉初，物勒工名却成为漆器的一大特点，且占的比例较大，漆器上一般刻有主管官吏、制作年代、地点和工匠名，以示对此产品质量负责。至汉武帝时，为了增加国库税收，将地方管辖的漆器生产收归中央管理，蜀成都市府也改为中央管理，蜀郡和广汉郡工官成为最重要的官营漆器生产机构。

多源性文化特点

汉文化具有多源性文化特点。汉文化内涵是多元的，因为汉代统治者采取了休养生息的政策，集南北东西诸方的先进文化因素，使得汉文化因素呈现出多源性特点，汉代漆器以汉文化因素为主，但造型和纹饰等又夹杂着楚文化因素、秦文化因素、中原文化因素和其他民族的文化因素，况且这些文化本身又不断与中原文化不断融合，所以说它是汉文化因素与其他民族文化因素共同的结晶体。汉代漆器在人们生活中占有重要的地位，不但影响了当时人们的生活方式、价值取向，而且对后世漆器工艺产生了深远的影响。从这个角度看，汉代漆器演变与发展，正好说明了汉文化以汇涓涓细流于大海的磅礴气势，汇聚了黄河流域、长江流域等华夏及各民族先进文化因素，最终成为光辉灿烂的中华民族汉文化。

崭露新风的三国两晋南北朝时期漆器

三国两晋南北朝漆器概述

考古发现及相关材料

三国两晋南北朝时期，由于战乱和朝代更替频繁，青瓷日臻成熟，逐渐取代了漆器在日常生活用品中的地位，这时期漆器制造业远不及汉代盛况，出土漆器较少，但是就在这个时期漆工艺技法上有较大的创新，开拓了夹纻造像、斑绿漆和绿沉漆等漆工艺新品类，是中国漆艺史上另一个高峰时期到来的过渡阶段。随着佛教的传播和统治阶级的提倡，夹纻胎造像大为盛行，用汉代夹纻法来制作佛像，即所谓的脱胎漆器，晋代著名雕塑家戴逵，曾为招隐寺造夹纻行像五尊。这时兴起的绿沉漆是一种暗绿色漆，与战国汉代漆器皆用黑、朱为主色不同，色地深沉，好像器物沉入深水之中，其色深沉幽静，故名“绿沉”，用它做漆器的底色，则一改旧貌，面目一新。梁简文帝《书案铭》一文，形容一件沉绿漆案：“刻香镂采，纤银卷足。漆茶曜紫，画制舒绿。”南朝刘宋元嘉时期，广州刺使韦朗，曾作银涂屏风及绿沉漆屏风。绿沉漆是色漆的新发展，陈晶先生认为：“绿色是自然界本色，当时一批士族阶层人物他们向往宁静，向往寄情于山水，倡导绿髹也就成了生活时尚。绿沉漆始盛于两晋，南北朝时期依然流行……时尚绿髹，还有一个因素，自三国、西晋以来，制瓷业发展迅速，青瓷与漆器第一次在手工领域碰撞，青瓷的翠色对传统朱、黑色彩形成了色流时尚的挑战。漆器向瓷器靠近,着上了绿色的时装"[①]。

考古发现三国时期墓葬有:1977 年南昌市东吴墓出土了镶铜扣漆奁,1979 年南昌东吴高荣墓出土了镶铜扣漆奁、漆盘、漆碗、耳杯、黑漆木屐、漆槅[②],1984 年安徽马鞍山东吴朱然墓出土了约八十件漆器[③],朱然是孙吴左大司马、右军师,这座墓葬出土的大批漆器是中国重大考古发现,为漆工史研究提供了重要的实物资料。

两晋时期墓葬出土的漆器有:1955 年广州西郊桂花岗晋墓出土素面漆器[④], 1974 年南昌晋墓出土朱漆"吴氏槅",1976 年—1978 年南昌西晋墓出土的漆盘、黑漆盒、漆耳杯,1997 年南昌火车站东晋墓出土漆耳杯、漆托盘、漆攒盒、彩绘出巡图漆奁、彩绘宴乐图漆盘、漆鞘、漆匕、漆箸等[⑤]。2001 年河南巩义站街晋墓出土漆器有案、盒、方盒、圆盒、盘等[⑥],江西南昌火车站发掘 6 座东晋墓共出土 26 件漆器有奁盒、平盘、耳杯、攒盒、凭几、箸、匕等[⑦],南京江宁县下坊村东晋墓出土素面漆器[⑧],辽宁朝阳袁台子东晋墓出土 10 件漆器[⑨],2003 年山东临沂洗砚池街西晋墓出土漆器数十件,有彩绘鸭形勺、长柄勺、奁、耳杯、壶、杯、碗、盘等以及漆盖铜柿蒂饰件[⑩]。

南北朝时期墓葬出土的漆器有:1966 年大同北魏司马金龙墓出土了漆屏风等[⑪],山西大同沙岭北魏 7 号墓出土彩绘漆画残片[⑫],1981 年宁夏固原北魏墓出土彩绘漆画残片[⑬],1987 年山西大同湖东北魏 1 号墓出土漆画残片[⑭], 山西大同七里村北魏墓和大同迎宾道北魏墓群出土了盘、盆、樽、钵缸、槅、碟及银扣耳杯等一批漆器实物[⑮],新疆吐鲁番阿斯塔

---

① 陈晶:《两晋、南北朝漆器赏析》,台北《故宫文物月刊》2008 年 303 期。
② 江西省历史博物馆:《江西南昌市东吴高荣墓的发掘》,《考古》1980 年 3 期。
③ 安徽省文物考古研究所等:《安徽马鞍山东吴朱然墓发掘简报》,《文物》1986 年 3 期。杨泓:《三国考古的新发现——读朱然墓简报札记》,《文物》1986 年 3 期。
④ 广州市文物管理委员会:《广州市西北郊晋墓清理简报》,《考古通讯》1955 年 5 期。
⑤ 江西省博物馆:《江西南昌晋墓》,《考古》1974 年 6 期。江西省博物馆:《江西南昌市郊的两座晋墓》,《考古》1981 年 6 期。
⑥ 郑州市文物考古研究所、巩义市文物保护管理所:《河南巩义站街晋墓》,《文物》2004 年 11 期。
⑦ 江西省文物考古研究所、南昌市博物馆:《南昌火车站东晋墓群发掘简报》,《文物》2001 年 2 期。
⑧ 南京市博物馆、江宁县文管会:《江苏江宁县下坊村东晋墓的清理》,《考古》1998 年 8 期。
⑨ 辽宁省博物馆:《朝阳袁台子东晋壁画墓》,《文物》1984 年 6 期。
⑩ 山东省文物考古研究所、临沂市文化局:《山东临沂洗砚池晋墓》,《文物》2005 年 7 期。
⑪ 山西省大同市博物馆等:《山西大同石家寨北魏司马金龙墓》,《文物》1972 年 3 期。
⑫ 大同市考古研究所:《山西大同沙岭北魏壁画墓发掘简报》,《文物》2006 年 10 期。
⑬ 固原县文物工作站:《宁夏固原北魏墓清理简报》,《文物》1984 年 6 期。
⑭ 山西省大同市考古研究所:《大同湖东北魏一号墓》,《文物》2004 年 12 期。
⑮ 大同市考古研究所:《山西大同七里村北魏墓群》,《文物》2006 年 10 期;大同市考古研究所:《山西大同迎宾道北魏墓群》,《文物》2006 年 10 期。

【图 10-4】 江苏淮安扬庙北宋绍圣元年墓出土北宋黑漆花瓣形盘

【图 10-5】 北京元大都遗址出土广寒宫图嵌薄螺钿黑漆盘

【图 10-10】 福州北郊茶园山南宋墓出土黑漆杯及渣斗

【图 10-12】 江阴夏港河工地南宋墓出土酣睡江舟图戗金长方形黑漆盒

【图 10-14】 福州市北郊茶园山南宋墓出土葵形剔犀漆盒

【图 10-15】 上海市青浦县元代任氏墓出土东篱采菊图圆盒

【图 10-16】 元代“张成造”款剔犀圆形漆盒

【图 10-18】 内蒙古通辽科左后旗吐尔基山辽贵族墓葬出土嵌宝石鎏金包银漆镜盒

【图 10-19】 武进南宋墓出土戗金花卉人物金莲瓣形奁

【图 10-21】 杭州老和山宋墓出土南宋黑漆钵

【图 11-4】 清金地识文描金彩漆高足碗

【图 11-7】 明晚期描金彩绘人物山水长方形盘

那墓北凉墓葬和哈喇和卓北凉墓葬出土漆器等①。

漆器的品类、纹饰与工艺

这时期漆器品类有案、盘、耳杯、槅、盒、槅盘、壶、樽、奁、匕、勺、凭几、砚、虎子、屐、扇、梳、刺和谒等。其胎质分木胎、篾胎和皮胎等。其装饰工艺有描漆、戗金锥刻、犀皮漆、雕刻和彩绘等方法，许多漆器上镶嵌鎏金铜扣，尤其是朱然墓出土的犀皮黄口耳杯，可以说是漆工艺史上惊人的发现。20世纪50年代袁荃猷先生和王世襄先生对犀皮漆器早有论述②，《髹饰录·犀皮》载："犀皮，或作西皮，或犀毗。文有片云、圆花、松鳞诸斑。近有红面者，以光滑为美。"犀皮漆器表面光滑，由不同颜色漆层构成纹饰，或行云流水，或如松树干鳞皴，色泽灿烂。犀皮漆器始于何时？王世襄先生认为记载大约在唐代，其实物为明代，而朱然墓犀皮漆耳杯的出土将犀皮工艺提早了数百年。这时期用色十分丰富，有朱红、红、黑红、金、浅灰、深灰、赭和黑等。纹饰题材广泛，注重写实，刻画细腻，凡涉及狩猎、宴乐、音乐、杂技、兵器、房屋、衣冠、山水、云树和鱼虾等都有表现，其构图新颖，图案精美。从文献记载中看，为统治阶级服务的金银细工漆器更为豪华奇巧，如《晋书·舆服志》、《南齐书·舆服志》论及皇帝、皇太后所乘车辆，均用色漆绘蟠螭、文虎、鸾凤、花鸟、华虫、金鸡、山林、云气、神仙、忠孝和四神等纹样，这些属于贵族所有的奢侈品漆器极为精美。

三国两晋南北朝时期漆器举要

盘 这时期漆盘纹饰一改汉代以云气、凤鸟和几何纹等样式为主的风格，出现了宴乐、人物等表现现实生活的画面。朱然墓出土漆盘多以人物故事为题材，有季札挂剑图漆盘、百里奚会故妻图漆盘、伯榆悲亲图漆盘、童子对棍图漆盘、贵族生活图漆盘和素面漆盘等。如季札挂剑图漆盘，口沿饰鎏金铜扣。主题图案绘春秋吴国季札不忘故，千金之剑挂丘墓的故事。歌颂君子恪守信义的情操。底朱书铭记 "蜀郡造作牢"，可能产地是在蜀汉（图8–1）。贵族生活图漆盘，盘内绘宴宾图、

图8–1

① 新疆维吾尔自治区博物馆：《新疆出土文物》；新疆博物馆考古队：《吐鲁番哈喇和卓古墓发掘简报》，《文物》1978年6期。

② 袁荃猷：《谈犀皮漆器》，《文物》1957年7期；王世襄：《对犀皮漆器的再认识》，《文物》1986年3期。

图 8–2

图 8–3

出游图、驯鹰图、对弈图、梳妆图等（图 8–2）。武帝生活图漆盘描绘人物十分生动（图 8–3）。江西南昌火车站工地 3 号东晋墓出土了彩绘宴乐图漆盘，绘有人物 20 人，穿华丽服的贵妇，抚琴谈乐的老者，出巡游乐的公子，手捧托盘的侍从。采用黑色勾线的铁线描，再平涂渲染，表现了抚琴对诗、清新淡雅的社会风尚（图 8–4）。

案 朱然墓出土的彩绘宫闱宴乐图漆案，四角及边缘镶有鎏金铜皮。绘 55 个人物（图 8–5），人物表现有皇帝、嫔妃、宫女（图 8–6）、皇后、子本、夫人、侍者、羽林郎等，图中排大部分为百戏场面，有弄丸、弄剑、武女、寻橦、连倒、转车轮等节目，还有鼓吹伴奏者（图 8–7）。整器髹黑红、灰、褐、赭等漆色，绘云气、禽兽、菱形、蔓草等纹饰。正中用朱红漆篆书“官”字铭。

图 8–4

图 8–5

图 8-6

图 8-7

槅 是一种具有时代特征的新品类。槅和盘一样是盛器，呈长方形，内分大小不等的十几小格。魏晋人诗句中常盘槅并称。朱然墓出土漆槅盘，内分为 7 格，在红漆地上用金、黑漆分别绘神禽和神兽，或两凤翩翩起舞，或天鹿四蹄飞扬，或神鱼展翅腾飞，或麒麟肃立注视，或白虎跑状等。纹饰动静结合，笔法灵活工整，色彩鲜明华丽，反映了当时高超的漆画技艺。高 4.8 厘米，长 25.4 厘米，宽 16.3 厘米（图 8-8）。

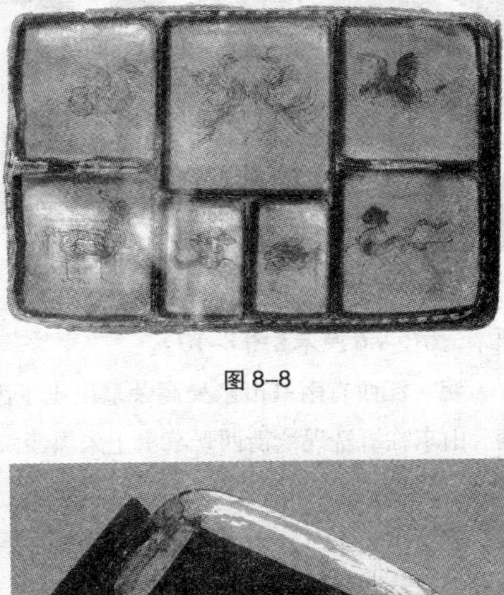

图 8-8

托盘 江西南昌火车站 5 号东晋墓出土了漆托盘，长方形，四边上翘，两侧有长方形耳，盘内髹红、黑漆，双耳及外底髹黑漆，色泽鲜明。高 2.55 厘米，长 37.9 厘米，宽 29.6 厘米（图 8-9）。

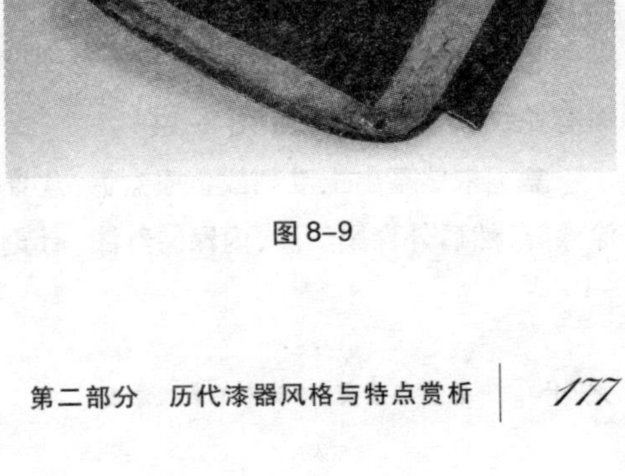

图 8-9

耳杯 朱然墓出土了两件犀皮黄口耳杯，耳及口沿镶鎏金铜扣。器身属“黑面红中黄底片云斑犀皮”，表面光滑，花纹自由流畅，如行云流水，匀称而富有变化。高 2.4

图 8–10

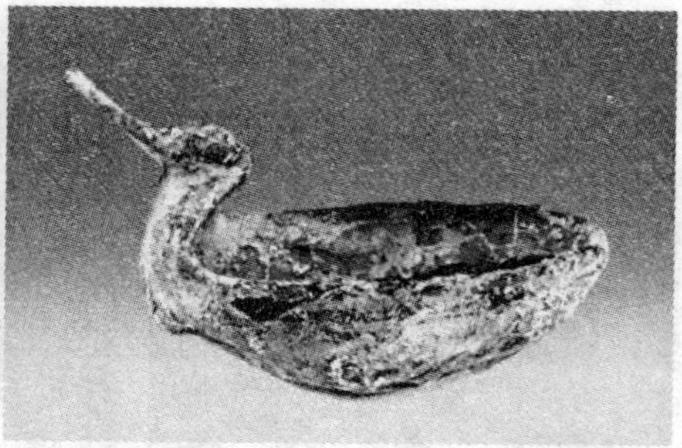

图 8–13

图 8–11

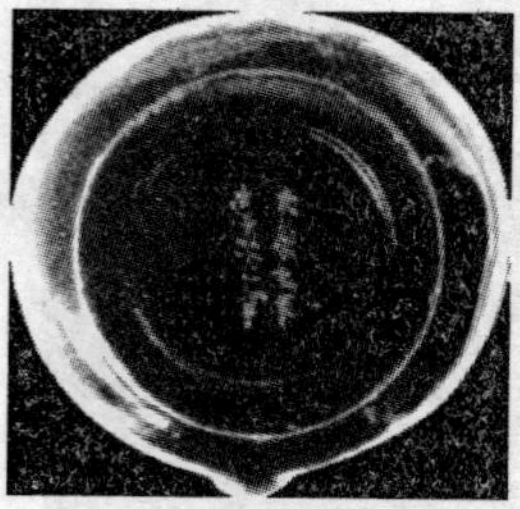

图 8–12

图 8–14

图 8–15

厘米，长径 9.6 厘米（图 8–10）。

碗 江西省南昌市东吴高荣墓出土了漆碗，内腹髹褐色漆，内底施黑漆，器外通施黑漆。山东临沂洗砚池街西晋墓出土朱黑漆碗，“大（太）康七年李次（作）上牢”，高 3.2 厘米，口径 10.4 厘米（图 8–11、12）。

壶 东吴朱然墓出土了彩绘人物扁形漆壶残片，此壶原器平面为椭圆形。壶面绘黄帝命素女鼓瑟图，侧面绘人物图像，部分残缺。

魁 山东临沂洗砚池街西晋墓出土彩绘鸭形漆魁，造型新颖别致，以鸭的首颈作柄，鸭背挖制成勺，通体髹漆彩绘，高 4 厘米，长 7 厘米，宽 4 厘米（图 8–13）。

匕 朱然墓出土漆木匕，呈长舌形，黑红漆地上用红、金两色绘出不同的装饰图案，图案有蛇纹、凤鸟纹、云纹（图 8–14）。

盒 朱然墓出土锥刻戗金漆盒盖，盒身已失，木胎，胎内外两侧先粘贴一层粗麻布，再涂漆腻，然后外髹黑红漆，内髹赭红漆。针刻青龙、白虎、朱雀、麒麟和天禄等带翅神禽神兽

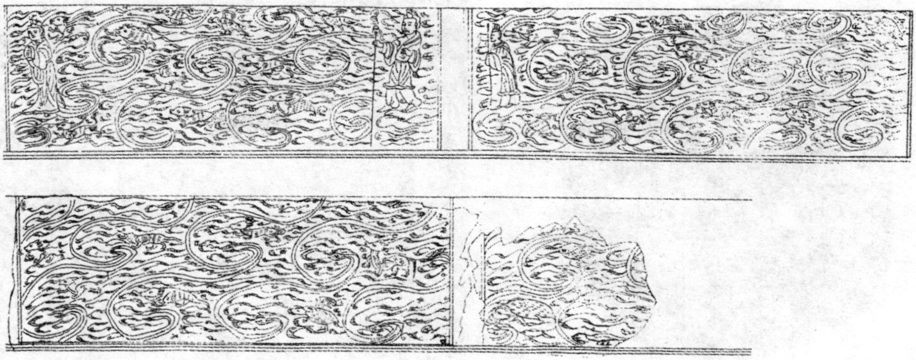

图 8–16

65 个，神禽神兽间用行云纹相连贯。其中最精彩的是两面还刻有人物。锥画线条简练流畅，神态逼真。刻纹内填金。它的出土，填补了戗金漆工艺史的空白。高 11.5 厘米，边长 22.6 厘米（图 8–15、8–16）。

攒盒 南昌火车站东晋纪年墓出土了漆攒盒，是一种由多格拼合成套的果盘，可拼合或作单体使用，或单体呈扇形，或呈四分之一椭圆形，有盖。盖面四边起棱角，盖面绘有舒卷流动的云气纹及奔腾的瑞兽，内施红漆，外髹黑漆，以红、赤绿彩绘纹，纹饰自如，色彩绚丽，制作精致（图 8–17）。

盆 阿斯塔那墓地出土西晋至十六国时期彩绘三足漆盆器，集中西方文化特色于一身，十分精美（图 8–18）。

图 8–17

图 8–18

图 8-19

图 8-20

图 8-21

奁盒 新疆塔里木盆地周缘地区出土汉晋墓葬中广见漆木器，说明木器是当时人们日常生活中的主要用器，该墓地出的彩绘漆漆奁盒，具有浓厚的异域风情，甚为罕见（图 8-19）。

奁 这时期漆奁南昌火车站东晋纪年墓出土了彩绘出巡图奁，纹饰以出巡游乐、人物故事等为主，绘有车马人物，人物以红、赭、金三色勾勒、点染，人物形态各异，体态丰腴。层次丰富、立体感强。这件漆奁上的彩绘，其笔法更趋流畅，颇具西晋以来画风（图 8-20）。

屐 东吴朱然墓出土黑漆木屐，上灰腻，其一面黑漆，加一面在灰腻中嵌细小的石粒，后上漆，磨平，显露出点缀其间的彩色石粒，这类制作工艺，实际上就是平脱类工艺。穿屐是中国传统文化，在浙江、宁流、慈湖新石器时代遗址就已有发现。

图 8-22

灯 甘肃省武威市柏树乡旱滩坡 19 号墓出土南北朝时期彩绘木连枝灯。其为三层四方位连枝灯。底座呈覆斗形，枝杆上雕有一只凤鸟，以彩绘装饰。各枝杆上有一灯碗及灯火饰。是一件随葬冥器。高 80 厘米，宽

80 厘米（图 8–21）。

几　朱然墓出土髹黑三足漆几，保存完整（图 8–22）。

屏风　山西石寨山司马金龙墓出土彩绘人物故事图漆屏风，内容画人物故事，有题记及榜书。较完整的有五块，两面皆有漆画。内容采自刘向所作《列女传》等。人物线条用黑色，肌肉涂铅白，服饰器具用黄、白、青、橙红、蓝等色。用色彩渲染及铁线描的技法，宽衣博带，栩栩如生（图 8–23）。

残漆皮画　山西大同沙岭 7 号北魏墓出土彩绘漆画残片，夫妇并坐榻上的漆画图像，残高 32 厘米，残宽 84 厘米（图 8–24）。宁夏固原北魏墓出土棺板漆画，朱地，黑、白、黄、橙、褐彩绘，还着金彩，设色十分绚丽（图 8–25）。山西大同湖东北魏 1 号墓出土棺板漆画，色彩浓重，漆画采用联珠圈纹，人物着鲜卑装，具有异域风情（图 8–26）。

漆棺残片　宁夏回族自治区固原北魏墓出土了彩绘漆棺残片，已残毁。棺盖绘有东王公、西王母、天河、日、月以及其他图案。棺左右绘孝子故事，前档绘墓主人像及侍从，并有二身菩萨像。棺的下方绘狩猎图。棺上漆画以朱漆为地，人物以墨线勾描，可能是当地鲜卑族工匠制作。

图 8–23

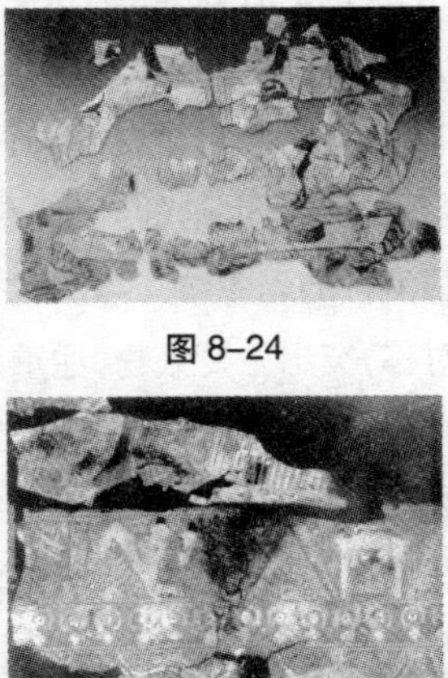

图 8–24

图 8–25

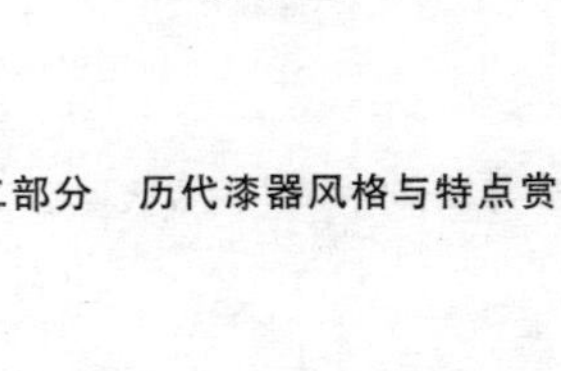

图 8–26

论述

在中国漆工艺发展史上，三国两晋南北朝时期是一个重要的过渡阶段，它上承两汉，下启隋唐，在战乱环境中艰难地向前发展，表现出一种深沉隽秀的艺术风貌，这种显露新风的漆艺风格，为后世漆器的发展奠定了基础。

漆画时代特点突出

汉代以来，产生了一些有政治思想、有文化能力而且几代为官的士族。进入三国两晋南朝时期以后，战乱纷飞，入仕越来越具有风险性，士大夫不愿被概念化的儒学名教所束缚，很多人探求新的立身之道，玄学、佛学和道教成了热门学问。诗文、书法和绘画等能表达个人情志的方式为许多士大夫乃至帝王所喜好，从传世的陆机、王羲之和王献之等人的书法作品或临摹本看，顾恺之绘画作品的《女史箴图》、《洛神赋图》摹本，均可折射出当时崇尚雅逸、空灵的时代特点。高水平的士大夫绘画同时推动了漆器绘画的发展。这时期漆画内容和艺术风格与汉代大不相同，从朱然墓出土的漆画特征来看，三国时期漆画较多地出现了以人物故事为题材的画面，人物刻画更为传神和写实，以盘为例，盘心绘人物故事，而周壁饰流畅生动的云气、鱼水图案，同时还出现了回曲连续的植物纹图案，构图颇似南北朝流行的忍冬纹。与汉代拙、满的艺术风格不同，其构图气韵生动、富于变化，不求呆板的对称，突出主要人物，注重人物之间的呼应和情感关系，加强其故事情节，具有清秀、空疏的艺术特点，给人一种清秀隽雅之感觉。而从南昌 3 号墓出土漆器可以看出，东晋漆画更加彩色滋润、线条流畅。至北魏时期司马金龙木板漆画，可以看到这时期漆画，采用色彩渲染及铁线描技法，不但运用动作、衣纹来表现各种人物的身份和特征，而且以面部表情表现人物的情感，其构图新颖，图案精美，线条有很强的运动感和节奏感，不追求呆板的对称，而特别注重人物之间的呼应，真可谓上承秦汉写意之神韵，下启隋唐写实之新风，人物刻画上，优美的造型、精致的图案、精湛的工艺，大大丰富了我们对这个时期漆器的新认识。

漆器艺术宗教化

苦难使这一时期的佛教、道教获得了广泛传播的土壤，西域佛的传入，本土道教的建立，不仅使漆器艺术有更多题材，也对漆器艺术与教义结合起了推波助澜作用，使得这时期漆工艺具有浓郁宗教色彩和超然静穆的艺术气质。漆器纹样由动物纹样为中心过渡到以植物纹样为中心,标志着这个时期美学思想和图案典型的莲花纹、忍冬纹开始在漆器上出现,这时期称之为“行像”的夹纻胎佛像塑造盛行,出现了许多制作佛像的雕塑家兼漆艺家,许多精美的佛像都是令人百看不厌的佳作。漆器艺术宗教化是这时期漆器制作的另一个重要时代特色。

富丽堂皇的隋唐五代漆器

隋唐五代漆器概述

考古发现及相关材料

隋唐五代是中国封建社会的鼎盛时期，统一强盛的隋朝是盛唐的前奏和起点，而战乱频繁的五代十国时期则是晚唐的余音和延续。隋代由于立国时间短暂，漆工艺仍承前使用绿沉漆于甲、弓箭之上，有关漆器文字记载和出土的实物都比较少。至唐代国力强大，经济文化繁荣，国际交流广泛，到处都呈现出生机勃勃的气象。唐代城市手工艺有了新的发展，其他手工艺的发展促进了漆器业的繁荣。这时期漆器产品种类数量增多，技艺精湛，漆器已列为唐政府税收实物之一，据《唐书·地理志》所记襄州、澧州等地均以漆器为贡品。文献上还有襄州以“库路真”（漆器名称）作为贡品的记述，《无丰九域志》云：“襄有髹漆，天下以为法”，河南襄州自古产漆，在唐代为盛产漆器之地。随着青瓷制造技术的逐步成熟及其社会普及化趋势，作为一般意义上漆器日用生活品，渐渐退出了历史舞台，让位于更呈大众化的瓷器，而漆器则由日常生活品向着贵族专用装饰华丽的工艺品方面发展，这一特征在唐代表现得最为明显。五代十国时期，由于战争连年不断，中原地区手工业的发展受到阻碍，但长江以南地区因受战争破坏较少，漆器制作仍有所发展，这时期金银镶嵌漆器更加精致。文献记载，这时期长江下游地区手工纺织业有较大的发展，制瓷、造纸等手工业也都有一定的进步，唯独漆器生产记载不多。因此，常州、扬州和苏州等地区出土的五代漆器为研究当时漆器制造工艺提供了宝贵资料[①]。

考古发掘的这时期墓葬或塔藏、窖藏、地宫等出土的漆器不少。唐代墓葬有:上蔡县贾、郑州二里岗唐墓、偃师杏园村李景田墓等地均出土了平脱漆器[②],1957年在三门峡唐墓出土一面螺钿云龙纹铜,1978年湖北省监利县出土一批唐代漆器,有漆碗、漆盘、漆盒、漆勺、漆盂等[③],法门寺地宫出土漆器上有墨书铭记和针刻款[④],1973年浙江宁波和义路唐代遗址地层中出土了漆器残件[⑤],陕县唐代姚懿墓出土漆器和朱书款识[⑥],扬州唐代木桥遗址出土10件漆器残片和朱书款识[⑦],阿斯塔那墓群出土漆木器[⑧]。

五代时期墓葬:漆器在四川、江苏等地均有发现,1942年—1943年在四川前蜀王建墓出土了精美银平脱漆器,有门、棺、椁、册匣、宝盝、镜盒等[⑨]。江苏省常州、苏州和扬州的五代墓中亦有部分平脱漆器出土,1986年浙江湖州飞英塔塔壁内发现1件黑漆嵌螺钿说法图经函[⑩],扬州邗江蔡庄五代墓出土了有款识漆器[⑪],常州五代墓出土了朱书款识素面镜盒和朱书款识银平脱镜盒[⑫]。

漆器的品类、纹饰与工艺

漆器品类与工艺

隋唐五代时期漆器品种十分精致,生活日用品有碗、盘、盒、盂、钵、盏、勺、册匣、镜、瓶、宝盝、镜盒、琴等,还有许多精美的工艺品。其器形变化多端,圆形器物口沿喜用多曲

① 陈晶:《常州等地出土的五代漆器刍议》,《文物》1981年3期;扬州博物馆:《江苏邗江蔡庄五代墓清理简报》,《文物》1980年8期;苏州市文管会等:《苏州七子山五代墓发掘简报》,《文物》1981年2期。

② 河南省文化局文物工作队:《河南上蔡县贾庄唐墓清理简报》,《文物》1964年2期。《郑州二里岗唐墓出土平脱漆器的银饰片》,《中原文物》1982年4期。《河南偃师杏园村的六座纪年墓》,《考古》1986年5期。

③ 湖北荆州博物馆:《湖北监利县出土一批唐代漆器》,《文物》1983年2期。

④ 陕西省考古研究院、法门寺博物馆等编著:《法门寺考古发掘报告》,第273页。文物出版社,2007年。

⑤ 宁波市文物考古所:《浙江宁波和义路遗址发掘报告》,《东方博物》,第261~263、270~272页,杭州大学出版社,1997年。

⑥ 河南省文物研究所:《陕县唐代姚懿墓发掘报告》,《华夏考古》1987年1期。

⑦ 陈晶主编:《中国美术分类全集·中国漆器全集·4三国—元》,福建美术出版社,1998年。第9页、图版五七。参看扬州博物馆:《扬州唐代木桥遗址清理简报》,《文物》1980年3期。

⑧ 《新疆维吾尔自治区博物馆》,香港金版文化出版社,2006年。

⑨ 杨有润:《王建墓漆器的几片银饰件》,《文物》1957年7期;冯汉骥:《前蜀王建墓出土的平脱漆器及银铅胎漆器》,《文物》1961年11期。

⑩ 湖州市飞英塔文物保管所,《湖州飞英塔发现一批壁藏五代文物》,《文物》1994年2期。

⑪ 扬州博物馆:《江苏邗江蔡庄五代墓清理简报》,《文物》1980年8期。

⑫ 陈晶:《常州等地出土五代漆器刍议》,《文物》1987年8期。

形，方形器物喜用委角形。如监利出土的一批唐代漆器，有五曲梅瓣形圈足碗、五曲梅瓣形盘、委角亚字形漆盒等。唐代漆器胎骨除有木胎、皮胎、夹纻胎外，出现了木条圈卷工艺，其胎质制法与传统方法均不相同，具体做法采用很窄的薄杉木条，一圈圈卷制成器形，匀裱麻布，然后髹漆，胎质既轻、薄，又坚牢耐用，还易脱水保存。以前仅在浙江发现过一件类似的宋代漆碗，而监利出土的这批唐代漆器除漆勺用整木雕成外，其余均用木条圈卷工艺制成，这批唐代漆器的发现，把我国古代漆器木条圈卷工艺出现时期从宋代提到了唐代，为研究我国漆器工艺史提供了重要的实物资料。

唐代漆工艺装饰特点

唐代漆器装饰工艺富丽堂皇，各种新工艺技法相继问世，金银平脱、雕漆和螺钿镶嵌漆工艺相当发达，出现了金银平脱和螺钿等费料、价格昂贵的漆器，使得这个时期漆器的装饰华丽精美，具有鲜明的时代特点：

其一，华丽润妍的金银平脱工艺。商周时期漆器上粘贴金箔和镶嵌松石的做法可视为开“金银平脱”之先河，金银平脱技术在唐代发展到了登峰造极的程度，唐代漆器业流行“平脱”一词，金银平脱漆器极为盛行，不仅用于竹木胎漆器，也用于铜镜之制作，备受朝廷和官府的青睐。如《酉阳杂俎》记载唐天宝年间，安禄山深受玄宗和杨贵妃的宠爱，受赐宝物，其中就不乏许多金银平脱漆器精品，如函、盘、盏、匙等，可见其在当时已成为至尊极贵的标志。这类漆器在日本奈良正仓院收藏较多，其中所藏唐金银平脱器有“金银平脱古琴”、“金银钿庄唐大刀”闻名遐迩，古琴腹内题“司兵韦家造此琴”字样，韦家是当时唐代望族。唐大刀鞘身有“末金镂”纹样。“所谓‘末金镂’，即在器面上髹一层薄漆，撒上金屑成纹。后来日本的‘莳绘’技法，就是从学习‘末金镂’发展起来的”[①]。金银平脱的具体做法是将金银压成金箔或银箔制成人物、花鸟等，粘在未干的漆器上，再罩漆，干后磨去金银上的漆层显露花纹，嵌件虽镶在器物上，而器表依旧平整。唐以前的髹漆工艺，尚未发现有推光技法。唐代创造的金银平脱装饰，是经过推光才使它发出光泽的。

其二，创新工艺雕漆。唐代漆工艺技法另一项重要创新是雕漆的出现。雕漆又称剔红，即雕红漆，做法是先在漆胎上髹涂到所需厚度后再雕出花纹，有如浮雕。《髹饰录》记载：“唐制多印板刻平，锦朱色，雕法古拙可赏，复有陷地黄锦者。”可见其具有较高的观赏性，为唐代漆器技法重要创新，开创漆器一代新风。唐代雕漆，有平锦朱地和陷地黄锦两种，其运刀快利，雕法古拙，与宋元藏锋圆润的风格不同，唐代这种新创工艺，到了

---

① 沈福文、王世襄、朱羽：《千文万华不可胜识的中国漆器艺术——中国古代漆艺概论》，未刊稿。

宋元明极为盛行。

其三，发展中的螺钿工艺。唐代螺钿工艺得到了很大发展，并广泛应用于漆器制造业。唐代螺钿漆器善于将光洁莹润的钿片镶嵌在深沉的一色漆器上，使螺钿漆器更显华贵。

其四，唐代一色漆继前代又有所开拓，一色漆又名“无文漆器”。唐一代琴学昌盛，今尚有宝物传世，他们是制琴专家也是髹漆名匠。“名琴如：‘飞泉’为朱色，‘九霄环佩’、‘大圣遗音’为紫色，‘玉玲珑’为黑色，都是通体一色漆琴……他们对于漆灰和漆的选料及调制都非常严格。因为这关系到琴的音色、音量，非一般漆工所能为”①。

五代漆工艺装饰特点

五代漆工艺较唐代漆工艺有所发展。五代漆器，在工艺上除平脱和螺钿外，尚未见雕漆、戗金和填漆等类漆器，这些漆工艺品，大概到了宋代以后才盛行。

其一，五代平脱漆器较唐代有所发展，金银镶嵌漆器达到很高的水平。但任何事物都有一个发生、发展、繁荣和衰落的过程，平脱技术在唐代已到了登峰造极的地步，到五代时期已到了强弩之末，至宋代以后金银平脱这种曾风靡一时的豪华型漆工艺品逐步走向衰亡。到了明代，黄成《髹饰录》漆器名著亦只字未提平脱技艺，可见其古法不存矣。金银平脱是我国古代艺术宝库中的一颗璀璨明珠，在我国工艺美术史上曾经辉煌一时，成为历史之绝响，通过五代王建墓出土的几件平脱漆器遗珍，人们仍能感受到它独具特色的艺术魅力。

其二，五代素面漆器器形、风格基本上保持了晚唐特色，制胎、灰腻和髹漆诸法继承唐工艺并有所进步。常州五代墓出土的素面漆器，碗、钵、盏托等胎骨都用细木片圈叠，其漆灰较坚实，漆层较厚，用退光漆，表面平滑，口沿有的用银扣，制作精巧。常州、扬州和苏州三座五代墓出土漆器多数是实用器物，甚至为大型素面漆器，如苏州七子山五代墓出土的银扣大盆。

其三，五代漆器上出现了以标志品牌的款识铭记。如扬州邗江蔡庄五代墓和常州五代墓出土的漆器上朱书“胡真”、“魏真上牢”、“胡真盖花叁两”、“魏真上牢一两”、“并满盖柒两”、“并底盖柒两”等铭记。“胡真”、“魏真”当是作坊标记，同时表明这些漆器作为商品出售。但铭记内容比较简单，字数不多。

① 沈福文、王世襄、朱羽：《千文万华不可胜识的中国漆器艺术——中国古代漆艺概论》，未刊稿。

隋唐五代漆器举要

目前发现的唐代漆器除家具之外，主要为日常生活用品和乐器。

盒 唐五代时期的漆盒、漆匣类较多，其造型多为委角，出现了镜盒，其造型有方形、长方形和圆形等。这时期金银平脱漆盒十分流行，如常州市五代墓出土银平脱花卉纹漆镜盒，银薄片雕镂各种花团锦簇、缠枝连叶的图案，纯银薄带围绕周身镶嵌，花纹纤丽，间以黑漆填衬，边缘镶辅以银扣，并有“魏”、“并底盖柒两”、“魏真上牢”、“并满盖柒两”等款识铭记。整器非常华丽，制作精巧。通高 8 厘米，宽 20.8 厘米（图 9–1）。前蜀王建墓出土了平脱漆镜盒，子口镶银扣，团花以丽春花纹为地，中刻双狮戏球，两边镂瑞雀。该镜盒漆色光润，灰腻坚硬，镶嵌银平脱工艺精湛，可称银平脱漆器中上乘之作，亦可谓难得的漆器精品（图 9–2）。

碗 唐代漆碗口沿出现了花瓣形造型，用窄木片圈叠成胎，黑漆退光，有大小之分。陕西扶风法门寺塔地宫出土秘色瓷平脱漆碗，此碗为皇室用器，采用金银平脱的方法制作而成，富丽堂皇，尽显尊贵（图 9–3）。

盘 唐代漆盘一般为五曲梅瓣形口，用窄木片圈叠成胎，黑漆退光。杭州市第十五中学出土的五代漆盘，木胎，盘内部为浅褐色漆，外部为深褐色漆。高 3 厘米，口径 14.8 厘米（图 9–4）。

图 9–1

图 9–2

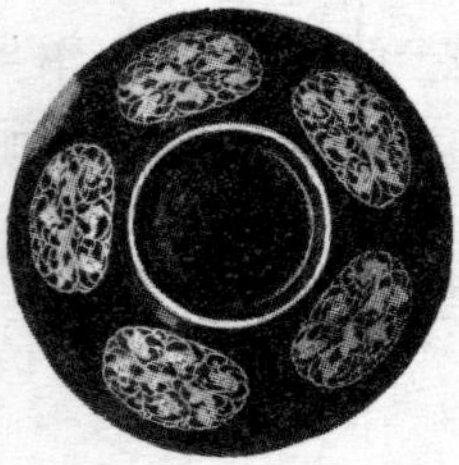

图 9–3

图 9–4

碟　前蜀王建墓出土五代平脱漆碟，为王建墓内出土的重要器物之一，呈五曲花瓣形，圆底，圈足，胎分两层，内层为银，外层为铅，共厚约一毫米。外层表面极粗糙髹漆。碟面不髹漆，故银胎露于外。银胎上用极薄金皮一层，将花纹钻于银胎之上，钻痕直透至铅胎上。空白处将金皮镶空，故银胎与金花相映。碟底刻飞翔双凤，以卷草纹为地。底边和口缘刻五段莲瓣，每段之中刻花草纹。漆碟系《髹饰录·坤集》载“金银胎剔红”[①]。直径19.5厘米，深2厘米（图9–5）。

图9–5

盏托　是这时期漆器中出现的新品种，至宋代十分流行。常州五代砖室木棺墓出土了1件，分盏、托两部分组成。托、盏口沿均有银扣，木片圈叠胎。通高10.8厘米，盏口径12.6厘米，托口径20厘米（图9–6）。

图9–6

钵　常州五代砖室木棺墓出土钵1件，木片圈叠胎，敛口，鼓腹，平底。通体黑漆。此钵造型规整，胎体轻薄，充分显示了圈叠胎牢固、轻薄、造型美观的优点，可称为五代素漆器珍品。高11.2厘米，口径17.2厘米（图9–7）。

图9–7

盆　常州五代砖室木棺墓出土漆盆1件，漆坚有光泽，取整段原木车旋成胎，胎厚1.2~1.5厘米，与五代其他墓葬出土残漆片比较，可以算得上一件典型五代素面漆器，弥足珍贵。高10.4厘米，口径25.2厘米（图9–8）。

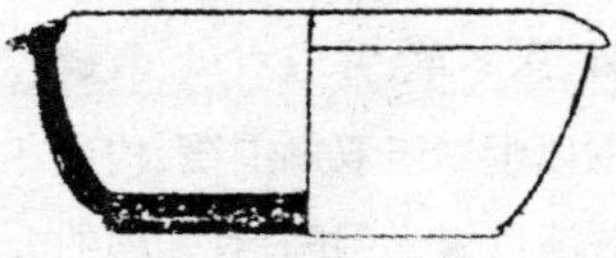

图9–8

盂　监利县出土漆盂1件，形状略似泡菜罈，但腹扁矮（图9–9）。

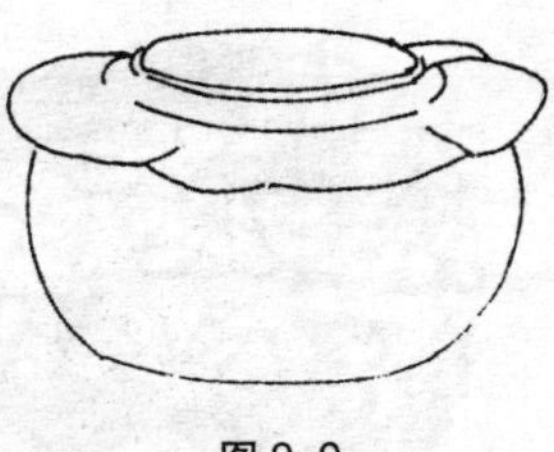

图9–9

奁　唐五代时期出现了多角形漆奁，连云港市玉带河工地出土了五代八菱形黑漆奁，由盖和身上下套合而成，器底下为外侈八菱形足。器表、器内均髹黑色漆，光素无纹。此奁出土于吴杨大和五年（公元933

① 冯汉骥：《前蜀王建墓出土的平脱漆器及银铅胎漆器》，《文物》1961年11期。

图 9-10

图 9-11

图 9-12

年）纪年墓（图 9-10）。

经箱 苏州瑞光寺塔窖藏晚唐至五代间花鸟纹嵌螺钿盝顶式黑漆经箱。盖面有圆形花纹和飞鸟纹，用花叶间隔。箱身嵌石榴和牡丹花纹。箱下设须弥座，内施金平脱花纹。以上纹饰均用厚螺钿嵌出，用线雕刻纹理，做工极为精致，装饰十分华丽，它是研究唐代以来中国螺钿工艺发展的珍贵实物资料。通高 12.5 厘米，长 35 厘米，宽 12 厘米（图 9-11）。

册匣 前蜀王建墓出土金银平脱朱漆册匣，为装玉册的木制漆匣，王建是蜀主，册匣是专用的随葬品，匣上的物象应与身份有关。盖面用纯银参镂的图样装饰，有凤、鹤、孔雀、狮、忍冬草，并以双凤、双鹤、双孔雀组成五个团花为主题，团与团的间隔用忍冬纹填补，周围以十二组双狮围绕，构成花团锦簇、双狮起舞的主题，充满着生动和雄健的气氛。镂花平脱漆器银光闪闪，有强烈的金属质感，表现出平脱与嵌钿兼而有之的漆工艺特点。高 0.225 米，长 2.32 米（图 9-12、9-13、9-14）。

图 9-13

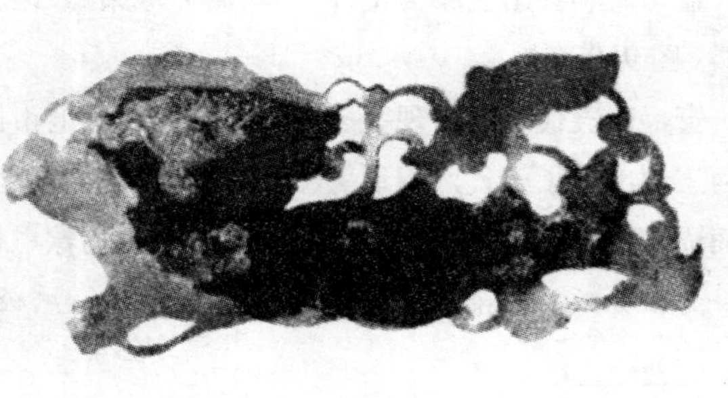

图 9-14

宝盝 是装谥宝的双重木制漆盒。通体朱红漆。盖四侧饰银质对角云纹、比翼双飞寿鸟、四叶花朵、戏耍水凫、执钺金甲武士等，银光与朱彩相映，红装素裹，分外妖娆。高 0.2 米（图 9–15）。

图 9–15

琴 唐时抚琴深受文人士大夫的喜爱，当时王维、李白、白居易等许多著名文人擅长弹琴，并从士人中涌现出一批影响深远的著名琴家和琴曲。唐代民间出现很多造琴的能工巧匠，最受人们喜爱的斫琴名手多出自四川雷氏家庭，以至宋代便有不少人伪造唐代雷琴。盛唐雷氏所斫“九霄环佩”琴为这时期精品，该琴面浑厚呈半椭圆形，原漆为黑色，露朱漆地。圆形龙池，椭圆形凤沼。枣木岳尾，岳山横陈琴首之中。足池装红色玛瑙足一对，轸池装红色玛瑙轸一副。底面肩上阴刻小篆书“九霄环佩”四字。龙池两旁阴刻年号（公元 1126 年—1204 年）和制作者“雷氏斫之……”等文字。另现藏湖南省博物馆唐“独幽七弦琴”，造型与“九霄环佩琴”相似，背肩部刻有狂草“独幽”字样，为唐琴之精华。通长 120.5 厘米（图 9–16）。

图 9–16

人物像 新疆维吾尔自治区吐鲁番市阿斯塔那 216 号墓出土彩绘天王木俑，此俑由三十多块大小不同的木料雕刻、粘接而成，以艳丽的色彩描绘。天王脚踏妖鬼，面部似怒火喷薄而出，凸显居高临下的威严感。天王是佛教中的护法神，后用来作为镇墓俑（图 9–17）。新疆维吾尔自治区吐鲁番张雄夫妇墓出土唐代彩绘木身锦衣裙女俑，头部为泥塑彩绘，高髻，额中饰花钿。身躯由木柱支撑、胳膊以纸捻制而成，双手交于腹前。着绿

图 9–17

图 9–18

图 9–19

绫窄袖联珠纹锦衣、披肩和红黄条长裙。体态修长。女俑具有西域民族特色（图 9–18）。新疆维吾尔自治区吐鲁番市阿斯塔那 224 号墓出土唐代彩绘泥塑镇墓兽，人面镇墓兽人首兽身，躯体似豹，一条长尾卷伸至后背蹲坐。头部为威严武士装束，目光炯炯有神。兽面镇墓兽狮头、豹身、狼尾、蹄足，为综合猛兽形象。雕塑手法夸张，令人望而生畏（图 9–19）。

论述

隋唐五代时期漆工艺在中国漆工艺史上起着承前启后、继往开来的作用，传统的漆工艺被继承下来并加以新的发展，新的技艺创造为后世漆工艺开拓了更加广阔的道路。尤其是唐代国力强盛，封建经济繁荣，富丽堂皇的漆艺风格与上升的封建经济文化极为吻合。

富丽堂皇的艺术风格

构成唐代漆工艺特色的莫过于漆工与金银工相结合的“金银平脱”，它显然是由汉代漆工艺的金箔贴花和魏晋时期的金银参镂漆器等装饰演进发展而来的，金光闪闪的金银平脱漆器有强烈的金属质感，这种富丽堂皇的艺术风格，是时代风格和成就的反映。

世俗化的装饰风格

唐代漆工艺装饰摆脱了殷周以来古拙的风格，它面向生活，面向自然，表现出浓郁的世俗化生活的情趣。这时期漆器装饰一改过去以动物纹为主的基调，开始面对自然和生活，大量出现花草飞禽、出行游乐等世俗化生活图案，尽其所能表现花鸟山水等大自然的美丽，将人们领入到一个鸟语花香的春天意境。这种富丽、丰腴、典雅和富有生命力的艺术风格，表现了鼎盛时期的封建经济和文化的时代特点。

工艺精良的宋元漆器

宋代漆器概述

考古发现及相关材料

宋代结束了五代十国长时期藩镇割据局面，统一了中国。宋代社会经济在农业、手工业、商业相互促进基础上向前发展。由于受商品经济的影响，这时期漆工艺和其他工艺品一样呈大发展的趋势。两宋官方设有漆器生产的专门管理机构，民间制作漆器也很普遍，漆器行业有分工很细的“行”和“铺”，且发展成为商品生产，漆器作为商品在市上交易，北宋首都汴梁、南宋首都临安以及苏州、杭州、温州等地漆器作坊十分普遍。《东京梦华录》和《梦粱录》记载这些城市设有漆行和漆店，《清明上河图》形象地反映了这一历史情景。苏州、温州和杭州品牌漆器的确名扬天下，吴自牧著《梦粱录》载杭州城有著名漆铺出售温州漆器，如“清湖河下戚家犀皮铺、里仁坊游家漆铺”、“鼓家温州漆器铺”、“黄草铺温州漆器”等，由此可见宋代漆器之商业化。民用漆器有专门制造不同器类的行号，如犀皮行、金漆行等。民间制作漆器上有款识铭记，如河北巨鹿故城出土黑漆器朱书“辛大郎祖铺”字样，无锡宋墓出土漆杯书“杭州元本胡七郎”，是当时商铺的商品。巨鹿出土的漆盘，标有价格，还有“货真上牢”铭记，为货真价实和十分坚固之意，属于商品宣传用语，正是宋代经商意识形态的反映，可见漆器已被社会所广泛接纳，成为人们日常生活的必需品。此外，据陈晶先生考证“北宋时期温州、杭州的漆器业已向外发展……北到河北巨鹿故城、江苏淮安，南至福建邵武，出土的宋代漆器都有杭州、温州产品”[①]。“从漆器上署有杭州、温州、江宁府等地名，还可以帮助我们具体地了解北宋以后的制漆中心已渐渐东移和南移了。”[②]

出土漆器的北宋墓葬有：1959年在江苏淮安西南六里杨庙镇清理了5座宋代家族墓葬，共出土漆器75件，有漆盘、漆碗、漆盒、漆罐、漆梳、漆钵、漆茶托、漆笔、漆镇纸等，且成双成对出土，这批漆器形制与已往发现的河北巨鹿北宋时期漆器、江苏无锡宋墓漆器、浙江杭州老和山南宋漆器相似，均光素无纹饰[③]。1977年江苏沙洲宋墓出土剔犀包银漆碗[④]。河南省洛阳市北效发现宋代墓葬带款识漆器，有漆盒、漆盘、漆碗、漆碟和漆勺等[⑤]。1996年江苏宝应北宋墓出土五十余件漆器，有碗、盆、盘、钵、盂、盒、粉盒、箸和匕等，有的书“马”、“王”、“苗”铭记，为私家作坊产品，对于了解北宋时代漆工艺概况有重要的参考价值[⑥]。浙江瑞安塔内出土北宋嵌珠堆漆和金笔描绘[⑦]。苏州北宋瑞光塔内发现嵌螺钿经箱及嵌彩色玻璃雕漆须弥座。江苏常州红梅新村宋墓出土了带款识漆器[⑧]。2005年—2007年间温州城区百里坊、信河街周宅祠巷、八字桥、老邮局等建筑工地发现五批宋代墓葬，出土漆器计有五十余件，其中25件有朱书铭文[⑨]。

南宋墓葬出土了雕镂、戗金及填漆等漆器。出土漆器墓葬有：江苏金坛周禹南宋墓出土镂孔雕漆扇柄[⑩]。1978年江苏常州武进清理了一批南宋墓葬，随葬器物中有不少漆器，有戗金花卉人物奁、戗金长方盒、戗金细钩填漆长方盒、剔犀执镜盒、戗金等漆器，均系温州产品[⑪]。1982年四川彭山南宋虞公著墓出土了剔犀圆盒盖[⑫]。山西大同金代墓葬出土了

① 陈晶：《唐五代宋元出土漆器朱书文字解读》，陈先生寄笔者稿件。
② 罗宗真：《淮安宋墓出土的漆器》，《文物》1963年5期。
③ 江苏省文管会、南京博物院：《江苏淮安宋代壁画墓》，《文物》1980年8~9合期；罗宗真：《淮安宋墓出土的漆器》，《文物》1963年5期；郑师许《漆器考》，第34页；朱江：《无锡宋墓清理纪要》，《文物参考资料》1956年4期；蒋缵初：《谈杭州老和山宋墓出土的漆器》，《文物参考资料》1957年7期。
④ 沙洲县文化馆包文灿：《江苏沙洲出土包银竹胎漆碗》，《文物》1981年8期；陈晶：《常州宋墓出土漆器》，《考古》1984年8期。
⑤ 高祥发：《洛阳北郊墓葬中发现大量北宋漆器》，《文物》1957年7期。
⑥ 李则斌等：《宝应北宋墓群发掘获重要成果——发掘两处北宋家族墓地二十余座墓葬，出土瓷器、漆器、砚、墨等类文物200余件》，《中国文物报》1997年3月9日。
⑦ 浙江省博物馆：《浙江瑞安北宋慧光塔出土文物》，《文物》1973年1期。
⑧ 常州市博物馆：《江苏常州市红梅新村宋墓》，《考古》1997年11期。
⑨ 陈晶：《唐五代宋元出土漆器朱书文字解读》；伍显军：《宋代温州漆器名扬天下——新发现的日用素髹坟补馆藏空白》，《温州日报》2007年4月24日。
⑩ 和惠：《宋代团扇和雕漆扇柄》，《文物》1977年7期。
⑪ 陈晶：《记江苏武进新出土的南宋珍贵漆器》，《文物》1979年3期。
⑫ 四川省文管会、彭山县文化馆：《南宋虞公著夫妇合葬墓》，《考古学报》1985年3期。

剔犀奁[①]。由于两宋戗金、雕漆等工艺品传世实物不多，这些漆器的出土，为研究南宋漆器工艺的发展提供了重要实物资料。

漆器上物勒工名的做法始见于战国，流行于汉代，到五代时期漆器开始标明作坊、商号的铭记，还在姓氏外加“真”字，说明漆器已成为商品。而这种情况在唐代手工业产品中尚少见，至宋代则比较普遍。陈晶先生对宋代漆器朱书形式进行研究，认为这时期款式铭记已有定型的格式，可分几类：第一类，记载详细，有干支纪年、地名（包括巷名）、商铺（作坊）及制作者（工匠名字），如“广陵记毗陵果子巷周谢家上牢乙酉”；第二类，仅书干支、地名或商号，如“丙戌邢家上牢”；第三类，写买主标记，有干支纪年，如“癸丑陈伯修置”；第四类，表明器物属性、记数或一些单字，如“戊戌万寿常住”[②]。

漆器的品类、纹饰与工艺

（一）漆器品类与工艺

宋代漆器品类齐全，饮食用具类有如盘、碗、托、钵、盒、罐等，装饰用具类有盒、奁、梳等，文具类有筒、笔床、镇纸等。宋代漆器多数朴素无华，以造型取胜；不但发展了传统样式，还出现了许多新的造型，充分表现出器物的韵律美，据《燕闲清赏笺》载：漆盒有蒸饼式、河西式、蔗段式、二幢式、三幢式、梅花式、鹅生式等；漆盘有圆形、方形、腰样形、菱形、八角形，还有绦环样和四角牡丹状等。如淮安西南六里杨庙镇宋代墓出土了的漆器中以花瓣式器具数量最多，可见其为当时通行的式样。

宋代漆器以其造型完美、色彩大方、制造精良而著称于世。其胎质有木胎、竹胎、皮胎等。木胎漆器多数为薄木胎，且胎质越来越薄。唐代出现的木条圈卷工艺，在宋代得到了进一步的发展。如常州、淮安宋墓出土叠圈木胎漆器做得极为精细，圆形器底旋削得很薄、很圆，口沿花瓣形边匀称平正，与底边胶接得天衣无缝。木胎外漆灰工整紧凑牢固，其制法很符合元末明初陶宗仪著《辍耕录》“黑光、朱红”制漆之法。宋代黑光漆器颜色、质料、制作都十分精良，对后代制漆工艺产生了很大的影响。难怪乎《髹饰录》言“以唐为古格，以宋元为通法”[③]。值得一提的是，这时期出现的“烧朱”漆器为地道的上等产品。淮安宋墓的花瓣式漆盘铭记“江宁府烧朱任□（真）上牢”、“江宁府烧朱□□上牢庚子”字样，据陈晶先生考证：宋代文思院设“烧朱作所”是官作坊，到元代改称为“烧红局”（见《永乐大

---

① 中央工艺美术学院陈增弼、大同市博物馆张利华：《介绍大同金代剔犀奁兼谈宋金剔犀工艺》，《文物》1985年12期。

② 陈晶：《唐五代宋元出土漆器朱书文字解读》。

③ 王世襄：《髹饰录解说》，文物出版社，1983年。

典·诸局》),这种丹漆是上等品,是官方专利;髹饰用朱漆要经过一道“烧朱”工艺,这道工艺在宋代已被应用。在烧朱过程中可掌变朱红呈深浅、鲜褐不同的色彩①。

(二)宋代漆工艺装饰特点

宋代漆器装饰典雅秀丽,有其自身的特点:

其一,朴实精细的素漆。宋代漆器色彩多数朴素无华,但做工十分精致。如淮安宋墓出土的漆器,大部分是黑色的,酱红色的较少,不少随葬漆器或内黑外红,或内红外黑的,“这可能与宋代朝廷所作限制有关,《宋史·舆服志》称:景祐三年(1036)有诏‘凡器用毋得表里朱漆’……对于宋仁宗景祐年间这条诏令,除了与礼仪制度有关之外,还说明朱漆比黑漆贵重。”②光素无华漆器,既朴素美观,又经久耐用。髹酱红色一般是盒、罐之类,盛化妆饰品,也许是取吉祥之意。至于有文字部分全髹黑漆,然后署朱红色字迹。这些文字多为温州、杭州造等字样。

其二,雍容华贵的金漆。宋代发展了金漆装饰法,用于制作屏风,并扩展到日用床榻。金漆系用金粉作为漆器装饰,主要品种有戗金和描金。戗金做法是用特制的工具在漆面雕刻出花纹,在刻纹中填金、银箔或泥金,纹饰中可显现出金或银色的刻纹,璀璨美观,此法称为戗金和戗银。戗金是宋代新创造,但可以追溯到战国漆器针刻文字,西汉锥画漆器在战国针刻文字基础上与彩绘结合,使漆画更加醒目。西汉中晚期漆器在锥画花纹中填金彩,更加熠熠生辉,宋代戗金漆器是从其发展而来。宋代戗金细钩填漆法更具特色,并与绘画装饰相结合。一般先用黑漆为地,以针刻纹饰,或山水树石,或花竹翎毛,或亭台屋宇,或人物故事,再填金彩,光彩夺目,弥足珍贵。

其三,精致华美的雕漆。根据漆层颜色有剔红、剔黄、剔绿、剔黑、剔彩及剔犀等,甚为华贵。唐代雕漆工艺在宋代得到了进一步成熟和发展,宋代雕漆文献记载颇多,在《清秘藏》、《燕闲清赏笺》等中均有记载,给予了极高的评价。宋代雕漆胎质出现了金、银制胎,涂漆后再雕刻,使之露出金、银胎骨的纹样,最为华贵。剔犀工艺在宋代已发展到成熟阶段,剔犀工艺是用朱、黑或紫色漆,逐层相间,积累至所需厚度,用刀剔刻出云纹、回纹等回转流动的图案,加以打磨,刀口圆润隐顿、不露刻痕,断面呈现厚薄相间和富有规律的色层,极富装饰效果。多数为木胎,少数为夹纻胎。据陈增弼先生统计,剔犀漆层“五层、十层不等,都薄而均匀;每层作漆都须五六道,才能达到所要求的漆膜厚度。纹样或香草,或云

① 陈晶:《唐五代宋元出土漆器朱书文字解读》。
② 陈晶:《唐五代宋元出土漆器朱书文字解读》。

纹，或云钩纹。下刀不论仰瓦还是峻深，皆具见功力。花纹走势委婉生动，刀口搓磨光洁圆润。”①这种工艺费时费工，所以剔犀漆器多为奁、盒、碗、扇柄等小件器物。

其四，典雅隽丽的螺钿。宋代螺钿漆器非常发达，有厚薄之分，形成螺钿漆器两大类。厚螺钿古已有之，而薄螺钿则开始于北宋，至南宋才见流行于市。多在黑漆地上镶嵌白螺片，十分醒目。与此同时，还开创了螺片轮廓周围镶嵌铜丝的新技法，开后世嵌金银丝漆器之先河，既加强了螺片牢固性，又使其更加典雅富丽。

其五，流行的犀皮漆器。迄今为止，考古发现最早的犀皮漆器出自于安徽省马鞍山三国东吴朱然墓。至宋代由于犀皮漆器制作成本低廉，适应于大量生产，所以十分盛行，据文献记载当时有专门犀皮漆行，如吴自牧在《梦粱录》记载杭州城里著名漆铺有“清湖河下戚家犀皮铺”，犀皮行多数制作平滑光鲜的犀皮斑纹，适宜批量生产，可制作大件器物。

而曾盛行唐代、风靡一时的金银平脱豪华型漆器至宋代逐步走向衰亡，渐见终绝，其故既有宋政府禁令官方之影响，也有社会民风之因素，可谓时有所尚、代有所好。

元代漆器概述

元代制漆业在宋代基础上又向前迈进了一步，特别是江南地区漆器生产更为发达，名匠辈出，推动了漆工艺发展。元代漆器著名品种有雕漆、戗金、螺钿等，其雕漆有在漆胎上涂漆至百层以上，干后雕刻各种装饰花纹。剔红在元代漆器中最为突出，浙江嘉兴府雕漆名家很多，最著名的是张成、杨茂、彭君宝三人。北宋有设立出售漆器的店铺，南宋时杭州和温州成了生产漆器的中心，至元代靠杭州的嘉兴一带漆器业得以兴盛，张、杨等名家辈出，受益于南宋打下的基业。《格古要论》记：“元朝嘉兴府西塘杨汇有张成、杨茂者，剔红最得名”，张成是元末嘉兴西塘杨汇的雕漆巨匠，与同里的杨茂齐名。故宫博物院藏有传世张杨二人剔红漆器，安徽省博物馆收藏了张成剔犀漆盒，它们都是元代漆器中上乘之作②。“我国剔红技法东传日本后，他们称作堆朱。又从张成、杨茂二人的名字各取一字，定名杨成。日本造的剔红漆器，故称堆朱杨成，沿用至今。”③《日本国志》云：“江户有杨成者，世以善雕漆隶于官。据称其家法，得自元之张成、杨茂。”但是出土文物中发现一件有针刻元

---

① 中央工艺美术学院陈增弼、大同市博物馆张利华：《介绍大同金代剔犀奁兼谈宋金剔犀工艺》，《文物》1985年12期。

② 魏松卿：《元代张成与杨茂的剔红雕漆器——记故宫博物院重要藏品之一》，《文物》1957年10期。王世襄：《记安徽省博物馆所藏的元张成造剔犀漆盒》，《文物》1957年7期。

③ 沈福文、王世襄、朱羽：《千文万华不可胜识的中国漆器艺术——中国古代漆艺概论》。

代嘉兴名匠的作品。

戗金漆器在元代得到进一步发展,《辍耕录》中有较详的记载,但传世实物很少,日本有收藏。螺钿也是元代漆器的一个重要品种,其特点是镶嵌的螺片由厚变薄,"软螺钿"新工艺开始流行。《髹饰录》曰:"壳片古者厚而今者渐薄也。"这句话基本上概括了螺钿漆器的发展经过[①]。镶嵌的薄螺片在黑色漆地衬托下,往往闪烁着迷人的异彩,元代螺钿漆器更加丰富多彩。考古发现也有元代"内府官物"漆盘[②],为元代朱素漆器,说明元代素漆也很流行。

考古发掘,1976年内蒙古集宁市巴音塔拉土城子一处元代窖藏大瓮内,出土的器物中有一对内外髹红漆的碗[③],1976年江苏武进县卜弋乡发现一座元代合墓中出土八思巴文漆器[④],北京元大都遗址中出土广寒宫图嵌薄螺钿黑漆盘[⑤]。

宋元漆器举要

宋元漆器品类齐全,以生活用器为主,饮食用具类有盘、碗、托、钵、盒、罐等,装饰用具类有罐、盒、奁、梳等,文具类有如筒、笔床、镇纸等,娱乐用具中的宋代漆琴也很有名。由于唐宋时期饮茶之风渐起,所以漆茶具盛行。这时期饮食器具如盘、碗、盒、罐一般成双成对出现于墓葬之中。宋代素面漆器十分精美,宋代漆器不以色彩见长,而以造型取胜,其中花瓣式圆形器物为当时通行的式样。

碗 常州新体育场工地宋墓出土花瓣式漆碗,呈十瓣花形,器身呈弧曲形,碗里罩朱漆一层,外髹黑漆。近底处用朱漆书"常州稖口上牢"六字,旁有小字"甲□"年款,高10厘米,口径19厘米(图10-1)。沙洲北宋墓出土剔犀银裹碗,同墓出土一对。从破残处可以看到胎骨结构,用窄木条圈叠成胎,上、下木条较窄,中间最宽木圈约两厘米左右。口沿包麻布,灰腻用瓦灰调和,腻子不坚。

图10-1

---

① 王世襄:《髹饰录解说》,文物出版社,1983年。
② 高桂云等:《元代"内府官物"漆盘》,《文物》1985年4期。
③ 潘行荣:《元集宁路故城出土的窖藏丝织物及其它》,《文物》1979年8期。
④ 常州市博物馆、武进县博物馆:《江苏武进县元墓出土八思巴文漆器》,《文物数据丛刊》1978年2期。
⑤ 《无产阶级文化大革命期间出土文物展览简介·元大都遗迹》,《文物》1972年1期。

碗内壁为银质，外层紫黑色漆为面，红、黄、紫黑三色相间，用刀剔刻成上下相交的如意云纹图案，刀口光洁圆润，显露出规律色层，粲然成纹，至今仍乌亮耀眼，华美稳重，是漆工与金工完美结合的典范。高 6.8 厘米，口径 13.8 厘米（图 10–2）。

图 10–2

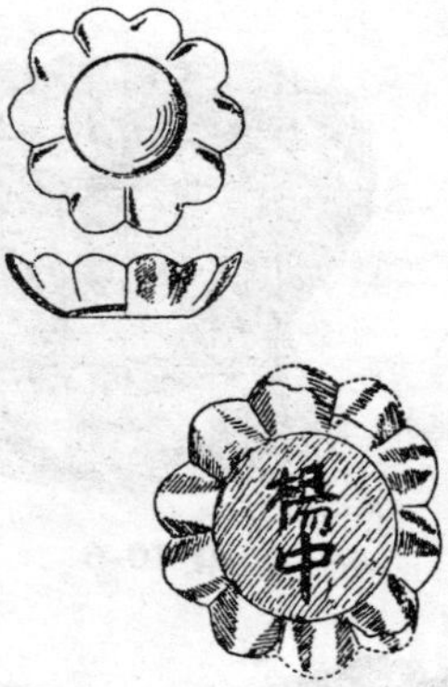

图 10–3

盘 这时期花瓣形漆盘很多，有 10 瓣、6 瓣不等，也有海棠花形漆盘，大多制作精致。淮安北宋早期墓葬中出土花瓣漆盘有 27 件之多，木胎糊以编织物。花瓣形口沿，表髹褐漆，内髹酱色漆，光洁细腻。朱漆书写“丁卯温州开元寺东黄上牢”款和“杨中”款（图 10–3）。江苏淮安杨庙北宋绍圣元年墓出土北宋黑漆花瓣形盘，六瓣梅花形口沿，内外髹黑漆，高 4 厘米，口径 16.5 厘米（图 10–4）。北京元大都遗址中出土广寒宫图嵌薄螺钿黑漆盘，证明了元代螺钿漆器的高超水平。用薄螺钿嵌出三座翘角飞檐式的亭台楼阁，分别掩映在祥云、茂树、繁花叶中，烘托出超脱尘俗的仙界意境。以黑色为地，用贝壳夜光螺，依图案需要，精制成长宽仅毫米、规格不同的薄如蝉翼的螺片，粘贴在漆盘上阴干而成。整个图案构思严谨，色彩典雅，是研究元代螺钿漆器工艺的珍贵资料（图 10–5）。现藏故宫博物院元代张成造的栀子花剔红盘，栀子花肥腴圆润，布满全盘，只于深处见黄色漆地，足内有“张成造”针划款。故宫博物院藏元剔红观瀑图八方盘，雕有亭阁和庭院等，老翁、童子在观清泉，图下雕有天、地、水三种不同的锦纹。盘底髹黑漆，有“杨茂造”针划款。

图 10–4

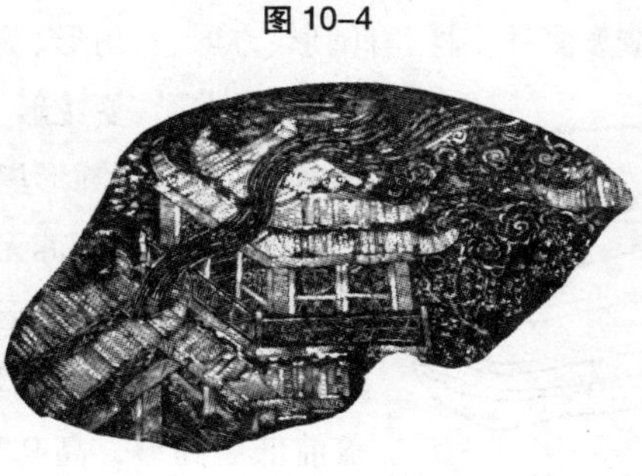

图 10–5

豆 江苏宝应安宜路北宋 9 号墓出土了葵瓣式黑漆豆，上部为八瓣葵花形漆盒，下附喇叭形圈足。通体髹黑漆，口沿下朱书“寿三”两字。此豆颇具宋代时代特色，造型圆润，富有曲线美，为难得漆工艺佳作。高 10 厘米，口径 13.2 厘米（图 10-6）。

图 10-6

勺 辽宁省法库县叶茂台辽墓出土龙首漆勺，小巧玲珑的漆匙，说明宋元时期精良的制作工艺（图 10-7）。

图 10-7

箸 是中国传统的取食具，常见于宋元以后的墓葬之中，且制作精美。河北张家口宣化金墓出土了圆头竹节式漆箸，上端雕成竹节状，髹褐色漆，精致美观。（图 10-8）。

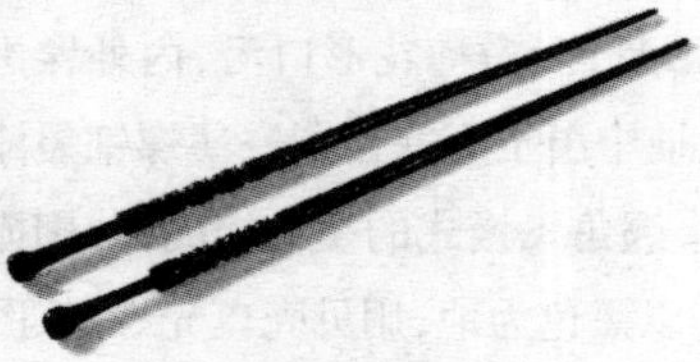

图 10-8

盏托 即漆托，是宋代饮茶必备的器皿。武进宋墓出土的花瓣形黑漆托盏，6 朵莲瓣形的环边，窄木条圈叠胎。下有喇叭形圈足，环边上部为一杯形（盏形）托子，将茶盏置在杯托上，端起来不至于烫手。通体髹黑漆，有银扣，该器用漆坚厚，漆色光亮，出于良工之手。高 6.7 厘米，盏口径 7.2 厘米（图 10-9）。

图 10-9

渣斗 宋元时期的小型渣斗多用于盛载茶渣，所以列于茶具之中。元人笔记载“宋季大族设席，几案间必用筋瓶、渣斗”，即指此物。福州北郊茶园山南宋墓出土黑漆杯及渣斗，分杯、渣斗两部分。杯为直口，深腹，平底。渣斗作浅盘式，中呈空心，直通圈足，高圈足实为平底。通体髹黑漆，体轻薄，光润莹亮。通高 11 厘米，口径 10 厘米（图 10-10）。

图 10-10

盒 宋代漆盒多朴素无华，一般分为内外二色。这时期漆盒造型多种多样，有圆形、方形、八角形、葵瓣形、长方形、菱花形、腰圆形，其中腰圆形黑漆盒很有特点。江苏无锡长安乡北宋腰圆形黑漆盒，圈叠成型，器盖前低后高形，高 9.3 厘米，长 19 厘米，宽 11

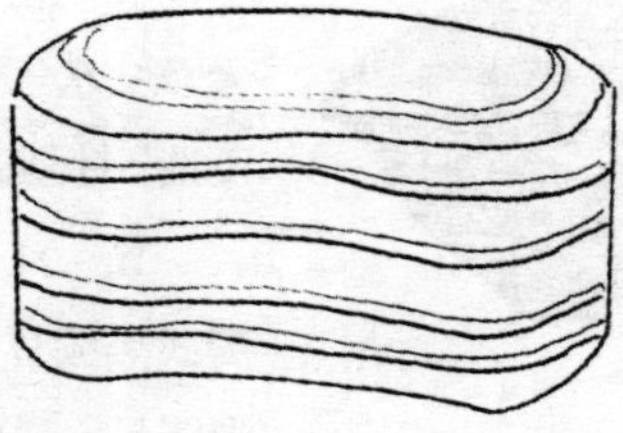

图 10-11

厘米(图 10-11)。江阴夏港河工地南宋墓出土了酣睡江舟图戗金长方形黑漆盒,盒四周戗刻牡丹、芍药、芙蓉等花卉,其填漆制作独具特色(图 10-12)。武进县南宋墓出土戗金细钩填漆长方盒,黑漆地,盒身四面花卉秀丽。盒面为一幅柳塘小景图,细致清晰的柳枝叶脉钩纹,纹内戗金。盒盖内有朱书款“庚申温州丁字桥巷廨七叔上牢”铭记。通高 11 厘米,长 15.4 厘米,宽 8.3 厘米(图 10-13)。福州市北郊茶园山南宋墓中出土多件剔犀漆盒,十分精美。其中葵形剔犀漆盒,盒为六边葵瓣形,三层一盖,子母口,盖底扣合严密。器外表髹云雕,如意、回环、云勾纹等,其花纹都像卷云,漆层呈朱红和黑褐。高 13 厘米,径 10 厘米(图 10-14)。

至元代雕漆盒更加精美无比,雕漆层数增多。上海市青浦县元代任氏墓出土东篱采菊图圆盒,此盒表现的是东晋诗人陶渊明 “采菊东篱下, 悠然见南山” 的意境,漆层厚实,剔刻犀利,雕工娴熟,是唯一有明确出土地点的剔红漆器。高 3.9 厘米, 径 12 厘米 (图 10-15)。安徽省博物馆藏元代“张成造”款剔犀圆形漆盒, 盒身雕成连如意云纹,盒的正面和侧面,均用黑漆堆起,漆层大约百余道,用朱漆加在每约一厘米漆层之中,雕成花纹后,可显现出道道美丽的红线。盒底针划“张成造”,说明这件漆盒是元代张成的精品(图 10-16)。

图 10-12

图 10-13

图 10-14

图 10-15

图 10-16

图 10-17

图 10-18

图 10-19

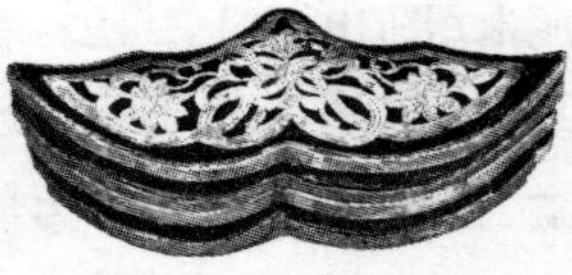

图 10-20

图 10-21

镜盒 属于这时期有特色品类之一。武进南宋墓出土的剔犀执镜盒，镜形，盒面、柄部及周缘剔刻云纹图案。褐底，黑面，朱、黄、黑三色更迭较厚，其刀口圆熟，底面及盒内侧为黑漆。长 27 厘米，径 15.7 厘米，厚 3.2 厘米（图 10-17）。内蒙古通辽科左后旗吐尔基山辽贵族墓葬出土嵌宝石鎏金包银漆镜盒，内置对飞鸾凤纹铜镜，镜盒为方形委角，器身褐漆地上嵌镶鎏金嵌宝石錾花银箔，盒盖中心嵌浮雕团龙玉片，周边以镶嵌的各式玉、玛瑙、松石以及金银器錾花、锤锞等技术组成莲瓣纹、花草纹、联珠纹等。盒内为黑色漆胎，盒盖内镶有一层银箔，其上以鎏金錾刻的技法饰“庭院赏乐图”，真实描绘了契丹人的生活场景。高 11.7 厘米，边长 25 厘米（图 10-18）。

奁 漆奁仍为这时期的主要梳妆用盒，奁内均存放妇女全套梳妆用品，包括粉盒、木梳、木篦和发簪等。武进南宋墓出土戗金花卉人物金莲瓣形奁，十二棱莲瓣形，分盖、盘、中、底四层，合口处镶银扣，形式上与宋代素色漆奁相似。朱漆地，细钩戗金，盖面为一幅仕女图，戗刻有梳高髻和着花罗对襟衫仕女二人挽臂而行，旁有女童侍立。园中有山石、柳树、石径相衬，并有藤凳陈设。其景色十分清新幽静。器身棱间细刻对称荷叶、莲花、牡丹、山茶、梅花等折枝花卉，各层棱间花卉图案均戗金，格调高雅清新，是一幅很浓的风俗画，反映了漆工艺与绘画艺术结合的新趋势。盖面内有“温州新河金念五郎上牢”字样。通高 21.3 厘米，直径 19.2 厘米（图 10-19）。内蒙古通辽市科左后旗吐尔基山辽贵族墓葬墓出土蝶形嵌银箔漆奁，以子母口相合。盒盖上镶贴银镂空花卉纹。长 15.8 厘米，宽 5.6 厘米（图 10-20）。

钵 杭州老和山宋墓出土南宋黑漆钵，通体髹黑漆，在外口下有朱书一行“壬午临安府符家真实上牢”。造型端庄，古色淳朴，光泽晶莹可鉴，是宋代典型的实用漆器。高 6.2 厘米，口径 16.8 厘米（图 10-21）。

罐 此器为宋代日常实用器具。武进宋墓出土了银裹黑漆盖罐，圆筒形，分内外两层，内层器壁为银质平底罐，称银裹，外层漆罐，木胎，推光黑漆。明初《格古要论》卷八“剔红条”称：“宋朝内府中物多金银作素者。”此罐是以银裹为内层的漆器，可知宋代漆器与银工相结合的工艺品种很多。

盆 无锡出土北宋癸口黑漆盆，口沿处呈六瓣花形，通体髹黑漆，近口沿处署朱漆“庚申苏州北徐上牢”八字行书竖。用木块拼合，用竹篾作箍。一道箍在腹部，一道箍在近底处，这种制作方法属于木作中的箍桶法。高 10 厘米，直径 28 厘米（图 10–22）。

尊 北京故宫博物院藏元代剔红花卉纹尊，撇口、短颈、鼓腹、圈足。通体黄漆素地上雕朱漆花纹，雕有桃花、菊花、牡丹、茶花、杷子花等。足内髹黑漆，内缘左侧针划“杨茂造”款文。此器刀法犀利圆润，是元代雕漆的精品。高 9.5 厘米，口径 12.8 厘米（图 10–23）。

唾盂 宋元以后流行唾盂等日常器具。武进南宋墓出土了黑漆唾盂，口部宽边及腹部均用窄条薄木片圈叠成胎。表里黑漆，漆灰较坚，器身轻巧。高 10.5 厘米，口径 20.5 厘米（图 10–24）。

琴 仍为宋元时期重要的娱乐用具。宋代以来官方和民间有大量斫制的“官琴”和“野斫”。宋琴清、微、淡、远之音乐格调，与宋代文人情趣意境相吻合，为文人所推荐，以至于宋元以来琴乐创作、演奏和理论都有很大的发展。加之宋元各代帝王好琴者甚多，宋徽宗曾着力“搜罗南北名琴绝品”，专设“万琴堂”珍藏，其中最为名贵的是唐雷威所作“春雷”琴，所以宋元明的古琴今存较多。现藏中国历史博物馆的北宋混沌材黑漆琴，通长

图 10–22

图 10–23

图 10–24

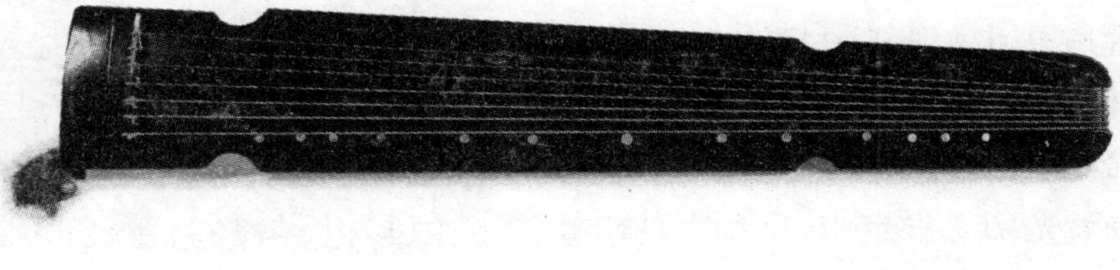

图 10–25

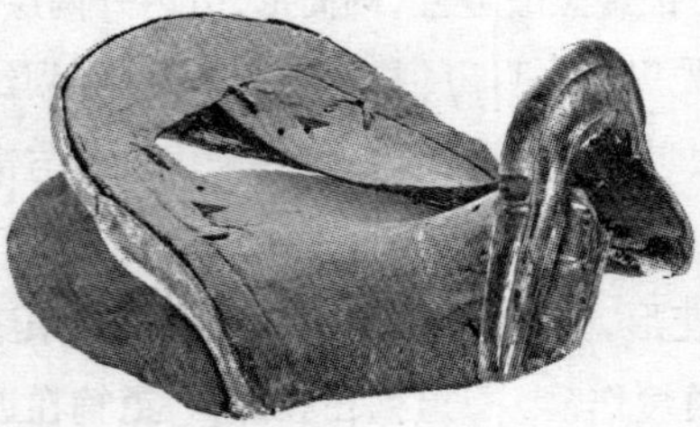

图 10-26

123.5 厘米，为北宋刘安世所造，迭经毛仲翁、周鲁封重修。琴内有阴刻篆书“刘安世造”、“毛仲翁修”、“周鲁对重修”等字。琴背龙池上方阴刻行书“混沌材”三字，下有阴刻行书等。琴面呈扁弧形。琴身髹黑漆，露朱漆地，通体发冰纹断。螺钿徽。琴腹有长方形龙池、凤沼。岳山横陈琴首之上，焦尾冠角较圆，足为圆形木制，轸为一节竹根制成（图 10-25）。

马具　内蒙古通辽奈曼旗青龙山镇辽陈国公主墓出土包银木马鞍，木胎，外镶金银饰。前桥直立，后桥向后倾斜。鞍前、后桥和两侧座板用榫卯拼合，再用铜条加固。鞍外侧及前后鞍桥饰云凤纹，这是现存辽国最完备的马鞍。高 18.8~26 厘米，宽 41.2 厘米（图 10-26）。

木板画　内蒙古赤峰市巴林右旗都希苏木友爱村出土聚宴欢饮酒与茶——“侍宴图”木板画。出土时分别置于木制殓葬用具两侧，均以矿物质颜料绘制而成，色彩艳丽，比例适中，笔触自然流畅。男执酒壶，女捧茶盏，神态恭敬，作侍奉主人宴饮状态（图 10-27）。

棺饰　内蒙古赤峰市翁牛特旗朝格温都苏木辽墓出土彩绘朱雀棺木饰件，棺木四壁上钉嵌物。朱雀正面，展翅立姿，通体浮雕彩绘，雕刻精美，刀法自然流畅，是契丹木雕艺术中的精品。

此外，淮安宋墓出土了漆笔床、漆镇纸和漆筒等漆木文具用品。这时漆兵器少见，在浙江省杭州西湖区老和山东麓宋墓发现了漆剑，竹胎外髹黑漆，出土时剑身已将残断。而这时期佛教漆器具却很多。浙江瑞安北宋慧光寺塔出土描金堆漆经函、浙江温州北宋白象塔出土堆漆佛座背光、江苏省苏州虎丘云严寺塔出土北宋鎏金花边素漆经箱均为上乘之作。

图 10-27

论述

宋代手工艺已普遍发展成为商品生产,进一步促进了漆工艺向前发展,使得这时期漆工技巧有新的突破，制作技艺更加精湛和精良，其工艺水平提高到了一个新水平。宋代“重文抑武”的政策、理学统治地位的确立、画院的建立、文学上淡泊而含蓄的审美追求,对漆工艺技术和创意,以及鉴赏和审美等各方面都产生了很大的影响。元代结束了自宋以来软弱无力的政治局面,元代“尚武”、贵族强悍、追求豪华享受对漆工艺也产生了一定的影响。

精湛绝伦的工艺技巧

那些尘封已久的出土宋元漆器,证明当时制漆工艺高超水平,这时期漆器的各种工艺技巧都有很大的提高,漆工艺技术发展到十分完美的程度,精湛绝伦的工艺技巧是前所未有的,它为后世工艺技巧提供了宝贵经验。

寂静典雅的宋代漆工艺风格

宋代漆工艺以质朴的造型取胜,最能体现宋代时代特点的是一色漆器,多边花瓣形口沿是这个时代的流行样式。它所呈现出的是寂静而典雅的风格特征,表现的是标新与优雅的艺术形式,追求的是一种清淡和严谨的创作思潮。宋代漆工艺虽以一色漆器取胜,造型上却格外考究,变化的曲线赋予器形以节奏的韵律感和完善的艺术内涵,它并非因颜色简单而存在,恰恰是基于单纯、典雅的特质而跻身于漆器之林,而永放光芒。此后,单色漆器在明清漆器中发扬光大。与此同时,这时期的螺钿镶嵌、戗金、雕漆等工艺也各放异彩,朴素与豪华这对相互矛盾的因素在这时皆可同时并存、同步发展。在艺术形式法则上注重整体与局部、简洁与繁缛、文字与图案等多方面的统一,宋代漆工艺这种包容性为明清漆器的发展奠定了基础。

厚重粗犷的元代漆工艺格调

与宋代漆工艺风格不同,元代漆工艺风格厚重粗犷,充满着强烈的动势和生命力。元代漆工艺强调艺术形式上的满、多、大、厚等多变的气氛渲染,以元剔红漆器为例,追求的是一种韵律、量感、空间和立体变化的艺术效果。

千文万华的明清漆器

明代漆器概述

漆器的生产

明代各类手工艺品极为繁荣，其中漆工艺更是灿烂辉煌。首先，明朝建立后，采取了一系列措施，恢复农业和手工业生产，手工业的匠户们从元朝工奴身份中解放出来，提高了积极性和创造力，官营手工业和民营手工业都有很大的发展。其次，明政府对漆的生产极为重视，明代江南十省漆树种植面积再扩大，早在洪武初年，就在南京东郊设漆园、桐园、棕园，以示提倡，《方舆纪要》中云："以造海军及防倭战船，所用油漆棕榄，为费甚重，乃立三园，植棕、漆、桐树各千万株以备用，而省民供焉。"今南京孝陵卫东尚有遗存。再次，明代北京有官办"漆作"，江、浙、蜀、粤、闽等地有"民坊"，各有特色。明宫廷重视漆器的使用及制造，皇家对漆器的需用量逐渐加大。明永乐时期，皇家设有"果园厂"，由张成之子张德刚管理事务，所制精美雕漆、填漆称为厂制，专制御用漆器，也有出售的商品。这时期髹漆的应用范畴扩大，凡宫殿庙宇、雕梁画栋、日常器皿、床榻桌椅和丧葬用具等无一不涉及到漆工艺。官办民营漆器相互媲美，名工巧匠辈出，出现了漆器专著，我国现存唯一的一部古代漆工专著《髹饰录》为明代漆艺人黄成所著，它不仅是漆工艺各门类之集大成者，而且是研究漆器发展史的重要历史文献。

总之，明代漆工艺在继承宋、元两代的规模上，推陈出新，发扬光大，工艺精湛，承前代

【图 11–9】 清代描金漆绘树下人物纹盘

【图 11–10】 清末民初朱漆金边人物纹花瓣形果盘

【图 11–11】 清乾隆朱漆描金菊瓣形盘

【图 11–16】 明晚期堆漆双龙八方盒

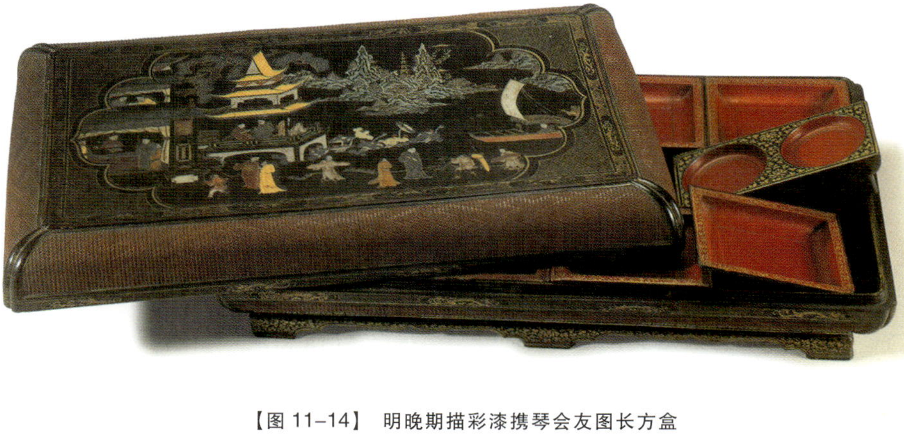

【图 11–14】 明晚期描彩漆携琴会友图长方盒

【图 11–20】 清描金人物故事纹木雕果盒

【图 11–23】 清剔红“三国演义”故事纹漆瓶

【图 11-30】 明代螺钿花卉人物纹笔筒

【图 11-33】 皇帝剔红龙纹宝座

漆工艺之精华，开后世漆器之新风，漆工艺出现了前所未有的繁荣景象，迎来了漆工艺史上的高潮，《髹饰录》列出漆工技法数百种，后世莫比。

漆器的品类、纹饰与工艺

（一）品类与工艺装饰特点

其一，品类盛极。从明太祖朱元璋第十子鲁王朱檀墓中可知明初年漆器制造在宋、元基础上出现了多品种和多工艺的局面[①]。故宫博物院、中国历史博物馆等文博单位收藏了许多明代精品漆器[②]。其品类仍以日常生活用具为主，除盒、盘、匣外，还有樽、盏托、碗等，各类盒、盘最多。而同一种器具样式极多，以明代剔红盘为例，有圆盘、葵瓣盘、菱瓣盘、牡丹盘、方盘、长方盘、八角盘、条环盘和四角盘等。明刘侗著《帝京景物略》记述永乐款漆器样式："永乐中，果园厂制，盒、盘两厘不一。盒有庶段、蒸饼、河西、三撞、两撞等式，庶段人物为上，蒸饼花草为次。盘有圆、方、长、八角、条环、四角、牡丹瓣式，匣有长方、四方、二撞、三撞四式。"

其二，装饰华美。明代漆器漆色变化万千，繁花似锦，其中纯素无文的单色漆仍备受青睐。单色漆器包括黑漆、朱漆、绿漆、紫漆和褐色漆等，一般黑漆与朱漆皆用透明漆揩光或漆后再打磨推光两种做法，其器物造型大有讲究，并与颜色相得益彰，它们是绝非彩漆所能替代的佳品。这时期的漆器纹样多以花卉、动物、山水人物和吉祥如意纹等为题材，特别是作为象征帝王贵族吉祥龙凤图案很多。以花卉图案为例，有八宝纹、牡丹纹、菊花纹、茶花、莲花、梅和兰等，动物及祥瑞兽纹有双蟠、龙纹和凤纹等，美不胜收。

其三，工艺精良。其胎质以金、银、铁、锡、木和竹为胎，工艺日臻完备，《髹饰录》总结了前人经验，极为详尽地记述当时髹漆装饰技法，其中记载一件漆器的制作过程，需 18 道繁琐手续。这时期漆工艺空前发展，雕漆、漆画、金漆、雕填、戗金、螺钿和百宝镶嵌等形式争奇斗胜，蔚为壮观，堪称"千文万华，纷然不可胜识矣。"

（二）明代几种有特色的漆工艺

其一，傲视群芳的雕漆。雕漆是在堆起的平面漆胎上剔刻花纹的技法。源于唐代，大多用鲜亮的朱漆制成，故又称"剔红"、"雕红漆"等。雕漆常以木、金属等为胎，在其上层层

---

① 山东省博物馆：《发掘朱檀墓纪实》，《文物》1972 年 5 期；杨伯达：《明朱檀墓出土漆器补记》，《文物》1980 年 6 期。

② 李久芳：《元明清雕漆工艺概论》，《故宫博物院藏雕漆》，文物出版社，1985 年；王世襄：《髹饰录解说》，文物出版社，1983 年；朱家溍：《中国漆器全集·明代漆器概述》，福建美术出版社，1995 年。

髹漆，每髹一层，就放入特制的荫室，阴干，髹到一定程度才开始雕刻花纹。少则八九层，多则一二百层。雕漆在明代有如众星捧月之势，誉为花中之王。当时官营漆器生产机构果园厂以制作雕漆最有特色，明代雕漆更加绚丽多姿，并形成了地区性流派，以北京官作"果园厂"和云南著称。

每个时期各有特点，明代早期主要特征，以永乐时期雕漆为代表，这个时期雕漆继承了元剔红的风格特点，髹漆层次较厚，厚达一二百层，刀法明快，磨工圆润，花纹丰满浑厚，花色繁多，题材广泛，一般刻有年号。宣德年间雕漆承永乐风格，出现了多样化艺术特征，仍以剔红为主，但多刻锦纹为底，体现了明早期向明中叶点线面相结合转变的特征。并兼有"填漆"即黄、褐、朱、黑等色，填漆是在漆器上雕刻花纹，在刻纹处填以彩漆，其中刻纹处施以金粉，称为"戗金"。"戗金"与"彩漆"相结合称"戗金彩漆"，又统称之"雕填"，其在嘉靖以后得到较大的发展。宣德年间雕漆出现了新品种剔彩。即用不同色漆分层髹饰若干道，后用刀剔除到所需色层，达到五彩斑斓效果。《髹饰录》释"剔彩，一名雕彩漆。有重色雕漆，如红花、绿叶、紫枝、黄果、彩云、黑石、轻重雷文之类。绚艳悦目。"象征帝王贵族吉祥的龙凤图案多用剔彩，技艺精湛，堪称一绝。明中期以后，雕漆风格由大方朴实向纤细繁缛方面发展，特别嘉靖、万历时期雕漆，融进了云南的地方色彩，出现新的风貌，雕刻刀痕棱线清楚，露锋不磨，大量使用锦地，细致工整。入清以后，日趋纤巧繁琐。这时期题材出现如赛龙舟、聚宝盆等内容。除剔红外，剔彩、戗金彩漆也大量出现。无款识雕漆较多。

其二，色彩斑驳的镶嵌漆器。明代螺钿漆器较前代有更大发展，传世品也较多。这时期螺钿器厚、薄并存，特别是薄螺钿有了进一步的发展，细密如画，辅以金、银片装饰手法。嘉兴螺钿著名艺人江千里，独创风格"甸纱"，即将片撒贴成斑点饰带，称为"江千里式"。明代开始流行的百宝嵌，在各色漆地上施以彩漆，以百宝嵌组成图案，用材珍贵，如金银、宝石、珍珠、珊瑚、玛瑙、琥珀、玳瑁、象牙和沉香等，雕成人物、山水、花鸟、亭台和楼阁嵌于漆器之上，五光十色，蔚为壮观。明嘉靖扬州周翥，善作百宝镶嵌漆器而得名。后人有袭此法者，皆称"周制"。至清初达到了高峰。

其三，金碧辉煌的金漆。金漆的作法，有泥金、洒金和描金三种，这类漆器较多。描金、洒金以浙江宁波最有名。晋南流行绛州金漆，苏州艺人蒋回回以饰金漆彩绘而著名，杨埙仿制"倭漆"人称"杨倭漆"，也是金漆高手。明清宫殿中的宝座、屏风多用罩金髹，金碧辉煌。明清最常见的是黑漆描金。

清代漆器概述

漆器的生产

清代制漆业承明代更为昌盛，康熙、雍正、乾隆三朝代表着清代漆器制作的最高水平。首先，制作规模进一步扩大，清代制漆产地分布面更广，北京、苏州、南京、福州、贵州、杭州、江西、广州、四川和山西等地均是漆器的重要出产地。其次，由于清政府支持和提倡，清政府于康熙十九年（1680年）在宫廷设立养心殿造办处漆作，专门从事漆艺生产。由于政府的扶持，民营制漆业也得到了进一步发展，清代制漆工艺形成了宫廷制作中心与地方生产同时并存的格局。官造和各地民营漆器业同时发展，产生了各具特色的地域性制漆中心，如北京的雕漆、扬州的螺钿、福建的脱胎等在全国都负有盛誉。

漆器的品类、纹饰与工艺

其一，清代漆器品类较之明代，种类更见繁华。大至皇宫、园林、庙堂、府第，小至宝座、床榻、柜阁家具、日用器皿无不髹饰彩绘，皆朱门金钉，雕梁画栋，无不金碧辉煌，处处可见髹漆之功。

其二，雕漆生产达到了顶峰。清代漆器最大特点是装饰华丽、工艺精良，尤以雕漆最甚，而雕漆又以北京雕漆最有特色，多为造办处漆作产品，清雍正以前的雕漆比较稀少，到乾隆时期，由于皇帝个人对雕漆的爱好，使得雕漆达到了极致，尤其是宫廷剔红雕漆的数量、品种及雕刻技法前所未有，大型雕漆的创制常与百宝镶嵌装饰有机结合，使其更显壮观华贵。清代雕漆因含有多层色漆，其漆色鲜艳，图案相互衬托，形象鲜明突出。其雕刻技法达到了炉火纯青的地步。精细多样，不善藏锋，刀棱明晰，多不磨光，特别是纯色剔黄或剔红，因刀法不同增添对比，色感尤为丰富。乾隆时期雕漆的总体工艺特点是“工不厌细、料不厌精”。雕刻漆器大如屏风、窗槅，小如文房四宝，几乎到了无所不包的地步。无论在器物造型、纹饰图案、刀工技法，还是生产数量等方面都达到了清代漆器工艺史上最高水平。漆器造型除了继承前朝传统的器物造型外，仿楼台殿阁、仿生造型、仿古文字、仿古器物、异型器具等花样百出，新型奇特题材不断涌现，纹样图案丰富多彩。在雕刻工法上，除继承了明早期霖漆肥厚和明中期刀法犀利的仿古风格外，还发展了明晚期不藏刀锋和江南民间雕刻的工艺传统，出现了精细纤巧、锋芒毕露的崭新风格。

其三，其他髹漆工艺争奇斗艳。清代的漆器工艺“雕漆无疑是龙凤产品，有如花中之王，傲视群芳；而其他漆画、金漆、雕填、堆漆、戗金、螺钿、百宝镶嵌等形式与雕漆恰成众星捧月之势，构成一座漆器艺术大观园”[①]。据朱家溍先生统计，清代漆器品类工艺有近20种，比较有名的有黑漆、朱漆、金漆、描金漆、仿洋漆、彩漆、填漆、戗金漆、识文描金、堆起、嵌螺钿、百宝嵌、雕漆、漆与其他工艺相结合的器物等[②]。而各种装饰方法又各有特色。纯素无纹的一色漆仍备受人们的青睐。传世的康熙御制漆器就有描金漆、描金彩漆、戗金彩漆、填彩漆和螺钿漆等，其色调柔和温馨、沉稳凝重。雍正时仿洋漆、描金、彩漆描金、多种工艺相结合漆器很有特色。乾隆时拓展了雕漆和百宝嵌工艺，继承传统的珠玉、金银、螺钿等镶嵌技法，采用稀有的珠宝玉石镶成极为珍贵的器物。

其四，地方髹漆业异军突起。清代漆器另一个特点就是各地区制漆业争奇斗艳、各有特色，扬州漆器以螺钿最有名，用彩色贝壳切成细片，镶嵌成各种纤细花纹，显露出五光十色的光泽。漆沙砚亦为扬州漆器的特产，扬州著名漆工卢葵生师承祖业，并广采博收，制造了许多精美的漆沙砚、仿紫砂漆壶以及茶具、笔床等小件漆器，把卢家漆艺推进到鼎盛时期。福建脱胎漆器以乾隆时期制漆艺人沈绍安所制最出色，他以仿古夹纻胎，制作脱胎漆器成名。此外，广州的广漆、贵州的皮漆、潍州的银丝漆都各有特色。至清代晚期，漆工艺逐渐走向衰落。

明清漆器举要

明清漆器品类涉及生活中各个方面，特别是清代宫廷漆器尤为突出，传世清代漆器精品大部分为清皇宫御用品[③]。

图 11–1

碗 故宫博物院藏明清两代漆碗有剔红、剔犀、剔黄、朱漆、填彩、识文描金和黑漆嵌螺钿等，其纹样有花鸟、云纹、龙纹、花瓣式、御题诗、百寿字、八仙人物和仕女图等，且成双以对，一般有年款。如明中期剔红龙纹高足碗，碗外髹暗红色漆，腹部雕螭纹二，中间隔以盘肠纹，下衬缠枝勾莲纹。其造型与同时期的瓷器相同，风格属于云南雕漆范畴。高12.8厘米，口径16.8厘米（图11–1）。如清乾隆红漆描黑诗句碗，其工艺精湛。乾隆年间漆碗多有“大清乾隆年

① 沈福文、王世襄、朱羽：《千文万华不可胜识的中国漆器艺术——中国古代漆艺概论》。
② 朱家溍：《清代漆器概述》，《文物》1994年2期。
③ 朱家溍、夏更起：《中国漆器全集·6清》，福建美术出版社，1993年；朱家溍、夏更起：《中国漆器全集·5明》，福建美术出版社，1993年。

图 11-2

图 11-3

图 11-4

制”款（图 11-2）。明代早期出现了盖碗，故宫博物院收藏了两件永乐款盖碗，样式相同，雕刻灵芝、牡丹、石榴、茶花和菊花等花卉纹。古朴隽秀，肥腴饱满。乾隆朱漆菊瓣式盖碗也很有特色。

盂 该器为一种古老的器型，故宫博物院珍藏着两件康熙中期黑漆描金钩莲纹盖盂，敞口，有盖。通体髹黑漆地，施彩金象描金花纹。盖面绘缠枝莲三龙戏珠纹、夔龙纹、花卉锦纹。器身描金缠枝莲纹。此器形制端庄稳重，别具匠心，尚存明代余韵。

杯 清代高足杯瑰丽无比，如山东泰安博物馆藏清乾隆剔红缠枝莲纹高足杯，器内铜镀金胆。器身雕缠枝纹、梵纹、卷云纹、联珠纹，用刀不藏锋，凡云龙、花卉、蔬果、草虫等处不加磨工，俱于刀锋笔力（图 11-3）。南京博物院藏清金地识文描金彩漆高足碗，碗心包铜皮至口沿，内外金漆地，器身饰团花纹、如意云纹、璎珞纹等，工艺精细，弥足珍贵。高 12 厘米，口径 13 厘米（图 11-4）。

盘 明清两代漆盘造型很多，有方形、长方委角形、圆形、八方形、六方形、莲瓣形、海棠形、委角形、束腰形和荷叶形等。纹样有祝寿图、宴饮图、菱花缠枝莲纹、文会图、竹林七贤图、龙凤图、福禄寿三桃图、双龙图、双龙戏珠图、凤纹、老子骑牛图、山水人物图、锦纹、观莲图、四喜图、百子图、诗句纹和三猿图等。工艺有剔红、剔彩、描金、描金彩漆、罩金、识文、螺钿、攒犀地戗金、戗金彩漆、罩金漆和黑漆描金等。舒展自如。

图 11-5

图 11-6

明代漆盘制作十分精美，以雕漆最为著名。故宫博物院收藏的明永乐剔红五老图方盘，针划“大明永乐年制”款，保存至今的永乐雕漆已为数不多，所以弥足珍贵。（图 11-5）。南京博物院藏明代剔犀如意纹盘，内外雕如意纹（图 11-6）。上海博物馆藏明晚期描金彩绘人物山水长方

图 11-7

图 11-8

图 11-9

图 11-10

形盘，盘心朱漆地上描金彩绘携琴访友图。内壁黑漆地描金四季花卉，外壁四周以竹丝编制，底髹黑漆（图 11-7）。南京博物院藏明晚期黑漆嵌螺钿西厢记图圆盘，盘内嵌薄螺钿西厢记图，盘底有嵌螺钿“千里”款，此盘闪烁变幻，璀璨夺目，正所谓“分截壳色，随类赋彩，光华可贵”，令人叹为观止（图 11-8）。

清代漆盘在明代漆盘的基础上有很大发展，纹饰更加精美。安徽省博物馆藏清代描金漆绘树下人物纹盘，整盘黑漆地上运用描金手法饰人物、神仙故事纹，四周描绘鸳鸯、莲花纹等，纹饰绚丽，是清代描金漆器的代表作（图 11-9）。浙江省博物馆藏清末民初朱漆金边人物纹花瓣形果盘，宁绍地区旧时用来盛放果品，逢年过节用来供奉祭品。通体髹朱红漆，以泥金手法饰石榴、花卉、双桃图案，寓意着长寿、多子等美好愿望。开光内以黑漆地为底，描金彩绘妇女怀抱手提莲花灯小童等，活泼可爱，绚丽多彩，富有装饰味。高 4.5 厘米，口径 30.8 厘米（图 11-10）。辽宁省博物馆藏清乾隆朱漆描金菊瓣形盘，菊瓣形盘口，朱漆地上描金花草、飞蝶等纹样。高 5.5 厘米，口径 34 厘米（图 11-11）。

图 11-11

图 11-12

图 11-13

盒 明宣德雕漆重要发展就是剔彩漆器的出现，剔彩漆盒是明代剔彩漆器的典型代表。最早剔彩漆器为故宫博物院藏明宣德剔彩林檎双鹂大捧盒，漆层颜色为红、黄、绿、黑交替髹饰共达 13 层之多，以剔彩工艺雕刻“磨显呈彩”而成。盖面圆形开光，雕林檎、黄鹂、蝴蝶、蜻蜓。盒盖外和器身雕蟠桃、葡萄、石榴、牡丹、菊花、茶花等。整器绚丽多彩，工艺精良。高 19.8 厘米，口径 44 厘米（图 11-12）。从这件作品完美程度看，剔彩器物很可能在明宣德之前已出现。故宫博物院还藏明中期剔红婴戏长方盒亦为这时期的佳品（图 11-13）。其他髹漆盒也很精美，如安徽省博物馆藏明晚期描彩漆携琴会友图长方盒，盖面黑漆开光，光内彩绘山水人物，为夏日山居携琴会友图。光外描金万字纹，边饰描金螭纹。长 50 厘米，宽 31.5 厘米（图 11-14）。安徽省博物馆藏明晚期描彩漆嵌螺钿八方盒，通体黑漆地，盖顶面彩绘山水、楼台和人物。器壁上下各八开光，四面彩绘山水、花卉。整个边饰锦纹描金嵌薄螺钿而成，做工精细。高 29 厘米，口径 33 厘米（图 11-15）。安徽省博物馆藏明晚期堆漆双龙八方盒，竹胎，八方式，平顶，上下均八开光。顶面漆灰堆起双龙，以红金二色漆描绘。通体边饰亦堆红漆描金，色彩绚丽。高 23 厘米，宽 25.8 厘米（图 11-16）。

图 11-14

图 11-15

图 11-16

图 11-17

图 11-20

图 11-18

图 11-19

清代漆盒也十分精致，雕漆盒尤甚。南京博物院藏剔彩“寿春宝盒”，为清乾隆年间宫廷盛放点心的盒子。以黄、绿两色漆相间雕锦纹地，盖面剔红圆形开光，内有双龙戏珠，“春”字和珊瑚，象牙、犀角、宝珠、古钱、银锭等聚盆案，有三色宝光自盒中放射出去，旁边衬有松柏、蝙蝠和梅花鹿，寓意“福禄寿”。盖身和盒身均有四组山水人物图。器底中心为填金“大清乾隆年制“楷书款，盒盖内为“寿春宝盒”款。整盒雕工精美，寓意吉祥。高 11.5 厘米，腹径 31.1 厘米（图 11-17）。南京博物院藏剔黑婴戏纹盒，为清代宫廷装饰品，朱地剔黑，器身腹部雕周敦颐爱莲、陶渊明爱菊、王羲之爱鹅、林和靖爱梅的“四爱图”，开光间雕有缠枝卷草纹，盖面雕婴戏纹，象征着皇家多子多孙（图 11-18）。南京博物院藏雕漆山水楼阁人物纹盒，此件雕漆盒制于清乾隆时期，有“大清乾隆年制”款，深雕山水人物，亭台楼阁，长廊回曲，林木隐现，百余人物穿行其间。此件漆盒漆层极厚，雕工精细，立体感极强，为清代雕漆代表作之一。此盒盖面髹漆多达一、二百层，制作需花费二、三年时间，费工费时，殊为珍罕，高 25.4 厘米，腹径 42.5 厘米（图 11-19）。

此外，其他髹漆盒也具特色。湖南省博物馆藏清描金人物故事纹木雕果盒，黑漆地，呈扇形，盒盖描金绘人物故事图案，一老者坐于堂前，几名童子或骑牛或持芭蕉扇。盒身外侧刻“天后宫”和葡萄纹饰。器内侧刻佛手、桃、石榴、莲花和葡萄等吉祥图案，髹描金彩绘。高 14 厘米，长 20 厘米，宽 23 厘米（图 11-20）。故宫博物院藏清中期百宝嵌吉庆有余八方漆盒，用象牙、碧玉、白玉、螺钿和珊瑚等镶嵌，嵌有花瓶、腊梅、水仙、紫晶葡萄、绿松石叶、石榴、青金石枝、玻璃鱼缸和金鱼等，取“吉庆有余”之意，斑斓绚丽。

图 11-21

民国时期，江浙一带民间使用的漆器不乏精美之作。浙江省博物馆藏民国时期温州描金彩绘圆木盒，盖顶圆形开光内与圈足髹暗红色漆，上饰描金戏曲人物纹及花卉纹。其余部分髹草绿色漆，彩绘折枝花卉纹、变形回纹等纹饰，彩绘色泽古朴典雅。高 24.7 厘米，口径 31 厘米（图 11-21）。

执壶　中国历史博物馆收藏了一件明代晚期著名“江千里”款锡胎嵌螺钿黑漆执壶，通体横截面均呈四角形，形体颇具俏丽。卷耳细长柄，弯曲细壶嘴，柄及周边棱角均嵌以薄而发光的小圆螺钿片六瓣小朵花卉纹。器身嵌以红玛瑙、珊瑚、绿松石、白绿二色螺钿，构成一幅精致的花鸟蝴蝶和梅花纹饰。盖作描金缠枝花卉纹，并嵌彩螺钿的多瓣圆形花朵，光彩夺目，确为明代镶嵌螺钿器物上乘精品。圈足内嵌螺钿方框形印“千里”二字。通高 35 厘米（图 11-22）。

瓶　南京博物院藏清剔红“三国演义”故事纹漆瓶，瓶体修长，雕漆精美，整体满雕缠枝花卉，分别雕有三国人物故事“千里走单骑”、“甘露寺”、“华容道”、“战长沙”，人物雕刻细腻传神。高 55 厘米，底径 22 厘米（图 11-23）。湖南省博物馆藏清末剔红四面开光人物故事纹漆花瓶，颈雕刻牡丹、菊花、梅花、荷花、蕉叶纹、缠枝花卉纹、如意纹、弦纹、牡丹花及云纹等，腹部四面开光雕人物故事纹、花卉纹等。圈足饰鱼纹、牡丹纹、宝瓶纹、回

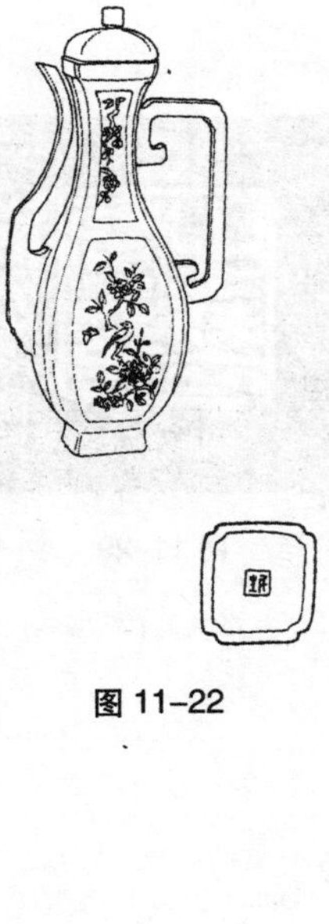

图 11-22

图 11-23

图 11-24

图 11-25

图 11-26

纹、蕉叶纹等。高 59 厘米，口径 13 厘米（图 11-24）。该馆还收藏清末剔红四面开光人物故事纹漆花瓶，瓶细长颈，上饰如意云纹、牡丹纹、云沟纹及回纹一周，腹部四面开光人物故事纹等。此瓶雕刻新颖别致。高 24.5 厘米，口径 11.5 厘米（图 11-25）。

觚 清代出现仿古漆觚，故宫博物院藏清晚期描油勾连纹漆觚，其制仿古铜觚形，口颈部锦纹地，蕉叶纹，夔纹。腰部变体勾莲缠枝纹、夔凤纹、云雷纹。底部云雷纹。有的以金漆勾勒轮廓，描绘各种油色，仿铜胎掐丝珐琅工艺（图 11-26）。

烛台 浙江省博物馆藏清代朱漆有柄带盖烛台，通体髹朱漆，由器柄、器身和器盖组成。揭开盖，是一半圆形金属托盘，可以接住蜡烛滴下的烛油。托盘中间有一粗铁针，用来插蜡烛。盖的顶部直筒形，用来盖还没点完的蜡烛，设计合理。高 24 厘米（图 11-27）。

文具匣与沙砚 中国历史博物馆藏清代卢葵生制漆文具匣。呈长方形，浅绛紫色。底朱漆书写的阳文篆书“卢葵生制”方印，此匣实为卢葵生制漆器中的杰出作品（图 11-28、11-29）。

图 11-27

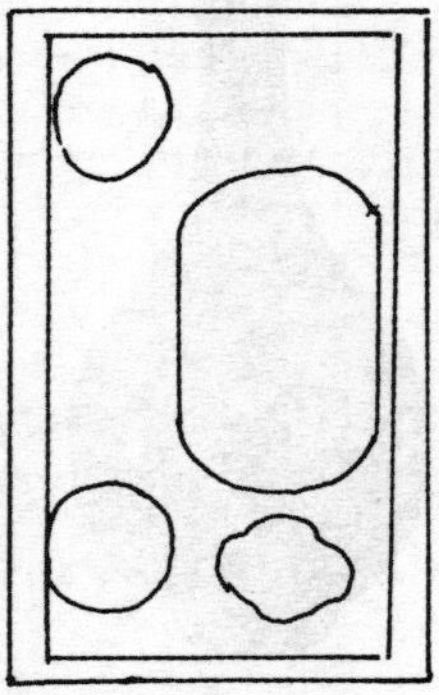

图 11-28

图 11-29

图 11-30

图 11-31

图 11-34

笔筒　明清笔筒十分发达，制作也非常精致。安徽省博物馆藏明代螺钿花卉人物纹笔筒，黑漆地上嵌薄螺钿，四周嵌花卉、树木、人物等纹样，纹样细腻传神，画面繁简适宜，为明清笔筒之佳作。通高 11.3 厘米（图 11-30）。

手炉　为清代流行的取暖用具。故宫博物院藏清雍正黑漆描金山水楼阁图手炉，双圆相连形，上有提梁，平底中心有圆孔，内设铜镀金盆与铜丝编罩相吻合。内为黑漆地，彩金象饰山水楼阁。景物描绘精细，用金深浅浓淡相宜，漆质光亮，是一件不可多得的精品（图 11-31）。

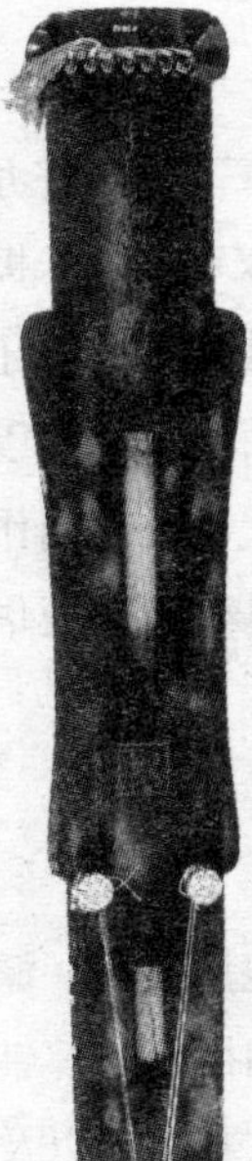

图 11-32

琴　湖南省博物馆藏明代"鹤鸣秋月"七弦琴。木胎，呈椭圆形，直颈，肩自徽起，凤翅在九徽处。蚌徽，七弦，背有龙池、凤沼，均呈方形。通体髹黑褐色漆，琴面有断纹。背龙池上方刻草书"鹤鸣秋月"字。通长 121.5 厘米，额宽 20 厘米，肩宽 22 厘米（图 11-32）。

宝座　宝座在明代称金台，清代称御座，民间则统称为"金銮宝座"。南京博物院藏皇帝剔红龙纹宝座，整体呈长方形，下有底座相连，前面设一脚踏，椅背三屏式，中间有一弧起靠枕，整个宝座满雕龙纹、蟠纹、勾连云纹、回纹等，做工细腻、雕刻精细、富丽堂皇。此宝座原存放热河行宫，为皇帝御座。通高 140 厘米（图 11-33）。

图 11-33

箱 安徽省博物馆藏清代螺钿人物纹箱，黑漆地上嵌螺钿人物、树木、花卉及三角形几何纹，黑白分明，对比强烈，为清代嵌螺钿人物纹箱上乘之作（图 11–34）。

此外，漆如意是明清时期吉祥物用具。如故宫博物院藏清中期金漆如意、红漆描金嵌玉如意等都很精美。

论述

明清两代已经到了中国封建社会后期，由于各种封建体制十分完善，社会经济繁荣昌盛，使得这时期髹漆工艺蓬勃发展。其特点如下：

炉火纯青的髹漆工艺

中国髹漆工艺经过了数千年的长足发展，积累了丰富技艺，经过一系列技术上的改革、发明和创造，到了明清时期其技艺精湛已经到了炉火纯青的地步。精湛绝伦的工艺技巧是前所未有的。这时期雕漆、漆画、金漆、雕填、戗金、螺钿和百宝镶嵌等各种形式髹漆工艺达到了尽善尽美的程度，各类技艺争奇斗胜，蔚为壮观，堪称“千文万华，纷然不可胜识”。

宫廷艺术的风格特征

虽然明清两代官营手工业和民营手工业都很发达，但明代专设了“果园厂”作为官办漆器生产场所。清代宫廷也设立了养心殿造办处漆作从事漆艺生产。宫廷皇家审美趣味极大地影响了这时期的漆艺风格。这时期髹漆工艺注重装饰性的表现，虽然明代早期漆器还呈现出敦厚端庄的美感，但到明晚期以后髹漆工艺开始向繁复华丽方面发展，漆器常常以艳丽的色彩、细腻的工艺、丰富的造型而给人以雍容华贵之感觉。特别是清代漆工艺制作更加热衷于精雕细琢的表现手法，繁缛精致，奢丽纤秀，华贵妩媚；呈现出矫揉造作、豪华奢侈的气质；表现出了宫廷艺术那种单纯追求玩赏倾向的风格特征。

独具特色的地方性

随着商品经济的发展，民间兴起的髹漆工业在全国得到了蓬勃发展，各地呈现出一派繁荣兴旺的景象，形成了全国各地的制漆中心，产生了鲜明的地域性特征，如扬州的螺钿漆器、苏州的雕漆、福建的脱胎漆器、北京的雕漆、贵州的皮胎漆器、山西的款彩漆器以及卢葵生漆沙砚、江千里执壶等都各具特色，展现出中国漆工艺色彩斑驳陆离、蔚为奇观的场景。

第三部分
漆器投资与辨伪

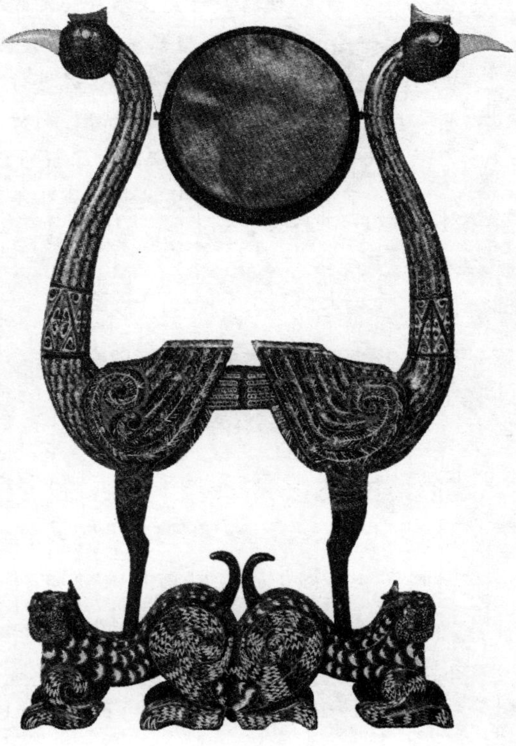

这一部分回顾了漆器赝品产生的历史，分析了作伪手法，总结出“望、闻、问、切”辨识真伪漆器的四要诀，提出漆器保护与修复的具体方法，力图使收藏者更快掌握鉴定古漆器的要领和漆器保护的原则，增强对古漆器真伪的辨别能力；本部分还对历年漆器拍卖情况进行了全面统计，分析历年不同品类成交趋势，剖析市场佳品走俏的历史原因，以便大家尽快了解市场行情，制作的“历年漆器拍品成交趋势总表”及其他分析结果可作为收藏某类漆器的重要参考。

漆器辨伪

漆器赝品的产生

中国古代漆器的历史、文化和艺术价值的被重视，最早追溯到宋代金石学的兴起，但古代漆器真正受到人们的青睐，是明代以降，皇室国戚大力倡导之后的事，特别是明代文人的参与，促进了明代漆器独特风格的形成。在此之前，尽管历代漆器与人们的日常生活息息相关，但人们也许并没注意到它的历史价值和艺术价值。中国历来视小木作为工匠艺人，不入史册大雅之堂，不被文人所齿。到了明代，随着尚古之风的悄然兴起，一些雅好古器物的文人俊士渐开搜集古漆器及家具之风，至明代中叶以后，文人学子更是雅而好之，很多文人士子著书立说。如明代文人王士性著《广志绎》道："姑苏人聪慧好古，亦善仿古法为之"，"又如斋头清玩，几案床榻，近皆以紫檀花梨为尚"。明代曹昭所著《格古要论》可以说是中国现存最早的文物鉴定专著，《钦定四库全书》《格古要论》提要曰："明曹昭撰。昭字明仲，松江人。其书成于洪武二十年。凡分十三门，曰古铜器，曰古画，曰古墨迹，曰古碑法帖，曰古琴，曰古砚，曰珍奇，曰金铁，曰古窑器，曰古漆器，曰锦绮，曰异木，曰异石。每门又各分数目。多者三四十条，少者亦五六条。其于古今名玩器具真赝优劣之辨，皆能剖析微至。又谙悉典故，一切源流本末，无不指掌了然，故其书颇为赏鉴家所重。"其中对古代漆器的论述可代表当时金石学家的看法。明末文震亨著《长物志》论述"长物"系身外之物，如居室、几榻、器具等，虽说身外之物，但人须臾也离不开这些"长物"，每个人可不追求豪华居住条件，但必须具有居室雅致、屋舍清丽的生活品位，反映了当时文人、士大夫的审美情趣。我国现存唯一的古代漆工专著——黄成著、杨明注《髹饰录》也在明代面世，该著作总结了前人和他自己的经验，全面叙述了有关髹饰漆器的各个方面。明代高濂《燕闲清赏笺》称明代果园厂的作品"漆朱三十六遍为足，时用锡胎、木胎，雕以细锦者多……"也说明了剔红在雕漆中的重要地位。文人参与漆器设计之多，文人阐述漆器理论之繁，都是任何一个朝代无法与之比拟的。

由于皇室推崇和文人热衷参与，无疑对于明代漆器的发展，起到了很大的推动作用，一时把玩古器、崇尚古雅蔚然成风，这种风气的形成，一方面在认识古漆器历史和艺术价值方面有不可磨灭之功；另一方面，则诱导了古代漆器赝品的产生。一些好利之徒，为了中饱私囊，多方仿冒历代漆器，以蒙骗那些求购古漆器而鉴别力不强的文人士子。早在南宋时期，赵希鹄著《洞天清录集》"古琴辨"中就提到有漆琴作伪现象出现。至明代，《格古要论》"古琴论"篇指出"古琴以断纹为证，不历数百年不断，然断纹有数等，有蛇腹断……又有梅花断……"而伪断纹"用琴于冬日内晒或以猛火烘琴，极热以雪罨激裂之，然漆色还新。"《燕闲清赏》中还介绍了伪古琴断纹另一种做法"或以鸡子清入灰作琴，用甑蒸之，悬于风日燥处，亦能断纹少细……"《格古要论》"古漆器论"说到"假剔红用灰团起，外面用朱漆漆之，故曰堆红"，其为剔红仿制品，"但作剑环及香草者多，不甚值钱"。《髹饰录解说》叙述堆彩是"模仿剔彩的一种做法，所以又名'假雕彩'。制法与堆红一样，也是先用灰漆堆起，然后刀刻花纹。所不同者，堆红在刻后通体髹朱漆，而堆彩在刻后罩各种色漆"[①]。作伪者为了提高文物价值，在后代漆器上改刻前代款识，有永乐器上刻元代"张成造"款、宣德器上刻永乐款等，其中尤以涂改后代漆器款为明宣德款最为突出，或嘉靖器上刻宣德款，或万历器上刻宣德款，如"北京故宫收藏雕漆花鸟纹长方盘，就其纹饰和雕刻风格看，应为万历时期的作品，而器底却刻有'大明宣德年制'六字横行款，后人刻上去的迹象十分明显"。[②]由是可知当时古漆器赝品已不在少数。

至清代，尤其乾隆朝以来，由于皇帝个人崇尚好古之癖，古物成为世人所关注之雅品，聚富保值之财物。由于传世的元、明时期漆器稀少，主要收藏在名门府第，艺术价值极高，价格昂贵，成为伪作者选择的对象。仿古漆器在造型、纹饰、色彩、款识等技甚神妙，为历代漆器赝品所不及，从而助长了作伪之风盛行。如嘉道年间的卢葵生以制各式漆砂砚、文具盒而闻名，顾千里《漆砂砚记》中赞卢氏漆砚："有发墨之乐，无杀笔之苦，庶与彼二上品

---

① 王世襄：《髹饰录解说》，文物出版社，1998年。
② 陈丽华：《漆器鉴识》，广西师范大学出版社，2002年。

（端砚、澄泥砚）媲美矣！”故当时仿制者甚多，以至卢葵生本人不得不在砚匣内夹入防伪书，并指斥仿伪者”假冒不得其法”。

时至晚清、民国以后，外国的文化掮客和国内的古玩商竞相搜求古漆器，导致古漆器伪作之风愈演愈烈，伪造技艺也日渐高超，有晚清仿、民国仿。清末大理院少卿、著名古玩鉴赏家赵汝珍在编述的《古玩指南》指出“效砂金倭盒，胎轻漆滑，与倭无二，今多伪矣”。王世襄先生说：“一九二〇年前后，住北京西郊海淀的某漆工，专仿明代漆器，经古董商人之手，卖给欧、美、日本等国人，实为假器假款。”①

当前，随着古玩市场漆器收藏队伍异军突起，继书画、陶瓷之后，漆器已成为第三大收藏品，形成了古典漆器的收藏热，作伪者又将眼光瞄准当下艺术品市场。确实，作伪者为了提高文物价值，多方仿冒历代漆器。由此可见漆器赝品制造史由来已久。

漆器作伪的手法

事实上，作伪之术已成为社会上一种特殊的职业。中国人历来好古，陈设把玩喜好古器，仿制古器习惯久已，而清代仿古之风弥甚，流传下来古漆器中，鱼目混珠，以假当真，真伪难辨，虽说大多数仿古之器无古器之神韵，但也不乏形貌酷似之作。那么，历代漆器作伪大约有以下几种手法：

冒名顶替法

历代著名漆器，不但为世人所瞩目，也是作伪者所关注的对象。作伪者为了迎合收藏者好奇心，穷其技能仿制历史上有名的漆器，从而获取暴利。自艺术拍卖市场启动以来，古漆器价值一路攀升，不少造假者将目光投向战国、西汉漆器“明星”，其原因有三：其一，由于年代久远，普通收藏者对这时期有名漆器只略知一二，似曾相识，不知其翔实历史和考古背景；其二，这时期漆器主要髹涂为主，工艺技法相对简单，容易仿制，成本较底；其三，仿制留存数千载的有名漆器，价格不菲，更可获取暴利。所以仿制这时期著名漆器已成为一种暗流。如市场上出现了仿制曾侯乙墓出土彩绘龙凤纹木雕漆豆，从彩绘到雕刻均模仿得细致微妙，甚至骤视直无以辨，达到以假乱真的程度。仿制湖北荆门包山 2 号墓出土人物车马出行图漆奁盒，其器型大小、纹饰图案，甚至局部图案都模仿的十分相似（图 12–1、12–2）。仿制湖北江陵雨台山 471 号楚墓出土的浮雕蟠蛇纹漆卮，其浮雕十分相似（图

① 王世襄：《髹饰录解说》，文物出版社，1998 年。

图 12-1

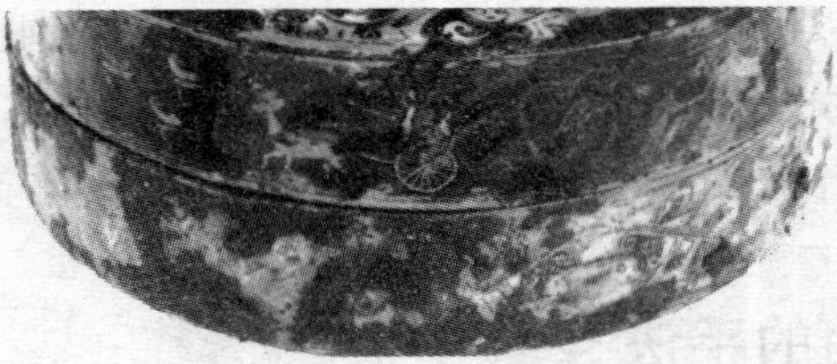

图 12-2

12-3、12-4)。再如仿制马王堆汉墓漆器,除造型、纹饰相似之处,还利用战国、汉代老棺椁木挖制成胎,再髹漆涂色,后作旧处理。如果用其胎木作碳十四测年分析,确有两千多年,更具欺骗性。至于仿制江陵楚墓、长沙汉墓和扬州汉墓出土彩绘木俑就数不胜数了,如为了增加仿扬州邗江西湖胡场 20 号西汉墓出土彩绘漆木俑的真实性,有意将仿制品浸泡在水中,仿未脱水汉代漆器,具有很大的欺骗性(图 12-5、12-6)。这些漆器赝品流传于市面,甚至流传到海外,充斥着正常的漆器品交易市场,给艺术品拍卖市场带来不利因素,也给收藏者带来巨大经济损失。

图 12-3

图 12-4

图 12-5

图 12-6

拼凑改制法

仿制一件历史上不存在的漆器，将不同时期、不同类型的漆器捏造凑成一件造型混杂、纹饰虚构的古式漆器。

其一，造型混杂型。因作伪者对不同时代漆器造型不胜了解，所以将不同时代漆器造型融为一体，如将清乾隆时期一色朱漆菊瓣式盒与西汉食盒凑成一件不伦不类的汉代漆盒；有取楚漆器中常见虎座凤鸟架鼓的下半部分，做成双虎榫卯结构，与漆瑟榫卯相连而成混合形带架漆瑟，似瑟非瑟，似凤鸟架鼓而非凤鸟架鼓。有作伪者仿制同时代其他器类而捏造出的漆器，如有仿制曾侯乙墓出土金盏造型而成的漆器（图 12–7、12–8）。

图 12–7

图 12–8

其二，纹饰虚构型。作伪者对不同时期纹饰特点并不清楚，将几个不同时期纹饰绘制在同一件漆器上，有用包山楚墓、长沙汉墓、三国朱然墓出土漆器人物纹混合在一起仿制而成的漆盆；有将楚漆盒图案与楚猪形漆盒造型、纹饰混杂成一件相似的楚国酒具盒；将马王堆 1 号汉墓黑漆棺纹饰与西汉中晚期漆器铭文混合在一起，作伪者不知道马王堆 1 号汉墓黑漆棺纹饰，属西汉早期漆器，其铭文较短。西汉中晚期漆器铭文较长，且有分工、某某造等文字。作伪者将不同时期纹饰和铭文虚构在西汉时期不存的漆锺上（图 12–9、12–10、12–11、12–12）。

图 12–10

图 12–9

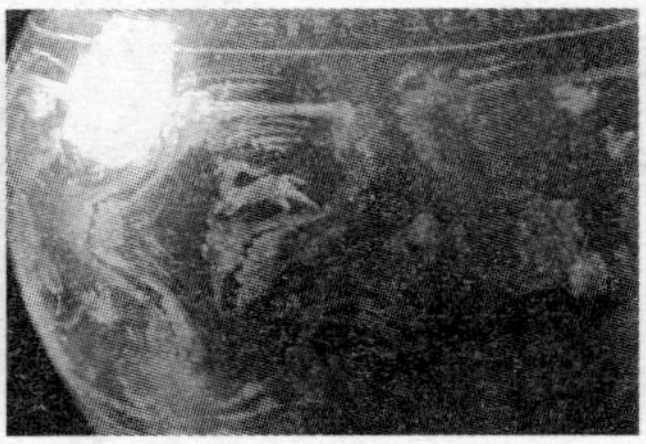

图 12–11

图 12–12

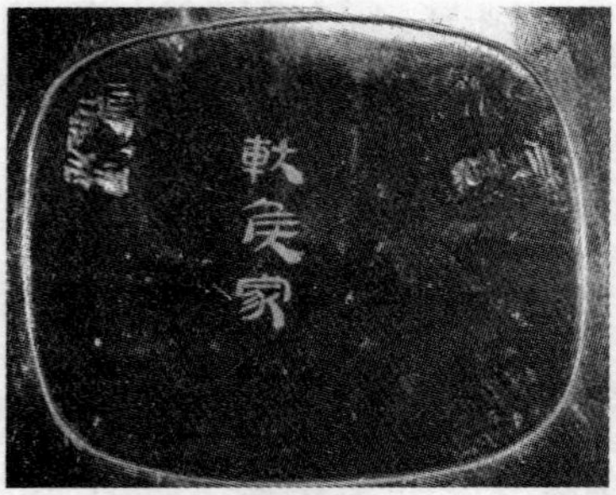

图 12-13

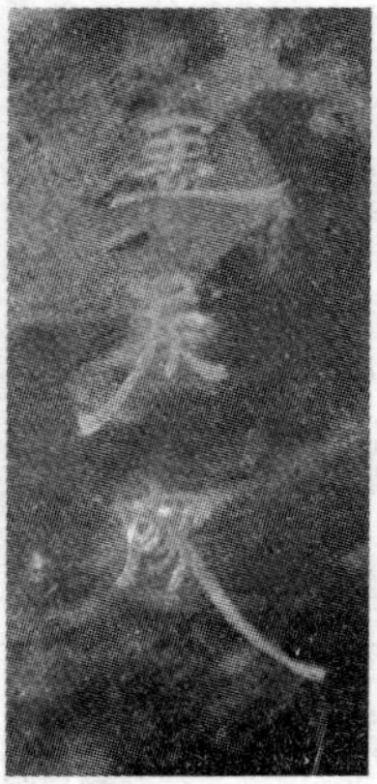

图 12-14

图 12-15

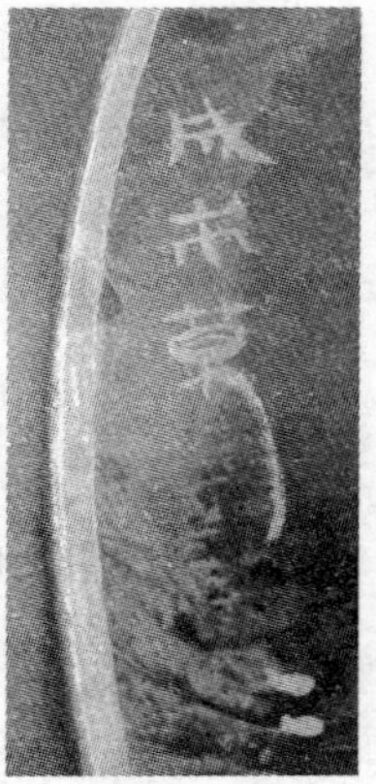

图 12-16

其三，铭文杂乱型。主要指汉代以前的漆器，作伪者一般不熟悉漆器铭文各个时期变化特点和类型，将不同时期、不同地域、不同书写手法的漆器铭文任意捏造。如用现代隶书手法，书写在汉广陵国漆器仿制品上；将马王堆汉墓出土漆器上的铭文“軑侯家”，改写成“盖侯家”（图 12-13、12-14）；将戳印文字“成市草”改成朱书文字“成市草”（图 12-15、12-16）。

偷工减料法

如在制作雕漆时，必须把天然漆料在胎上涂抹出一定厚度，再用刀在平面漆胎上雕刻花纹，所以雕漆生产周期长，高档产品则需要两三年时间完成。所以作伪者想方设法省时省力，偷工减料，古法堆红就是用灰漆堆起或木胎雕刻后罩红而制成假剔红，堆彩是在雕刻后罩各种色漆而制成假剔彩。至 20 世纪 80 年代末，随着造假水平的提高，市场上出现了一种一次性灌模成型的化工合成树脂假剔红漆器（图 12-17、12-18）。这些伪作漆器共同特点就是为了在最短的时间内获取最大的暴力。还有的作伪者为经济利益，或由于制作水平不高，或者见到图录，未看到实物，故每一部分尺寸大小及形状与原器肯定有差别，我们只要细心观察就可以看出破绽。

图 12-17

图 12-18

作旧还原法

所有作伪者都要共同面对的一个问题是，解决新漆器作旧还原的问题。因古代漆器随着岁月流逝会留下历史的痕迹，古代漆器出土于泥水之中、留下水泡的痕迹，产生自然断纹等，年代越久的漆器漆色内蕴，漆光不糟，所以作伪者对漆器必须作旧和退光加工处理，使其颜色和纹理与古器相近，尽可能还原到相当的年代。

其作旧方法古而有之：其一，将新木放置花盆污泥中掩埋数年作旧，用做新漆胎质；其二，用老茶叶水、猪血等在新仿品上反复擦拭打磨退光作旧；其三，用猛火烘烤赝品，待热时以雪冰激裂之，而产生断纹，根据热胀冷缩的原理制造断纹。其实断纹是漆器因各种原因而产生的病态，断纹形状与漆器年代久远关系最为密切，仿造断纹是历代漆器作伪的手段之一；其四，“雕填之伪者，系将旧螺甸物，起去螺甸，而填以新漆。然后以香熏之，以孙茶抹之。故必须详考其颜色也”①等。列举一、二，其实漆器作伪手段千奇百怪。

改款涂抹法

在漆器上改款涂抹是漆器作伪最常见的手段。这种方法主要见于明清漆器上，有学者对北京故宫院收藏的明清漆器改款情况进行统计，认为改款主要有两种：“一种是伪刻，即将原有漆器款识用漆涂抹。覆盖原款或者将原款刮磨掉，重新刻上新的款识。另一种是改刻，即将原款内容增加或减少，由于作伪者不懂规律，有时伪款的位置刻得不对，有时对款识的内容不了解，像增加款文内容的画蛇添足的情况，将本不属本时代的款文内容也加了进去，不符合时代特征”，其中包括：“真器假款”、“假器假款”、“晚器早款”、“早器晚款”等几种情况。②

尤其值得一提的是古琴款识作伪问题，在古琴上刻一些古代名人的款识，其目的是企图用一些假题跋，来证明琴是古代作品和名人收藏，这等琴在传世古琴中确也不少。随着明清以来古琴音乐的繁荣发展，仰慕、追求唐、宋古琴的人很多，唐、宋古琴的伪品相继出现，特别是唐琴中名声最著名的雷琴伪品确有相当数量。著名古琴学者郑珉中先生总结唐琴作伪有三：其一，旧琴后添腹款。用很好的旧琴或者就是在唐琴上加刻盛世的年号和历史上鼎鼎名流仿古制一类的腹款，借以抬高声价，这种作伪方法，宋以后历代都有人使用。凡是在旧琴上后加腹款的，都是把琴剖开后做上去的，所以难免要留下漆胎损伤痕迹，款

① 赵汝珍编述：《古玩指南：杂项》，万卷出版公司，2006 年。
② 陈丽华：《漆器鉴识》，广西师范大学出版社，2002 年。

字的优劣体势上发生问题；其二，琴、款同时伪作。在传世古琴中，有一些琴，其制作、断纹、声音都很好，可以说是一张很好的旧琴，毫无瑕疵，也未曾剖开过。不过它的造型风格、制作手法、漆质断纹与唐代的制作绝无共同之处，而它的腹款却刻着“大唐贞观五年雷霄鉴制”或“开元二年雷威制”的字样，这种琴当然不是唐代的雷氏琴，而是元明时期之好事者所造的伪品。其三，改变形制冒充古琴。用普通的明琴加以拼凑包镶、改变形制以冒充古琴，这是清代中期特有一种作伪手法。[①]

漆器辨伪的具体方法

漆器艺术品市场上既然赝品大量存在，那么作为古代漆器鉴赏与投资，辨别真伪是一项最基本、最必要的工作。论及漆器辨伪，断代是鉴定漆器的关键。可通过以下方法甄别漆器的真伪。

求证历史文献

中国历史悠久，文献资料浩如烟海，要鉴定漆器，首先求证历史文献，掌握古文献，可帮助人们了解各个时期政治、经济和文化等因素对物质文化的影响，从不同历史时期的文献资料中捕捉不同时期的漆器特征。

其一，依据文献资料了解各个时期漆工艺变化。如漆色的变化及原因，对此，笔者有过专门的论述。据《韩非子·十过》记载，传说中尧舜时代“禹作为祭器，墨染其外，而朱画其内”，可以知晓中国早期的漆器，大都多在黑、红两色之中，这一方面与漆液材质有关，另一方面也与祖先崇拜有关。考古发现最早河姆渡新石器时代遗址出土了朱色漆木碗，这里所谓的“红”色，主要蕴含着特定的巫术礼仪用意，是将人的观念凝结在漆器这种物质上，这种观念往往大于审美含义。至春秋战国时期，《汉书·地理志》称“楚人信巫鬼，重淫祀”，它是楚人精神信仰的写照，楚漆器仍保留着绚丽的远古遗风，楚人尚红色，以红色为贵，以赤帝为尊，对祖先崇拜的传统风俗奠定了漆器艺术尚赤崇黑的鲜丽主调，道学与巫风的融会孕育出漆器艺术诡谲的造型及飘逸生动的艳丽图案，这种风格一直延续至汉代。汉初尚赤，这与《史记》记载刘邦自认为是“赤帝之子”有关，从马王堆汉墓漆器看，汉初漆器仍以红色为主调，艳丽的红与黑相配，光亮照人（图 12–19）。到汉武帝时，他接受董仲舒建议，进一步发挥了五德终始说，于太初元年（前 104 年）发布诏令，宣布“改正朔，

---

① 郑珉中：《论唐琴的特点及其真伪问题》，《故宫博物院院刊》1985 年 3 期。

易服色”。《史记·孝武本纪》载,太初元年“夏,汉改历,以正月为岁首,而色尚黄”。于是,就以法令的形式确定了尚黄的制度。东汉时,在五行中特别突出了“土居中央”的地位,而土德为黄色,尚黄更具有了理论根据和神秘色彩,尚黄的观念愈加牢固,中国人以黄为尊的思想意识是在汉代确立的。这种思想在漆器装饰上也有所反映,西汉中晚期以后出现了以黄为主调的漆器,如安徽生天长汉墓出土的漆盒盖以橘黄色为主调,山西大同北魏早期官僚司马金龙墓出土木板漆画屏风以黄色为主调,以后历代以黄色为主调的漆器装饰占有很大比例,至明清时期描金漆器将中国人尚黄的观念表现得淋漓尽致①。

图 12-19

其二,依据文献资料证实各个时期漆器特点。如据《唐书·地理志》所记襄州、澧州等地均以漆器为贡品,漆器已列为唐政府税收实物之一,据唐段成式《酉阳杂俎》、郑处诲《明皇杂录》记载唐玄宗时期杨贵妃赏赐安禄山的物品中就有金银平脱盘、金银平脱匙等平脱漆器,说明唐代各种金银平脱漆新品类已经面世,并受到上流社会的追捧,其富丽华贵风格与唐代崇尚丰满圆润的风格一致。至明代以后有关漆器方面的论著更多,《髹饰录》漆工专著列出漆工新技法和新品类数百种之多,呈现了“千文万华,纷然不可胜识”的景象,后世莫比,这与明代国力强大、手工艺发达的大背景融为一体,繁缛精致、华贵妩媚的漆艺风格,与当时上流社会崇尚宫廷艺术、追求玩赏倾向的风格一致。

其三,依据文献资料把握各个时期漆器概况。至宋代,据《东京梦华录》和《梦粱录》记载这些城市设有漆行和漆店,《清明上河图》形象地反映了这一历史情景,这些漆器上有温州造、杭州造和上牢等字样,说明北宋首都汴梁、南宋首都临安以及温州等地漆器作坊十分普遍,漆器作为商品在市上交易,宋代漆器已经商品化。

借助考古资料

其一,根据考古类型学断定年代。因为漆器与其他文物断代一样,特别是出自墓葬的漆器,可根据考古类型学分型分式来断定漆器年代。如漆耳杯是先秦、汉代墓葬常见的器物,从考古类型学分析,圆形漆耳杯延续时间长,魏晋南北朝时期仍在使用,方形漆耳杯延续只到战国晚期,汉初基本上就没有了。再如金薄贴花漆器虽然始于商代,但直到西汉中期才开始大量流行,而银扣金箔贴饰漆器流行于西汉中晚期。

① 聂菲:《从湖南西汉高级贵族墓葬中出漆器审度汉初漆器功能工艺的传承与变异——兼论湖南汉初漆器产地问题》,《湖南省博物馆馆刊》第一期,船山学刊,2004年。

其二,与同期"标准器"比对辨识漆器年代。可根据漆器本身所携带的多种信息与同期其他器物对比、排列,判断其时间早晚。如宋代漆器多以质朴的造型取胜,最能体现宋代时代特点的是一色漆器,多边花瓣式口沿是这个时代流行样式,这与当时瓷器形制十分相似,陶瓷器在考古发掘中出土最多且保存完整,常作为考古学上断代"标准器",漆器可以此为断代依据,判断其时间早晚。还可以借助考古学碳14、孢粉分析等新方法断定墓葬年代,从而推断漆器准确年代。

其三,建立断代的"标准器"系列。考古界以往人们对古代器物的年代分期研究,主要是依据陶器和青铜器的组合、器形与纹饰等特征的演变规律进行分析,这是因为其易保存,器形的变化较敏感,且有数量上的优势。相比之下,漆器一旦被发掘出来,暴露于空气之中,其色彩与造型很难保存原状,随着时光的流逝,其破损程度就会日益加剧,这也是人们不将漆器作为年代分期依据的理由之一。然而,湖南出土楚汉时期漆器数量和器类并不少见,从年代来说,上自战国早期,下至西汉晚期,特别是长沙马王堆三座汉墓共出了漆器七百余件,出土的漆器以实用器具为主,不仅数量多,品类齐全,且涉及礼器、乐器、兵器、葬具及日常生活用具等各个方面,几乎囊括了汉代所有漆器的种类,如果以此建立断代的"标准器"系列,可以帮助人们更好地认识高古漆器的年代与时期。

比勘款识铭记

款识最早是指古代钟鼎彝器上铸刻的文字。《汉书·郊祀志下》:"今此鼎细小,又有款识,不宜荐见于宗庙。"颜师古注:"款,刻也;识,记也。" 此外,还有三种说法:款是阴字凹入者,识是阳字突起者;款在外,识在内;花纹为款,篆刻为识。[①]后世在书画、陶瓷、漆器等器物上标题文字,也称"款识"。 在漆器的底部或其他部位,往往有表明制作年代、地点、工序、工匠,或者表示赞颂,祝愿等内容的文字,也有器底或器里有某种识别性的图案,这些统称为"款识"。漆器款识表达的内容可分为:纪年款、制地款、物主款、官名款、工名款、工序款、容量款、计数款、用途款、吉言款、赞颂款、花样款等类,铭文有长有短。其书写形式有烙印、刻画、漆书等形式。不同时代漆器款识有不同的表现方式,其中款识的内容、格式、字体、书法等都具有鲜明的时代特征,无不打上时代的烙印,对漆器断代和辨识真伪具有重要意义。那么,熟悉真品款识文字结构,谙熟不同时期漆器款识特点和演变规律,了解历代漆器款识的定型格式,是鉴定历代漆器的主要依据之一。

其一,比勘书写方式是否符合时代特征。漆器款识书写方式不同时代有不同特征。在

① 见《通雅》卷三十三所引。

汉文字发展史上,早期文字书写方式有篆书、篆隶、古隶和汉隶等,字体浑朴古拙。篆书是大篆、小篆的统称。大篆指甲骨文、金文、籀文、六国文字,它们保存着古代象形文字特点。小篆也称"秦篆",是秦国通用文字,是大篆的简化字体和向隶书的过渡字体。篆隶保留着较多的篆书形体结构,但多用隶书的笔意书写构形。古隶是与秦隶基本相同的字体,但隶变的痕迹明显,笔画上点、挑、波、磔并举,线条的运用则方圆并用,粗细相间。汉隶是指那种字体呈正方或扁方形,笔画以方折为主,横画方入尖收,或蚕头燕尾并用,比较工整、成熟的隶书。考古资料表明,漆器款识最早出土于战国早期墓葬。漆器制地款,在战国、秦、西汉早期常常为烙印和刻画,特别是秦代漆器其上"咸市"、"咸亭"、"亭"等制地烙印,以及"素"、"上"、"包"、"告"款识等都极具秦文化特点。西汉早期文字内容较简单,多为生产单位和生产工序,是当时"物勒工名,以考其诚"产品责任制度的反映,并出现了纪年款。西汉中、晚期以后烙印款识逐渐减少,多以刻画、漆书文字为主,至魏晋时期基本上都是漆书。其书写方式以成熟的汉隶为主,字体劲秀洒脱,尤具代表性的主笔捺脚,即"蚕头燕尾"最为突出。这时期刻写铭文越来越长,特别是蜀郡、广汉郡工官及考工、供工制造的漆器,款识内容包括纪年、制地、器名、监官、容量、工序、匠名等,还出现了以皇帝年号和地方诸侯王纪年款识。

魏晋南北朝时期漆器款识出现了新风格。主要为朱书款识,其文字书写方式有汉隶,还有定型化具备方块汉字基本形态的汉隶,内容已改变了西汉中晚期以来数十字以上的长款铭记,出现了"上牢"等字样商品广告用语。有学者对唐五代宋元出土漆器款识铭记进行了详尽的考证:认为唐代、五代时期漆器款识也有新的变化,有朱书铭记、墨书铭记和刻画款识,其文字书写方式有楷书、行楷等,文字简短,文字清秀婉转。私人作坊朱书铭记较为突出。"登"、"宗"等希望"登科及第"的吉利铭记,"居上"、"唐上"、"魏真上牢"等表明上品的铭文,都是唐代显著的时代标志。五代时期漆器朱书铭记,在姓氏后加"真"字,进一步突显了漆器商品的品牌效应。由于宋代商品经济的发达,影响到漆器款识商业化,漆器上普遍存在标志品牌的朱书铭记、墨书铭记,其文字书写方式有楷书、行书、行楷等。其漆器款识的固定格式多为干支纪年、产地、作坊、工匠、广告语等,"真"、"上牢"等铭记为宋代漆器上流行的广告用语。元代是蒙古贵族掌握政权,所以漆器有朱书汉文铭记,还出现了八思巴文铭记。①

明清两代漆器款识可谓有朱书铭记、墨书铭记,还有刻画戗金款,其文字书写方式有楷书、魏碑、行书、草书、行楷等,其内容在前代基础上增多了用途款、吉言款、赞颂款、花样

① 陈晶:《唐五代宋元出土漆器朱书文字解读》,陈晶先生寄作者稿。

款等，清代乾隆时间官办作坊还出现了皇帝御题款识。据朱家溍先生对清代漆器年款断代研究表明：“目前见到的传世清代漆器，有年款的不多，未发现顺治年款制品，康熙年开始部分漆器上出现年款，雍正漆器无款的仍占多数，乾隆朝有款器物日趋多见，到嘉庆朝有款的漆器又减少了，道光以下则还未发现有年款的漆器，只有清代中后期民间作者的款识和商店牌记。对于清代漆器，有年款的当然不存在鉴别年代问题，至于无年款的康、雍、乾三朝制品，尤其雍、乾二朝，由于年代相近，彼此之间有时则不太容易区别。现今鉴别的方法是以有年款器物的质地、造型、纹饰等作为依据来推断无年款的器物年代。此外，根据‘养心殿造办处’档案中有关漆器制作的记载与故宫藏品对照、比较来确认特点相同的其他无款器物的时代”。[①]

其二，详辨款识格式是否合乎发展规律。漆器款识规律是指某一时代漆器款识文字形体布局的通例和常规。如元代中期，雕漆名家辈出，传世元代漆器款识，有刻画匠名款识，尤以嘉兴民间漆工张成、杨茂刻款最为有名，其刻款多在器底下足内左侧边缘。明清时期款识章法更有定式和规律，如“大明永乐年制”纪年刻画细款，“大明宣德年制”纪年刻画戗金款，“大明万历乙未年制”干支纪年刻画戗金款，“大清乾隆年制牡丹宝盒”纪年器名刻画款，其款识经历了由单到复的发展过程，有规律可循。如一件漆器款识布局最基本的规律都没遵守，要鉴别其真伪是极其容易的事。如北京故宫藏剔红《百花图》长方盘，足边刻画戗金“大明永乐甲午年制”，“此盘年款中记干支，不符合永乐款识常例，且雕法风格亦为明代中期，而绝非永乐风格，其字体及刻款部位均符合明万历款识常例”[②]。如伪宣德款漆器常磨去永乐针书细款，刀刻宣德大字浓金填掩。再如乾隆时亦有效法宣德时的方法，磨去永乐款刻上乾隆的漆器，但凡属伪宣德款，在器底边缘都有磨去前款的痕迹。看其款识文字布局安排的情状，可明断其为赝品[③]。诚然，依据款识断代是最简明扼要的方法，可根据款识作标准，鉴定古代漆器。

察验漆器特征

众所周知，漆器鉴定最有效的方法是对漆器整体特征的认识。一般收藏者对古代漆器形制的发展演变规律不胜了解。由于受到不同时期社会形态、社会心理、风俗习惯、生活方式、审美情趣的影响，使得漆器并不仅仅是人们日常生活中使用的一种简单物质用具，而是兼有社会文化功能和艺术审美功能。漆器形制变更、纹饰变化体现了不同时代审美情

① 朱家溍：《清代漆器概述》，《文物》1994 年 2 期。
② 陈丽华：《漆器鉴识》，广西师范大学出版社，2002 年。
③ 陈丽华：《漆器鉴识》，广西师范大学出版社，2002 年。

趣，传递了不同时代传统文化信息，成为物质文物史演进的见证。我们不妨借用中医四诊要诀：“望、闻、问、切”来辨伪真假漆器。

望察秋毫

其一，明察形制特征。首先，观察漆器形制是否神似，重点在于对漆器整体神韵的把握，是否气韵生动、神态逼真，是否符合当时的审美风格，是否“神者形之用，形者神之质”，总之要精神实质上相似。如抬眼一看楚国虎座凤鸟漆木架鼓，就会为楚国王室贵族享有的大型敲击乐器所折服。凤是楚人历来尊崇的神话动物，它由多种动物组合而成，反映了楚人浪漫诡谲的多元文化特质。在楚人心目中，凤鸟被雕刻得高大伟岸、羽翎鲜丽，而猛虎却被描绘成形体矮小蜷伏在凤鸟脚下，这种融声、色、形于一体的巧妙设计，成为楚文化神似的最好诠释。而仿制品非常呆板，十分生硬，根本不懂楚人制器之道。其次，察看漆器形制是否形似，看器物外观是否与同时代漆器特征相似，“形具而神生”，像虎座凤鸟漆木架鼓、鹿座飞鸟、镇墓兽等大型漆器，很有名气，就是在同时代也很难找同类或相似的，这样的漆器很难作伪。相反漆器形制较小，相似的漆器较多，像盘、盒、奁等，就是在同时代的同类漆器中也不难寻找，这样的漆器就容易作伪。伪作者往往用形制较小且低劣的材质冒充名家漆器取而代之，所以说收藏者遇到形体较小的古代漆器更要小心谨慎，多请教专家。

其二，熟知新品种的出现。随着社会经济的发展和文化艺术的繁荣，众多漆器种类从无到有，从笨拙到精美，从实用到美用结合，一些漆器随着时代变迁而演变，或相互影响，或销声匿迹，或流芳百世，或延缓至今，掌握新品种出现和某些品类消失的时间，是辨伪真假漆器主要依据之一。

史前漆器品类形态原始，有碗、筒形器、罐、案、盆、杯、几、钵等，制作粗糙。商、西周、春秋时期漆器有罍、觚、壶、簋、豆、俎、匕、鼓、筒形器等。战国时期漆器品类丰富，除仿青铜礼器外，生活器具增多，羽觞、盒、卮、樽、豆、俎、盘、碗、勺、奁、禁、虎子、几、案、屏、床及各种乐器、兵器和丧葬用具等，有些器具为后世所沿用。其中尤以楚墓出现的虎座飞鸟、鹿座飞鸟、卧鹿、镇墓兽等器物最具独特色，但只有漆木镇墓兽沿用到西汉早期楚之旧域。至战国晚期，罍、觚、簋等仿青铜重器漆器已消失。

秦代时间虽短，但扁壶、盂、双耳长盒、椭圆奁等造型都极具秦文化特点。汉代是中国漆器发展史黄金时期，其品类包罗万象，以实用器具为主，涉及礼器、乐器、兵器、葬具以及生活日用品和杂物玩具等各个方面，饮食器具有鼎、盒、盘、盂、锺、钫、耳杯、卮、具杯盒、勺、匕；盥洗器皿有盆、匜、沐盘、桶、罐；梳妆用品有奁、盒、匣；日常家具及陈设有床、榻、枕、屏风、几、案、杖、镜匣、箱、笥、扇、器座、熏炉；洁具有箕、虎子；文娱用品有砚、笔洗、笔筒、算筹、尺、琴、瑟、筑、排箫、竽、编磬、六博；丧葬用具有棺、椁以及髹漆兵器和车马器等，不胜枚举。随着礼教含义在渐渐退却，极少数西汉早期高级贵族墓葬中出土过漆礼器，如马王堆1号墓遣策记载漆鼎制仍沿用了先秦的上卿礼，说明在西汉初期上层贵族仍部分保留原来的礼制。除此之外，禁、俎、豆等漆礼器已不再出现。尤其值得一提的是锺、钫、具杯盒、砚、六博等为西汉时期出现的新品类。

三国两晋南北朝时期，由于青瓷的成熟，逐渐取代了漆器在日常生活用品中的地位走向衰微，但这时期出现了槅、槅盘、托盘、攒盒、屐、夹纻胎佛像塑造等新品种。隋唐五代由于当时煮茶与饮茶之风特盛，故出现了与之配套的茶具外套漆盒、朱漆茶托等新产品，还出现了委角盘、经箱、册匣、宝盝等新品类。由于商品经济的繁荣和手工业的发展，宋代漆器以其造型完美、色彩大方、制造精良而著称于世，这时期素色花瓣式、腰样形、菱形、八角形漆器及各式漆盒最为有名，而尊、盏托、渣斗、唾盂等为宋元流行新器具。唐、宋漆琴也尤为突出。

明清两代漆器品类以生活用具为主，除盒、盘、匣外，还有尊、盏托、碗、执壶、文具匣、沙砚、手炉等，以各类盒、盘最多。而同一种器具样式极多，以明代剔红盘为例，有圆盘、葵瓣盘、菱瓣盘、牡丹盘、方盘、长方盘、八角盘、条环盘和四角盘等。“盒有庶段、蒸饼、河西、三撞、两撞等式，庶段人物为上，蒸饼花草为次。盘有圆、方、长、八角、条环、四角、牡丹瓣式，匣有长方、四方、二撞、三撞四式”。[①]这些都是明清时期的新品类。

其三，谙熟纹饰风格。利用漆器上的纹饰确定漆器的时代，也是鉴定漆器的一个重要手段。漆器装饰纹样具有明显时代特点，掌握各种纹饰在不同时期的细微变化，对鉴定漆器年代大有帮助。

商周时期漆器纹饰与青铜纹样十分相似，有饕餮纹、雷纹、夔纹、圆涡纹等，出现了彩绘凤鸟纹图案，常用蚌片镶嵌虎纹和兽面纹饰，兽面的眼睛、兽牙及兽面周围的装饰用圆石片镶嵌而成。春秋时期漆器可以找到商、西周青铜器云纹、窃曲纹和云雷纹等纹饰演变的痕迹，具有过渡时期特点。

战国楚国漆器具有华丽浪漫的艺术风格，纹样则包括动物纹、云气纹、几何纹及生活题材等，有仿铜器夔龙、蟠龙、蟠凤、云雷纹等加以变化的纹样，还有以人、神、动物等构成的漆画装饰，其上绘有狩猎、宴乐、车马、巫师作法再辅以龙、凤等纹饰，具有十分浓厚而诡秘怪诞的巫文化色彩，成为楚文化中最有代表性的符号。因为两湖地区出土楚漆器较多，

---

① （明）刘侗著：《帝京景物略》，中国书店，2007年。

人们有更多机会观摩和接触文物，所以楚汉漆器仿制品较多，仿制品大多纹饰制作精细，主纹突出，辅纹清晰，很有迷惑力。但认真比较和分析，仍可看出毛病。首先，作伪者缺乏白描毛笔的功力，笔画死板，纹饰呆滞，线条无变化；其次，仔细对照真器观察，有些增绘的纹饰则容易露出破绽，许多纹饰笔画交代不清，轮廓模糊难辨，整个纹饰根本达不到楚漆器令人震撼的艺术境界。笔者因参加了《长沙楚墓》、《长沙汉墓》、《马王堆汉墓漆器整理与研究》等国家课题中数千件漆器的整理和研究，对于楚汉漆器十分熟悉，一见赝品就有不对劲之感觉。所以说广大爱好者和收藏者应多去博物馆观摩楚汉漆器真品，宏观审察漆器整体特征，明细观察漆器局部纹饰，用鉴别历史文物的常识加以分析研究，楚汉漆器的制作年代和真伪，是可以划分清楚的。

秦代漆器上鱼、牛、马等纹饰极富浓厚的生活气息和装饰趣味，是秦代漆器装饰特征。流云飞动的云气纹图案成为汉代漆器装饰最明显的时代特点，汉初云气纹得到了更大的张扬，汉人好神仙，云气纹中加画各种神兽、神仙，构成了一种称为“云虚纹”的新装饰纹样，组合成寓意吉祥辟邪的图案，为汉初漆器上的主体纹饰（图 12–20）。云气纹还与动物、植物纹结合成各种半抽象装饰的纹样，如云龙纹、云鸟纹、云气纹、卷云纹、云凤纹、火焰纹、几何云纹、花叶云纹等。鸟头几何云纹是汉初漆器上最常见的一种纹饰，但比战国时的凤鸟纹更加图案化。此外，璧纹、舞蹈纹、羽化升仙、狩猎纹、人物故事纹等也各具有时代特点。汉武帝以后，漆器纹饰出现了变化，一改汉初艺术风格，出现了宣扬孝子、义士、圣君、四灵、五灵和富有生活气息故事题材的图案，反映了当时人们尊崇儒家、信奉道教、“三纲五常”、“忠孝仁义”的伦理道德观。这时流行青龙、白虎、朱雀、玄武“四灵”纹。四灵又称四神，本是指方向的星辰，人们以四灵为吉祥守护神，常作漆器装饰。白虎、龟、龙、麒麟、凤凰为“五灵”纹，即“五德嘉符”传统吉祥图案，它是谶纬五行说在艺术上的具体反映。西汉晚期之后，出现了花枝摇曳或对鸟双禽之类的清新构图。目前，长沙、南京、扬州、苏州地区西汉墓葬出土较多，所以仿制西汉漆器也多于其他地区，这些仿制品最大特点是，形似神不似，用笔功力不及，纹饰笔画柔软乏力，构形萎弱松软，缺少大汉时期的生机与气韵，铭文款识字迹模糊，不同时段铭文和纹饰相互交织在一起，其结果最能说明仿器的不真实。

图 12–20

三国两晋南北朝时期纹饰注重写实，宫闱宴乐、人物故事、飞禽神兽等纹饰尤为突出。

图 12-21

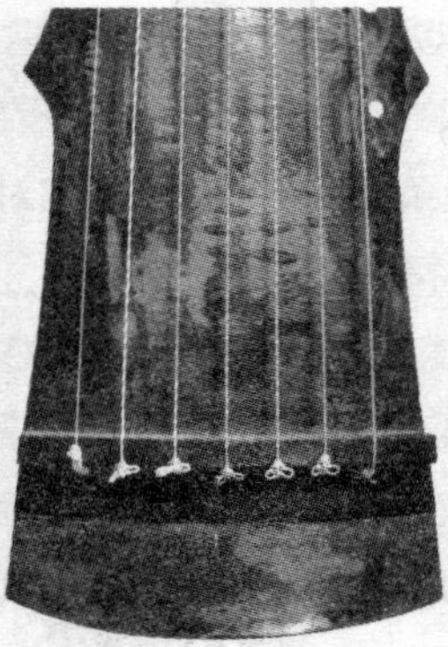

图 12-22

唐宋以来，漆器装饰面向生活与自然，双狮戏球、人物飞天等图案生机盎然，再现了浓郁的世俗化生活情趣；忍冬卷草、宝相团花、双凤飞翔、莲瓣金花、石榴牡丹等纹饰交相辉映，表现花鸟山水的大自然美丽。

明清时期漆器纹样多以花卉、动物、山水人物和吉祥如意纹等为题材，特别是作为象征帝王贵族吉祥龙凤图案很多。以花卉图案为例，有八宝纹、牡丹纹、菊花纹、茶花、莲花、梅和兰等，动物及祥瑞兽纹有双蟠、龙纹和凤纹等，其美不胜收，时代特点明确。

其四，审察断纹特征。断纹也是鉴定漆器的一个重要依据。漆器因年长月久，胎骨和漆层经常不断涨缩会产生各种裂纹，许多裂纹富有不同的审美情趣，可作漆器断代和质量的考证，故断纹出现后，不仅不视为漆器的毛病，反而以有断纹更加名贵，古有所谓“千金难买龟纹断”之说。清末赵汝珍在《古玩指南》一书中明确指出漆器上的断纹主要有牛毛断和蛇腹断两种，牛毛断多见于年代久远的漆器，其纹如发，细密而碎，多裂于坚硬漆器的表面，是经风蚀逐渐产生的，人工很难仿制。蛇腹断是明代漆器上常可见到的，多见于漆层较薄的器里器底等处，断纹较长，颇似蛇腹下纹（图 12-21）。其实断纹不止这两种，在悠久的岁月中，由于各种原因，漆器上会留下千奇百怪的断纹。如时代远久的古琴，表面有时会出现梅花纹（图 12-22）。楚汉墓出土漆器上也有断纹，脱水后的漆器，因其脱水方法和器物本身含水量不同，漆器会出现不同的开裂情况，漆皮起皱，如同水中波段一般，形成了不

图 12-23

图 12-24

同的波皱纹（图 12-23、12-24）。现代也有用断纹作装饰的漆器，故名为“断纹漆器”。不同时代断纹由于年岁不同而有不同的特点，如明代断纹多规矩，清代不仅断纹少，而且也不规矩。通常器型和纹饰容易模仿，但断纹因天然形成而较难模仿，而假断纹一般成规律性分布，必有人工制作的痕迹，可多关注断纹的细节部分。

其五，了解工艺特点。熟知不同时代漆工艺特点，是漆器鉴别不可缺少的方法之一。古代漆工艺有继承传统、陈陈相因的一面，也有发展的一面。

史前漆工艺出现了镶嵌和金箔漆器，制作精美。商周时期漆器出现贴金薄片装饰，为后世平脱工艺奠定了基础。出现了镶嵌蚌壳、蚌泡、绿松石和玉石等镶嵌技术和漆绘雕花装饰。春秋战国时期，楚式漆器工艺制作精良，其胎骨可分为木胎、竹胎、皮胎、夹纻胎、藤胎和积竹胎，后世常用的明榫、暗榫、透榫、半榫和燕尾榫等都已出现。漆器的制作工艺有描漆、描金银、金箔贴花、错金铜扣和针刻等。西汉中晚期以后，夹纻胎漆器极为普遍，彩绘、锥画、金箔贴花、扣器及镶嵌工艺交相辉映。

三国两晋南北朝时期文献记载出现了“绿沉漆器”。装饰工艺有描漆、戗金锥刻、雕刻和彩绘等方法，还出现了犀皮镶嵌鎏金铜扣漆器。在唐代漆艺术宝库中，金银平脱、宝饰镶包、嵌螺钿漆器等说明了绚丽缤纷唐代漆器艺术最高成就。具有不变形和不易豁裂特点的圈迭胎漆器开始面世，文献记载唐代另一项重要创新是雕漆的出现。

宋代雕漆出现了金、银制胎，剔犀工艺在宋代已经发展到成熟阶段，犀皮和螺钿漆器大量流行。元代名匠辈出，以“堆朱杨成”厚雕漆而闻名，同时，开创了“软螺钿”漆器的新工艺。明清漆工艺有近二十种之多，有黑漆、朱漆、金漆、描金漆、仿洋漆、彩漆、填漆、戗金漆、识文描金、堆起、嵌螺钿、百宝嵌、雕漆、漆与其他工艺相结合的器物等，争奇斗胜。

以明清两代雕漆为例，其制作工艺各有不同，即使纯属模拟前人的工艺，其风格特点也难免有所流露，据李鸿庆先生所见有以下特点：

其一，刀工，明代圆润熟练；清代纹饰纤细，刀痕显露；

其二，磨光，尤其明初的剔红，磨得看不出刀痕；清代不然，虽然打蜡，也看不出光润；

其三，漆色，明代朱红含紫，至嘉靖后如红紫色，构图简朴明朗，层次分明；清代则鲜艳没有光彩，花纹繁复；

其四，胎骨，明代多为木胎，兼有锡胎；清代还有瓷胎、紫砂胎以及皮胎，间有锡胎，但多呈黑暗色。夹纻胎作法最普遍。据鉴定专家说，明代灰泥系用漆合成，质最坚硬；至清代，尤其是乾隆以后，是用油合灰而成，容易脆裂，这也是明清两代不同的特点；

其五，款识，明清漆器的款识，永乐时为针刻填漆款，宜德时改用刀刻填以金屑，万历时刀刻填金在年款外加有干支字；至清代，仍用刀刻填金，乾隆时除年款外，在盖里或足底还镌有器物的题名，如“牡丹宝盒”等款[①]。

闻香识器

细闻漆器气味是判断漆器赝品的主要方法之一。因为古代漆器都是用天然大漆做涂料，漆的主要化学成分为漆酚、树胶质、含氮物和水分。生漆气味越酸香味越浓，说明漆酚含量高、漆酶活力大，其他应用指标亦相对稳定，可久存不易变质。为防止天然漆中的漆酸在调和中起化学反应，古代人们多用矿物盐基性金属化合物颜料，这些天然材质具有自然清香与酸香气味。但是随着时间的推移，年代久远的漆器自身的气味会慢慢挥发，特别是楚汉饱水漆器在地底埋藏了数千年，出土后什么气味也没有。传世的漆器亦如此。新仿漆器造型、漆色、断纹逼真，但气味却不容易散去，总有一定的刺鼻气味，消除这种气味需要一定的时间，用鼻子轻轻一闻就能闻出异味，有以下几种气味者须格外小心：

其一，仿制漆器大多采用腰果漆、化学漆之类代替品。因为用腰果漆、化学漆轻易可以实现的艺术效果，用天然大漆却难以实现；很长时间才能掌握天然大漆制画技巧，如腰果漆不懂的人一上手可运用自如；天然大漆的价钱比其他材质昂贵，成本不合算。这就是当前漆器工艺品市场上充斥着大量伪劣假冒漆器的主要原因。干燥后腰果漆的主要味源为环烷酸，给人强烈的油漆味刺鼻味，化学漆的气味更加刺鼻。

其二，大多作伪者采用的是劣质的陈漆仿制漆器，这样漆器身上有一股酸臭味或怪味，则为掺假发酵变质结果。

其三，仿制漆器有浓重刺鼻的现代颜料味道，肯定不是古器。

其四，作伪者也会注意气味的问题，作伪者多用其他味道来掩盖油漆味，如将一些混淆不清的香味去掩饰新仿漆器刺鼻的油漆味，但无论仿品多么貌似陈旧，都是新仿漆器。

问长问短

问长问短是判断漆器真伪的必要途径之一。如收藏一件漆器，先要笑问“客”从何处来？要仔细地从各方面探问它的身世。尤其是收集品和传世品漆器，一定要知道它是在什么地方出土、被谁收藏过等经历。如文博单位征集一件文物，必须搞清楚文物流传经过、征集时间、地点、证明人、捐赠人等情况，对于该文物的来龙去脉一定要弄得清清楚楚，并且要进行社会调查，建立卡片档案。那么，个人收藏一件文物，也应采取以上严格手续，这样

---

① 李鸿庆：《明清漆器和元代雕漆》，《文物》1957年7期。

【图 12-1】 湖北荆门包山 2 号墓出土人物车马出行图漆奁盒局部图案

【图 12-2】 湖北荆门包山 2 号墓出土人物车马出行图漆奁盒仿制品局部图案

【图 12-9】 长沙马王堆 1 号汉墓出土黑地彩绘漆棺铎舞长袖舞图

【图 12–10】 汉代漆器仿制品

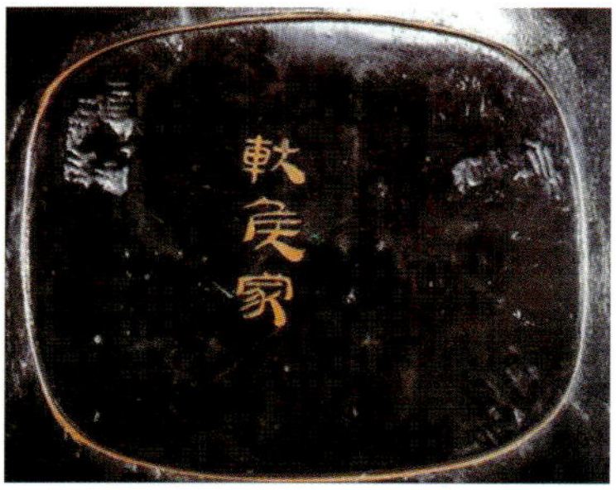

【图 12–13】 长沙马王堆汉墓出土漆器铭文“軑矦家”

图 12–14 仿马王堆汉墓出土漆器铭文“盖矦家”

【图 12-17】 灌模成型的化工合成树脂假剔红漆器

【图 12-27】 内官

【图 12-28】 十五年内官赐器府义工秉造

【图 12-29】 仪征汉墓“内官”铭记

既是对自己负责，也是对文物负责。特别是对于那些来源充满传奇色彩、流传经过离奇曲折的文物，更要格外小心。很多作伪者为了哄抬文物价格，往往要编造文物离奇的经过，使藏家信以为真。或号称文物来自上世纪初某著名地点，或某某参与暗杀行动所缴，或被运往台湾等等。由于艺术拍卖市场管理不严，加之新闻媒体不明真相炒作，助长了造假恶风，也极大地坑害了藏家。

切循琢磨

古玩市场有一句俗语，即"把玩件"，又称"手玩件"、"手把件"，即为古玩术语，指能握在手里触摸和欣赏的古器物，宋代以来，随着金石学兴起以后，一些雅好古物之士开把玩古器之风。把玩古器是赏古器人爱古物崇古器的一种表现，体现出他们对古器爱不释手恋恋不舍的情怀。其实用手去抚摸、去掂量文物其本身就是很好的鉴识漆器真伪的方法之一。

其一，大凡仿造、伪造漆器都比实际古器要重，用手掂量有一种"死沉"感和压手感。特别是经过上千年埋藏的漆器，由于缓慢腐蚀，木胎中有机物逐渐被溶解，仅存木质纤维，所以比重下降，显得轻巧，分量要轻一些。作伪者大多用新木胎仿制，胎质一般厚于原器，自然比原器分量重些。而传世漆器经过长年的使用和摆放，漆器越来越干燥结实，比新仿漆器硬。这种重感差别，主要凭经验掂量和体会。

其二，出土古代漆器，大多数土埋水浸，会留下岁月痕迹，漆色、手感与新器比较有很大的不同。肉眼细察之，脱水漆器表面一般会有起皱、开裂现象，局部还有起翘和变形的情况，旧器发出的漆光内敛，有历史的陈旧感，用手摸其表面不会太光滑，甚至于有点糙手。而新器是短时间做成的，发出的漆光为刺目"贼光"，色调浮躁，肌理干涩，假如用手摸有滑动新器感。值得一提的是，考古发掘出的未脱水漆器，因为长年浸泡在带水的淤泥中，刚出土漆器表面是很光滑的。

其三，对于传世古漆器而言，看漆器包浆是一个很好的办法。古漆器在悠悠岁月里，因把玩者手泽揣摩，衣物皮肤经久摩挲，尘埃层层积淀，器表会形成幽深沉静的亮光，具有独特的人文价值，如果用手琢磨会有滑熟细润之感。观之细微突出部分会有磨损，因外力挤压稍显向内弯曲，是自然变化而成的，因为真品只有在未脱干水条件下，才会产生这些变化，赝品则不能如此。新仿漆器棱角分明，也有伪作磨损，因在漆器尚未风干时加工而成，卷曲幅度大而显得极不自然。

其四，在用手揣摸的同时，再用手轻叩击漆器，如脱水漆器，因年代久远，漆器胎质含水量低，其胎质较轻，所以声音带闷响，而新器木质含水量较高，所以敲击起来声音发亮声。传世漆器敲击声音与新仿漆器的声音也不一样，其声音差别需要多多实践与分辨。

利用科学仪器分析辨伪

“面对待售或待购漆器的鉴别，对经验丰富的鉴赏家来说，较易根据经验辨别，但掌握此技术的学者毕竟有限，因此仪器分析的方法是有发展前景的辨别手段”[①]，可以说仪器分析是古代漆器辨伪的另一个参考依据。

其一，采用X射线透视漆器无损检测法。其对于了解古代漆器内部结构和保存状态提供科学依据，它是科学漆器检测手段中最简便的方法。对于楚汉漆器而言，埋藏地下数千年之久，会留下长期受地下水微生物和盐类等环境污染的痕迹，有些漆器虽外观完好，胎质含水量高，成腐朽状。而新仿制漆器虽采取各种方法浸泡水中，由于年份不够，与楚汉漆器胎木有很大区别。作伪就是用出土椁木做成内胎，碳14测定有一定年份，但是椁木一般没有浸入水中，与内棺浸入水中漆木器胎质仍有一定区别，这些需要仔细辨别。对于传世漆器而言，也可以用此办法。如Billie Milam和Helen Gillette用软X射线照相的方法对现存美国的部分中国元代仙鹤花卉雕漆盘胎质进行检测，发现“胎木用数枝木片拼接而成，有一条木片与其余平行木片垂直搭接，然后在木片胎上糊以麻布，盘边上圆圈系用木条圈接而成，盘中心有一个定位点，盘中的一些白色圆点可能是用漆腻填充虫洞所致，虽然漆盘表面看似完整，软X射线照片显示其周边布满了裂纹”[②]。X射线透视无损检测法可为我们辨别真假漆器提供丰富的对比信息。

其二，采用红外光谱漆膜分析法。在漆器表面刮取样品，进行红外光谱鉴别。有学者“对汉代漆膜样品与现代漆膜样品比较，发现汉代漆膜由于埋于地下数千年的腐蚀变化，漆膜样品与现代漆膜样品差别较大，尤其是$2928cm^{-1}$与$2856cm^{-1}$两吸收峰的透过率差别很明显，因此有可能利用此吸收峰的消长及强弱变化来进行年代远近的大概估计，对于漆膜分析，也可采用红外反射光谱来进行无损检测，只要有比较特殊和足够大的样品室，一些常见的古代漆器均可置于其中，然后做红外反射光谱分析，此法速度快，对器物不会造成丝毫损害，这对于鉴别古代漆器和其他类别的文物的真伪有很大的发展潜力”，此外，“红外光谱能直观地反映出漆膜与其他高分子材料的区别”[③]。红外光谱分析还可以比对

---

① 马清林、苏伯民等编：《中国文物分析鉴别与科学保护》，科学出版社，2001年。

② Billie Milam and Helen Gillette. The Getty Conservation Institute. June 10–27, Tokyo, 1985. 马清林、苏伯民等编：《中国文物分析鉴别与科学保护》，科学出版社，2001年。

③ Korte E H.and Staat H. Fresenius J Anal chem..1993, 347: 454.马清林、苏伯民等编：《中国文物分析鉴别与科学保护》，科学出版社，2001年。

大漆与腰果漆及化学漆的区别。

古漆器辨伪举例

彩绘龙凤纹木雕漆豆

因为有原器或图录可供模仿，市场上伪造的假器与我们所见曾侯乙墓出土彩绘龙凤纹木雕漆豆真器十分相似（图 12-25、12-26），其中仿制水平较高，尺寸大小及细部都与真器相差无几，彩绘、雕刻也模仿得细致微妙，可以达到以假乱真的程度，其赝品广泛流传到市面，甚至流传海外。此器为赝品，可从以下几方面辨察：

图 12-25

图 12-26

其一，据古文献记载，豆为先秦时期盛放腌菜和肉酱等调味品的器皿，亦为礼器。豆常与鼎、俎组合使用，故而“俎豆之事”常被用作祭祀的代名词，又因“鼎俎奇而笾豆偶”表示身份等级，所以，这种漆豆常以偶数形式出土于楚系高级贵族墓葬之中，并不是什么墓葬中都出土豆，迄今为止，出土漆豆的墓葬并不多见。

其二，比勘相似的漆豆只在湖北随州曾侯乙墓出土过四件，如今都收藏在湖北省博物馆。这四件漆豆包含了多元文化因素是其他漆器所不具备的，究其原因可上溯到曾国的发展史。曾即随，是西周初年周王分封在汉水以北、以东地区的诸姬姓小国之一，其从西周早期建国，到战国中后期灭于楚，有着近 700 年的历史。曾国发展史，基本上是与楚国关系的发展史。在其早期发展阶段，一度颇为强盛，“汉东之国随为大”，且保持着宗周的文化传统。春秋中期以后，随着楚国的崛起，曾国沦为楚国之附庸，其固有的宗周文化因被注入长江流域地区楚文化因素，而产生了新的活力。所以四件漆豆既兼具战国早期漆器多仿宗周青铜礼器的风格特点，又具有楚国漆器的艺术特征。目前为止，还没有发掘出土过相似的战国早期漆豆。

其三，因为笔者曾用手掂量过真器，再用手掂量仿器分量，就会发现比真器重，且有压手感。

其四，细审察其纹饰，可以发现其纹饰只是形似而神不似，画工笔画疲软无力，无功力可言，其雕刻刀法更是僵硬毫无生气。

“银口黄耳”漆耳杯

艺术品市场上曾出现过“银口黄耳”漆耳杯，此器形制、大小模仿西汉中晚“银口黄耳”漆耳杯，且十分相似，有款识铭记。此器为赝品。

其一，所谓“银口黄耳”，是指嵌有鎏金的铜耳和白银口沿的漆耳杯。据桓宽《盐铁论·散不足》记载：“今当者银口黄耳，金罍玉锺；中者野王纻器，金错蜀杯”，说明当时富裕和小康人家，都大量使用“银口黄耳”高级漆器。桓宽在汉宣帝（公元前73年—公元前49年）时任为郎，官庐江太守丞。说明“银口黄耳”这种高档漆器大量使用的时间应当是西汉中晚期，且出土于规格较高的贵族墓葬之中，考古资料证实西汉早期很少见此类高档漆器。

图12-27

图12-29

其二，谙熟不同时期漆器款识特点和演变规律，是鉴定历代漆器的主要依据之一。该耳杯底部中央朱书“内官”二字，近底部环朱书“十五年内官赐器府义工秉造”（图12-27、12-28）。“十五年”为年号；“内官赐器府”为属官，汉景帝时把主管京城仓库的大内定为二千石级的官员，设置左、右；“内官”隶属于大内；“义工”为工种；“秉”为工匠姓名。可以看出该铭文仿制1999年江苏仪征市新集庙山村赵庄西汉早期墓出土“内官”铭彩绘云气纹变形鱼纹漆盘，该盘内腹侧有针刻隶书铭文12字：“十五年内官赐器府义工秉造”，及刻文“内官”（图12-29）。该铭文特点：第一，这种比较简单的制地铭文基本上都出于西汉早期墓葬之中；第二，西汉早期漆器上铭文有年号、监工、工匠等制地者标记，基本上为针刻；第三，西汉早期制地铭文书写方式为草篆或篆隶，保留着较多的篆书形体结构，字体古拙，过渡时期书写特点明显。

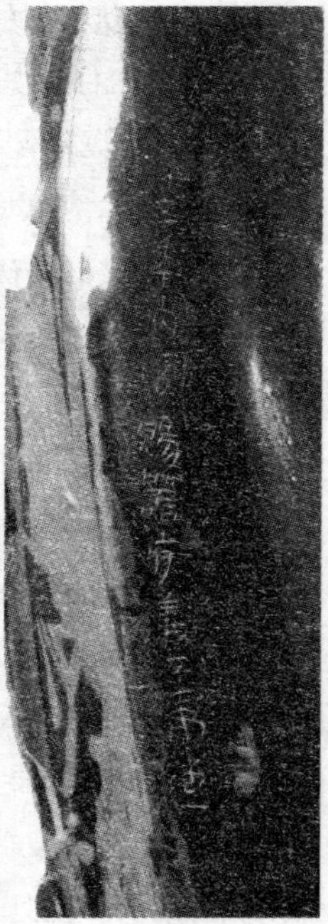

图12-28

作伪者不熟悉这个时期漆器铭文变化特点，其作伪痕迹：第一，将西汉早期常用针刻铭文内容嫁接到西汉中晚期才常见的“银口黄耳”漆耳杯上；第二，改西汉早期针刻铭文为朱书；第三，改西汉早期为草篆或篆隶为后代所常见的十分成熟的隶书,字体粗糙死板,毫无汉隶浑厚隽永之韵。

其三,用手掂量分量感到过重,因此器为新器,制作时间较短,所以发出的漆光刺目泛新,漆色浮躁干涩,用手摸有光滑新器感。用鼻闻有一股怪味。

其四,漆耳杯耳部虽嵌有鎏金的铜耳,但可以看出十分做作,有意做成剥落状,但露出的是新铜绿色。而真正的"银口黄耳"漆耳杯镶嵌鎏金剥落部分,其铜色发灰黑色。

漆器保护与修复原则

漆器保护与保养

对于高价购买的漆器艺术品,如何进行有效的维护和保养,的确需要一定的专业知识。收藏漆器大体分为以下三类:

图 12-30

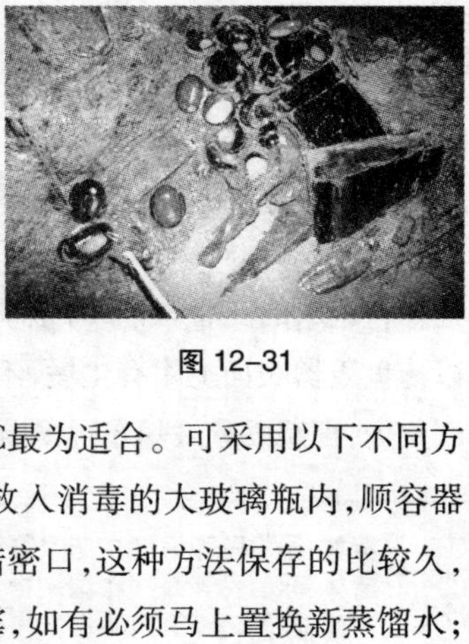
图 12-31

其一,饱水漆器的保护方法。我国南方地区,由于地质条件的原因,地下水位较高,埋在墓葬内楚汉漆器物长期受到地下水浸泡,而水分子进入胎木充填在木材的空隙中,加上外部水的浮力作用,使得器物受力较均匀,所以保存下来了大量精美的饱水漆器。这些漆器最突出一点就是含水量特别高,故又称其为"饱水器物"(图12-30、12-31)。但是这些漆器因受到各种有机物(人体分解组织等)或无机盐的影响,其质地已发生很大的变化。多数漆器出土后,外形完好,但器胎多呈糟朽状态,一旦它们离开长期处于的稳定环境,各种平衡就都会被破坏,将它们陈放空气中,很快发生胎木开裂、变形,漆皮起皱、变色,甚至损坏。假若把它们长期地保存在水里或潮湿条件下,又会发生长霉、腐烂的现象,也会导致器物的损坏。

那么,收藏饱水漆器须置于潮湿阴凉避光环境,控制室内温度和湿度,相对湿度50%-60%、温度为15℃-20℃最为适合。可采用以下不同方法保存:第一,有条件者,用蒸馏水轻轻冲洗漆器表面,后放入消毒的大玻璃瓶内,顺容器壁缓慢注入蒸馏水直到满口为止,再用橡胶皮塞塞紧、石蜡密口,这种方法保存的比较久,可达一至二年,但须时刻观察水是否变浑浊、器物是否长霉,如有必须马上置换新蒸馏水;

第二，如没条件可用新水，须经常换水，否则一旦遇到梅雨季节或夏季，污水中微生物就会繁殖；第三，如这些条件都不具备的话，或器物较大，可采用塑料薄膜包裹几层，减少器表水分蒸发，并定时洒水保持湿度，并置于潮湿环境保存，但须常观察；第三，如器物为着衣木俑，可放入与其大小合适的玻璃瓶内，瓶底铺加潮湿棉花保湿，亦可避免丝织品损坏。

但是彻底解决饱水漆器长期保存问题，最好方法是脱水分处理。目前，我国文博界取得了突破性成果，“关于饱水漆木器脱水方法有自然干燥法、冷冻干燥法、醇-醚联浸法、蔗糖置换法、明矾法、树脂浸透法等，其中树脂浸透法中有聚乙二醇法（PEG）、三聚氰胺-脲醛树脂处理法、高级醇浸透法、PEG浸透真空冷冻干燥法等，这些树脂及高分子材料又分为水溶性树脂以及非水溶性树脂法”①。对于个人藏家而言，收藏了那些含水量不高且胎质保存较好的漆器，最简单易行的方法是采用自然干燥法，其具体办法可将器物或置入封闭玻璃瓶内、或塑料薄膜包裹、或直接放入地下室阴干等方法，使其水分缓慢地蒸发，但须经常检测，防止器物霉变。其他器物脱水方法都必须送到相关科研机构进行专业脱水。

其二，糟朽漆器的保护方法。我国北方干燥地区出土的漆器，由于长期埋藏环境潮湿而缺饱和水，漆器胎木受腐蚀后，纤维素、半纤维素及木质素降解流失，缺少大量水分充填在胎木孔隙之中，多数器物木胎糟朽、变形和漆皮起皱。其主要是漆层与木胎之间的布漆层和垸漆层腐朽疏松、漆层内外面脱水速度不一致、漆层老化出现应力可塑性降低变脆等原因所致。目前，西北地区文博机构正在研究的“古代干燥漆皮回软方法”及“中国北方干燥地区出土糟朽漆器保护项目”，已取得了一定成果②，在不改变漆膜化学性质的前提下，通过直接加热或水溶液加热的方法使漆皮回软，回软后的漆膜有相当的弹性和挠曲性，更有利于漆皮的展平与加固③。如收藏这类漆器恐怕只能送相关专业机构进行脱水处理。

其三，传世漆器的保护方法。传世漆器的特性是四怕：怕热、怕冷、怕燥、怕湿。了解传世漆器基本特征，可以针对性地给出其日常的保养方法。第一，禁用水洁净器面。传世漆器表面绝大多数有断纹，如受了潮湿，水由断纹和破裂口渗入，很快引起布漆层和垸漆层分解。布漆是将麻布糊贴在“捎当”后的漆器胎上，垸漆是在布漆之后胎质上涂鲜猪血与其他辅料调成的灰漆。古漆器布漆、垸漆层黏着力很差，吸水后很容易与木胎和漆层分离。所以传世漆器表面上附有尘垢，不宜用湿毛巾揩抹，更不能用毛刷冲洗，只能用细软干净毛刷拂尘，再用柔软绒丝布缓慢顺着同一方向擦拭，以免牵动已开裂的漆皮脱落。如果是积

① 马清林、苏伯民等编：《中国文物分析鉴别与科学保护》，科学出版社，2001年。
② 马清林、苏伯民等编：《中国文物分析鉴别与科学保护》，科学出版社，2001年。
③ 马清林、苏伯民等编：《中国文物分析鉴别与科学保护》，科学出版社，2001年。

垢严重,可用油少许擦拭;第二,注意存放室的温湿度。存放室避免阳光直射,靠近强烈灯光亦不相宜,保存环境的光照度不宜超过150lux,否则漆皮受热失掉所含的水分,发脆卷曲剥落。而到冬天温度下降到零度,对传世漆器来说也是致命。所以说漆器最宜存放在恒温恒湿的常温环境中,避免温差变化,注意室内通风和通气;第三,上蜡保养。上蜡前要在漆器完全清除灰尘之后进行,喷蜡、水蜡、亮光蜡均可,上蜡时由点及面、厚薄均匀、循序渐进。上蜡可滋润漆皮,增加光泽度,还可隔绝空气,保持器身固有水分,杜绝潮湿空气侵袭;第四,小心轻放妥善保管。有条件可将漆器放入装潢匣内保存,严防外力撞击、摩擦、挤压、颠簸和震动。盐、碱类强腐蚀物质对漆器有一定损害,注意远离。

漆器修复原则

出土漆器保护修复成了文物工作者十分艰巨的一项工作。梁思成先生在研究我国古建筑的同时,致力于对古建筑的保护,以历史的眼光提出了对古建筑进行保护和修缮的原则——“整旧如旧”,他的思想早在1935年撰写的《曲阜孔庙之建筑及其修葺计划》一文中就体现出来了。他认为修复保护古建筑的目的,在于保存或恢复其原貌,以求最大限度地延长其寿命,同时还古建筑的“历史面貌”,采用其原则,是为了使文物建筑“老当益壮”,而不是“返老还童”。实际上,这个原则适用于任何有历史价值的文物,其中包括漆器文物。笔者长期工作在博物馆,对楚汉漆器文物进行了较长时间的整理和研究,要坚持漆器文物修复中“整旧如旧”原则,笔者认为,防止保护性损害,尽量不改变漆器的物理、化学性质和使用可逆性材料修复,此外,还应重视一些文人因素。

其一,考古与文献资料是“整旧如旧”漆器修复工作中的重要参考依据。在漆器修复工作中坚持“整旧如旧”的原则,首先要求证历史文献资料,从不同时期的文献资料中可以捕捉到不同时期漆器的时代特点。其次,运用考古材料,能更直白地表明漆器的时代风格。考古资料在很大程度上补史之不足,纠史之谬误。

其二,了解古代漆器地域性特点是“整旧如旧”漆器修复工作中的重要环节。漆器地域性装饰特点,是指同时期而地域不同的装饰风格,不同地域的漆器,在用材用料、工艺装饰等方面都会形成自身的特点,在修复古代漆器时,不可“一视同仁”。

其三,掌握现代漆器制作工艺对“整旧如旧”漆器修复工作具有一定的借鉴作用。了解现代漆器制作工艺过程,对探索古代髹漆技法,还原其“旧”的工艺流程有一定的借鉴作用。如熟知漆的产生及性能,了解现代制作漆器所需的设备,掌握现代漆器制胎工艺,悉知现代漆器装饰过程等都是十分重要的。这方面我们做了一些尝试的工作,如我们为完成《马王堆汉墓漆器整理与研究》课题,做了大量前期调研工作。

马王堆汉墓漆器上出现了堆漆、锥画、嵌金箔、夹纻胎扣器等许多新工艺，代表着汉初漆工艺发展的最高水平。为了弄清楚这些装饰工艺，笔者做了大量调研工作。为了了解生漆性能，笔者于四川大地震前行程二百里高山险路到北川、江油深山考察生漆的采割工艺；为了搞清楚天然生漆精制过程，笔者到厦门和苏州考察生漆过滤、晾制、晒制、细滤等精制过程；为了解脱胎漆器制作过程，到福州、厦门考察脱胎漆器制作工艺；为了熟知锥画漆器工艺，笔者到福州、扬州等地漆器厂考察现代锥画漆器髹饰过程。此外，笔者还到南京金线金箔厂考察金箔制作工艺，到北京漆器厂、成都漆器厂、苏州漆器厂、扬州漆器厂考察现代漆器装饰工艺。我们更多地掌握现代漆器制作工艺，目的是为了还原古代漆工艺流程，进一步探索马王堆汉墓漆器髹漆技法，科学地反映其用材、工艺制作的真实状况，从而获得了更多的漆工艺制作过程中的宝贵资料，为古代漆器文物修复寻找科学依据。并试图改变当下保护与修复古代漆器只注重现代科技手段、不注重原始工艺流程的作法，为现存马王堆汉墓漆器文物的修复与保护及制定合理的保存环境提供科学的依据。①

① 2008 年度国家社会科学基金资助项目“马王堆汉墓漆器整理与研究”（08BKG006）。

漆器投资

中国古代漆器自新石器时代起直至十九世纪，延绵数千年，历史悠久，源远流长，作为古代文化艺术品中的瑰宝，积淀了中华民族的传统和精神。漆器一直被历代统治者视为财富、地位、权力的象征，它不仅具有高度的艺术品价值，同时也具有很高的经济价值，深受人们的青睐，成为收藏家珍藏的精品。虽然，中国古代漆器收藏与其他门类文物相比起步较晚，但是，近年来，中国古代漆器以其迷人的魅力越来越吸引着众多收藏者的关注，受到市场的热烈追捧，显示出其巨大的投资价值。很多业内人士分析认为，未来的近几年中，漆器收藏市场将迎来自己的黄金时代。

近些年来，有关古代漆器著述有零星出版，但只停留在对部分漆器鉴赏和收藏上，而且重点放在明清漆器上，缺乏对漆器拍卖市场的整体论述。为此，我们对 1992 年艺术品拍卖市场启动以来漆器行情进行分析，对不同时代、不同类型漆器拍品进行统计，分析不同时代、不同工艺漆器拍品的发展趋势，其透露的成交量、成交额发展趋势可作为收藏漆器的重要参考资料，力争帮助广大漆器收藏者尽快了解漆器拍卖市场行情，做出正确的收藏判断。

漆器拍卖市场概述

事实上，1992 年艺术品拍卖市场开始启动，当年并没有漆器竞拍，至 1993 年艺术品拍卖市场出现第一件漆器拍品后，中国古代漆器作为一种重要的工艺品，在艺术品拍卖市场逐渐占有一席之地。据统计，1993 年至 2009 年艺术品拍卖市场漆器成交品分析（表 1），漆器拍品总数为 3402 件，成交数为 1776 件，成交率 52.2%，成交总额为 633,009,815 元人民币。漆器拍品囊括了战国、汉代、唐代、宋代、元代、明代、清代、民国等各个历史时期。漆器工艺涉及了雕漆、嵌螺钿、彩绘、填漆、戗金银、描金、一色漆等技法，几乎包括了漆器工艺的各个方面。漆器种类以生活用品和陈设品为主。这些拍卖漆器反映了中国古代漆器几千年的发展历程，展现了各个历史时期的髹漆技法和艺术品风格。综观历年拍卖漆器，有以下几个方面的特点：

其一，拍品成交量冲高回落，成交额一路走高。1993 年至 2009 年各类漆器拍品成交统计（表 2），从 17 年总成交量和成交额看（图 13–1、13–2），1993 年到 2000 年漆器拍品成交量处于一个低迷和萧条的状态。2001 年开始量价齐升，但成交量逐年增长后，2008 年、2009 年开始逐年回落，可喜的是年成交价格却在一路攀升，2004 年年成交额 49,033,290 元，而 2009 年年成交额 195,559,123 元。据统计，1993 年至 2009 年漆器拍品成交总额增长近 500 倍。其中各类拍品成交量和成交额的发展趋势与漆器总体量价走势大致相同。漆器拍品呈逐年下降趋势，而价格却呈上升势头，说明漆器拍品来源越来越少，价格却越来越高。

图 13–1 历年漆器拍品总成交量（1993–2009 年）

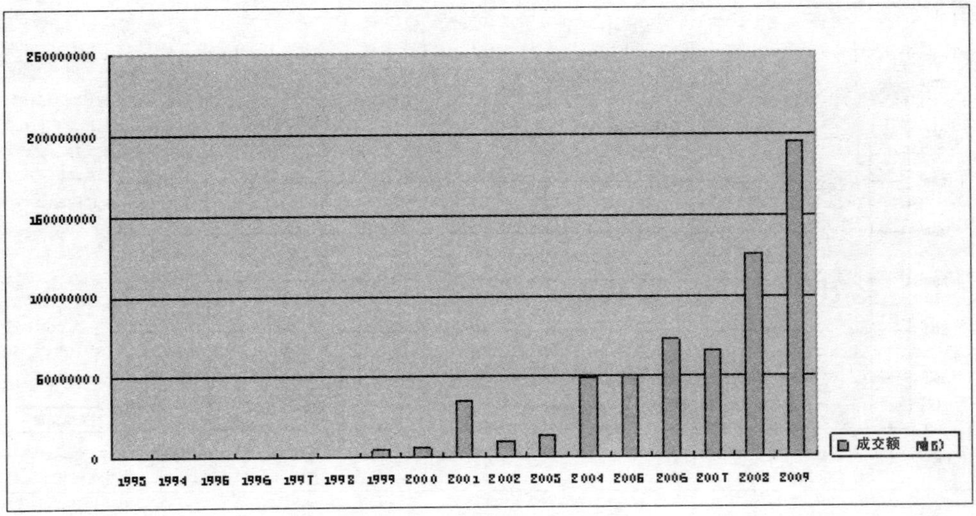

图 13-2 历年漆器拍品总成交额(1993-2009 年)

其二,拍品种类不断增多。所拍漆器品类有雕漆、螺钿漆器、戗金、描金彩绘、一色漆和其他漆器等,涉及各个时代,虽然不乏汉、宋以前的漆器,但元、明、清三代漆器却占据着绝对的优势,且以明清时期更胜一筹,其时代特色鲜明,这大约与明清两代是我国漆器制造的又一个高峰时期分不开。以历年雕漆成交拍品为例,元代 40 件,明代 333 件,清代 592 件。雕漆拍品中又以明代永乐、宣德及清代乾隆时期雕漆备受人们的青睐。据统计,1993 年至 2009 年各类漆器拍品总成交量(图 13-3),漆器拍品成交总数 1776 件,其中雕漆拍品成交数 1031 件,约占漆器成交拍品总数的 60%。毋庸置疑,剔红拍品成交量始终占据优势地位,其次是剔黑及其他雕漆、剔犀和剔彩。此外,嵌螺钿漆器紧随其后,戗金、描金彩绘、一色漆等其他漆器也成为市场追捧的对象。从 2009 年各类漆器拍品成交量看(图 13-4),由于剔红漆器来源越来越少,嵌螺钿漆器及其他漆器拍品从原来一位数,上升到二位数,且呈逐年上升,说明漆器拍卖市场由单一雕漆发展到其他工艺品类漆器,反映了漆器拍卖市场的不断发展与繁荣。

其三,成交率均在 50%以上。《1993 年-2009 年漆器拍品成交率总表》(表 3)统计,漆器拍品的成交率都在 50%以上。雕漆拍品总计 1967 件,成交拍品 1031 件,成交率 52.4%;嵌螺钿漆器拍品总计 461 件,成交拍品 250 件,成交率 54.2%;其他漆器拍品总计 974 件,成交拍品 495 件,成交率 50.8%。值得分析的是,在所有漆器中剔彩成交率是最高的,供计 73 件,成交拍品 40 件,成交率 54.8%。这大约与剔彩拍品稀少、物以稀为贵有关。

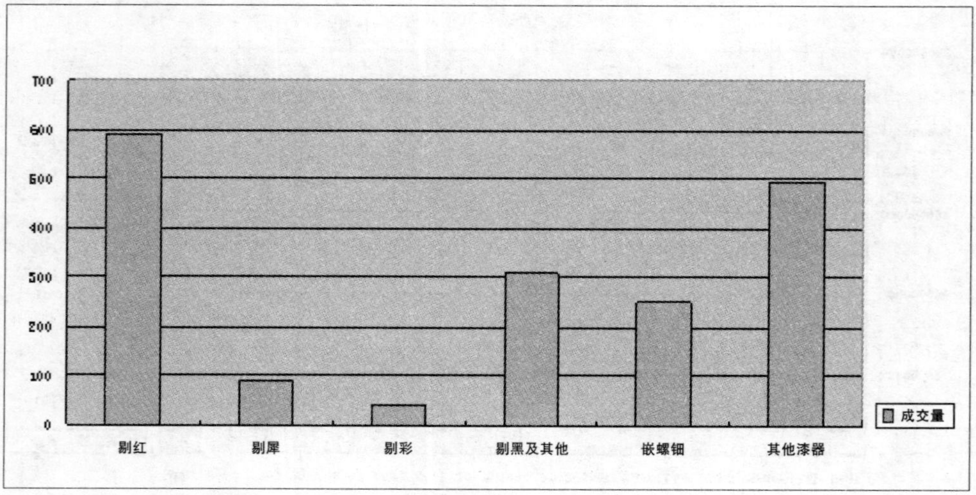

图 13-3 历年各类漆器拍品成交量(1993-2009 年)

注:(1)1993 年至 2009 年漆器拍品总数 3402 件(套);

(2)柱状图为成交总数 1776 件(套),其中剔红 591 件,剔犀 90 件,剔彩 40 件,剔黑及其他 310 件,计 1031 件;嵌螺钿 250 件,其他漆器 495 件。

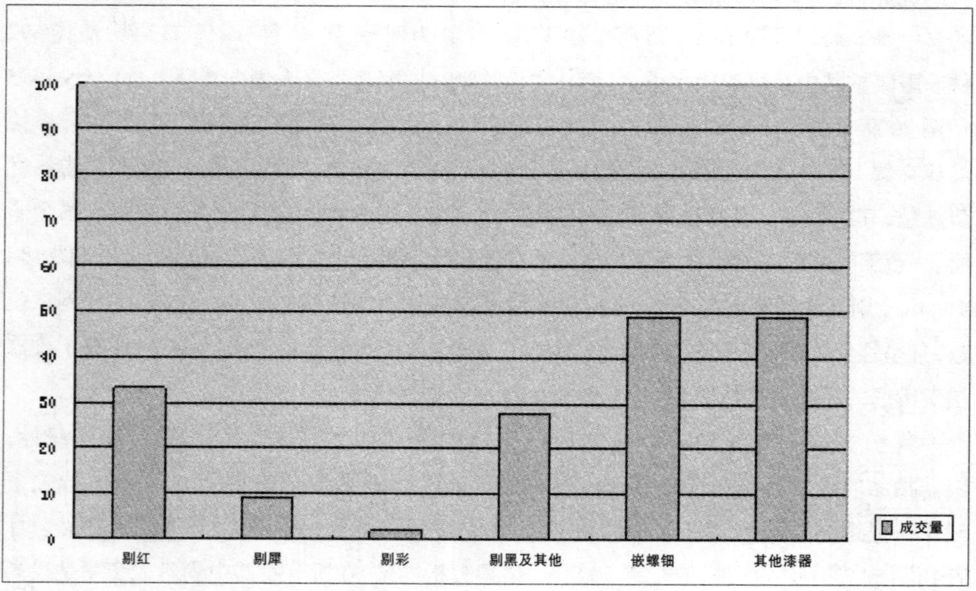

图 13-4 2009 年各类漆器拍品成交量

其四，漆器拍卖市场也不乏赝品。这与近年来古漆器收藏与投资过热有关。但市场所见假器多以战国、汉代彩绘漆器居多，漆器拍卖市场深受其害。而雕漆和镶嵌漆器造假成本太高，因此赝品并不多见。所以说，正确鉴别所拍漆器的真伪，也是研究漆器市场的重要原因。

漆器市场行情分析

古代漆器在艺术品市场前十年里一直默默无闻，处于一种边缘化品类的态势，直到近十年才被人们所重视，分析漆器市场行情发展趋势，给人们启迪颇多。

在边缘中突破、在逆境中生存

回顾过去，艺术品市场开启以来，书画、瓷器、玉器等一直是市场的主流板块，在拍卖市场占有举足轻重的地位。以玉器为例，“从 1994 年至 2005 年间，经各种拍卖公司拍卖的玉器达到 3 万余件”[①]，而 1993 年至 2009 年间，漆器成交拍品不超过二千件。漆器艺术品由于艺术品位较高，传世品少，未形成像瓷器、书画主流气候，加之流通价格、存世量、历史地位等原因，使得人们对漆器的历史、艺术、收藏价值等方面缺乏认识，藏家普遍认为漆器只是拍卖市场的边缘品类。很长时间内，一般投资者看来，边缘品类本来就是一个充满负面想象的词，因此很多收藏者在骨子里有一种对“边缘品类”本身的排斥。但是事物恰恰又有另一面，很多“机会源于大众认知的盲区和边缘”[②]。

其一，墙内开花墙外香。由于“边缘品类”不受国内艺术品市场主流资金的关注和重视，漆器拍品在边缘地带受到国内强大主流品牌的挤压就弱，反而容易获得国外收藏界即“边缘性”收藏群体的认同和青睐。2000 年以后，由于日本藏家收藏的传世漆器流入拍卖市场后，欧美国际漆器市场开始红火，墙内开花墙外香，受此影响国内漆器市场开始悄然兴起。自 2001 年 4 月 30 日香港佳士得以 12,873,700 元天价拍出 1 件明永乐剔红牡丹花卉圆盒，以 2,379,700 元拍出南宋剔红花卉双鸟纹圆盘，以 3,545,700 元拍出元剔黑花卉鸟纹莲花盘后，漆器市场价值才猛然被国人发现，国际上众多藏家开始更多地关注漆器艺术品市场。香港苏富比、香港佳士得、北京翰海、中国嘉德等拍卖公司相继有漆器上拍。

其二，拍卖市场不断细分，给“边缘品类”带来了商机。当下中国艺术品拍卖市场呈现

① 喻燕姣：《玉器鉴赏与投资》，湖南美术出版社，2007 年。
② 刘春雄：《中国式营销》，企业管理出版社，2009 年。

出多元化格局，已成为一个不争的事实。拍品越来越细划分为画卷、书帖、册页、书法、家具、古琴、邮票、钱币、铜镜、瓷器、玉玺、漆器等品类，现在的许多主流品类大多是曾经边缘化过的，其实品类分化在很大程度就是拍卖市场细分的体现。漆器作为边缘化品类在长期拍卖市场中成长，从早期杂项中且不受重视的品类中分化出来，成为收藏者们所关注的热点品类。艺术品拍卖市场多元化格局已经形成，良好的投资环境给曾经“边缘品类”的漆器市场带来了商机。

其三，在逆境中求生存，边缘品类异军突起。漆器拍卖市场根本好转之时，是2008年经济危机拍卖市场阴霾之年，边缘品类在这场经济危机的浪潮中突显其价格稳定，吸引了众多主流资金的关注，从而催化了边缘品类的成长，漆器品类当为其中。到2008年秋拍中，对拍卖市场十分敏感的职业藏家们开始密切关注漆器及杂器，主流资金开始向漆杂板块涌动，使得2008年漆器拍品成交额飙升，年成交额126,241,469元，与2007年成交额66,576,409元相比增长约90%。接着2009年拍卖场，各品类成交历史纪录被不断刷新，成为中国艺术品市场历史上创新纪录最多的一年，“市场全面回暖，书画板块当道，边缘品类异军突起，是2009年艺术品市场的真实写照”①。在异军突起的众多边缘板块中，漆器尤为突出。藏家们继续在艺术品拍卖市场形势向好、投掷普遍资金充足的态势下跟仓，创造了2009年年成交额近2个亿的好业绩。作为内地拍卖风向标的香港拍场，漆器价格迅速上涨，10年前几十万元一件的器物，如今达到上百万甚至上千万元。当今漆器品类以诞生年代久远、制作工艺复杂、具有宫廷背景、蕴含深厚历史和艺术价值等特点，显示出拍卖市场后续优势，成为市场投资者的热烈追捧对象。

其四，边缘品类在拍卖市场上屡创佳绩，让更多人看到了古代漆器艺术品的魅力。纵观漆器拍卖市场出现了三个高峰时期，除2001年之外，第二个高峰时期是2004年。2004年10月31日香港苏富比拍卖会上，一件永乐剔红雕漆赶珠云龙纹盖盒再次引起了漆器收藏者的关注，最终以11,262,400港元（11,949,064人民币）成交，接近2001年永乐剔红牡丹花卉圆盒的天价。之后几年保持一个平稳的状态，大部分年成交额在人民币1~7千万元之间。至2008年、2009年又迎来第三个高峰时期，年成交额猛增人民币2个亿。2008年12月3日香港佳士得以29,163,200元拍出“大明永乐年制”楷书直款乾隆御题剔红雕双凤莲花盏托后，一举刷新了中国古代漆器的世界成交纪录。许多拍卖公司在近二年内推出的边缘化品类，其中漆器拍品创下了令人满意的成交结果，拍出超过千万元好成绩的公司有：中国嘉德以21,840,000元拍出明月露知音琴，北京匡时以20,720,000元拍出晚

---

① 张天羽、陈平：《红漆器能否引发漆器红——清代漆器市场投资前景分析》，《艺术市场》2010年1期。

唐至北宋太古遗音琴，香港佳士得以18,342,420元拍出元黑漆嵌螺钿广寒宫群仙宴乐图八方盖盒，香港佳士得以22,289,300元拍出明洪武剔红游归图倭角方盘。从而让更多漆器爱好者和投资者对漆器的历史和艺术品价值有了全新的了解，为民间漆器收藏提供了良好的环境。

漆器市场受多种因素制约

然而，在收藏品市场上，“收藏界比较适用大众收藏意识的‘艺术品价值优先历史价值’的习惯”，大家所遵守的规则是：“中国艺术品史上除去传统书画而言，艺术品在制作工艺环节上的人力投入往往和其最终的价值成正比。”[①]事实上，市场上漆器价格受到多种因素的制约，不同种类、不同器形、不同工艺、不同功能、不同时代，有很大区别，就是在同一个时期，也有很大的差异，即使是同类漆器中，在不同年份拍卖的行情中，其价格也大不相同。众所周知，中国是世界上发明与使用漆器最早的国家，从河姆渡新石器文化遗址发现的朱漆木碗算起，距今约有七千多年的历史了，其历史悠久，制作工艺复杂，按明代黄成著《髹饰录·坤集》分类有14门，按乔十光先生所分现代漆艺髹饰技法为8门，结合前辈的研究成果笔者大体分为髹涂、描绘、填嵌、堆饰、刻画、雕镂和雕漆等类。一般说来，对漆器价值评判标准有几个方面：

其一，历史因素占重要地位，年代久远的高于年代近的价格，“不同时期不同礼遇”[②]，尤以元明清漆器最为精美，具有升值潜力；

其二，工艺复杂的高于工艺简单的漆器价格；

其三，造型较大的高于体形较小的漆器价格；

其四，有年款和题跋的漆器价值翻番，名家制作的漆器更具有投资潜力。

当然，人们青睐那些极具投资潜质的漆器，其做工精湛、保存完好、传世品相和宫廷出身等方面也是众多参考依据。从目前的拍卖市场来看，雕漆、百宝嵌、一色漆器等无疑是市场的主力品类，不同时期、不同工艺的漆器品类受到不同程度的追捧。

主要漆器拍品成交价格逐年增长的原因

雕漆风头正红的历史因素

当下，业内人士常用的一句时髦语形容漆器艺术品市场，就是“雕漆风头正红”。诚然，当人们翻开历年漆器拍卖表，可以看到雕漆价格趋势一路走高，漆器艺术品市场的主

① 张天羽、陈平：《红漆器能否引发漆器红—清代漆器市场投资前景分析》，《艺术市场》2010年1期。
② 张天羽、陈平：《红漆器能否引发漆器红—清代漆器市场投资前景分析》，《艺术市场》2010年1期。

流产品是雕漆。其实，雕漆自诞生以来，作为漆器主要品类一直深受人们的青睐，特别是明清以来雕漆发展得到皇室推崇。人们对这一艺术品表现形式情有独钟的原因，有学者认为：“一是雕漆最能表现出物象的立体感，符合人们的审美情趣和欣赏标准；二是雕漆融绘画、雕刻、磨制、髹漆等多种工艺于一体，最能发挥髹漆艺人的聪明才智及鬼斧神工的技艺”[①]。随着不同历史时期政治、经济、文化的发展变化，雕漆工艺也形成了不同的风格特点。而不同时期雕漆特征、纹饰、技法不同，很大程度上决定了市场价格的差异，需要投资者高度重视。

雕漆始于唐，兴于元，繁于明，盛于清。古文献记载唐代已有雕漆工艺，但迄今为止未见实物，而到宋代成为漆器发展一个突出成就，因为目前只发现宋代剔黑、剔红和剔犀三种雕漆，而主要出土于墓葬之中，所以市场上所见宋代雕漆很少，且以剔红、剔犀作品为主，但这时期漆层不厚，雕刻线条简朴，多以回纹和云纹为主，价格一般在几万至数十万元之间，上百万元较少。至元代漆层增厚，雕刻刀法圆润，以花卉图案为题材的雕漆作品，花卉之下多不雕刻底纹，仅以黄漆为底，颜色鲜明，装饰浓厚，名家辈出，如漆工张成、杨茂等，他们的作品是元代雕漆的代表。但国内收藏元代雕漆数量极其有限，有一部分元代雕漆流失海外，所以市场上元代雕漆较少，多为元末作品，其价格较高。

明初统治者比较喜欢雕漆，雕漆保持元代磨工圆润、藏锋不漏、纹饰层次感强的特点，除满足宫廷需要外，还将其作为贵重礼品送给日本等国。市场上洪武时期雕漆很少，所以价格颇高，2008 年香港佳士得以 20,292,800 元拍出明洪武剔红瑶池祝寿图菱花盘，2009 年香港佳士得又以 22,289,300 元拍出明洪武剔红游归图倭角方盘，二件拍品都过两千万元。明永乐雕漆很大程度上继承了元代雕漆风格而有所创新，雕漆以盒为多，盘、匣次之；小件较多，大件较少；纹样题材主要以花卉、动物、山水人物为主；宫廷御用漆器底部开始出现纤细的针刻“大明永乐年制”款；表现出打磨十分平整、“不见刀痕见画工”的工艺特点。现存明永乐雕漆以传世品为主，且有雕漆作品被日本藏家收藏，现有传世漆器流入国际艺术品拍卖市场，对市场价格产生影响。目前拍卖市场上，永乐、宣德时期雕漆较多，拍卖价格排名前十的漆器中，永宣剔红超过半数，价格都在数百万元和数千万元之间。明宣德雕漆重要发展是剔彩漆器的出现，但市场上没有发现这时期剔彩作品。

明正统至正德八十年间约为明中期，这时期云南、甘肃地方雕漆制作较为突出，出现了锋棱不圆润的过渡时期特征。这时期雕漆作品在拍卖市场极少见到。明晚期嘉靖以后，由于官办作坊大量制作雕漆，具有强烈的宫廷风格，从早期追求精简圆润的风格转变为崇

① 张荣：《古代漆器》，第 231 页，文物出版社，2005 年 6 月。

尚纤巧繁缛的风尚，拍卖市场上嘉靖雕漆作品较多，有剔红、剔犀等。市场上还出现了嘉靖、万历时期的剔彩作品，因为剔彩雕漆到了嘉靖一朝呈现出大规模发展态势，所以传世品较多，市场上嘉、万二朝剔彩作品都在数百万元以上。明万历传世雕漆出现了少量的剔黄新品种，但市面上十分罕见，故弥足珍贵。

清代是我国封建社会最后一个朝代，"从清宫遗存的大量雕漆看，尚无顺治、康熙、雍正年款的雕漆，这时期雕漆极少，据养心殿造办处档案记载，从雍正元年至十三年间，宫廷造办处竟没有成功制出雕漆"①，清代宫廷雕漆尚存明末雕漆刀锋棱直、运刀如笔的古朴之趣②。在市场价值上，某些品相差、工艺简单的清早期雕漆作品远逊于明代的漆器精品，这就需要藏家与投资者把握断代这一关键点。

市场上最多是乾隆年款的雕漆作品，这个时期代表的雕漆作品，无不制作精美，装饰华丽，体现了清代"康乾盛世"的时代特点。由于乾隆皇帝个人对雕漆特别偏爱，雕漆得到了前所未有的发展。御用雕漆由造办处指派到苏州织造制作，其器形、纹饰等多数由乾隆皇帝亲自提出方案，其品类囊括了皇宫贵族生活的各个方面，上等佳品常受到皇帝的奖赏，并加刻乾隆御题诗。所以，苏州的雕漆代表了当时制作雕漆的最高水平。此外，据清宫档案记载，乾隆年间，每年春秋时期，各地按例还要向清宫进贡雕漆，如扬州两淮盐政官员吉庆、李质颖等人每年向宫中进贡精美雕漆作品③。这个时期雕漆的生产数量远远超过前代，达到历史巅峰。其雕漆特点：其一，"工不厌细、料不厌精"，大到屏风、床榻、凳椅，小到盘碗、奁盒，无所不容；其二，造型千姿百态，有仿荷叶、葫芦、牡丹等植物花草器具，也有仿古物的异型器具；其三，花纹图案丰富多彩，新题材不断涌现，山水人物、花鸟鱼虫、海水江崖、鱼龙海兽、龙凤祥云、仿古文字、题跋御词，无所不包；其四，雕刻技法上，继承了明晚期刀锋外露的风格，又有明早期漆厚圆润的特点，形成了精细纤巧和锋芒毕露的新风格。所以市面上乾隆雕漆不但多且制作精致，一贯是市场上的价格宠儿，其价格均一般在数百万元至千万元之间。

清嘉道以后，国运颓败，雕漆迅速萎缩，发展进入低谷，"故宫藏清嘉庆款的雕漆仅一件，清嘉庆以后没有带年款的雕漆"④，不仅在北京宫廷雕漆消亡，就是江浙、云南地方的民间雕漆也在衰弱，到清光绪年间雕漆已基本绝迹，偶尔有精巧之作，总体上比清前期有明显的衰退，清末雕漆不多见。据《清档案》记载："惟雕漆一项，久已失传……所有雕漆

---

① 张荣：《古代漆器》，第 231 页，文物出版社，2005 年 6 月。

② 张荣：《古代漆器》，第 232 页，文物出版社，2005 年 6 月。转引中国第一历史档案馆清宫档案。

③ "乾隆间两淮盐政进贡漆器单"，引自《扬州漆器史》，张燕，江苏科学技术出版社，1995 年。转引中国第一历史档案馆清宫档案。

④ 张荣：《古代漆器》，第 231 页，文物出版社，2005 年 6 月。

宝盒，无匠造办。”清末民国初年，由于宫廷修复宫内宝物，更因为西方大量收购东方华夏文物旧货，掀起了一股修复、仿造历史文物的浪潮。由于雕漆产品受到国内外藏家拍卖关注，销路很好，1905 年北京漆匠李茂隆、肖乐安等人于 1905 年筹资开办了北京首家雕漆作坊——“继古斋”，招收艺徒二十余人，后来整个民国时期北平雕漆行业发展到二十多家，从事雕漆工艺人员扩大到二百余人[①]。所以市场也出现过清末民国时期雕漆作品，作品好坏参差不齐，所以价格有高有低。

镶嵌漆器价位走高的原因

镶嵌漆器拍品价格不断攀升，因为镶嵌漆器艺术品一点也不逊色雕漆，其制作工艺极为复杂，艺术品位很高，而传世品又少，“物以稀为贵”，所以价格一直居高不下。以嵌螺钿漆器为例，镶嵌在漆器上的螺钿有厚、薄之分，故又冠以“厚螺钿”与“薄螺钿”之称，还称“硬螺钿”和“软螺钿”。考古发现最早的元代嵌螺钿漆器残片，嵌螺钿由细小的壳片组成，具有五光十色的装饰效果。元代螺钿漆器在市场很少，所以价格颇高，2009 年香港佳士得以 18，342，420 元拍出元黑漆嵌螺钿广寒宫群仙宴乐图八方盖盒，创镶嵌漆器拍品之最。

明代嵌螺钿制作工艺继续向前发展，晚期扬州还出现江千里镶嵌工艺名家，但市面上以“千里”款为铭文的嵌镶螺钿漆器真假难辨。明代嵌镶螺钿漆器市场流通数量较少，精品更少，所以弥足珍贵。

清代嵌镶螺钿工艺在继承明代传统的基础上有长足发展，其数量增多，造型丰富，大到家具，小到盘碗，既有嵌硬螺钿，也有嵌软螺钿，还有与其他工艺相结的，一般均无款识，所有在鉴定具体年代上难度较大，价格不菲。

明末扬州出现的百宝嵌漆器，在清代有很大发展，百宝嵌漆器是由多种加工的珍贵材料镶嵌而成，具有很强的立体效果，很受市场追捧，具有投资潜力，价格在数百万元以上。

其他类漆器拍品价格也在悄然上升

以造型优美和漆色纯正取胜的一色漆器，为宋代主要漆器品类，以黑色漆为主，兼有红、褐等其他色，且多有铭文，出土数量较多。市面有少量宋代一色漆，价格近百万元。与宋代一色漆器相比，元代出土一色漆很少。明代一色漆有红、黑、黄、绿、紫、褐、金等色。清代一色漆有朱漆、黑漆和金漆。朱漆、黑漆是漆工艺最常见的装饰手法，也是漆工艺中制作最

---

① 胡增瑞：《乾隆以后雕漆工艺的兴衰》，《故宫博物院院刊》1960 年 2 期。

多和最普及的一种，且大多数为实用器。特别是乾隆年间制作的脱胎朱漆盘、盖碗、盒等，均为朱漆中上乘之作。2006年中国嘉德艺术品拍卖会上，直径15.5厘米清乾隆脱胎朱漆题诗菊瓣形盖盒拍出天价，估价仅为25万—35万元，成交价居然达到了550万元。在当时艺术品市场处于调整阶段，以高出估价二十多倍成交，实出乎市场意料。该盖盒为菊瓣形，内外髹朱漆，光亮如新。上刀刻填金“乾隆年制”四字篆书款，四周绕御诗一首，署“乾隆丙申仲春月御题”，及“比德”印。盒内落印章四枚，分别是“北京内务府验讫”、“内务部验讫”、“奉□验讫”等。此为清宫造办处向苏州织造制作定的御用之物，传世数量极为有限，只在南京博物院及故宫博物院各收藏有相同的一件漆器，这也是其高价成交的原因之一。

清代金漆比明代金漆制作有较大发展，金漆是在器物上贴金的做法，清代金漆以金漆为地，加上其他装饰工艺，如描金、描银等。明清时期戗金彩漆和清代金漆作品都十分珍贵，价位都在数十万元以上。

值得一提的是，近几年来，古琴逐渐走红，琴棋书画历来为文人士大夫所钟爱，也为当下艺术品市场所追捧，其价值在不断提升。2008年上海鸿海以448,000元拍出元代髹褐漆仲尼式古琴；2009年北京匡时以20,720,000元拍出晚唐至北宋太古遗音琴，相比价格增长近50倍，说明古琴收藏价值越来越高。据媒体报道，北京匡时2010春拍“七弦遗韵——宋元明古琴”专场中，有六把古琴全部成交，其中广受关注的王世襄收藏宋朱晦翁藏仲尼式琴成交价为1120万元，凸显出著名藏家的感召力。另外，南宋高山流水古漆琴以403.2万元成交，元鹤舞古漆琴以179.2万元成交，元代龟山异材百衲古漆琴以593.6万元成交，明初房氏家藏武侯蕉叶古漆琴以336万元成交，明松云仲尼式古漆琴以201.6万元成交，三朝古琴尽数成交2833.6万元收槌，成交率100%。①

投资漆器收藏应注意的事项

目前漆器收藏市场存在的主要问题：一是漆器市场流通数量较少，精品更少；二是懂漆器的专业人士少；三是漆器的保管难度较大。所以入行门槛较高，门槛虽高，但长线投资看好，受国际市场的价格影响，国内市场漆器的价格将会升高。那么，投资漆器收藏应注意的方面是：

其一，首先要注重形而上的东西。在思想上，投资者要抱着一颗平和之心态，一种对古代漆工艺敬畏之心情，面对浓缩了中华民族情结的艺术品精品，去赞美她，去欣赏她，去读

① 引博宝拍卖网资料。

懂她。漆器制作工艺极为复杂，正如清赏阁的负责人王冬先生所言：“对于这样一件凝聚着工匠心血的艺术品，要想将其做到像流水线般生产的瓷器书画一样，那么对于这种贵族艺术品是极其不尊重的，也会使它的价值走样。”这也是他本人十分反对将艺术品市场化的理由，艺术品一旦市场化，那么人们所关注的就是它带来的经济价值，而忽略了其本身的人文艺术价值。①

其二，收藏者应根据自身资金实力、掌握专业知识的程度及收藏目的等来确定自己收藏古代漆器的范围和策略。大致分三类：第一，对于资金雄厚的收藏者来说，可以将经典的古代漆器或成套成对的漆器作为首选；第二，资金不太雄厚的收藏者可以选择中档次的古代漆器或成套成对漆器；第三，资金实力一般的人可以单件和一般性漆器作为首选。总之，漆器投资是中、长线投资品种。

其三，收藏者在投资古代漆器收藏时，不仅要仔细辨别真伪，注意漆器细节特征，更要了解藏品的来龙去脉。对于初入门者，应尽量从时代偏后的明清时期漆器入手。而同一时期的古代漆器中，把握“真、精、稀”的大方向，本着做工精湛、保存完好、艺术价值高的原则，仔细筛选，结合古代漆器收藏的实际情况，选准投资方向，把握住行情走势，谨慎操作，就一定能在古代漆器投资收藏中有所收获。

其四，注重收藏新中国成立后、20 世纪 50 年代—70 年代的漆器艺术品，这段时期制作漆器价值一直被市场低估，如扬州雕器和螺钿漆器、成都蛋壳镶嵌和螺钿镶嵌漆器、福州脱胎漆器、北京雕漆和金漆镶嵌、平遥推光漆器、天水雕填漆器、厦门漆线装饰、现代漆艺等，都具有选题贴近时代、造型丰富、做工精细、用料考究的特点。这时期作品大都是老漆艺师傅们的巅峰之作，这个时期许多精品曾是我国出口换汇的重要品种，所以说其收藏与投资价值必定有一个提升过程。

其五，做好收藏漆器的保管工作，因为漆器受气候影响较大，干燥容易裂开，太湿又容易霉菌生长，特别是未脱水漆器的保存，更要具有科学性，漆器保护是收藏过程中至关重要的一环。

① 杨列：《漆器：贵族收藏离我们有多远?》，《艺术市场》2009 年 1 期。

表 1:历年拍卖市场重要漆器成交拍品分类(1994 年—2009 年)

宋代以前漆器拍品								
拍卖日期	拍品号	朝代	拍品名称	尺寸(cm)	估价(RMB)	成交价(RMB)	拍卖公司名称	照片
2001.4.30	629	南宋	剔红花卉双鸟纹圆盘	直径 26.5	736,800–1,105,200	2,379,700	香港佳士得	
2001.4.30	621	宋	黑漆葵瓣式碟	直径 18.2	46,050–64,470	323,830	香港佳士得	
2001.4.30	622	宋	黑漆菊瓣式碟	直径 17.6	59,865–73,680	498,200	香港佳士得	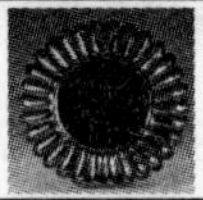
2001.4.30	646	辽、元	填漆花鸟纹革皮箱	12×11×11	HKD160,000–220,000	323,830	香港佳士得	
2002.10.27	589	宋	黑漆葵瓣式托盏	宽 16	HKD60,000–80,000	69,669	香港佳士得	
2002.10.27	588	宋/元	褐漆观音菩萨坐像	高 46	HKD100,000–120,000	101,336	香港佳士得	
2003.10.25	1128	唐	黑漆螺钿琴	长 121	无底价	2,200,000	上海崇源	
2004.11.18	314	战国	龙凤纹漆盒	30	600,000	1,540,000	天津文物	

2004.12.11	2789	宋–元	黑漆长方盘	50×33.5	无底价	19,800	中国嘉德	
2004.12.11	2961	唐	黑漆古双鸾葵花镜	直径 18	无底价	19,800	中国嘉德	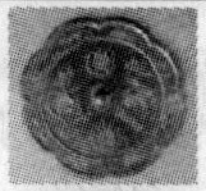
2005.12.10	2458	宋–元	剔犀如意云纹盖盒	直径 21	80,000–120,000	132,000	中国嘉德	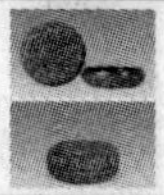
2005.6.5	412	辽	剔犀红漆金彩牡丹盘	口径 27 高 2.5	120,000–150,000	132,000	上海嘉泰	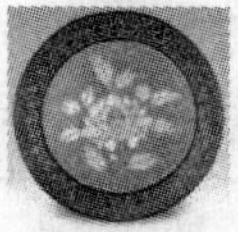
2005.6.29	184	南宋	剔红凤鸟穿花图盘	直径 32	1,300,000–1,500,000	1,430,000	上海信仁	
2005.1.23	499	战国	木胎卷云纹漆盒	直径 26 高 12	300,000–800,000	869,000	云南仁恒	
2005.12.2	1227	汉	大检朱雀纹盖盒	直径 12	300,000–500,000	396,000	北京传是	
2006.5.2	437	西汉	彩绘木俑	高 43	HKD150,000–250,000	478,400	崇源国际	
2006.5.21	252	汉	描金漆器三足盆式尊	高 14.5 口径 24.5	3,500,000–8,000,000	11,550,00	中拍国际	

2006.7.2	245	战国	云气纹圆盒	高 15.5	200,000–500,000	242,000	华夏文物	
2006.12.3	995	南宋	黑漆“玉振”仲尼琴	124×19	700,000–800,000	770,000	上海嘉泰	
2007.4.8	753	宋嘉泰元年	黑漆“焦桐遗韵”琴	119.3	HKD1,000,000–1,500,000	1,200,000	香港苏富比	
2007.11.26	386	南宋	黑漆仲尼式古琴	120×19.5	600,000–800,000	952,000	上海鸿海	
2007.8.26	26	西汉	凤纹漆壶	高 35.8	300,000–350,000	440,000	中拍国际	
2007.1.20	299	东汉	漆瑟	长 110	800,000	990,000	北京翰海	
2008.12.3	2102	南宋	剔彩缠枝莲纹折沿盘	直径 18	350,000–450,000	704,000	香港佳士得	
2008.12.3	2107	宋	朱漆葵瓣式盘	直径 18.7	100,000–150,000	915,200	香港佳士得	
2008.12.3	2106	南宋	朱漆盏托	直径 16.5	120,000–150,000	915,200	香港佳士得	

2009.5.30	2162	宋/元	雕漆屈轮纹砚盒	长 26.5	300,000–500,000	336,000	北京保利	
2009.12.1	1809	宋/元	剔犀云纹葵瓣式盘	直径 17.5	600,000–800,000	1,497,700	香港佳士得	
2009.12.1	1803	宋	黑漆菊瓣式折沿盘	宽 32	200,200–300,000	969,100	香港佳士得	
2009.12.16	1361	晚唐/北宋	太古遗音琴	长 111	4,000,000–6,000,000	20,720,000	北京匡时	

元代雕漆拍品一览表

拍卖日期	拍品号	朝代	拍品名称	尺寸(cm)	估价(RMB)	成交价(RMB)	拍卖公司名称	照片
2000.7.3	1485	元	雕漆花卉长方盘	长 30.8	100,000–180,000	220,000	北京翰海	
2000.4.30	813	元	剔红牡丹花瓣式盘	直径 20	HKD120,000–150,000	174,370	香港佳士得	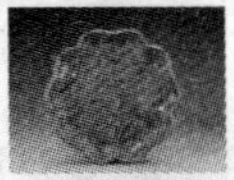
2001.4.30	635	元	剔黑花卉鸟纹莲式盘	40.6	咨询价	3,545,700	香港佳士得	
2001.4.30	640	元	剔犀如意云纹方印盒	高 12.5	36,840–55,260	211,735	香港佳士得	

2001.4.30	634	元	剔红莲花纹圆碟	直径 17	368,400–552,600	435,925	香港佳士得	
2002.10.27	586	元/明初	剔犀黑漆花瓣口盘	宽 49	552,600–736,800	823,355	香港佳士得	
2002.10.27	585	元/明十四世纪	剔彩花圆盒	直径 9.8	HKD50,000–70,000	107,670	香港佳士得	
2002.10.27	584	元/明十四世纪	剔犀云纹托盏	宽 15.9	HKD100,000–150,000	114,003	香港佳士得	
2003.8.24	961	元/明早期	剔黑双凤穿葵花纹六棱盘	宽 22	180,000–2000,000	231,000	上海敬华	
2004.11.22	2934	元–明	雕漆凤穿花文具盘	34.2×12.8	80,000–120,000	110,000	北京翰海	
2004.11.22	2935	元–明	雕漆凤穿花文具盘	32.3×16.9	120,000–160,000	121,000	北京翰海	
2005.5.2	621	元	剔犀雕漆云纹圆盖盒	直径 8.5	HKD400,000–600,000	610,560	香港苏富比	
2005.5.30	1335	元	剔红花鸟纹长方盘	长 36.2	HKD1,000,000–1,500,000	2,739,040	香港佳士得	

2005.5.30	1336	元末/明初	剔红“陶渊明爱菊图”盘	直径 16.4	HKD700,000–900,000	2,026,720	香港佳士得	
2005.11.4	607	元	剔红“张成造”款“庭院婴戏图”盘	直径 18	200,000–300,000	280,500	中国嘉德	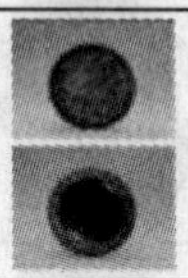
2005.11.28	1529	元	剔红莲塘纹盘	直径 28	HKD2,000,000	3,688,800	香港苏富比	
2006.4.22	1733	元	杨茂造剔红雕漆“树下耕读图”六方葵口盘	直径 20 厚 3	400,000–600,000	528,000	北京匡时	
2006.6.3	1693	元	剔红花鸟图棱口盘	直径 29.2	1,500,000–2,000,000	1,650,000	中国嘉德	
2006.6.29	1627	元	剔红雕孔雀牡丹纹葵口盘	口径 31	500,000–600,000	583,000	上海嘉泰	
2006.11.24	323	元	张成造剔红牡丹纹盘“张成造”三字直行楷书款	直径 20	2,000,000–2,500,000	4,070,000	北京诚轩	
2007.5.29	1551	元末明初	剔犀云纹葵瓣形小盘	直径 14	HKD90,000–120,000	96,000	香港佳士得	

2007.11.27	1783	元	剔红携琴访友椭圆盘	直径 25.5	300,000–400,000	406,125	香港佳士得	
2007.12.4	822	元	漆雕开光楼阁山水人物盘	直径 16.5	180,000–280,000	201,600	北京华辰	
2007.12.12	874	元或明初	剔红雕观瀑圆盘	直径 28.5	80,000–90,000	89,600	上海嘉泰	
2007.5.10	168	元	剔犀黑漆云纹大盏托	直径 20.7	700,000–1,000,000	990,000	北京诚轩	
2008.9.17	129	元	剔犀红漆云纹小圆盒	直径 11.4	USD30,000–40,000	274,000	纽约佳士得	
2008.12.8	1207	元	剔红应龙纹香盒	直径 7.5	800,000–1,000,000	1,680,000	匡时国际	
2008.12.3	2111	元	剔红牡丹绶带图盘	直径 31.1	1,200,000–1,800,000	1,707,200	香港佳士得	
2008.12.3	2114	宋/元	剔犀如意云纹盏托	直径 20	800,000–1,200,000	2,024,000	香港佳士得	

2008.12.6	2983	元	雕漆剔红花卉盏托“杨茂”款	直径 16.5	450,000–650,000	1,120,000	北京保利	
2009.1.11	1836	元	“杨茂”款雕漆山水人物盘	高 6.5	800,000–1,800,000	1,220,800	中贸圣佳	
2009.12.1	1810	元	剔黑茶花葵口盘	直径 31.7	1,500,000–2,000,000	2,026,300	香港佳士得	
2009.12.1	1811	元	剔红“濯足图”海棠式盘	宽 24.1	700,000–900,000	1,920,580	香港佳士得	
2009.12.1	1816	元	剔红牡丹双鹊六屉奁盒	高 28.2	2,000,000–3,000,000	2,343,460	香港佳士得	

元代嵌螺钿漆器及其他漆器拍品

拍卖日期	拍品号	朝代	拍品名称	尺寸(cm)	估价(RMB)	成交价(RMB)	拍卖公司名称	照片
2001.4.30	625	元	红漆菱花式盘	30	73,680–110,520	199,280	香港佳士得	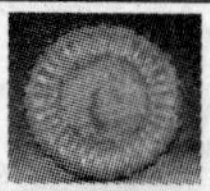
2001.4.30	627	元	黑漆菱花式碟	直径 17.8	73,680–110,520	1,330,300	香港佳士得	
2001.4.30	628	元	黑漆菱花式托盏	宽 17.2	110,520–147,360	298,920	香港佳士得	

2002.10.27	565	元	黑漆嵌螺钿花鸟纹花瓣口盆		368,400–552,600	405,344	香港佳士得	
2004.10.31	206	元	红漆葵形八棱盘	21	HKD200,000–300,000	256,800	香港苏富比	
2005.9.10	2236	元–明	漆嵌螺钿花口凤纹盘	直径 24	25,000–35,000	176,000	中国嘉德	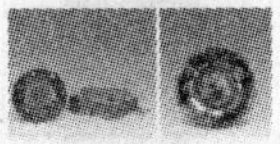
2005.6.29	195	元/明	款彩凤凰图盖盒	直径 31	250,000–280,000	27,5000	上海崇源	
2005.7.12	140	元/明	雕木加漆菩萨坐像	高 114.3	USD19,000–27,000	192,361	伦敦佳士得	
2006.11.28	1692	元	朱红漆菱花式盘	宽 25.4	HKD30,000–50,000	34,944	香港佳士得	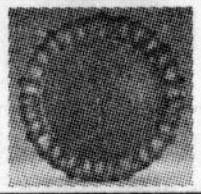
2006.11.28	1608	元	木漆金观音菩萨半伽像	高 37	HKD400,000–600,000	686,400	香港佳士得	
2006.12.3	994	元	黑漆“风啸云明”仲尼式琴	119×19	250,000–300,000	286,000	上海嘉泰	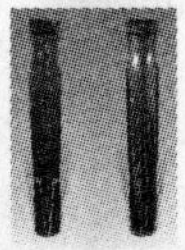
2007.4.22	140	元末明初	螺钿花鸟长方盘	长 36	HKD80,000–100,000	92,000	崇源国际	

2007.5.29	1568	元末明初	漆嵌螺钿荷塘鸳鸯几	42	HKD350,000–450,000	360,000	香港佳士得	
2007.7.1	916	元	黑漆仲尼式“水月宗风”古琴	119×18.5	170,000–200,000	187,000	上海嘉泰	
2008.12.3	2113	元	黑漆嵌螺钿“荣归图”长方盒“螺钿匠尹俊华”刻款	直径 29	1,500,000–2,000,000	4,452,800	香港佳士得	
2008.6.26	348	元	褐漆仲尼式古琴“松风”篆书款	119.5×19	400,000–500,000	448,000	上海鸿海	
2009.12.1	1823	元	黑漆嵌螺钿“广寒宫群仙宴乐图”八方盖盒	长 36.5		18,342,420	香港佳士得	
2009.5.27	1906	元	黑漆嵌螺钿文会图印盒	高 13.7	2,000,000–3,000,000	8,465,600	香港佳士得	

明代雕漆拍品一览表

拍卖日期	拍品号	朝代	拍品名称	尺寸(cm)	估价(RMB)	成交价(RMB)	拍卖公司名称	照片
1994.9.19	105	明嘉靖	剔红开光龙凤碗	直径 16.2	100,000–150,000	110,000	北京翰海	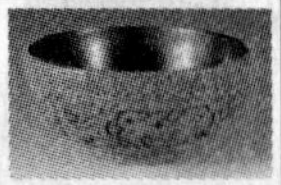

1994 年	553	明	云纹剔犀漆盌	口径 19.4	HKD70,000–90,000	83,720	香港佳士得	
1995.5.11	799	明永乐–宣德	庭园高士图剔红盒	直径 18	40,000–60,000	71,500	中国嘉德	
1996.11.15	1408	明	剔红瓜果圆盒	直径 7.3	40,000–60,000	44,000	北京翰海	
1996.11.15	1410	明永乐	雕漆麒麟盒（“大明永乐年制”刻款）	直径 8.2	120,000–200,000	165,000	北京翰海	
1996 年	563	明嘉靖	剔红牡丹龙捧寿纹梅花形盘	12.7	60,000–80,000	155,250	香港苏富比	
1997 年	1285	明	剔红山水方盘	长 26	15,000–20,000	19,800	北京翰海	
1998 年	1387	明初	雕漆花果圆盒	直径 6.5	70,000–100,000	55,000	北京翰海	
1999.4.20	163	明宣德	剔红菊花纹圆盒	直径 12.2	350,000–450,000	385,000	中国嘉德	
1999.4.20	164	明	剔犀黑漆雕如意云纹圆盒	直径 19.4	60,000–80,000	66,000	中国嘉德	

1999.11.1	760	明宣德	剔红牡丹纹盘	直径 25.4	HKD350,000–450,000	798,220	香港佳士得	
2000.4.30	814	明	剔红楼台仙会图盒	直径 27	HKD350,000–450,000	622,750	香港佳士得	
2000.4.30	817	明	剔犀云纹套盒	高 21	HKD120,000–180,000	124,550	香港佳士得	
2000.12.9	1471	明永乐	雕漆人物圆盒	直径 22	200,000–300,000	440,000	北京翰海	
2000.12.9	1469	明嘉靖	雕漆开光龙凤碗	直径 16.3	150,000–250,000	154,000	北京翰海	
2000.12.9	1470	明万历	雕漆牡丹绶带纹茶桌	长 79.5	120,000–200,000	121,000	北京翰海	
2001.4.30	637	明永乐	剔红牡丹花卉大圆盒	直径 32	1,200,000–1,600,000	12,873,700	香港佳士得	
2001.4.30	642	明永乐	剔犀云纹圆盒	10.2	110,520–147,360	805,600	香港佳士得	
2001.4.30	644	明永乐	剔红牡丹花卉圆盒	直径 16.5	294,720–414,450	1,213,700	香港佳士得	
2001.10.29	665	明永乐	剔红雕漆赶珠龙纹盖盒	23.5	HKD700,000–900,000	3,662,035	香港苏富比	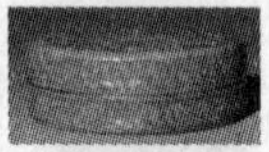

2001.4.30	643	明永乐	剔红云龙纹棋子罐及盖	高 13.5	147,360–202,620	863,900	香港佳士得	
2001.4.30	636	明宣德	剔犀黑漆莲瓣式碟	直径 19.2	184,200–276,300	805,600	香港佳士得	
2002.5.7	623	明永乐	剔红雕漆牡丹纹盖盒	26.3	HKD4,000,000–6,000,000	3,625,200	香港苏富比	
2002.7.1	2112	明初	雕漆人物花卉节盒	高 24	28,000–38,000	132,000	北京翰海	
2002.10.27	581	明永乐	剔红牡丹花卉圆盒	直径 21.9	322,350–414,450	506,680	香港佳士得	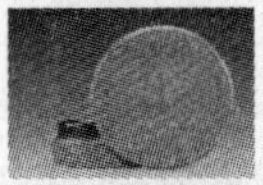
2002.10.27	566	明十四/十五世纪	剔红花卉双鸟纹花瓣口盘		1,381,500–9,210,000	1,477,746	香港佳士得	
2002.10.27	591	明嘉靖	剔红果纹盘 两件	直径 10.8	HKD100,000–150,000	126,670	香港佳士得	
2003.7.13	1275	明嘉靖	剔红雕龙纹大圆盒	直径 36	150,000–250,000	330,000	中国嘉德	
2003.11.26	1145	明嘉靖	烹茶扫石图剔红长方盒	长 12.6	30,000–50,000	165,000	中国嘉德	

2003.11.26	1146	明	进狮图剔红圆盒	直径 8.1		209,000	中国嘉德	
2003.4.20	1399	明早期	剔犀如意云纹方盘底红漆“文昌沐置”款	宽 24	180,000–200,000	187,000	上海崇源	
2003.4.20	1401	明永乐	剔红花鸟纹盘	直径 32	250,000–300,000	258,500	上海崇源	
2003.10.25	1130	明	剔犀如意纹盘	直径 33.7	150,000–180,000	165,000	上海崇源	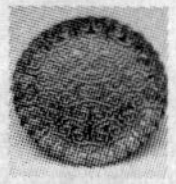
2003.11.27	938	明嘉靖	剔红开光龙凤纹碗“大明嘉靖年制”六字竖行楷书款	直径 16.2	60,000–70,000	176,000	北京华辰	
2004.1.12	2631	明	雕漆花卉圆盒	直径 8.2	38,000–58,000	682,000	北京翰海	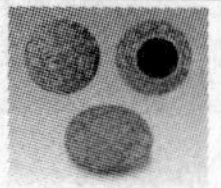
2004.10.31	6	明永乐	剔红雕漆赶珠云龙纹盖盒	23		12,050,768	香港苏富比	
2004.10.31	18	明嘉靖	剔红雕漆赶珠龙纹“八仙贺寿”圆盖盒	20	HKD2,200,000–2,800,000	3,062,768	香港苏富比	

2004.11.1	845	明嘉靖	剔红云芝寿字暗八仙纹棱口盏盒	宽 18.4	HKD350,000–450,000	409,168	香港佳士得	
2004.11.1	848	明嘉靖	剔彩花石鹤“圣”字图方形盏盒	直径 22.9	HKD900,000–1,200,000	2,704,693	香港佳士得	
2004.11.22	2915	明宣德	雕漆人物圆盒	直径 12.2	160,000–200,000	440,000	北京翰海	
2004.11.22	2917	明嘉靖	剔红漆雕花鸟长方盒	25×15.8	180,000–220,000	462,000	北京翰海	
2004.4.25	317	早明	剔红雕穿花双绶鸟图盘	31.2	HKD1,000,000–1,500,000	1,265,168	香港苏富比	
2004.4.26	976	明嘉靖	剔彩莲塘龙舟图荷叶形托盘	21.5	HKD800,000–1,200,000	1,626,133	香港佳士得	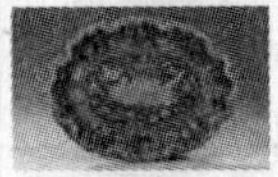
2004.4.26	1105	明十六世纪	剔红十六罗汉菱形盘	宽 29.2	HKD250,000–300,000	511,460	香港佳士得	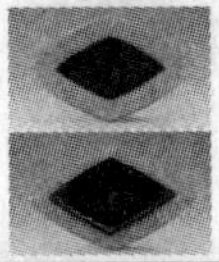
2004.5.16	323	明早期	剔犀如意纹葵口大盘	直径 35.2	300,000–500,000	682,000	北京华辰	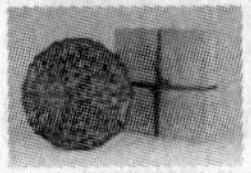

2005.5.2	618	明万历	剔红雕漆开光式云龙纹“天下太平”方盖盒	29.5	HKD250,000–300,000	445,200	香港苏富比	
2005.6.29	183	明初	剔红人物花卉纹四层奁盒	高 19.5	800,000–850,000	880,000	上海崇源	
2005.11.28	146	明宣德	剔红牡丹花卉圆盒	直径 10.8	HKD800,000–1,000,000	954,000	香港佳士得	
2005.5.30	1352	明 16 世纪	剔黑牡丹纹长方盘	24×38	HKD120,000–150,000	534,240	香港佳士得	
2005.6.6	452	明嘉靖	剔红云中五龙纹大盘	直径 36	EUR19,000–19,000	432,000	德国纳高	
2005.11.28	1550	明	剔黑牡丹花纹盘	直径 42	HKD200,000–300,000	610,560	香港佳士得	
2005.12.12	3210	明永乐	剔红牡丹纹盘	直径 33.8	1,000,000–1,500,000	2,145,000	北京翰海	
2006.5.30	1529	明十五世纪	剔红婴戏图六方形套盒	13.3	HKD500,000–700,000	561,600	香港佳士得	

2006.6.26	2416	明	剔红牡丹纹圆盒	直径 15	600,000–800,000	682,000	北京翰海	
2006.6.26	2426	明	剔红龙凤纹捧盒“大明宣德年制”款，伤	直径 18.8	1,500,000–1,800,000	1,705,000	北京翰海	
2006.12.18	2273	明	剔红花卉纹盒	直径 9.7	30,000–50,000	506,000	北京翰海	
2006.5.30	1527	明初	剔红牡丹纹盘	直径 17.1	300,000–400,000	954,000	香港佳士得	
2006.6.26	2413	明	剔红凤纹牡丹花口大盘	直径 36.8	800,000–1,000,000	1,485,000	北京翰海	
2006.10.7	904	明永乐	剔红雕漆庭园赏松图梭口盆“大明永乐年制”款	宽 19.4	1,500,000–2,000,000	1,908,000	香港苏富比	
2007.5.29	1558	明万历	剔彩指日高升图捧盒	直径 23	HKD500,000–700,000	1,320,000	香港佳士得	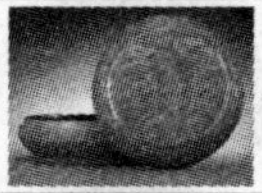
2007.6.25	2626	明永乐	剔红童子献寿圆盒	直径 19	1,500,000–1,800,000	1,568,000	北京翰海	
2007.5.29	1359	明宣德	剔红双螭荷叶式盘	宽 24.5	1,500,000–2,000,000	4,973,760	香港佳士得	

2007.5.29	1360	明永乐	剔红观荷图海棠式小盘	宽 19.7	900,000–1,200,000	1,069,200	香港佳士得	
2007.5.29	1557	明十六世纪	剔彩凤戏牡丹长方盘	长 42.7	HKD500,000–700,000	720,000	香港佳士得	
2007.5.29	1565	明十六世纪	剔红西园雅集图长方盘	宽 40.5	HKD400,000–600,000	780,000	香港佳士得	
2007.10.9	1636	明 15 世纪末	剔红雕漆“松石庭园”图方盘	长 30.3	800,000–1,000,000	919,125	香港苏富比	
2007.5.29	1555	明十六世纪	剔红花卉纹葵瓣式盏托	宽 21	HKD200,000–300,000	780,000	香港佳士得	
2007.4.8	759	明万历	剔彩加彩嵌螺钿赶珠云龙纹条案	79×157.5×47	500,000–700,000	6,969,600	香港苏富比	
2007.4.8	749	明嘉靖	剔红雕漆“紫宿”仙人图方斗	高 31.9	1,200,000–1,500,000	2,613,600	香港苏富比	
2008.5.27	1563	明万历	剔彩跃龙捧寿长方形宝盒填金“大明万历乙未年制”款	宽 32	4,000,000–6,000,000	4,230,600	香港佳士得	

2008.12.3	2134	明万历	剔红龙凤戏珠纹长方盖盒填金“大明万历壬辰年制”楷书款	直径 25.7	1,000,000–1,500,000	2,552,000	香港佳士得	
2008.12.3	2117	明洪武	剔红瑶池祝寿图菱花式盘	直径 34.3	6,000,000–8,000,000	20,292,800	香港佳士得	
2008.12.7	2087	明	剔红花鸟花口大盘	直径 45	1,000,000–1,500,000	1,120,000	北京翰海	
2008.5.27	1935	明 16 世纪	剔红雕番莲纹葫芦形执壶	高 23.2	1,500,000–2,000,000	1,062,600	香港佳士得	
2008.12.3	2126	明嘉靖	剔犀如意云纹六方执壶	高 23.8	6,000,000–8,000,000	5,297,600	香港佳士得	
2008.12.3	2119	明永乐	乾隆御题剔红雕双凤莲花盏托针刻“大明永乐年制”楷书直款	直径 17.5	咨询价	29,163,200	香港佳士得	
2008.12.3	2131	明嘉靖	剔彩龙凤戏珠纹渣斗	高 16.2	3,000,000–4,000,000	4,769,600	香港佳士得	
2009.12.1	1819	明永乐	剔红茶花圆盒	直径 13.3	1,200,000–1,500,000	1,497,700	香港佳士得	

2009.12.1	1818	明洪武	剔红游归图倭角方盘	宽 40	10,000,000–15,000,000	22,289,300	香港佳士得	
2009.12.1	1820	明永乐	剔红菱花式爱鹤图盘	直径 35.2	2,500,000–3,000,000	4,034,980	香港佳士得	
2009.12.19	2904	明宣德	剔红文人雅集图盘	直径 33.8	1,000,000–1,500,000	1,344,000	中国嘉德	
2009.12.1	1822	明宣德	剔红云龙纹盏托	直径 13.1	1,200,000–1,500,000	2,977,780	香港佳士得	
2009.12.1	1829	明嘉靖	剔彩双凤莲花 四季花卉长方匣各一	24.7×27×19	4,000,000–6,000,000	5,303,620	香港佳士得	

明代嵌螺钿漆器及其他漆器拍品一览表

拍卖日期	拍品号	朝代	拍品名称	尺寸(cm)	估价(RMB)	成交价(RMB)	拍卖公司名称	照片
1995.5.11	803	明万历	紫漆琴	122×19×13	80,000–120,000	176,000	中国嘉德	
1996.11.15	1348	明	木雕漆金观音	高 9	12,000–18,000	19,800	北京翰海	
1996.11.15	1349	明	木雕漆金送子观音	高 20	15,000–20,000	33,000	北京翰海	

1997 年	1284	明万历	彩漆长方盒	长 23	30,000–50,000	60,500	北京翰海	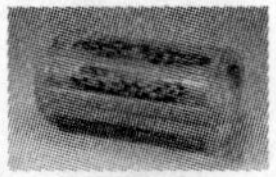
1997 年	1143	明	木雕金漆佛像	高 41	20,000–30,000	27,500	北京翰海	
1998 年	1111	明末 清初	彩绘金漆观音座像	高 36	HKD50,000–70,000	61,525	香港佳士得	
1999.4.20	168	明万历	黑漆嵌螺钿牡丹诗文案	长 58.3	250,000–350,000	462,000	中国嘉德	
1999.4.21	1008	明万历	雕填彩漆云龙纹盘		250,000–350,000	462,000	中国嘉德	
1999.11.1	763	明万历	彩绘填金跃龙捧寿纹方托盘	35.3×35.3	HKD40,000–50,000	73,830	香港佳士得	
1999.7.3	1566A	明初	木漆金坐佛	高 81	300,000–500,000	308,000	北京翰海	
1999.7.3	1566B	明初	木漆金坐佛	高 81	500,000–800,000	506,000	北京翰海	
2000.1.9	1473	明	彩漆浅刻花卉长方盒	长 32.2	100,000–150,000	99,000	北京翰海	

2000.10.30	989	明成化	木彩漆观音菩萨坐像		138,150–184,200	211,735	香港佳士得	
2000.11.6	1468	明	漆金观音	35.8	20,000–30,000	22,000	中国嘉德	
2000.12.11	1623	明	漆雕凤纹漆几	40×19	20,000–30,000	23,100	北京翰海	
2001.4.25	1494	明万历	雕填彩双龙纹长方盖盒	22×19×12.5	180,000–250,000	242,000	中国嘉德	
2001.11.4	1314	明崇祯	彩绘描金人物图漆盒	29.5	180,000–220,000	220,000	中国嘉德	
2001.4.30	645	明嘉靖	彩漆填金福寿图圆托盘	直径 34.8	147,360–202,620	498,200	香港佳士得	
2002.10.27	595	明十六世纪	黑漆嵌螺钿庭院仕女图长方盘	长 39.2	HKD70,000–90,000	82,336	香港佳士得	
2002.5.7	624	十七世纪	嵌螺纽加金银片庭园高仕图墨漆长方	39.8	HKD60,000–80,000	75,048	香港苏富比	
2003.9.1	1884	明	犀皮金漆长方箱	37.4×20.7	200,000–300,000	200,000	北京翰海	

2003.11.26	1138	明万历	缠莲八宝纹彩金象描金紫漆大箱	高 97	1,200,000–1,800,000	1,320,000	中国嘉德	
2003.11.26	889	明万历	铜漆金观音坐像		80,000	209,000	北京华辰	
2003.11.26	1147	明嘉靖	龙纹戗金细勾填漆柜门残件	高 100	60,000–100,000	275,000	中国嘉德	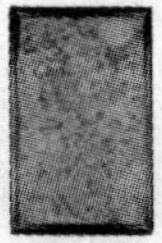
2003.11.26	1148	明嘉靖	龙纹戗金细勾填漆柜门残件	高 100	60,000–100,000	341,000	中国嘉德	
2004.4.25	322	十六世纪	黑漆嵌螺钿仙人图盖盒	25.7	HKD70,000–90,000	89,880	香港苏富比	
2004.12.11	2791	明	黑漆螺钿石榴双雀大盘	直径 43	无底价	79,200	中国嘉德	
2004.4.26	980	明末/清初	填漆莲瓣形攒盒	直径 46	HKD200,000–250,000	191,798	香港佳士得	
2004.11.22	2916	明宣德	漆彩绘开光云龙圆盒	直径 15.2	60,000–80,000	1,078,000	北京翰海	

2004.1.12	2636	明	木雕漆金送子观音像	高 33.5	50,000–70,000	50,600	北京翰海	
2005.9.10	2481	明	黑漆嵌铜人物麒麟盖盒	长 61.5	10,000–20,000	110,000	中国嘉德	
2005.7.17	1477	明	漆彩绘嵌瓷五彩人物盒	直径 11.3	120,000–160,000	170,500	北京翰海	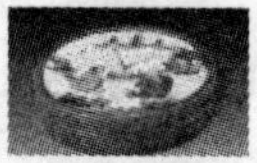
2005.5.30	1343	明 15/16 世纪	漆嵌螺钿人物庭院图八棱盘	31	HKD400,000–600,000	534,240	香港佳士得	
2005.10.23	483	明十六世纪	黑漆嵌螺钿“庭园赏玩图”卷轴搁	34.7	HKD100,000–120,000	101,760	香港苏富比	
2005.6.20	2452	明宣德	戗金彩漆缠枝花卉长方盒一套(四件)	直径 12.5 43.5×29	600,000–800,000	660,000	北京翰海	
2005.6.20	2461	明万历	戗金彩漆龙长方盒	45×27.5	280,000–350,000	286,000	北京翰海	
2005.10.23	476	明嘉靖	彩漆填金“佛狮戏球图”棱口盘	45	HKD80,000–100,000	108,120	香港苏富比	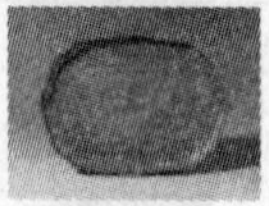

2005.11.28	1554	明嘉靖	填漆戗金龙纹棱口盘	直径 18.4	HKD300,000–350,000	356,160	香港佳士得	
2005.6.29	196	明	“秋涧鸣远”铭仲尼式古琴	长 125	280,000–300,000	308,000	上海崇源	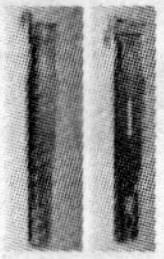
2005.7.10	1566	明	仲尼式黑漆古琴	115.5×19	120,000–180,000	132,000	上海朵云轩	
2005.5.30	1226	明万历	漆描金连纹笔	长 24.5	HKD80,000–100,000	534,240	香港佳士得	
2006.6.29	1687	明	五彩点螺无双谱人物纹折腰盘（五只/套）	口径 12	50,000–60,000	55,000	上海嘉泰	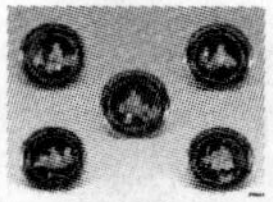
2006.8.27	167	明万历	漆绘人物龙纹长方经盒	23×11×10.5	150,000–180,000	165,000	浙江钱塘	
2006.10.29	166	明	犀皮金漆八角盖盒	直径 30	150,000–200,000	187,000	上海博海	
2006.12.15	1302	明	犀皮漆扇形盒	46	45,000–45,000	49,500	天津文物	
2006.6.3	1694	明万历	黑漆描金龙凤纹笔	长 24	250,000–350,000	462,000	中国嘉德	

2006.11.22	1861	明嘉靖	黑漆彩绘龙纹毛笔“大明嘉靖年制”六字单行楷书款	长 22	100,000–150,000	352,000	中国嘉德	
2006.11.22	1859	明永乐	朱漆戗金莲托八宝纹经板	79.5×22	150,000–200,000	165,000	中国嘉德	
2007.11.6	115	明末清初	黑漆螺钿葵花式小香盒	4.6×2.9	40,000–50,000	117,600	北京诚轩	
2007.10.9	1641	明十六世纪	黑漆嵌罗纹“寿鹤图”长方盘	33.8	HKD80,000–120,000	100,000	香港苏富比	
2007.11.25	584	明嘉靖	粿金螺钿漆盘	高 37	HKD200,000–230,000	287,500	长风拍卖	
2007.5.29	1567	明十六世纪	漆嵌螺钿八仙供寿几	宽 47.6	HKD100,000–150,000	114,000	香港佳士得	
2007.10.9	1642	明十六世纪	黑漆嵌罗纹开光式“庭阁人物图”长方几	59.7×42×17.5	HKD250,000–350,000	307,500	香港苏富比	
2007.11.5	2169	明万历	漆嵌螺钿笔	长 26	15,000–25,000	448,000	中国嘉德	

2007.6.25	2624	明嘉靖	戗金彩漆龙凤纹银锭式盒	长 27	120,000–160,000	134,400	北京翰海	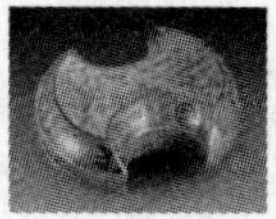
2007.8.20	1875	明	“皇明祖训” 描金云龙纹漆盒	39×15.5×8	2,000,000–3,000,000	2,240,000	中贸圣佳	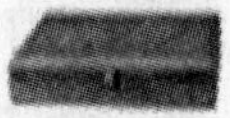
2008.9.17	134	明十六世纪	黑漆嵌螺钿“伏虎罗汉图”委角方盘	宽 21.2	USD12,000–18,000	171,250	纽约佳士得	
2008.12.17	199	明中晚期	漆嵌螺钿 “思君恩”束腰香几	50×32×14	150,000–180,000	168,000	上海道明	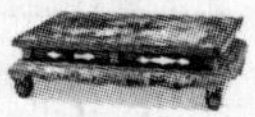
2008.1.9	109	明末清初	大漆嵌软螺钿描金山水人物纹屏风	高 230×59×56	4,200,000–5,500,000	4,620,000	中鼎国际	
2008.5.11	2130	明万历	漆戗金花卉龙纹梅花式盒“大明万历乙未年制”楷书款	直径 13	200,000–300,000	313,600	北京翰海	
2008.5.21	554	明万历	戗金彩漆金云龙纹箱	76	300,000	418,000	北京匡时	
2008.12.3	2593	明永乐	戗金麒麟纹朱漆盝顶箱	19.7×19.7×21.6	600,000–800,000	598,400	香港佳士得	

2008.10.11	2648	明	大漆夹纻胎释迦牟尼坐像	高 66	600,000	817,600	北京翰海	
2008.5.15	555	明万历	戗金彩漆金龙戏珠纹长桌“大明万历丙辰年制”楷书款	长 112	700,000	1,012,000	天津文物	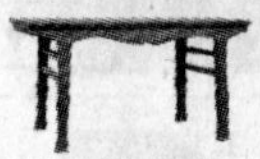
2009.4.11	1622	明万历	红漆洒螺钿嵌珐琅面五足香几	长 89.5	3,000,000–5,000,000	4,347,200	香港苏富比	
2009.5.27	1813	明	黑漆嵌螺钿荷叶式六足香几	长 94	5,000,000–7,000,000	7,937,600	香港佳士得	
2009.5.29	1958	明	仲尼式古琴	长 117	180,000–250,000	280,000	中国嘉德	
2009.11.21	2116	明	月露知音琴	长 121	4,800,000–6,800,000	21,840,000	中国嘉德	
2009.8.2	161	明末清初	大漆彩绘仕女人物书画柜	79×51×56	250,000	313,600	中鸿信	
2009.9.12	2921	明	黑漆描金加彩云龙纹笔	长 25	80,000–120,000	212,800	中国嘉德	

清代雕漆拍品一览表

拍卖日期	拍品号	朝代	拍品名称	尺寸(cm)	估价(RMB)	成交价(RMB)	拍卖公司名称	照片
1994.11.9	811	清乾隆	雕漆荔枝随形盒	11.8	10,000–15,000	8,800	中国嘉德	
1994.11.9	812	清乾隆	雕漆佛手随形盒	11.3	20,000–30,000	20,900	中国嘉德	
1994.11.9	813	清乾隆	雕漆三骏盒	15.3	30,000–40,000	30,800	中国嘉德	
1995.4.12	917	清乾隆	雕漆梅花式盒	直径 14.1	20,000–30,000	19,800	北京翰海	
1995.10.5	1170	清中期	雕漆佛手盒	高 5.8	15,000–20,000	17,600	北京翰海	
1995.10.5	1175	清中期	剔红庭院婴戏图海棠式盒	32.4×23.3	60,000–80,000	60,500	北京翰海	
1995.10.9	762	清乾隆	雕漆刻鼓琴高士盒	直径 17.4	60,000–80,000	63,800	中国嘉德	
1995.5.11	800	清中期	雕漆龙纹碗	直径 20.8	100,000–150,000	99,000	中国嘉德	
1996 年	872	清中期	雕漆圆盖盒一对	17	140,000–180,000	132,000	中国嘉德	

1996.11.15	1409	清中期	剔红方盒	11.5×7.5	12,000–15,000	15,400	北京翰海	
1996 年	564	清十八/十九世纪	剔红蝠鱼莲纹葫芦壁瓶（一对）	17	20,000–25,000	23,000	香港苏富比	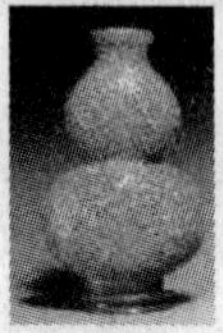
1996.11.15	1340	清中期	剔红人物如意	长 41.5	20,000–30,000	24,200	北京翰海	
1997 年	1282	清	雕漆书形长方盒	长 16.7	20,000–30,000	28,600	北京翰海	
1997 年	1283	清	雕漆人物捧盒	直径 28	20,000–30,000	19,800	北京翰海	
1997 年	1286	清	雕漆开光博古双联盒（二件）	长 32.7	20,000–30,000	60,500	北京翰海	
1997 年	1215	清乾隆	雕漆花卉纹碗(一对)	直径 12.8	25,000–35,000	27,500	中国嘉德	
1998 年	1069	清十九世纪	剔红人物山水纹圆盒	直径 13.2	HKD30,000–40,000	55,373	香港佳士得	
1998 年	1388	清	剔红绿彩草虫盒	长 13.9	20,000–30,000	22,000	北京翰海	

1998 年	1389	清	雕漆人物双联盒	长 12.9	20,000–30,000	55,000	北京翰海	
1998 年	1390	清乾隆	雕漆人物圆盒	直径 17.5	50,000–80,000	48,400	北京翰海	
1999.4.20	171	清中期	剔红如意纹倭角方盒	直径 19.4	15,000–25,000	63,800	中国嘉德	
1999.11.1	761	清乾隆	剔红婴戏图圆盒	直径 15	HKD250,000–350,000	344,540	香港佳士得	
1999.7.3	1529	清中期	雕漆如意纹大盘	直径 62.5	80,000–120,000	77,000	北京翰海	
1999.7.3	1530	清中期	剔红殿阁式带屉香几	高 28.5	380,000–450,000	347,000	北京翰海	
1999.11.1	686	清乾隆	御制剔彩诗句笔筒“大清乾隆御制”刻款	高 10.2	HKD100,000–150,000	110,745	香港佳士得	
2000.10.31	979	清乾隆	剔红海水龙纹盖长方盒	宽 25.4	HKD200,000–300,000	249,100	香港佳士得	
2000.10.31	1012	清	剔彩山村花纹书本式盖盒	宽 16.5	HKD120,000–150,000	747,300	香港佳士得	

2000.11.6	1429	清乾隆	剔红春寿八宝纹桃形捧盒	45.5	150,000–200,000	176,000	中国嘉德	
2000.1.7	1405	清乾隆	雕漆嵌瓷彩花卉鼻烟壶	高 6.8	80,000–120,000	143,000	北京翰海	
2000.10.30	980	清乾隆	剔红开光高士亭台楼榭图双耳尊	高 47	HKD150,000–200,000	186,825	香港佳士得	
2001.4.29	569	清乾隆	剔红山水人物图方盒	32.5×32.5×10.8	HKD120,000–150,000	149,460	香港佳士得	
2001.4.30	743	清乾隆	剔红海水龙纹圆盒	直径 16.9	110,520–138,150	149,460	香港佳士得	
2001.7.2	1829	清中期	雕漆狩猎图圆盒	直径 17.8	120,000–180,000	330,000	北京翰海	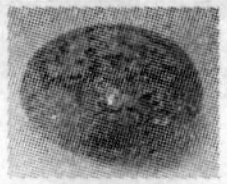
2001.10.29	666	清乾隆	剔红庭院放鹤图圆盖盒	18.1	HKD250,000–350,000	274,010	香港佳士得	
2001.10.29	667	清乾隆	剔红婴戏图方盖盒	23.2	HKD200,000–300,000	398,560	香港佳士得	
2001.10.29	670	清乾隆	织文剔红观莲图八方盒	45.7	HKD180,000–200,000	161,915	香港佳士得	

2001.12.15	201	清乾隆	剔红御题诗茶碗(一对)	直径 11.3	250,000–350,000	264,000	上海敬华	
2001 年	678	清乾隆	剔红漆题诗茶碗(一对)	11.3	HKD350,000–400,000	432,745	香港苏富比	
2001.1.7	757	清乾隆	剔红山水云龙插牌	51.5	150,000–250,000	154,000	北京盘龙	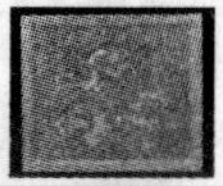
2002.6.23	838	清乾隆	剔红文人雅集图案长方盖盒	14×10	80,000–100,000	83,600	上海敬华	
2002.10.27	592	清乾隆	剔红荔枝纹葵瓣式盒	7.6	HKD60,000–80,000	95,003	香港佳士得	
2002.10.27	593	清乾隆	剔彩石榴纹盒	7.3	HKD40,000–60,000	63,335	香港佳士得	
2002.10.27	600	清乾隆	剔彩春寿宝盒	直径 39.3	138,150–184,200	164,671	香港佳士得	
2002.12.1	1115	清	剔红山水人物纹圆盖盒	直径 37	130,000–150,000	132,000	上海敬华	
2002.12.1	1116	清乾隆	剔红山水群仙纹圆盖盒	直径 14.6	25,000–30,000	68,200	上海敬华	

2002.12.9	1718	清中期	雕漆婴戏图盒	高 11.2	60,000–80,000	62,000	北京翰海	
2002.10.27	597	清乾隆	剔彩山水人物图文具提匣(一对)	20.3×21.6 ×30.5	506,550–644,700	823,355	香港佳士得	
2003.7.7	731	清 18 世纪	剔红山水商士访友图方盒(一对)	高 28	HKD300,000–400,000	228,006	香港佳士得	
2003.10.26	95	清乾隆	剔红雕山水人物图多层盖盒(一对)	高 20.5 宽 16.7	HKD160,000–180,000	216,240	香港苏富比	
2003.10.26	784	清乾隆	剔红锦纹书本式盖盒“大清乾隆御制”篆书刻款	宽 16.5	HKD500,000–700,000	1,610,935	香港佳士得	
2003.10.26	785	清乾隆	剔彩九龙宝盒	直径 28.9	HKD180,000–250,000	228,006	香港佳士得	
2003.10.25	1131	清乾隆	剔红云龙纹大盘	直径 40	250,000–300,000	242,000	上海崇源	
2003.10.26	786	清乾隆	剔红开光婴戏图盆连座(一对)	直径 22.9	HKD300,000–400,000	354,676	香港佳士得	
2003.7.7	598	清乾隆	剔红波浪龙珠纹小柜(一对)	高 59.4	HKD350,000–450,000	506,680	香港佳士得	

2003.7.7	733	清18世纪	剔彩王质遇仙图掐屏（一对）	高 43.2	HKD180,000–220,000	202,672	香港佳士得	
2003.9.1	1882	清	雕漆御题诗山水人物鹿头尊	高 39	800,000–1,000,000	750,000	北京翰海	
2004.4.26	925	清乾隆	御制剔彩岁朝锭形套盒	全高 26	HKD3,000,000–4,000,000	5,101,493	香港佳士得	
2004.6.28	1947	清乾隆	雕漆人物圆盒	直径 17.8	250,000–350,000	418,000	北京翰海	
2004.11.22	2919	清乾隆	剔红雕漆山水人物提盒	长 24.5	300,000–500,000	880,000	北京翰海	
2004.10.31	200	清乾隆	剔红雕漆“庭园采芝祝寿图”方笔筒	11.3	HKD1,200,000–1,500,000	1,684,608	香港苏富比	
2004.4.16	1286	清中期	雕漆嵌碧玉对联	158×42.5	600,000–650,000	1,012,000	上海敬华	
2004.11.1	1000	清乾隆	剔彩缠枝莲纹铺首耳大尊	高 68	HKD1,000,000–1,500,000	1,146,773		

2005.5.30	1275	清乾隆	剔红群仙庆寿图圆盒	直径 47.3	HKD400,000–500,000	661,440	香港佳士得	
2005.5.30	1346	清乾隆	剔红龙戏珠纹海棠形盖盒(一对)	31.8	HKD300,000–500,000	636,000	香港佳士得	
2005.10.23	390	清乾隆	御制剔红雕漆团花锦地书式盖盒	长 20	HKD1,000,000–1,200,000	2,026,720	香港苏富比	
2005.5.30	1266	清嘉庆	剔红龙纹圣寿万年银锭形盘	25.7	HKD400,000–600,000	610,560	香港佳士得	
2005.9.20	104	清乾隆	御题诗雕漆屏风	长 118 高 96.5	USD50,000–70,000	2,911,040	纽约佳士得	
2006.5.30	1281	清乾隆	御制梅花形剔红八仙庆寿纹内填漆组盒(一对)	宽 17.8	2,000,000–3,000,000	2,264,160	香港佳士得	
2006.11.28	1699	清乾隆	剔红婴戏图八棱盒	宽 48	800,000–1,000,000	1,017,600	香港佳士得	
2006.11.28	1703	清乾隆	剔红如意形福寿延年宝盒	宽 47.6	HKD500,000–700,000	936,000	香港佳士得	
2006.12.18	2277	清乾隆	剔红团龙花卉纹书函式盒	30.3×17.6	1,200,000–1,500,000	1,210,000	北京翰海	
2006.4.10	1526	清乾隆	剔红乾隆御制诗笔筒“乾隆御制”款	直径 10.1	3,500,000–4,500,000	6,063,200	香港苏富比	

2006.10.8	1095	清乾隆/嘉庆	剔红雕漆高士赏游图笔筒	口径 13.5	1,200,000–1,500,000	1,780,800	香港苏富比	
2006.5.30	1265	清乾隆	剔彩庭园婴戏图殿阁形小柜	高 48.2	800,000–1,200,000	1,208,400	香港佳士得	
2007.5.29	1413	清乾隆	剔彩春寿宝盒	直径 39.5	1,000,000–1,500,000	1,188,000	香港佳士得	
2007.6.24	309	清乾隆	剔红雕漆开光博古牡丹花卉纹盖盒	高 13.5	1,200,000–1,800,000	1,430,000	北京华辰	
2007.11.25	581	清乾隆	雕漆剔红八仙西洋鎏金羊首盖盒(一对)	高 51	1,200,000–1,500,000	1,529,500	长风拍卖	
2007.11.27	1795	清乾隆	御制漆雕山水人物蒜头瓶(一对)	高 49.5	400,000–600,000	1,090,125	香港佳士得	
2007.10.9	1645	清乾隆	剔红雕漆书卷式多宝格柜组合	34×13×28	HKD300,000–400,000	1,147,500	香港苏富比	
2007.11.27	1828	清乾隆	剔红几式百宝匣	34×13×28	500,000–700,000	1,603,125	香港佳士得	
2008.4.11	2863	清乾隆	御制剔彩雕漆春寿宝盒“大清乾隆年制”、“春寿宝盒”款	直径 35.8	5,000,000–7,000,000	5,216,200	香港苏富比	

2008.4.11	2865	清乾隆	御制剔红雕漆嵌白玉杂宝“太平有象图”圆盖盒	直径 37.4	800,000–1,200,000	2,646,600	香港苏富比	
2008.7.6	1188	清乾隆	红雕漆庭院婴戏图捧盒	直径 45	1,200,000–1,500,000	1,344,000	朵云轩	
2008.11.10	2245	清中期	剔红贴玉石仙山楼阁五扇屏风	196×285	1,000,000–1,500,000	1,120,000	中国嘉德	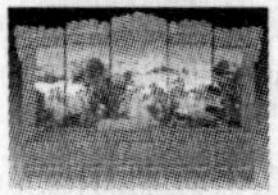
2008.4.30	204	清光绪	剔红立龙（一对）“万古长春”、“大清光绪九年制”款	138×156	5,000,000–7,000,000	6,720,000	长风拍卖	
2008.10.8	2216	清乾隆	铜胎剔红雕漆“汉宫春晓图”铺铜兽首碧玉活环钵	直径 39.5	3,500,000–4,500,000	3,502,400	香港苏富比	
2009.11.21	2121	清乾隆	剔彩双龙捧寿倭角方盒	19×19	800,000–1,200,000	1,344,000	中国嘉德	
2009.10.8	1647	清乾隆	剔红雕漆“赶珠云龙图”盏托及“六龙宝碗”	长 20.1	800,000–1,200,000	1,497,700	香港苏富比	
2009.11.11	3517	清早期	剔红花卉盏托	高 9	900,000–1,200,000	1,008,000	北京翰海	
2009.11.24	3125	清乾隆	剔红海水龙纹香几	高 88	1,200,000–1,800,000	2,016,000	北京保利	

2009.10.8	1644	清乾隆	剔红雕漆“水波游龙图”提匣	高 33.5	800,000–1,000,000	1,286,260	香港苏富比	
2009.10.8	1828	清乾隆	铜胎剔红雕漆“水波游龙”圆钵	长 18	250,000–350,000	2,343,460	香港苏富比	
2009.12.1	1984	清乾隆	剔红万蝠如意炕案	长 81	500,000–700,000	1,074,820	香港佳士得	

清代嵌螺钿漆器及其他漆器拍品一览表

拍卖日期	拍品号	朝代	拍品名称	尺寸(cm)	估价(RMB)	成交价(RMB)	拍卖公司名称	照片
1994.9.19	106	清中期	黑漆嵌螺钿山水人物鼓式攒盒	直径 42.5	38,000–50,000	92,400	北京翰海	
1994.9.19	107	清中期	堆红开光山水方盒	长 24.2	25,000–28,000	30,800	北京翰海	
1995.4.12	919	清中期	黑漆嵌螺钿节盒(一对)	高 30.5	20,000–30,000	44,000	北京翰海	
1995.10.5	1227	清中期	素池漆砚	13×9.5	60,000–80,000	66,000	北京翰海	
1996 年	336	清末	漆嵌钧瓷鼻烟碟(二件)		5,000–8,000	24,200	北京翰海	

1996.11.15	1460	清中期	漆嵌青花瓷七言挂屏	长 143	30,000–50,000	33,000	北京翰海	
1997 年	1126	清乾隆	彩绘描金“佛日常明”漆盘	直径 22	100,000–150,000	110,000	北京翰海	
1997 年	1263	清中期	漆仿黄杨木梅花笔筒	高 13.2	30,000–50,000	35,200	北京翰海	
1998.10.27	1180	清中期	嵌螺钿山水图方盒	12.6×12.6×12.4	30,000–40,000	33,000	中国嘉德	
1998 年	1392	清乾隆	漆御制诗小插牌	直径 9.2	40,000–60,000	39,600	北京翰海	
1998 年	1393	清	漆花卉六方盖罐	高 16	38,000–50,000	33,000	北京翰海	
1999.7.3	1527	清	檀香嵌工字玉香盘	长 22.5	40,000–60,000	48,400	北京翰海	
1999.11.1	750	清	嵌百宝岁朝吉祥图挂屏	94×58.8	HKD80,000–100,000	61,525	香港佳士得	
1999.11.1	751	清	嵌杂宝安居乐业图紫檀挂屏	75.5×40	HKD70,000–90,000	67,678	香港佳士得	
1999.4.20	316	清初	夹纻金彩漆罗汉像	30.5	20,000–30,000	35,200	中国嘉德	

1999.4.20	173	清中期	黑漆金彩牡丹寿字纹盖碗	直径 18	25,000–35,000	27,500	中国嘉德	
2000.1.7	1521	清中期	花梨嵌螺钿花鸟笔筒	高 16.2	100,000–150,000	110,000	北京翰海	
2000.10.30	1007	清康熙	嵌螺钿黑漆花石人物纹锡胎盖壶	高 19	HKD120,000–150,000	249,100	香港佳士得	
2000.5.7	1160	清康熙	描金山水人物图长方形黑漆盒	51.5×34.5×14.5	400,000–600,000	242,000	中国嘉德	
2000.12.9	1398	清康熙	象牙漆刻梅花笔筒		600,000–800,000	715,000	北京翰海	
2000.11.6	1528	清雍正	紫檀漆面炕桌	35×96×54.5	80,000–120,000	132,000	中国嘉德	
2001.4.25	1493	清初	黑漆嵌螺钿仕女婴戏图盘(一对)	12	22,000–32,000	24,200	中国嘉德	
2001.12.15	202	清初	黑漆嵌螺钿茶盖碗(二件)	直径 9.9	20,000–40,000	46,200	上海敬华	
2001.4.25	1495	清乾隆	褐地彩绘佛日常明纹漆盘(一对)	16	50,000–70,000	55,000	中国嘉德	
2002.12.9	1721	清中期	漆嵌螺钿圆盒	直径 33.2	30,000–50,000	28,000	北京翰海	

2002.11.3	1514	清早期	黑漆嵌螺钿竹林七仕图小几	35.8×28.4×11.5	30,000–50,000	49,500	中国嘉德	
2002.12.2	299	清	漆金木雕花卉狮子插牌嵌玉人物六角台	高 71×67.5	15,000–25,000	35,200	上海友谊	
2002.12.1	1099	清	漆金木观音站像	高 29	30,000–35,000	27,500	上海敬华	
2003.7.7	536	清乾隆	黑漆嵌螺钿海棠形盒	7	HKD30,000–50,000	82,336	香港佳士得	
2003.11.27	936	清	黑漆嵌螺钿花鸟纹银锭形盖盒“乾隆年制”四字二行篆书款	6.5×5	40,000–50,000	231,000	北京华辰	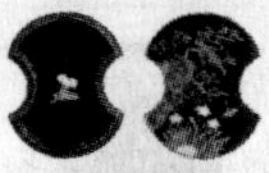
2003.9.1	1883	清康熙	金漆彩绘松鼠葡萄八棱捧盒	长 39	40,000–60,000	100,000	北京翰海	
2003.11.26	1158	清乾隆	瓜蝶纹洒金地识文描金漆瓣式捧盒	长 39	150,000–250,000	220,000	中国嘉德	
2003.7.7	600	清乾隆	彩绘描金楼台狮子漆灯台(一对)	179	HKD300,000–400,000	380,010	上海崇源	
2004.11.22	2921	清乾隆	漆金彩嵌螺钿福字盒(二件)	长 6	50,000–80,000	154,000	北京翰海	

2004.11.22	2918	清中期	贴黄双龙八仙长方盒	30.8×16	450,000-650,000	605,000	北京翰海	
2004.11.22	2920	清乾隆	填漆彩绘八仙檀香盒	22.6×17.6	300,000-500,000	880,000	北京翰海	
2004.1.12	2633	清早期	漆木长方托盘	52.5×29.7	80,000-120,000	82,500	北京翰海	
2004.11.20	1044	清乾隆	朱漆金圣旨筒	长 40.5	80,000-120,000	90,200	太平洋	
2004.4.25	880	清十九世纪	褐漆刻竹林高士图鼻烟壶	高 6.42	HKD150,000-200,000	191,798	香港佳士得	
2005.5.2	567	清乾隆	御制象牙镂雕锦地染色嵌石祝寿图镜连“金蟾吐珠”金漆木座	127	HKD500,000-700,000	636,000	香港苏富比	
2005.6.20	2455	清乾隆	描金彩漆瓜蝶葵瓣式盒	直径 39.8	220,000-320,000	242,000	北京翰海	
2005.12.12	3221	清早期	戗金漆彩绘山水人物长方盒	36.8×20.4	150,000-250,000	154,000	北京翰海	
2005.3.30	15	清十八/十九世纪	漆胎彩画蝙蝠图鼻烟壶	高 6.52	USD8,000-12,000	278,208	纽约佳士得	

2005.6.20	2463	清乾隆	戗金彩漆画箱(2件)	长 86.5 高 43.5	700,000–900,000	770,000	北京翰海	
2006.12.18	2417	清早期	木漆嵌百宝花鸟长方套盒	长 26.1	350,000–380,000	385,000	北京翰海	
2006.3.19	217	清道光	漆红山水楼台人物纹大盖盒	直径 38.5	150,000–200,000	181,500	北京市古天一	
2006.5.30	1534	清十八世纪	描彩漆牡丹蝙蝠纹圆盒	39	HKD200,000–300,000	399,360	香港佳士得	
2006.11.22	1840	清乾隆	脱胎朱漆题诗菊瓣形盖盒“乾隆年制”四字二行篆书款	直径 15.5	250,000–350,000	5,500,000	中国嘉德	
2006.11.23	1366	清乾隆	添彩填漆龙纹葵口大漆盒	直径 45.5	125,000–150,000	143,000	北京匡时国际	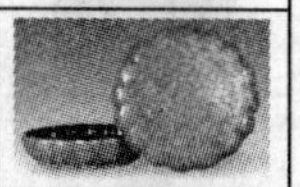
2006.6.26	2225	清乾隆	黑漆红彩描金瓜蝶碗(二件)	直径 12.6	600,000–800,000	2,860,000	北京翰海	
2007.5.12	1894	清	卢葵生制嵌百宝漆砂砚	直径 10.5	50,000–70,000	280,000	中国嘉德	
2007.12.2	2149	清中期	彩漆百宝嵌花卉笔筒	高 17.3	45,000–65,000	705,600	北京保利	
2007.11.5	2170	清同治	黑漆雕云蝠毛笔	长 29.3	18,000–25,000	246,400	中国嘉德	

2007.11.26	230	清乾隆	红漆描金云蝠纹多宝格	高 84	250,000–300,000	358,400	上海鸿海	
2007.6.24	282	清	漆绘群仙祝寿四季花卉大屏风	高 288 长 576	400,000–500,000	440,000	北京华辰	
2007.10.21	150	康熙	康熙漆器彩绘海水龙纹六扇屏风	40.5×183×6	380,000–580,000	643,500	南京正大	
2007.11.26	388	清乾隆	紫漆镶象牙仲尼式古琴	124×21	80,000–100,000	246,400	上海鸿海	
2008.5.27	1562	清乾隆	朱漆描金万福如意五层盒	高 34	600,000–800,000	851,400	香港佳士得	
2008.5.30	2141	清雍正	扇式漆盒“大清雍正年制”款	长 89	1,000,000–1,500,000	1,568,000	北京保利	
2008.9.17	166	清康熙	黑漆彩绘瑶池集庆图十二扇围屏	高 282 宽 632	USD20,000–30,000	385,313	纽约佳士得	
2008.10.8	2686	清乾隆	金漆木贴竹簧“寿山福海图”“太平有像”（一对）	高 31.7 宽 34.5	500,000–800,000	545,600	香港苏富比	
2008.10.26	242	清	黑漆金砖方几	90×37×80	7,900–10,000	242,000	南京正大	

2009.3.28	3005	清	漆地嵌百宝山水人物纹大插屏	高 199.2	100,000–150,000	1,064,000	中国嘉德	
2009.11.23	2125	清康熙	黑漆嵌螺钿山水人物多穆壶	高 69	1,200,000–1,800,000	3,136,000	北京保利	
2009.5.27	1814	清 17 世纪	黑漆百宝嵌圆角柜	高 135.9	4,000,000–5,000,000	4,452,800	香港佳士得	
2009.10.8	1806	清乾隆	御制模印葫芦“云蝠捧寿”圆四方抹角笔筒	高 14.2	1,000,000–1,500,000	1,286,260	香港苏富比	
2009.11.22	55	清康熙	髹黑漆描金雕龙纹大宝座	104×74×110		37,950,000	北纬拍卖	
2009.12.13	665	清雍正/乾隆	识文描金嵌玉内玻璃外宫绘四季花鸟图宫灯(一对)	高 55.5	900,000–1,500,000	1,008,000	北京永乐	

近现代漆器拍品及无确切朝代漆器拍品

拍卖日期	拍品号	朝代	拍品名称	尺寸(cm)	估价(RMB)	成交价(RMB)	拍卖公司名称	照片
1997 年	1288	近代	紫檀雕龙髹漆长方盒	长 38	6,000–9,000	5,500	北京翰海	

2000.5.7	1163	民国	俞金海制菠萝漆竹胎笔筒	17.5	5,000–8,000	7,700	中国嘉德	
2003.11.26	1166	近代(1957年)	多宝臣制三螭纹堆红圆盒	长 16.7	10,000–20,000	60,500	中国嘉德	
2003.12.16	83	民国	银制餐具(九十二件)	尺寸不一	9,000–10,000	17,600	上海东方	
2004.7.3	441	现代	铜胎剔红雕漆九龙闹海大缸	高 68 腹径 98	2,000,000–3,000,000	2,200,000	上海崇源	
2005.6.16	825	民国	脱胎漆雕花卉赏瓶	高 46	10,000–15,000	9,900	天津国拍	
2005.11.4	617	近代	多宝臣制三螭纹堆红圆盒	直径 16.7	10,000–20,000	24,200	中国嘉德	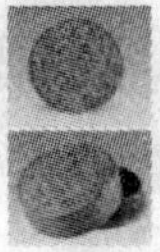
2006.3.12	2213	民国	漆描金诗文笔筒	高 11.8	18,000–18,000	19,800	北京翰海	
2006.11.19	2129	民国	彩漆雕寿星	高 25.5	10,000–10,000	11,000	北京翰海	
2007.12.4	825	民国	漆雕“一路连科图”盘	直径 16.2	50,000–60,000	56,000	北京华辰	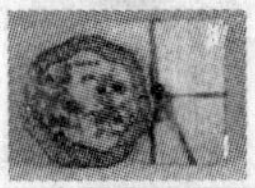
2007.3.18	3099	民国	漆雕螺钿盒	长 27	3,000–3,000	33,000	北京翰海	

2007.6.16	2687	民国	嵌百宝花鸟漆盒	长 26	5,000–8,000	53,760	中国嘉德	
2007.12.23	186	民国	漆插屏	高 82 宽 100	70,000–75,000	68,200	中拍国际	
2008.12.13	3550	民国	雕漆龙纹盒	直径 35	15,000–25,000	16,800	中国嘉德	
2008.6.14	3079	民国	雕漆花卉大插屏	高 102		33,600	中国嘉德	
2009.2.21	194	民国	剔红人物图方盒	长 13 高 5	80,000–120,000	112,000	北京荣宝	
2009.3.28	3011	民国	漆地嵌百宝博古纹挂屏	高 122	60,000–90,000	89,600	中国嘉德	
2009.9.12	2886	民国	漆地嵌百宝博古图挂屏（一组四件）	95.3×31		33,600	中国嘉德	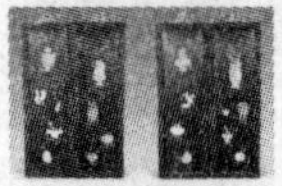
1996 年	1155		红漆雕人物风景鼻烟壶	73mm	HKD20,000–25,000	29,808	香港苏富比	
2003.5.19	738		漆雕龙印盒（二件）	直径 13	1,000	22,000	北京翰海	

2003.5.19	779		漆镶螺钿盒	长 12	800	22,000	北京翰海	
2003.5.19	747		雕漆博古如意	长 46	600	21,000	北京翰海	
2004.12.27	591		旧 嵌金螺钿红木盒附石章一方		2,000–3,000	2,200	上海大众	
2004.9.19	1283		彩漆龙纹佛珠盒	直径 15	8,000–8,000	8,000	北京翰海	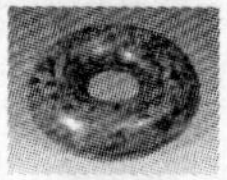
2005.7.7	1269		菠萝漆笔筒	高 10	6,000–12,000	35,200	上海大众	
2007.10.21	43		漆雕彩绘仕女四扇屏风	46×184×4	45,000–100,000	88,000	南京正大	
2007.10.21	194		漆器圆盒	直径 34 高 38	12,000–18,000	41,800	南京正大	
2008.10.26	198		漆器花板(一对)	58×205	32,000–50,000	35,200	南京正大	
2008.3.15	777		漆绘花鸟毛笔	长 27.3	10,000–20,000	11,200	中国嘉德	
2008.6.14	42		黑漆“寿”字纹挂屏	69×180	30,000–50,000	28,600	中鼎国际	

2009.9.12	3154		雕漆双凤穿花纹盘	直径 36.3		14,560	中国嘉德	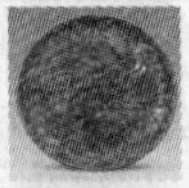
2009.9.12	2890		漆嵌百宝花鸟纹小插屏	高 43.5		31,360	中国嘉德	
2009.3.28	3022		漆地嵌玉对联	高 122	20,000–30,000	33,600	中国嘉德	

注:1.此表为“1994 年—2009 年拍卖市场漆器拍品分类表”中一部分。

2.资料来源:(1)《2006 古董拍卖年鉴·杂项》—《2010 古董拍卖年鉴·杂项》,古董拍卖年鉴编委会编,湖南美术出版社,2006 年至 2010 年;

(2)华艺拍卖频道网(http://auction.arrrts.com/)、搜艺搜网(http://www.findart.com.cn/)。

表2：历年各类漆器拍品成交趋势（1993年—2009年）

拍卖日期	雕漆						嵌螺钿		其他漆器		漆器总计			
	剔红	剔犀	剔彩	剔黑及其他	成交量	成交额(RMB)	成交量	成交额(RMB)	成交量	成交额(RMB)	成交量	成交量趋势(%)	成交额(RMB)	成交额趋势(%)
1993年	0	0	0	0	0	0	1	0	0	0	0		0	
1994年	1	2	0	3	6	291,620	2	102,300	1	30,800	9		424,720	
1995年	3	0	0	4	7	343,200	1	44,000	4	270,600	12	33.3%	657,800	54.9%
1996年	6	0	0	3	9	632,658	2	57,200	2	52,800	13	44.4%	742,658	74.9%
1997年	2	0	0	7	9	220,000	0	0	5	238,700	14	55.6%	458,700	8.001%
1998年	2	0	0	3	5	235,773	1	33,000	3	134,125	9	0	402,898	-5.1%
1999年	10	1	1	1	13	2,333,105	5	644,003	15	1,656,040	33	266.7%	4,633,148	990.9%
2000年	8	2	1	11	22	3,566,178	5	457,000	13	1,527,335	40	344.4%	5,550,513	1206.9%
2001年	29	6	0	13	48	30,993,596	6	117,400	16	4,244,931	70	677.8%	35,355,927	8224.5%
2002年	23	4	4	10	41	9,322,095	7	697,428	5	221,705	53	488.9%	10,241,228	2311.3%
2003年	37	5	3	28	73	8,083,380	16	2,748,716	56	3,380,570	145	1511.1%	14,212,666	3246.4%
2004年	52	10	6	49	117	42,612,564	30	779,780	65	5,640,946	212	2255.6%	49,033,290	11444.9%
2005年	107	20	4	47	178	40,962,579	36	2,508,234	63	6,462,157	277	2977.8%	49,932,970	11656.7%
2006年	126	9	6	35	176	46,511,498	18	774,316	65	25,700,482	259	2777.8%	72,986,296	17084.6%
2007年	94	11	8	40	153	52,535,299	48	3,430,315	83	10,610,795	284	3055.6%	66,576,409	15575.4%

2008年	58	11	5	28	102	106,509,396	24	10,112,768	50	9,619,305	176	1855.6%	126,241,469	29623.5%
2009年	33	9	2	28	72	60,253,580	49	49,364,468	49	85,941,075	170	1788.9%	195,559,123	45944.2%
合计	591	90	40	310	1031	405,406,521	250	71,870,928	495	155,732,366	1776		633,009,815	
拍品总数			3402			成交品总数			1776		成交总额		633,009,815	

注：
1.1992 年艺术品拍卖市场启动，当年没有漆器拍品。1993 年嵌螺钿漆器拍品没有成交。

资料来源：
1.《2006 古董拍卖年鉴·杂项》—《2010 古董拍卖年鉴·杂项》，古董拍卖年鉴编委会编，湖南美术出版社，2006 年至 2010 年。
2.华艺拍卖频道网（http://auction.arrrts.com/）、搜艺搜网（http://www.findart.com.cn/）。

表3:历年漆器拍品成交率(1993年—2009年)

	拍品数	拍品成交数	成交率
剔红	1164	591	50.8%
剔犀	170	90	52.9%
剔彩	73	40	54.8%
剔黑及其他雕漆	560	310	55.4%
嵌螺钿	461	250	54.2%
其他漆器	974	495	50.8%
合计	3402	1776	52.2%

表4:历年拍卖市场各类漆器拍品统计(1993年—2009年)

品类	成交拍品(件)							拍品(件)	成交率(%)	最高价格(RMB)	一般价格(RMB)
	剔红	剔犀	剔彩	剔黑及其他雕漆	嵌螺钿	其他漆器	共计				
碗、盌	13	9	0	6	4	4	36	64	56.3%	2,860,0004	900~2,860,000
杯(盃)	2	6	1	0	3	2	14	36	38.9%	99,6404	110~99,640
盘	99	29	8	56	62	43	297	551	53.9%	22,289,300	220~22,289,300
碟	1	1	0	0	3	7	12	18	66.7%	1,330,300	1,265~1,330,300
盒	293	25	18	127	68	170	701	1374	51.02%	18,342,420	200~18,342,420
卮	0	0	0	0	0	0	0	1	0	0	0
盂	0	0	0	0	0	1	1	2	50%	21,000	21,000
壶	4	1	0	3	2	2	12	19	63.2%	5,297,600	220~5,297,600
尊	2	0	1	2	0	2	7	9	77.8%	11,550,000	11,000~11,550,000
觚	0	0	0	0	0	0	0	2	0	0	0
簋	0	0	0	0	0	0	0	3	0	0	0
瓶	22	0	0	32	2	4	60	131	45.8%	1,090,125	500~1,090,125
炉	6	0	0	3	0	1	10	12	83.3%	356,160	3,300~356,160
豆	0	0	0	0	0	0	0	2	0	0	0
鼎	1	0	0	1	0	0	2	2	100%	258,024	17,000~258,024
钵	2	0	0	0	0	0	2	5	40%	3,502,400	2,343,460~3,502,400
缸	1	0	0	0	0	0	1	4	25%	2,200,000	2,200,000
盆	4	0	0	4	1	0	9	28	32.1%	1,908,000	31,360~1,908,000
罐	3	0	0	5	0	5	13	25	52%	863,900	112~863,900
匜	0	0	0	0	0	0	0	1	0	0	0

斗	1	0	0	1	0	0	2	6	33.3%	2,613,600	36,000~2,613,600
筒	1	0	0	0	0	2	3	10	30%	156,000	330~156,000
盏托、茶托	11	5	0	0	1	5	22	31	70.97%	29,163,200	12,100~29,163,200
葫芦	1	0	0	0	0	3	4	6	66.7%	121,000	440~121,000
渣斗	0	0	1	0	0	0	1	1	100%	4,769,600	4,769,600
奁	7	0	0	3	0	2	12	24	50%	2,343,460	110~2,343,460
匣	3	0	2	0	0	2	7	12	58.3%	5,303,620	550~5,303,620
镜	0	0	0	0	1	4	5	7	71.4%	22,000	1,650~22,000
琴	0	0	0	0	1	16	17	34	50%	21,840,000	132,000~21,840,000
瑟	0	0	0	0	0	1	1	1	100%	990,000	990,000
扇、扇骨	5	0	0	1	2	7	15	20	75%	121,000	110~121,000
如意	10	0	2	4	1	0	17	37	45.9%	385,000	2,200~385,000
鼻烟壶	11	0	0	7	8	7	33	70	47.1%	278,208	110~278,208
首饰	1	0	0	1	0	2	4	7	57.1%	2,464	110~2,464
笔	26	7	1	3	8	14	59	98	60.2%	534,240	1,120~534,240
笔筒	9	0	2	3	8	22	44	90	48.9%	6,063,200	110~6,063,200
印泥盒、印盒	19	6	0	14	2	3	44	80	55%	8,465,600	110~8,465,600
砚盒、文具盒	4	0	0	2	1	4	11	15	73.3%	336,000	2,200~336,000
文房用具	1	0	0	1	7	18	27	52	51.9%	280,000	220~280,000
匾、墨漆方	0	0	0	0	2	5	7	13	53.8%	75,048	3,360~75,048
对联、抱柱	0	0	0	1	3	10	14	20	70%	1,012,000	1,980~1,012,000
插牌、经板	2	0	0	2	1	5	10	18	55.6%	165,000	800~165,000
刀	0	0	0	0	0	1	1	10	10%	7,840	7,840
臂搁	2	0	0	2	0	3	7	16	43.8%	640,200	1,650~640,200

人物雕像、俑	1	0	0	3	0	46	50	127	39.4%	817,600	110~817,600
箱	0	0	0	1	2	11	14	31	45.2%	1,320,000	100~1,320,000
屏风	3	0	1	11	22	17	54	82	65.9%	4,620,000	560~4,620,000
几	4	1	0	3	23	7	38	55	69.1%	7,937,600	460~7,937,600
案	1	0	1	0	2	2	6	11	54.5%	6,969,600	16,800~6,969,600
座子	2	0	0	4	1	1	8	12	66.7%	37,950,000	1,120~37,950,000
桌	0	0	0	1	2	3	6	15	40%	1,012,000	1,120~1,012,000
椅	0	0	0	0	0	0	0	2	0	0	0
柜门、柜	8	0	1	1	2	12	24	37	64.9%	4,452,800	110~4,452,800
其他	5	0	1	2	5	19	32	63	50.8%	6,720,000	110~6,720,000

Forward

Lacquerwork in China has enjoyed a long history from its origin in Neolithic times to the present. This long history of thousands of years has witnessed the apexes and great achievements of the exquisite lacquer craft. Without question, lacquer craft is a great achievement of the Chinese people and a crystallization of the tradition and spirit of the Chinese people. Exerting influence on the lacquer craft culture of neighboring countries and peoples for a relatively long time, this unique form of handcraft has gradually developed into a complete system of its own in the orient and held a unique place in the history of the development of lacquer craft. Known as "splendid beyond the description of words", lacquerwork constitute a unique aspect of Chinese handcrafts.

It is true that the everlasting charm of ancient Chinese lacquer artifacts deserves study and appreciation. However, as traditionally craftsmen were looked down upon in ancient China and their names were not recorded in historical annals, we have no idea who created the numerous exquisite ancient lacquer artifacts. It is really a pity that we are unable to identify the makers or know about their background. The legendary *Book of Lacquerwork* written by Zhu Zundu of the Five Dynasties was lost a long time ago, and we have today only one treatise *Lacquer Coating* written by Huang Cheng of the Ming Dynasty. In modern times, some scholars did some preliminary research, but as lacquerwork study involves much multi-disciplinary knowledge, it is fairly difficult to make a complete study of it. As a result, in the world of archaeological studies, the study of ancient lacquerwork compares unfavorably with those of other kinds of cultural relics. The few treatises on lacquerwork concentrate on the study of Ming and Qing artifacts and fewer are the books targeted for ordinary lacquerwork collectors and admirers. For this reason, the author wrote *Appreciation of Ancient Chinese Lacquerwork* ten years ago. A copy of the book was sent to Mr. Wang Shixiang, renowned cultural relic connoisseur and scholar, who not only highly praised the book but also offered precious advice, "Ms Nie's book shows that she is very diligent in her work and will achieve greatly in the future. The only snag is that some of the illustrations, particularly those of Ming and Qing artifacts, are unable to show the actual objects. Colored pictures are needed in this respect." Now that Mr. Wang has passed away, his words still linger in my heart. Mr. He Haoliang, celebrated lacquerwork grand master and professor of Sichuan University of Fine Art, also praised the book as "has accurately and scientifically divided the development of Chinese ancient lacquerwork into eight stages ... and the study and analysis of the shape, decoration and function of lacquerwork from different historical periods are profound, accurate and real," and offered some valuable suggestions on the application of lacquer craft. Whenever I read these comments, I am both inspired and ashamed of my limited knowledge and the errors resulting from a lack of material, particularly Ming and Qing lacquerwork. Consequently, revising this book has been my desire for all these years. However, busy daily affairs have prevented me from doing so and at the same time I have constantly felt that my limited knowledge will not qualify me to make this revision.

As a result, I have to continuously keep on studying and improving myself. When I look back at my career over the years, I am ashamed for having let down my teachers. I have greatly benefited from the following scholars: Professor Chen Ruilin of the School of Fine Art of Tsinghua University, who taught me the research methods of art and craft history and aroused my interest in this field; Researcher Gao Zhixi of Hunan Provincial Museum, who let me participate in his state-level research projects of "Chu-state Tombs in Changsha" and "Han Tombs of Changsha" and ushered me into the world of pre-Qin and Qin-Han lacquer craft history through the sorting and study of thousands of lacquer artifacts; Mr. Fu Juyou, researcher of Hunan Provincial Museum and expert on ancient lacquerwork history, who took the time to answer my questions arising from my study of classical literature and lacquerwork history; Researcher Liu Binhui of Hunan Provincial Museum, who provided me with valuable research materials. I will never forget the help these people gave me.

Over the past ten years, in order to learn about the craft of producing lacquer, I traveled more than one hundred kilometers of treacherous roads to study the methods of collecting raw lacquer in the deep mountains of Jiangyou County of Sichuan Province. I also visited the debased lacquerwork factory in Fuzhou, the gold-filigree and gold foil factory in Nanjing, and lacquerwork factories in Beijing, Suzhou, Yangzhou and Chengdu, to study the technological process of gold foil production, refinement of raw lacquer and lacquerwork production. In order to make up for my limited knowledge of Yuan, Ming and Qing lacquerwork, I visited the Palace Museum, Nanjing Museum, Anhui Provincial Museum and even museums in America and Canada to examine and study Yuan, Ming and Qing carved and inlayed lacquer artifacts in their storerooms. I have been invited by various Chinese and foreign lacquer-related institutions, individuals and auction companies to discriminate lacquerwork for them. In order to learn about the regional characteristics of pre-Qin and Qin-Han lacquerwork, I have examined and studied lacquer artifacts in exhibition halls or storerooms of museums and archaeological institutes in Henan, Jiangsu, Zhejiang, Shandong, Anhui, Fujian, Gansu, Qinghai and Xinjiang. To have a good understanding of the distribution of Chu and Han lacquerwork in Hunan Province, I took charge of the project "Classification and Study of Lacquerwork from Han Tombs as Mawangdui" funded by China's National Social Sciences Foundation in 2008, which is currently in the process of classification and research. I have been invited to give major presentations at many seminars on Chu-state culture of Hunan, Hubei, Henan and Anhui provinces as well as many other international symposiums, and have published tens of papers on lacquerwork research in national and provincial journals. I have won several national and provincial prizes for outstanding research results.

I feel much honored to be invited by Baihua Literature & Art Publishing House to write this book, which makes it possible for me to do a complete study of the development history of lacquerwork in China. The past few years has seen an increase in the number of books on ancient lacquer craft, but most of these only concentrated on the appreciation and interpretation of lacquer artifacts, with an emphasis on Ming and Qing dynasty lacquerwork. However, at a time when the lacquerwork auction market continues to be hot and Chinese ancient lacquer artifacts are drawing more and more attention of Chinese and foreign collectors and admirers, there still lacks an overall study of the lacquerwork auction market or a complete analysis of fake lacquerwork or a description of the principles of lacquerwork care and restoration. For all these reasons, and for the purposes of carrying forward the tradition of Chinese lacquer craft and helping collectors and admirers, the author has written this book, which has the following features:

First, the whole book is well-divided into the three parts of "An Overview of Lacquerwork", "Appreciation of the Styles and Characteristics of Lacquerwork from Different Dynasties" and "Lacquerwork Investment and Discrimination", with each chapter well-focused and clearly-stated.

Part One discusses the origin and development, the method and characteristics of this craft, the evolution and development of different lacquerwork categories, and the aesthetic value and function of lacquer craft, with emphasis on the evolution of lacquerwork, because "every discipline has its own terminology, and the more developed the discipline is, the more special terms it uses. It becomes so specialized that people outside of the discipline often feels puzzled and difficult to understand it." Special archaeology jargons constantly appear. Take lacquerwork as an example. The complicated terms and jargons used in the past and at present to describe the different shapes, parts, decorative patterns and craftsmanship have made it even more difficult for collectors to remember. This chapter uses unearthed lacquer artifacts or those passed down from older generations as a standard to generalize the basic shapes and features of typical lacquer objects of different times, and discusses the process of evolution of each category through illustration based on the latest research results. It offers readers some basic knowledge of collecting, discriminating and studying ancient lacquerwork, and serves as a useful reference book for those collectors and admirers who do not have opportunities of coming into contact with actual objects.

Part Two gives a chronological account of the development of lacquerwork in China and divides it into eight stages: Dawn Light: Prehistoric Lacquerwork; Maturity: Lacquerwork of the Shang and Western Zhou Dynasties; The Magnificent and Romantic Lacquerwork of the Spring and Autumn and the Warring States Periods; The Thriving and Prosperous Lacquerwork of the Han Dynasty; A New Trend: Lacquerwork of the Three Kingdoms, the Jin Dynasty and the Southern and Northern Dynasties; Sumptuous Lacquerwork of Sui, Tang and the Five Dynasties; Highly-refined Lacquerwork of Song and Yuan Dynasties; and Exquisite Ming and Qing Lacquerwork. This part generalizes the overall features of lacquerwork of different times and uses newly-unearthed lacquer artifacts or those passed down from older generations as typical representatives for the study of the shape, decorative pattern, craftsmanship and style, in an attempt to help collectors and admirers understand the stylistic features of lacquerwork from different times and upgrade their ability of discriminating ancient lacquerwork.

Part Three offers statistics from the lacquerwork auction market over the years, the analysis of the sales trend of each type of lacquer artifacts and the analysis of the reasons for the fast sale of some exquisite artifacts on the market. This will acquaint the readers with the market quickly, and the table "The General Trend of Lacquerwork Auction Deals Over the Years" and other analysis results can provide them with some references for collecting certain category of lacquer artifacts. The author, through the study of the history of fake lacquer artifacts making and the analysis of the methods used to make fake artifacts, offers the four secrets of discriminating genuine and fake lacquerwork - "observation, auscultation and olfaction, interrogation, and palpation and pulse feeling", and puts forward some specific methods of lacquerwork protection and restoration so as to help collectors understand the principles and guidelines of discriminating and protecting lacquerwork. It will also enhance their ability of differentiating genuine ancient lacquer artifacts from fake ones.

Secondly, all important materials used in the book are scientifically cited, with all sources clearly noted for the convenience of the reader.

Thirdly, the book is full of vivid illustrations. Lacquer artifacts with totally different shapes and from totally different times are all accompanied with either line drawings or colored pictures. Such a format greatly enhances the readability of this book.

Due to the limited knowledge of the author, there unavoidably exist some errors. The author sincerely welcomes corrections from readers and colleagues.

Contents

PART 2 An Appreciation of the Styles and Characteristics of Lacquerwork of Different Dynasties

PART 3 Lacquerwork Investment and Discrimination

Lacquerwork Discrimination

Lacquerwork Investment

Appendices

插图出处

彩色图版

【图 1-1】 漆树

采自:2006 年夏作者拍摄于四川江油。

【图 1-2】 割漆

采自:2006 年夏作者拍摄于四川江油。

【图 1-6】 作者考察福州生漆精制工艺

采自:2007 年高振壁先生摄于福州。

【图 1-10】 制作脱胎漆器工艺之一

采自:作者拍摄于厦门漆器厂。

【图 1-11】 制作脱胎漆器工艺之二

采自:作者拍摄于福州脱胎漆器厂。

【图 1-19】 描绘

采自:作者拍摄于福州脱胎漆器厂。

【图 1-22】 百宝嵌

采自:作者拍摄于扬州雕漆厂。

【图 1-24】 锥画

采自:作者拍摄于福州脱胎漆器厂。

【图 1-28】 雕漆

采自:作者拍摄于扬州雕漆厂。

【图 4-1】 浙江河姆渡新石器时代遗址出土朱漆碗

采自:浙江省博物馆编:《浙江省博物馆藏品大系·稿木奇功》,浙江古籍出版社,2009 年,第 4 页。

【图 4-7】 山西襄汾新石器时代陶寺 3073 号墓出土矮型木豆

采自:中国漆器全集编辑部黄迪杞主编:《中国漆器全集 1》,福建美术出版社,1997 年,第 11 页。

【图 4-9】 山西襄汾新石器时代陶寺类型墓葬出土彩绘木案

采自:中国漆器全集编辑部黄迪杞主编:《中国漆器全集 1》,福建美术出版社,1997 年,第 10 页。

【图 5-5】 北京琉璃河 1009 号西周墓发现高柄型漆豆复原图

采自:殷玮璋:《记北京琉璃河遗址出土的西周漆器》,《考古》1984 年第 5 期,图版贰,2。

【图 5-6】 北京琉璃河 1043 号西周墓出土漆觚复原图

采自:殷玮璋:《记北京琉璃河遗址出土的西周漆器》,《考古》1984 年第 5 期,图版贰,3。

【图 5-7】 北京琉璃河 1043 号西周墓出土兽面凤鸟纹嵌螺钿漆罍

采自:殷玮璋:《记北京琉璃河遗址出土的西周漆器》,《考古》1984 年第 5 期,图版贰,1。

【图 5-8】 北京琉璃河 1043 号西周墓出土兽面凤鸟纹嵌螺钿漆罍复制品

采自:考古杂志社编著:《二十世纪中国百项考古大发现》,中国社会科学出版社,2002 年,第 205 页。

【图 5-14】 河北定州 67 号商代墓葬出土棺漆皮

采自:李文儒主编《中国十年百大考古新发现》, 文物出版社,2002 年,第 328 页。

【图 5-18】 成都金沙遗址出土西周嵌玉漆器残片

采自:作者提供。

【图 6-1】 湖北当阳赵巷 4 号春秋楚墓出土漆方壶

采自:湖北省博物馆编:《图说楚文化》,湖北美术出版社,2006 年,第 221 页。

【图 6-2】 湖北枣阳九连墩 2 号墓出土战国彩绘云纹木雕漆方壶

采自:湖北省博物馆编:《九连墩:长江中游的楚国贵族大墓》,文物出版社,2007 年,第 90 页。

【图 6-4】 湖北随县曾侯乙墓出土透雕漆木禁

采自:湖北省博物馆编:《曾侯乙墓:战国早期的礼乐文明》,文物出版社,2007年,第86页。

【图 6-7】 湖北枣阳九连墩2号战国墓出土彩绘漆豆

采自:湖北省博物馆编:《九连墩:长江中游的楚国贵族大墓》,文物出版社,2007年,第96页。

【图 6-8】 湖北随县曾侯乙墓出土龙凤纹盖豆

采自:湖北省博物馆编:《曾侯乙墓:战国早期的礼乐文明》,文物出版社,2007年,第89页。

【图 6-21】 湖北江陵雨台山471号墓出土彩绘浮雕蟠蛇纹漆卮

采自:湖北省博物馆编:《图说楚文化》,湖北美术出版社,2006年,第230页。

【图 6-29】 湖北荆门包山2号楚墓出土彩绘人物车马出行图漆奁

采自:湖北省博物馆编:《图说楚文化》,湖北美术出版社,2006年,第241页。

【图 6-43-1】 湖南临澧九里1号墓出土彩绘虎座鸟架悬鼓复制品

采自:《中国湖南文物珍品展》图录,第78页。

【图 6-43-2】 湖南临澧九里1号墓出土彩绘双虎座

采自:《马王堆汉墓漆器整理与研究》资料

【图 6-46】 春秋时期带髹漆鞘短剑

采自:王立华主编:《长沙馆藏文物精华》,湖南美术出版社,2007年,第37页。

【图 6-51】 湖南长沙五里牌406号楚墓出土龙凤纹漆盾

采自:湖南省博物馆等:《长沙楚墓》,文物出版社,2000年。

【图 6-53】 甘肃省木河乡桃园村北马家塬出土车马器复原图

采自:赵吴成:《甘肃马家塬战国墓马车的复原》,《文物》2010年6期,第78页。

【图 6-57】 湖南临澧九里1号墓出土彩绘虎座

采自:《马王堆汉墓漆器整理与研究》资料。

【图 6-58】 湖南长沙仰天湖25号墓出土木雕龙纹笭床

采自:湖南省博物馆等:《长沙楚墓》,文物出版社,2000年。

【图 7-2】 长沙马王堆1号汉墓出土凤纹漆盒

采自:《马王堆汉墓漆器整理与研究》资料。

【图 7-3】 安徽天长出土西汉月牙形双层漆盒

采自:中国文物交流服务中心《中国文物精华》编委会编:《中国文物精华》,文物出版社,1990年,图版96。

【图7-5】 巢湖北头山1号墓出土漆盖盒

采自:安徽省文物考古研究所等编著:《巢湖汉墓》,文物出版社,2007年,彩版五〇,5。

【图7-6-1】 长沙马王堆1号汉墓出土漆具杯盒

采自:湖南省博物馆等:《长沙马王堆一号汉墓》,文物出版社,1974年。

【图7-6-2】 长沙马王堆1号汉墓出土漆耳杯

采自:湖南省博物馆等:《长沙马王堆一号汉墓》,文物出版社,1974年。

【图7-8】 长沙出土西汉早期彩绘宫闱燕居图樽

采自:徐湖平主编:《中国古代漆艺》,第1页。

【图7-9】 长沙马王堆1号汉墓云纹漆案出土时情形

采自:《马王堆汉墓漆器整理与研究》资料。

【图7-10】 长沙马王堆1号汉墓出土云纹漆锺

采自:湖南省博物馆等:《长沙马王堆一号汉墓》,文物出版社,1974年。

【图7-11】 长沙马王堆1号汉墓出土云纹漆钫

采自:湖南省博物馆等:《长沙马王堆一号汉墓》,文物出版社,1974年。

【图7-15】 长沙马王堆1号汉墓出土漆鼎

采自:湖南省博物馆等:《长沙马王堆一号汉墓》,文物出版社,1974年。

【图7-18】 长沙马王堆1号汉墓出土漆匜

采自:湖南省博物馆等:《长沙马王堆一号汉墓》,文物出版社,1974年。

【图7-20】 巢湖1号汉墓出土漆罐

采自:安徽省文物考古研究所等编著:《巢湖汉墓》,文物出版社,2007年,彩图五二,3。

【图7-22】 山东日照海曲106号汉墓出土银扣贴金薄漆盒

采自:山东文物考古研究所:《山东日照海曲西汉墓(M106)发掘简报》,《文物》2010年第1期,第12页。

【图7-27】 山东日照海曲西汉墓出土漆虎子

采自:国家文物局主编:《2002中国重要考古发现》,文物出版社,2003年,第77页。

【图7-39】 长沙马王堆1号汉墓出土黑地彩绘漆棺

采自:湖南省博物馆等:《长沙马王堆一号汉墓》,文物出版社,1974年。

【图 7-40】 扬州平山雷塘 26 号西汉墓出土彩绘云气鸟兽人物纹漆面罩

采自:扬州博物馆编:《汉广陵国漆器》,文物出版社,2004 年,第 124 页。

【图 7-42】 四川绵汉双包山 2 号汉墓出土人体经脉漆俑

采自:四川省文物考古研究院、绵阳博物馆编著:《绵阳双包山汉墓》,文物出版社,2006 年,图版一九一。

【图 8-4】 江西南昌火车站工地 3 号东晋墓出土彩绘宴乐图漆盘

采自:中国漆器全集编辑部黄迪杞主编:《中国漆器全集 4》,福建美术出版社,1998 年,第 35 页。

【图 8-5】 安徽马鞍山三国吴朱然墓出土彩绘宫闱宴乐图漆案

采自:马鞍山市博物馆编:《马鞍山文物聚珍》,文物出版社,2006 年,第 70 页。

【图 8-8】 安徽马鞍山三国吴朱然墓出土漆槅盘

采自:马鞍山市博物馆编:《马鞍山文物聚珍》,文物出版社,2006 年,第 86 页。

【图 8-10】 朱然墓出土犀皮黄口耳杯

采自:马鞍山市博物馆编:《马鞍山文物聚珍》,文物出版社,2006 年,第 82 页。

【图 8-12】 山东临沂洗砚池街西晋墓出土朱黑漆碗外底铭记"太康七年李次作上牢"

采自:山东省文物考古研究所等:《山东临沂洗砚池晋墓》,《文物》2005 年 7 期,第 24 页。

【图 8-17】 江西南昌火车站东晋纪年墓出土漆攒盒

采自:中国漆器全集编辑部黄迪杞主编:《中国漆器全集 4》,福建美术出版社,1998 年,第 32 页。

【图 8-18】 阿斯塔那墓地出土西晋至十六国时期彩绘三足漆盆器

采自:考古杂志社编著:《二十世纪中国百项考古大发现》,中国社会科学出版社,2002 年,第 360 页。

【图 8-25】 宁夏固原北魏墓出土棺板漆画

采自:固原县文物工作站:《宁夏固原北魏墓清理简报》,《文物》1984 年第 6期。

【图 9-1】 江苏常州五代墓出土银平脱花卉纹漆镜盒

采自:中国漆器全集编辑部黄迪杞主编:《中国漆器全集 4》,福建美术出版社,1998 年,第 67 页。

【图 9-4】 杭州市第十五中学出土五代漆盘

采自:浙江省博物馆编:《浙江省博物馆藏品大系·槁木奇功》,浙江古籍出版社,2009 年,第 5 页。

【图 9-11】 苏州瑞光寺塔窖藏晚唐至五代间花鸟纹嵌螺钿盝顶式黑漆经箱

采自:中国漆器全集编辑部黄迪杞主编:《中国漆器全集 4》,福建美术出版社,1998 年,第 66 页。

【图 9-18】 新疆维吾尔自治区吐鲁番张雄夫妇墓出土唐代彩绘木身锦衣裙女俑

采自:作者拍摄。

【图 9-19】 新疆维吾尔自治区吐鲁番市阿斯塔那 224 号墓出土唐代彩绘泥塑镇墓兽

采自:作者拍摄。

【图 10-4】 江苏淮安扬庙北宋绍圣元年墓出土北宋黑漆花瓣形盘

采自:徐湖平主编:《中国古代漆艺》,第 5 页。

【图 10-5】 北京元大都遗址出土广寒宫图嵌薄螺钿黑漆盘

采自:《文物》1972 年第 1 期,图版拾贰。

【图 10-10】 福州北郊茶园山南宋墓出土黑漆杯及渣斗

采自:福州市文物管理局编:《福州文物集粹》,福建人民出版社,1999 年,第 33 页。

【图 10-12】 江阴夏港河工地南宋墓出土酣睡江舟图戗金长方形黑漆盒

采自:中国漆器全集编辑部黄迪杞主编:《中国漆器全集 4》,福建美术出版社,1998 年,第 125 页。

【图 10-14】 福州市北郊茶园山南宋墓出土葵形剔犀漆盒

采自:福州市文物管理局编:《福州文物集粹》,福建人民出版社,1999 年,第 30 页。

【图 10-15】 上海市青浦县元代任氏墓出土东篱采菊图圆盒

采自:陈燮君主编:《上海博物馆》,长城出版社,2007 年,第 232 页。

【图 10-16】 元代"张成造"款剔犀圆形漆盒

采自:作者拍摄。

【图 10-18】 内蒙古通辽科左后旗吐尔基山辽贵族墓葬出土嵌宝石鎏金包银漆镜盒

采自:陈建明主编:《草原牧歌》,岳麓书社,2010 年,第 105 页。

【图 10-19】 武进南宋墓出土戗金花卉人物金莲瓣形奁

采自:中国漆器全集编辑部黄迪杞主编:《中国漆器全集 4》,福建美术出版社,1998 年,第 122 页。

【图 10-21】 杭州老和山宋墓出土南宋黑漆钵

采自:浙江省博物馆编:《浙江省博物馆藏品大系·槁木奇功》,浙江古籍出版社，2009 年，第 6 页。

【图 11-4】 清金地识文描金彩漆高足碗

采自：徐湖平主编：《中国古代漆艺》，第 20 页。

【图 11-7】 明晚期描金彩绘人物山水长方形盘

采自：陈燮君主编：《上海博物馆》，长城出版社，2007 年，第 234 页。

【图 11-9】 清代描金漆绘树下人物纹盘

采自：高知县立美术馆（日本）、安徽省博物馆主办：《安徽省博物馆名品展》，1999 年，第 67 页。

【图 11-10】 清末民初朱漆金边人物纹花瓣形果盘

采自：浙江省博物馆编：《浙江省博物馆藏品大系·槁木奇功》，浙江古籍出版社，2009 年，第 31 页。

【图 11-11】 清乾隆朱漆描金菊瓣形盘

采自：马宝杰主编：《辽宁省博物馆》，长征出版社，2008 年，第 223 页。

【图 11-14】 明晚期描彩漆携琴会友图长方盒

采自：高知县立美术馆（日本）、安徽省博物馆主办：《安徽省博物馆名品展》，1999 年，第 64 页。

【图 11-16】 明晚期堆漆双龙八方盒

采自：高知县立美术馆（日本）、安徽省博物馆主办：《安徽省博物馆名品展》，1999 年，第 66 页。

【图 11-20】 清描金人物故事纹木雕果盒

采自：马宁先生拍摄。

【图 11-23】 清剔红"三国演义"故事纹漆瓶

采自：《走进皇家大清宫廷珍宝展》图录，2008 年。

【图 11-30】 明代螺钿花卉人物纹笔筒

采自：高知县立美术馆（日本）、安徽省博物馆主办：《安徽省博物馆名品展》，1999 年，第 136 页。

【图 11-33】 皇帝剔红龙纹宝座

采自：《走进皇家大清宫廷珍宝展》图录，2008 年。

【图 12-1】 湖北荆门包山 2 号墓出土人物车马出行图漆奁盒局部图案

采自：湖北省博物馆编：《图说楚文化》，湖北美术出版社，2006 年，第 241 页。

【图 12-2】 湖北荆门包山 2 号墓出土人物车马出行图漆奁盒仿制品局部图案

采自:湖北省博物馆编:《图说楚文化》,湖北美术出版社,2006年,第241页。

【图12-9】 长沙马王堆1号汉墓出土黑地彩绘漆棺铎舞长袖舞图

采自:湖南省博物馆等:《长沙马王堆一号汉墓》,文物出版社,1974年。

【图12-10】 汉代漆器仿制品

采自:作者拍摄。

【图12-13】 长沙马王堆汉墓出土漆器铭文"轪矦家"

采自:湖南省博物馆等:《长沙马王堆一号汉墓》,文物出版社,1974年。

【图12-14】 仿马王堆汉墓出土漆器铭文"盖矦家"

采自:作者拍摄。

【图12-17】 灌模成型的化工合成树脂假剔红漆器

采自:作者拍摄。

【图12-27】 内官

采自:作者拍摄。

【图12-28】 十五年内官赐器府义工秉造

采自:扬州博物馆编:《汉广陵国漆器》,文物出版社,2004年,第23页。

【图12-29】 仪征汉墓"内官"铭记

采自:扬州博物馆编:《汉广陵国漆器》,文物出版社,2004年,第27页。

黑白图版

第一章

【图1-1】 漆树

采自:2006年夏作者拍摄于四川江油。

【图1-2】 割漆

采自:2006年夏作者拍摄于四川江油。

【图1-3】 漆汁道

采自:乔十光主编:《漆艺》,中国美术学院出版社,1999年,第38页。

【图1-4】 天然生漆成分示意图

采自:作者绘制。

【图1-5】 作者考察福州生漆精制工艺

采自:高振壁先生拍摄。

【图 1-6】 烧取松烟

采自:乔十光主编:《中国传统工艺全集·漆艺》,大象出版社,2004 年,第 94 页。

【图 1-7】 研朱

采自:乔十光主编:《中国传统工艺全集·漆艺》,大象出版社,2004 年,第 92 页。

【图 1-8】 制作脱胎漆器工艺之一

采自:作者拍摄于厦门漆器厂。

【图 1-9】 制作脱胎漆器工艺之二

采自:作者拍摄于福州脱胎漆器厂。

【图 1-10】 刮漆灰

采自:作者考察苏州高级工艺师林怡工作室。

【图 1-11】 褙布

采自:作者拍摄于苏州高级工艺师林怡工作室。

【图 1-12】 涂漆

采自:作者拍摄于苏州高级工艺师林怡工作室。

【图 1-13】 研磨

采自:作者拍摄于苏州高级工艺师林怡工作室。

【图 1-14】 刮灰用具——刮刀

采自:乔十光主编:《中国传统工艺全集·漆艺》,大象出版社,2004 年,第 117 页。

【图 1-15】 髹漆用具——漆刷

采自:乔十光主编:《中国传统工艺全集·漆艺》,大象出版社,2004 年,第 117 页。

【图 1-16】 髹涂

采自:作者拍摄于福州脱胎漆器厂。

【图 1-17】 描绘

采自:作者拍摄于福州脱胎漆器厂。

【图 1-18】 填嵌牡丹花脱胎漆果盒

采自:作者拍摄福州脱胎漆器大师王维蕴作品。

【图 1-19】 制金箔

采自:作者拍摄于南京金箔厂。

【图 1-20】 百宝嵌

采自:作者拍摄于扬州雕漆厂。

【图 1-21】 **堆饰**

采自:作者拍摄厦门漆线雕蔡氏工作室。

【图 1-22】 **锥画**

采自:作者拍摄于福州脱胎漆器厂。

【图 1-23】 **填金粉**

采自:作者拍摄于福州脱胎漆器厂。

【图 1-24】 **拨金**

采自:厦门漆线雕工艺美术大师蔡水况作品。

【图 1-25】 **雕镂**

采自:作者拍摄于扬州雕漆厂。

【图 1-26】 **雕漆**

采自:作者拍摄于扬州雕漆厂。

【图 1-27】 **几何纹**

采自:李正光:《汉代漆器艺术》,文物出版社,1987 年,第 167 页。

【图 1-28】 **方胜纹**

采自:中国漆器全集编辑部黄迪杞主编:《中国漆器全集 6》,福建美术出版社,1993 年,第 93 页。

【图 1-29】 **动物纹**

采自:《云梦睡虎地秦墓》编写组:《云梦睡虎地秦墓》,文物出版社,1981 年,图版一三。

【图 1-30】 **人物车马纹**

采自:李正光:《汉代漆器艺术》,文物出版社,1987 年,第 108 页。

第二章

【图 2-1】 **新石器时代遗址厚胎漆碗线描图**

采自:李缙云、于炳文主编:《文物收藏图解辞典》,浙江人民出版社,2002 年,第 178 页(作者撰写部分)。

【图 2-2】 **西汉漆盂(碗)线描图**

采自:李缙云、于炳文主编:《文物收藏图解辞典》,浙江人民出版社,2002 年,第 178 页(作者撰写部分)。

【图 2-3】 东汉漆鎏金铜扣漆碗线描图

采自:李缙云、于炳文主编:《文物收藏图解辞典》,浙江人民出版社,2002 年,第 178 页(作者撰写部分)。

【图 2-4】 北宋剔犀银裹碗线描图

采自:李缙云、于炳文主编:《文物收藏图解辞典》,浙江人民出版社,2002 年,第 177 页(作者撰写部分)。

【图 2-5】 宋代花瓣式一色漆碗线描图

采自:李缙云、于炳文主编:《文物收藏图解辞典》,浙江人民出版社,2002 年,第 178 页(作者撰写部分)。

【图 2-6】 明代剔红飞龙高足碗线描图

采自:李缙云、于炳文主编:《文物收藏图解辞典》,浙江人民出版社,2002 年,第 178 页(作者撰写部分)。

【图 2-7】 汉代圆形漆耳杯线描图

采自:李缙云、于炳文主编:《文物收藏图解辞典》,浙江人民出版社,2002 年,第 184 页(作者撰写部分)。

【图 2-8】 清代识文描金银花高足杯线描图

采自:李缙云、于炳文主编:《文物收藏图解辞典》,浙江人民出版社,2002 年,第 184 页(作者撰写部分)。

【图 2-9】 西汉夹纻胎漆卮线描图

采自:李缙云、于炳文主编:《文物收藏图解辞典》,浙江人民出版社,2002 年,第 185 页(作者撰写部分)。

【图 2-10】 西汉银口黄耳漆卮线描图

采自:李缙云、于炳文主编:《文物收藏图解辞典》,浙江人民出版社,2002 年,第 184 页(作者撰写部分)。

【图 2-11】 西汉戗金漆卮线描图

采自:李缙云、于炳文主编:《文物收藏图解辞典》,浙江人民出版社,2002 年,第 185 页(作者撰写部分)。

【图 2-12】 西汉云鸟纹漆樽线描图

采自:李缙云、于炳文主编:《文物收藏图解辞典》,浙江人民出版社,2002 年,第 185 页(作者撰写部分)。

【图 2-13】 汉代漆魁线描图

采自:孙机著:《汉代物质文化资料图说》,文物出版社,1991年,第311页。

【图2-14】 战国漆方壶线描图

采自:李缙云、于炳文主编:《文物收藏图解辞典》,浙江人民出版社,2002年,第182页(作者撰写部分)。

【图2-15】 战国燕乐狩猎水陆攻战纹铜壶上的设禁陈壶图

采自:龚绍祖先生绘制。

【图2-16】 秦、汉时期漆扁壶(椑)线描图

采自:李缙云、于炳文主编:《文物收藏图解辞典》,浙江人民出版社,2002年,第181页(作者撰写部分)。

【图2-17】 明、清执壶线描图

采自:李缙云、于炳文主编:《文物收藏图解辞典》,浙江人民出版社,2002年,第182页(作者撰写部分)。

【图2-18】 战国透雕漆禁线描图

采自:湖北省博物馆编:《曾侯乙墓》,文物出版社,1989年,第375页。

【图2-19】 西汉彩绘漆锺线描图

采自:李缙云、于炳文主编:《文物收藏图解辞典》,浙江人民出版社,2002年,第182页(作者撰写部分)。

【图2-20】 西汉彩绘漆钫线描图

采自:李缙云、于炳文主编:《文物收藏图解辞典》,浙江人民出版社,2002年,第183页(作者撰写部分)。

【图2-21】 战国鸳鸯形漆盒线描图

采自:湖北省博物馆编:《曾侯乙墓》,文物出版社,1989年,第365页。

【图2-22】 西汉彩绘凤纹漆盒线描图

采自:李缙云、于炳文主编:《文物收藏图解辞典》,浙江人民出版社,2002年,第179页(作者撰写部分)。

【图2-23】 西汉具杯盒线描图

采自:李缙云、于炳文主编:《文物收藏图解辞典》,浙江人民出版社,2002年,第180页(作者撰写部分)。

【图2-24】 清代识文描金攒盒线描图

采自:李缙云、于炳文主编:《文物收藏图解辞典》,浙江人民出版社,2002年,第180页(作者撰写部分)。

【图 2-25】 **西汉龙纹竹胎漆勺线描图**

采自:李缙云、于炳文主编:《文物收藏图解辞典》,浙江人民出版社,2002 年,第 186 页(作者撰写部分)。

【图 2-26】 **包银竹节式漆箸线描图**

采自:作者绘制。

【图 2-27】 **西汉彩绘漆匕线描图**

采自:李缙云、于炳文主编:《文物收藏图解辞典》,浙江人民出版社,2002 年,第 187 页(作者撰写部分)。

【图 2-28】 **西汉彩绘漆鼎线描图**

采自:李缙云、于炳文主编:《文物收藏图解辞典》,浙江人民出版社,2002 年,第 186 页(作者撰写部分)。

【图 2-29】 **战国窍曲纹漆簠线描图**

采自:龚绍祖先生绘制。

【图 2-30】 **成都百花潭中学 10 号战国墓铜壶上的陈鼎设俎图**

采自:龚绍祖先生绘制。

【图 2-31】 **战国彩绘漆豆线描图**

采自:李缙云、于炳文主编:《文物收藏图解辞典》,浙江人民出版社,2002 年,第 181 页(作者撰写部分)。

【图 2-32】 **战国彩绘鸳鸯形漆豆线描图**

采自:李缙云、于炳文主编:《文物收藏图解辞典》,浙江人民出版社,2002 年,第 181 页(作者撰写部分)。

【图 2-33】 **西汉彩绘漆匜线描图**

采自:李缙云、于炳文主编:《文物收藏图解辞典》,浙江人民出版社,2002 年,第 187 页(作者撰写部分)。

【图 2-34】 **西汉彩绘云纹漆平盘线描图**

采自:李缙云、于炳文主编:《文物收藏图解辞典》,浙江人民出版社,2002 年,第 189 页(作者撰写部分)。

【图 2-35】 **东吴朱然墓漆槅线描图**

采自:李缙云、于炳文主编:《文物收藏图解辞典》,浙江人民出版社,2002 年,第 188 页(作者撰写部分)。

【图 2-36】 **北宋花瓣式一色漆盘线描图**

采自:李缙云、于炳文主编:《文物收藏图解辞典》,浙江人民出版社,2002年,第188页(作者撰写部分)。

【图2-37】 **北宋花瓣形黑漆盏托线描图**

采自:作者绘制。

【图2-38】 **南宋渣斗线描图**

采自:作者绘制。

【图2-39】 **西汉贴金泊彩绘九子奁线描图**

采自:李缙云、于炳文主编:《文物收藏图解辞典》,浙江人民出版社,2002年,第190页(作者撰写部分)。

【图2-40】 **西汉锥画纹彩绘漆奁线描图**

采自:李缙云、于炳文主编:《文物收藏图解辞典》,浙江人民出版社,2002年,第190页(作者撰写部分)。

【图2-41】 **西汉银扣贴金银薄漆奁线描图**

采自:李缙云、于炳文主编:《文物收藏图解辞典》,浙江人民出版社,2002年,第191页(作者撰写部分)。

【图2-42】 **宋代莲瓣形一色漆奁线描图**

采自:李缙云、于炳文主编:《文物收藏图解辞典》,浙江人民出版社,2002年,第190页(作者撰写部分)。

【图2-43】 **明清镜奁线描图**

采自:李缙云、于炳文主编:《文物收藏图解辞典》,浙江人民出版社,2002年,第305页(作者撰写部分)。

【图2-44】 **西汉漆箕线描图**

采自:李缙云、于炳文主编:《文物收藏图解辞典》,浙江人民出版社,2002年,第192页(作者撰写部分)。

【图2-45】 **战国彩绘漆虎子线描图**

采自:李缙云、于炳文主编:《文物收藏图解辞典》,浙江人民出版社,2002年,第193页(作者撰写部分)。

【图2-46】 **成都百花潭战国墓出土镶嵌燕射水陆攻战纹铜壶上依几执翣图**

采自:龚绍祖先生绘制。

【图2-47】 **战国雕花漆凭几线描图**

采自:李缙云、于炳文主编:《文物收藏图解辞典》,浙江人民出版社,2002年,第 291 页(作者撰写部分)。

【图 2-48】 **战国嵌玉 H 形几线描图**

采自:李缙云、于炳文主编:《文物收藏图解辞典》,浙江人民出版社,2002 年,第 292 页(作者撰写部分)。

【图 2-49】 **西汉高足活动漆几线描图**

采自:李缙云、于炳文主编:《文物收藏图解辞典》,浙江人民出版社,2002 年,第 292 页(作者撰写部分)。

【图 2-50】 **明式香几线描图**

采自:李缙云、于炳文主编:《文物收藏图解辞典》,浙江人民出版社,2002 年,第 291 页(作者撰写部分)。

【图 2-51】 **战国金银彩绘漆案线描图**

采自:李缙云、于炳文主编:《文物收藏图解辞典》,浙江人民出版社,2002 年,第 286 页(作者撰写部分)。

【图 2-52】 **西汉彩绘漆食案线描图**

采自:李缙云、于炳文主编:《文物收藏图解辞典》,浙江人民出版社,2002 年,第 289 页(作者撰写部分)。

【图 2-53】 **汉代圆形漆案线描图**

采自:李缙云、于炳文主编:《文物收藏图解辞典》,浙江人民出版社,2002 年,第 289 页(作者撰写部分)。

【图 2-54】 **战国黑漆朱绘衣箱线描图**

采自:李缙云、于炳文主编:《文物收藏图解辞典》,浙江人民出版社,2002 年,第 302 页(作者撰写部分)。

【图 2-55】 **明代朱漆戗金团龙纹箱**

采自:李缙云、于炳文主编:《文物收藏图解辞典》,浙江人民出版社,2002 年,第 302 页(作者撰写部分)。

【图 2-56】 **明清代官皮箱**

采自:李缙云、于炳文主编:《文物收藏图解辞典》,浙江人民出版社,2002 年,第 303 页(作者撰写部分)。

【图 2-57】 **西汉折叠彩绘漆屏风线描图**

采自:李缙云、于炳文主编:《文物收藏图解辞典》,浙江人民出版社,2002 年,第 320 页(作者撰写部分)。

【图 2-58】 西汉彩绘漆屏风线描图

采自:李缙云、于炳文主编:《文物收藏图解辞典》,浙江人民出版社,2002 年,第 322 页(作者撰写部分)。

【图 2-59】 清代款彩曲屏线描图

采自:李缙云、于炳文主编:《文物收藏图解辞典》,浙江人民出版社,2002 年,第 333 页(作者撰写部分)。

【图 2-60】 西汉漆投茕博具线描图

采自:李缙云、于炳文主编:《文物收藏图解辞典》,浙江人民出版社,2002 年,第 199 页(作者撰写部分)。

【图 2-61】 博具曲道线描图

采自:李缙云、于炳文主编:《文物收藏图解辞典》,浙江人民出版社,2002 年,第 199 页(作者撰写部分)。

【图 2-62】 茕线描图

采自:李缙云、于炳文主编:《文物收藏图解辞典》,浙江人民出版社,2002 年,第 200 页(作者撰写部分)。

【图 2-63】 西汉二十五弦漆瑟线描图

采自:李缙云、于炳文主编:《文物收藏图解辞典》,浙江人民出版社,2002 年,第 201 页(作者撰写部分)。

【图 2-64】 唐代"九霄环佩"漆琴线描图

采自:李缙云、于炳文主编:《文物收藏图解辞典》,浙江人民出版社,2002 年,第 202 页(作者撰写部分)。

【图 2-65】 汉魏时期漆琵琶线描图

采自:李缙云、于炳文主编:《文物收藏图解辞典》,浙江人民出版社,2002 年,第 202 页(作者撰写部分)。

【图 2-66】 战国早期绕线棒线描图

采自:李缙云、于炳文主编:《文物收藏图解辞典》,浙江人民出版社,2002 年,第 208 页(作者撰写部分)。

【图 2-67】 西汉竹笛线描图

采自:李缙云、于炳文主编:《文物收藏图解辞典》,浙江人民出版社,2002 年,第 208 页(作者撰写部分)。

【图 2-68】 西汉竽线描图

采自:李缙云、于炳文主编:《文物收藏图解辞典》,浙江人民出版社,2002年,第204页(作者撰写部分)。

【图2-69】 西汉竽律线描图

采自:李缙云、于炳文主编:《文物收藏图解辞典》,浙江人民出版社,2002年,第204页(作者撰写部分)。

【图2-70】 西汉笙线描图

采自:孙机著:《汉代物质文化资料图说》,文物出版社,1991年,第381页。

【图2-71】 西汉漆筑线描图

采自:李缙云、于炳文主编:《文物收藏图解辞典》,浙江人民出版社,2002年,第207页(作者撰写部分)。

【图2-72】 汉代彩绘漆篪线描图

采自:李缙云、于炳文主编:《文物收藏图解辞典》,浙江人民出版社,2002年,第205页(作者撰写部分)。

【图2-73】 汉代彩绘漆排箫线描图

采自:李缙云、于炳文主编:《文物收藏图解辞典》,浙江人民出版社,2002年,第203页(作者撰写部分)。

【图2-74】 战国彩绘漆鼓线描图

采自:李缙云、于炳文主编:《文物收藏图解辞典》,浙江人民出版社,2002年,第207页(作者撰写部分)。

【图2-75】 山东沂南汉画像石上击建鼓图

采自:陈建明主编:《凤舞九天——楚文物特展》,湖南美术出版社,2009年,第121页。

【图2-76】 战国彩绘虎座凤架悬鼓线描图

采自:李缙云、于炳文主编:《文物收藏图解辞典》,浙江人民出版社,2002年,第206页(作者撰写部分)。

【图2-77】 战国漆木编钟线描图

采自:李缙云、于炳文主编:《文物收藏图解辞典》,浙江人民出版社,2002年,第205页(作者撰写部分)。

【图2-78】 战国彩绘木钟槌线描图

采自:李缙云、于炳文主编:《文物收藏图解辞典》,浙江人民出版社,2002年,第206页(作者撰写部分)。

【图 2-79】 **战国编钟线描图**

采自:李缙云、于炳文主编:《文物收藏图解辞典》,浙江人民出版社,2002 年,第 205 页(作者撰写部分)。

【图 2-80】 **汉代双辕马车系驾方式及部件名称线描图**

采自:李缙云、于炳文主编:《文物收藏图解辞典》,浙江人民出版社,2002 年,第 325 页。

【图 2-81】 **战国戈各部件名称线描图**

采自:陈建明主编:《凤舞九天——楚文物特展》,湖南美术出版社,2009 年,第 64 页。

【图 2-82】 **战国戟各部件名称线描图**

采自:李缙云、于炳文主编:《文物收藏图解辞典》,浙江人民出版社,2002 年,第 367 页。

【图 2-83】 **战国漆弓各部件名称线描图**

采自:李缙云、于炳文主编:《文物收藏图解辞典》,浙江人民出版社,2002 年,第 383 页。

【图 2-84】 **韘线描图**

采自:李缙云、于炳文主编:《文物收藏图解辞典》,浙江人民出版社,2002 年,第 383 页。

【图 2-85】 **战国漆弩机各部件名称线描图**

采自:高至喜:《记长沙、常德出土弩机的战国墓——兼论有关弩机、弓矢的几个问题》,《文物》1964 年第 6 期,第 35 页。

【图 2-86】 **战国剑线描图**

采自:罗西章、罗芳贤著:《古文物称谓图版》,三秦出版社,2000 年,第 287 页。

【图 2-87】 **战国带鞘剑线描图**

采自:汨罗市文物管理所:《湖南省汨罗市司法局建设工地古墓葬发掘简报》,《湖南省博物馆馆刊》第五辑,岳麓书社,2009 年,第 300 页。

【图 2-88】 **战国剑椟线描图**

采自:湖南省博物馆等:《长沙楚墓》,文物出版社,2000 年,第 403 页。

【图 2-89】 **战国彩绘龙凤纹漆盾线描图**

采自:李缙云、于炳文主编:《文物收藏图解辞典》,浙江人民出版社,2002 年,第 396 页(作者撰写部分)。

【图 2-90】 **战国皮甲胄各部位名称线描图**

采自:作者绘制。

【图 2-91】 **西汉黄肠题凑线描图**

采自:李缙云、于炳文主编:《文物收藏图解辞典》,浙江人民出版社,2002 年,第 192 页(作者撰写部分)。

【图 2-92】 **西汉椁室线描图**

采自:李缙云、于炳文主编:《文物收藏图解辞典》,浙江人民出版社,2002 年,第 193 页(作者撰写部分)。

【图 2-93】 **西汉黑地彩绘漆棺线描图**

采自:李缙云、于炳文主编:《文物收藏图解辞典》,浙江人民出版社,2002 年,第 194 页(作者撰写部分)。

【图 2-94】 **战国变形龙纹木笭床线描图**

采自:李缙云、于炳文主编:《文物收藏图解辞典》,浙江人民出版社,2002 年,第 194 页(作者撰写部分)。

【图 2-95】 **战国木俑线描图**

采自:李缙云、于炳文主编:《文物收藏图解辞典》,浙江人民出版社,2002 年,第 196 页(作者撰写部分)。

【图 2-96】 **战国彩绘镇墓兽线描图**

采自:李缙云、于炳文主编:《文物收藏图解辞典》,浙江人民出版社,2002 年,第 195 页(作者撰写部分)。

【图 2-97】 **战国彩绘梅花鹿线描图**

采自:李缙云、于炳文主编:《文物收藏图解辞典》,浙江人民出版社,2002 年,第 195 页(作者撰写部分)。

【图 2-98】 **战国鹿角虎座飞鸟线描图**

采自:李缙云、于炳文主编:《文物收藏图解辞典》,浙江人民出版社,2002 年,第 196 页(作者撰写部分)。

【图 2-99】 **西汉木犀角线描图**

采自:李缙云、于炳文主编:《文物收藏图解辞典》,浙江人民出版社,2002 年,第 197 页(作者撰写部分)。

【图 2-100】 **西汉木璧线描图**

采自:李缙云、于炳文主编:《文物收藏图解辞典》,浙江人民出版社,2002年,第 197 页(作者撰写部分)。

【图 2-101】 **西汉木牌线描图**

采自:李缙云、于炳文主编:《文物收藏图解辞典》,浙江人民出版社,2002年,第 197 页(作者撰写部分)。

【图 2-102】 **西汉纪年木牍线描图**

采自:李缙云、于炳文主编:《文物收藏图解辞典》,浙江人民出版社,2002年,第 198 页(作者撰写部分)。

第三章

【图 3-1】 **唐《宫乐图》贵妇日常生活中使用漆案、漆耳杯等漆器**

采自:董伯信著:《中国古代家具综览》,安徽科学技术出版社,2004 年,第 117 页。

【图 3-2】 **战国燕乐狩猎水陆攻战纹铜壶上的执勺挹酒线描图**

采自:龚绍祖先生绘制。

【图 3-3】 **河南洛阳东汉壁画墓主夫妇宴饮图**

采自:洛阳市第二文物工作队:《洛阳偃师县新莽壁画墓清理简报》,《文物》1992 年 12 期,彩色插页贰,2。

【图 3-4】 **苏州明代园林留园厅室内陈设**

采自:陈从周:《中国厅堂 江南篇》,三联书店,1994 年,第 71 页。

【图 3-5】 **清代府第住宅室内陈设**

采自:刘敦桢编:《中国古代建筑史》,中国建筑工业出版社,1984 年,第 350 页。

第四章

【图 4-1】 **浙江河姆渡新石器时代遗址出土朱漆碗**

采自:浙江省博物馆编:《浙江省博物馆藏品大系·槁木奇功》,浙江古籍出版社,2009 年,第 4 页。

【图 4-2】 **浙江河姆渡新石器时代遗址出土的缠藤篾朱漆筒**

采自:浙江省博物馆编:《浙江省博物馆藏品大系·槁木奇功》,浙江古籍出版社,2009 年,第 4 页。

【图 4-3】 **江苏吴江梅堰良渚文化类型遗址出土黑皮陶罐**

采自:中国漆器全集编辑部黄迪杞主编:《中国漆器全集 1》,福建美术出版社,1997 年,第 7 页。

【图 4-4】 浙江余杭瑶山良渚文化类型遗址出土嵌玉高柄朱漆杯

采自:中国漆器全集编辑部黄迪杞主编:《中国漆器全集 1》,福建美术出版社,1997 年,第 6 页。

【图 4-5】 山西襄汾新石器时代陶寺类型墓葬出土彩绘木杯线描图

采自:聂菲:《中国古代漆器鉴赏》,四川大学出版社,2002 年,第 84 页。

【图 4-6】 山西襄汾陶寺 3015 墓葬中出土的彩绘盆形大盘线描图

采自:中国社会科学院考古研究所山西工作队等:《1978 年—1980 年山西襄汾陶寺墓地发掘简报》,《考古》1983 年 1 期,第 37 页。

【图 4-7】 山西襄汾新石器时代陶寺 3073 号墓出土矮型木豆

采自:中国漆器全集编辑部黄迪杞主编:《中国漆器全集 1》,福建美术出版社,1997 年,第 11 页。

【图 4-8】 山西襄汾新石器时代陶寺类型墓葬出土彩绘高型木豆

采自:中国漆器全集编辑部黄迪杞主编:《中国漆器全集 1》,福建美术出版社,1997 年,第 14 页

【图 4-9】 山西襄汾新石器时代陶寺类型墓葬出土彩绘木案

采自:中国漆器全集编辑部黄迪杞主编:《中国漆器全集 1》,福建美术出版社,1997 年,第 10 页。

【图 4-10】 山西襄汾新石器时代陶寺类型墓葬出土彩绘木觚线描图

采自:作者绘制。

【图 4-11】 山西襄汾新石器时代陶寺 3015 号墓出土彩绘木“仓形器”线描图

采自:中国社会科学院考古研究所山西工作队等:《1978 年—1980 年山西襄汾陶寺墓地发掘简报》,《考古》1983 年 1 期,第 38 页。

【图 4-12】 河南偃师二里头三期遗址出土朱漆雕花漆器痕迹

采自:中国漆器全集编辑部黄迪杞主编:《中国漆器全集 1》,福建美术出版社,1997 年,第 15 页。

【图 4-13】 山西襄汾新石器时代陶寺 3015 号墓出土卷云纹鼍鼓鼓腔

采自:中国漆器全集编辑部黄迪杞主编:《中国漆器全集 1》,福建美术出版社,1997 年,第 9 页。

【图 4-14】 湖北荆州阴湘城古城址屈家岭文化壕沟内出土漆钺柄线描图

采自:刘德银先生提供。

第五章

【图 5-1】 河南罗山天湖 12 号墓出土商代漆碗

采自:中国漆器全集编辑部黄迪杞主编:《中国漆器全集 1》,福建美术出版社,1997 年,第 18 页。

【图 5-2】 河南罗山天湖商代 15 号墓中出土漆豆柄线描图

采自:欧潭生:《罗山天湖商周墓地》,《考古学报》1986 年第 2 期,第 182 页。

【图 5-3】 河南罗山天湖商代 18 号墓中出土漆豆盘线描图

采自:欧潭生:《罗山天湖商周墓地》,《考古学报》1986 年第 2 期,第 182 页。

【图 5-4】 陕西长安张家坡 115 号西周墓出土矮型漆豆线描图

采自:中国社会科学院考古研究所沣西发掘队:《1967 年长安张家坡西周墓葬的发掘》,《考古学报》1980 年第 4 期,第 486 页。

【图 5-5】 北京琉璃河 1009 号西周墓发现高柄型漆豆复原图

采自:殷玮璋:《记北京琉璃河遗址出土的西周漆器》,《考古》1984 年第 5 期,图版贰,2。

【图 5-6】 北京琉璃河 1043 号西周墓出土漆觚复原图

采自:殷玮璋:《记北京琉璃河遗址出土的西周漆器》,《考古》1984 年第 5 期,图版贰,3。

【图 5-7】 北京琉璃河 1043 号西周墓出土兽面凤鸟纹嵌螺钿漆罍

采自:殷玮璋:《记北京琉璃河遗址出土的西周漆器》,《考古》1984 年第 5 期,图版贰,1。

【图 5-8】 北京琉璃河 1043 号西周墓出土兽面凤鸟纹嵌螺钿漆罍复制品

采自:考古杂志社编著:《二十世纪中国百项考古大发现》,中国社会科学出版社,2002 年,第 205 页。

【图 5-9】 湖北圻春毛家咀出土漆杯线描图

采自:中国社会科学院考古研究所湖北发掘队:《湖北圻春毛家咀西周木构建筑》,《考古》1962 年第 1 期,第 7 页。

【图 5-10】 陕西长安张家坡 115 号西周墓出土漆杯线描图

采自:中国社会科学院考古研究所沣西发掘队:《1967 年长安张家坡西周墓葬的发掘》,《考古学报》1980 年第 4 期,第 486 页。

【图 5-11】 湖北圻春毛家咀西周墓出土漆魁线描图

采自:中国社会科学院考古研究所湖北队:《湖北圻春毛家咀西周木构建筑》,《考古》

1962年第1期,第7页。

【图5-12】 **陕西扶风周原西周墓出土漆匕**

采自:中国漆器全集编辑部黄迪杞主编:《中国漆器全集1》,福建美术出版社,1997年,第27页。

【图5-13】 **甘肃灵台白草坡7号西周中期墓发现大量残破彩绘漆皮摹本**

采自:甘肃省博物馆文物队:《甘肃灵台白草坡西周墓》,《考古学报》1977年第2期,第102页。

【图5-14】 **河北定州67号商代墓葬出土棺漆皮**

采自:李文儒主编《中国十年百大考古新发现》,文物出版社,2002年,第328页。

【图5-15】 **河北藁城台西商代遗址出土髹红黑漆阴刻雕花漆器**

采自:中国漆器全集编辑部黄迪杞主编:《中国漆器全集1》,福建美术出版社,1997年,第21页。

【图5-16】 **陕西长安张家坡西周墓出土漆俎线描图**

采自:中国社会科学院考古研究所沣西发掘队:《1967年长安张家坡西周墓葬的发掘》,《考古学报》1980年第4期,第486页。

【图5-17】 **河南罗山天湖商代墓葬中出土缠丝线黑漆木柲**

采自:中国漆器全集编辑部黄迪杞主编:《中国漆器全集1》,福建美术出版社,1997年,第17页。

【图5-18】 **成都金沙遗址出土西周嵌玉漆器残片**

采自:作者拍摄。

第六章

【图6-1】 **湖北当阳赵巷4号春秋楚墓出土漆方壶**

采自:湖北省博物馆编:《图说楚文化》,湖北美术出版社,2006年,第221页。

【图6-2】 **湖北枣阳九连墩2号墓出土战国彩绘云纹木雕漆方壶**

采自:湖北省博物馆编:《九连墩:长江中游的楚国贵族大墓》,文物出版社,2007年,第90页。

【图6-3】 **四川青川1号战国墓出土彩绘鸱鸮壶**

采自:四川省博物馆、青川县文化馆:《青川县出土秦更修田律木牍——四川青川县战国墓发掘简报》,《文物》1982年第1期,图版贰,1。

【图6-4】 **湖北随县曾侯乙墓出土透雕漆木禁**

采自:湖北省博物馆编:《曾侯乙墓:战国早期的礼乐文明》,文物出版社,2007年,第86页。

【图6-5】 湖北当阳赵巷4号春秋楚墓出土窍曲纹漆簋

采自:中国漆器全集编辑部黄迪杞主编:《中国漆器全集1》,福建美术出版社,1997年,第31页。

【图6-6】 湖北枣阳九连墩2号墓出土战国彩绘带立板凹形板足漆俎

采自:湖北省博物馆编:《九连墩:长江中游的楚国贵族大墓》,文物出版社,2007年,第112页。

【图6-7】 湖北枣阳九连墩2号战国墓出土彩绘漆豆

采自:湖北省博物馆编:《九连墩:长江中游的楚国贵族大墓》,文物出版社,2007年,第96页。

【图6-8】 湖北随县曾侯乙墓出土龙凤纹盖豆

采自:湖北省博物馆编:《曾侯乙墓:战国早期的礼乐文明》,文物出版社,2007年,第89页。

【图6-9】 湖北江陵雨台山427号楚墓出土彩绘鸳鸯盖豆线描图

采自:湖北省荆州地区博物馆:《江陵雨台山楚墓》,文物出版社,1984年,第102页。

【图6-10】 河南信阳1号楚墓出土鸟纹杯豆

采自:中国漆器全集编辑部黄迪杞主编:《中国漆器全集1》,福建美术出版社,1997年,第71页。

【图6-11】 湖北枣阳九连墩1号墓出土战国彩绘龙凤纹漆豆

采自:湖北省博物馆编:《九连墩:长江中游的楚国贵族大墓》,文物出版社,2007年,第83页。

【图6-12】 河南光山黄君孟夫妇墓出土春秋漆斗

采自:中国漆器全集编辑部黄迪杞主编:《中国漆器全集1》,福建美术出版社,1997年,第37页。

【图6-13】 湖北枣阳九连墩2号墓出土彩绘漆木勺

采自:湖北省博物馆编:《九连墩:长江中游的楚国贵族大墓》,文物出版社,2007年,第107页。

【图6-14】 陕西凤翔秦公1号墓出土春秋漆匕

采自:中国漆器全集编辑部黄迪杞主编:《中国漆器全集1》,福建美术出版社,

1997 年，第 38 页。

【图 6-15】 湖北江陵马山 1 号楚墓出土对凤纹漆耳杯线描图

采自：湖北省荆州地区博物馆：《江陵马山一号楚墓》，文物出版社，1985 年，第 78 页。

【图 6-16】 湖南常德德山夕阳坡 1 号墓出土彩绘云凤纹漆方耳杯

采自：《长沙楚墓》整理资料。

【图 6-17】 湖北随县曾侯乙墓出土回旋纹漆筒杯

采自：湖北省博物馆编：《曾侯乙墓发掘报告》，文物出版社，1989 年，图版一三五，1。

【图 6-18】 湖北随县曾侯乙墓出土双耳漆筒杯

采自：湖北省博物馆编：《曾侯乙墓发掘报告》，文物出版社，1989 年，图版一三五，3。

【图 6-19】 湖北荆门包山 2 号墓出土彩绘凤鸟形双连漆杯

采自：河南博物院编著：《群雄逐鹿——两周中原列国文物瑰宝》，大象出版社，2003 年，第 251 页。

【图 6-20】 长沙益顺巷 1 号战国墓出土蛋形杯

采自：中国漆器全集编辑部黄迪杞主编：《中国漆器全集 1》，福建美术出版社，1997 年，第 88 页。

【图 6-21】 湖北江陵雨台山 471 号墓出土彩绘浮雕蟠蛇纹漆卮

采自：湖北省博物馆编：《图说楚文化》，湖北美术出版社，2006 年，第 230 页。

【图 6-22】 长沙颜家岭 35 号楚墓出土狩猎纹漆樽纹饰展开线描图

采自：湖南省博物馆等：《长沙楚墓》，文物出版社，2000 年，第 356 页。

【图 6-23】 湖北随县曾侯乙墓出土舞纹鸳鸯盒线描图

采自：湖北省博物馆编：《曾侯乙墓》，文物出版社，1989 年，第 365 页。

【图 6-24】 湖北荆门包山 2 号墓出土云龙纹酒具盒

采自：湖北省博物馆编：《图说楚文化》，湖北美术出版社，2006 年，第 224 页。

【图 6-25】 湖北江陵雨台山 56 号楚墓出土彩绘猪形漆盒线描图

采自：李正光主编：《楚汉装饰艺术集·漆器》，湖南美术出版社，2000 年，第 69 页。

【图 6-26】 湖南长沙市近郊出土战国凤纹漆盘

采自：蒋玄佁：《长沙——楚民族及其艺术》，美术考古学社，1949 年，图版十五。

【图 6-27】 湖北江陵马山 1 号楚墓出土夹纻胎漆盘

采自:湖北省博物馆编:《图说楚文化》,湖北美术出版社,2006 年,第 235 页。

【图 6-28】 湖北枣阳九连墩 2 号墓出土彩绘漆匜

采自:湖北省博物馆编:《九连墩:长江中游的楚国贵族大墓》,文物出版社,2007 年,第 106 页。

【图 6-29】 湖北荆门包山 2 号楚墓出土彩绘人物车马出行图漆奁

采自:湖北省博物馆编:《图说楚文化》,湖北美术出版社,2006 年,第 241 页。

【图 6-30】 长沙五里牌 3 号楚墓出土漆奁

采自:湖南省博物馆等:《长沙楚墓》,文物出版社,2000 年,图版一一七,2。

【图 6-31】 湖北枣阳九连墩 1 号战国墓出土便携式梳妆盒使用示意图

采自:湖北省博物馆提供。

【图 6-32】 湖南长沙五里牌 3 号楚墓出土彩绘漆虎子

采自:湖南省博物馆等:《长沙楚墓》,文物出版社,2000 年。

【图 6-33】 湖北荆州马山 1 号墓出土战国矩纹彩漆竹扇

采自:湖北省荆州地区博物馆:《江陵马山一号楚墓》,文物出版社,1985 年,彩图三二。

【图 6-34】 河南信阳长台关 7 号楚墓出土彩绘漆案

采自:国家文物局主编:《2002 中国重要考古发现》,文物出版社,2003 年,第 59 页。

【图 6-35】 楚墓出土的食物:花椒、猪骨、梅子核、鸡骨

采自:湖南省博物馆等:《长沙楚墓》,文物出版社,2000 年。

【图 6-36】 湖北枣阳九连墩 2 号墓出土战国彩绘木雕漆兽几线描图

采自:龚绍祖先生绘制。

【图 6-37】 湖北荆门包山 2 号墓出土错金银龙首漆杖

采自:湖北省博物馆编:《图说楚文化》,湖北美术出版社,2006 年,第 166 页。

【图 6-38】 湖北随县曾侯乙墓出土战国黑漆朱绘星宿图衣箱

采自:湖北省博物馆编:《曾侯乙墓:战国早期的礼乐文明》,文物出版社,2007 年,第 92 页。

【图 6-39】 湖北随县曾侯乙墓出土战国黑漆朱绘星宿图衣箱盖面临摹图

采自:龚绍祖先生绘制。

【图 6-40】 湖北随县曾侯乙墓出土二十五弦漆木瑟

采自:湖北省博物馆编:《曾侯乙墓:战国早期的礼乐文明》,文物出版社,2007年,第74、75页。

【图 6-41】 湖北枣阳九连墩2号楚墓出土战国时期彩绘漆十弦琴

采自:湖北省博物馆编:《九连墩:长江中游的楚国贵族大墓》,文物出版社,2007年,第89页。

【图 6-42】 湖北江陵望山1号墓出土战国彩绘凤鸟纹木雕漆座屏线描图

采自:李正光主编:《楚汉装饰艺术集·漆器》,湖南美术出版社,2000年,第64页。

【图 6-43】 湖南临澧九里1号墓出土彩绘虎座鸟架悬鼓复制品

采自:《中国湖南文物珍品展》图录,第78页。

【图 6-44】 河南信阳9号楚墓出土彩绘漆木编钟架

采自:信阳文管所拍摄。

【图 6-45】 湖北随县曾侯乙墓出土彩绘排箫

采自:湖北省博物馆编:《曾侯乙墓:战国早期的礼乐文明》,文物出版社,2007年,第73页。

【图 6-46】 春秋时期带髹漆鞘短剑

采自:王立华主编:《长沙馆藏文物精华》,湖南美术出版社,2007年,第37页。

【图 6-47】 湖南长沙荷花池1号楚墓出土剑椟

采自:湖南省博物馆等:《长沙楚墓》,文物出版社,2000年,图片一三九,1。

【图 6-48】 湖南长沙浏城桥1号楚墓出土扳指

采自:湖南省博物馆等:《长沙楚墓》,文物出版社,2000年,图片一二九,3。

【图 6-49】 湖北老河口安岗1号墓出土彩绘方块纹弩机

采自:黄迪杞、戴光品编:《中国漆器精华》,福建美术出版社,2003年,图版52。

【图 6-50】 湖南长沙浏城桥1号墓出土云纹竹矢箙复制品

采自:湖南省博物馆等:《长沙楚墓》,文物出版社,2000年。

【图 6-51】 湖南长沙五里牌406号楚墓出土龙凤纹漆盾

采自:湖南省博物馆等:《长沙楚墓》,文物出版社,2000年。

【图 6-52】 湖北枣阳九连墩1号楚墓出土皮甲胄

采自:陈建明主编:《凤舞九天——楚文物特展》,湖南美术出版社,2009年,第

79 页。

【图 6-53】 **甘肃省木河乡桃园村北马家塬出土车马器复原图**

采自：赵吴成：《甘肃马家塬战国墓马车的复原》，《文物》2010 年 6 期，第 78页。

【图 6-54】 **湖北荆州天星观 2 号墓出土战国漆羽人线描图**

采自：湖北省荆州博物馆编著：《荆州天星观二号楚墓》，文物出版社，2003 年，图一五四。

【图 6-55】 **湖南长沙浏城桥 1 号墓出土单头镇墓兽**

采自：《屈原的故乡——楚文化特展》，第 62 页。

【图 6-56】 **湖北江陵天星观 2 号墓出土战国木雕虎座立凤线描图**

采自：湖北省荆州博物馆编著：《荆州天星观二号楚墓》，文物出版社，2003 年，图一五八。

【图 6-57】 **湖南临澧九里 1 号墓出土彩绘雕虎**

采自：《马王堆汉墓漆器整理与研究》资料。

【图 6-58】 **湖南长沙仰天湖 25 号墓出土木雕龙纹笭床**

采自：湖南省博物馆等：《长沙楚墓》，文物出版社，2000 年。

【图 6-59】 **湖南长沙五里牌 406 号墓出土绒葛内棺线描图**

采自：湖南省博物馆等：《长沙楚墓》，文物出版社，2000 年。

第七章

【图 7-1】 **贵州清镇出土西汉晚期夹纻胎漆耳杯**

采自：中国漆器全集编辑部黄迪杞主编：《中国漆器全集 3》，福建美术出版社，1998 年，第 171 页。

【图 7-2】 **长沙马王堆 1 号汉墓出土凤纹漆盒**

采自：《马王堆汉墓漆器整理与研究》资料。

【图 7-3】 **安徽天长出土西汉月牙形双层漆奁**

采自：中国文物交流服务中心《中国文物精华》编委会编：《中国文物精华》，文物出版社，1990 年，图版 96。

【图 7-4】 **安徽天长出土西汉马蹄形双层漆奁**

采自：中国文物交流服务中心《中国文物精华》编委会编：《中国文物精华》，文物出版社，1990 年，图版 97。

【图 7-5】 **巢湖北头山 1 号墓出土漆盖盒**

采自:安徽省文物考古研究所等编著:《巢湖汉墓》,文物出版社,2007年,彩版五〇,5。

【图7-6】 长沙马王堆1号汉墓出土漆具杯盒

采自:湖南省博物馆等:《长沙马王堆一号汉墓》,文物出版社,1974年。

【图7-7】 长沙马王堆1号汉墓出土针刻云兽纹漆卮

采自:湖南省博物馆等:《长沙马王堆一号汉墓》,文物出版社,1974年。

【图7-8】 长沙出土西汉早期彩绘宫闱燕居图樽

采自:徐湖平主编:《中国古代漆艺》,第1页。

【图7-9】 长沙马王堆1号汉墓云纹漆案出土时情形

采自:湖南省博物馆等:《长沙马王堆一号汉墓》,文物出版社,1974年。

【图7-10】 长沙马王堆1号汉墓出土云纹漆锺

采自:湖南省博物馆等:《长沙马王堆一号汉墓》,文物出版社,1974年。

【图7-11】 长沙马王堆1号汉墓出土云纹漆钫

采自:湖南省博物馆等:《长沙马王堆一号汉墓》,文物出版社,1974年。

【图7-12】 山东日照海曲西汉墓出土漆匕

采自:国家文物局主编:《2002中国重要考古发现》,文物出版社,2003年,第77页。

【图7-13】 长沙马王堆1号汉墓出土雕镂龙纹竹胎漆勺

采自:湖南省博物馆等:《长沙马王堆一号汉墓》,文物出版社,1974年。

【图7-14】 湖北云梦睡虎地9号秦墓出土彩绘凤形漆勺

采自:湖北孝感地区第二期亦工亦农文物考古训练班:《湖北云梦睡虎地十一座秦墓发掘简报》,《文物》1976年第9期,图版壹。

【图7-15】 长沙马王堆1号汉墓出土漆鼎

采自:湖南省博物馆等:《长沙马王堆一号汉墓》,文物出版社,1974年。

【图7-16】 湖北云梦44号秦墓出土牛马纹扁壶

采自:湖北省博物馆编:《秦汉漆器——长江中游的髹漆艺术》,文物出版社,2007年,第20页。

【图7-17】 长沙马王堆1号汉墓出土漆盂

采自:湖南省博物馆等:《长沙马王堆一号汉墓》,文物出版社,1974年。

【图7-18】 长沙马王堆1号汉墓出土漆匜

采自:湖南省博物馆等:《长沙马王堆一号汉墓》,文物出版社,1974年。

【图 7-19】 山东临沂银雀山 7 号墓出土彩绘漆盘

采自:考古杂志社编著:《二十世纪中国百项考古大发现》,中国社会科学出版社,2002 年,第 273 页。

【图 7-20】 巢湖 1 号汉墓出土漆罐

采自:安徽省文物考古研究所等编著:《巢湖汉墓》,文物出版社,2007 年,彩图五二,3。

【图 7-21】 马王堆 3 号汉墓出土的堆漆云气纹长方漆奁纹线描图

采自:陈建明主编:《湖南省博物馆》,湖南美术出版社,2003 年,第 36 页。

【图 7-22】 山东日照海曲 106 号汉墓出土银扣贴金薄漆盒

采自:山东文物考古研究所:《山东日照海曲西汉墓(M106)发掘简报》,《文物》2010 年第 1 期,第 12 页。

【图 7-23】 长沙马王堆 3 号汉墓出土漆箕线描图

采自:湖南省博物馆、湖南省文物考古研究所编著、何介钧主编:《长沙马王堆二、三号汉墓发掘报告》,文物出版社,2004 年,第 162 页。

【图 7-24】 长沙望城坡西汉墓出土的彩绘云气纹几

采自:王立华主编:《长沙馆藏文物精华》,湖南美术出版社,2007 年,第 126 页。

【图 7-25】 广州西汉南越王墓出土漆木大屏风线描图

采自:广州市文物管理委员会等:《西汉南越王墓》,文物出版社,1991 年。

【图 7-26】 广州西汉南越王墓出土漆木大屏风上鎏金铜构件

采自:广州市文物管理委员会等:《西汉南越王墓》,彩版二九,文物出版社,1991 年。

【图 7-27】 山东日照海曲西汉墓出土漆虎子

采自:国家文物局主编:《2002 中国重要考古发现》,文物出版社,2003 年,第 77 页。

【图 7-28】 山东日照海曲西汉墓出土漆鸠杖首

采自:国家文物局主编:《2002 中国重要考古发现》,文物出版社,2003 年,第 79 页。

【图 7-29】 长沙马王堆 1 号汉墓出土漆瑟

采自:湖南省博物馆等:《长沙马王堆一号汉墓》,文物出版社,1974 年。

【图 7-30】 长沙马王堆 1 号汉墓出土黑地彩绘棺上鼓瑟图象

采自:湖南省博物馆等:《长沙马王堆一号汉墓》,文物出版社,1974年,第106页。

【图7-31】 长沙马王堆3号汉墓出土七弦琴

采自:湖南省博物馆、湖南省文物考古研究所编著、何介钧主编:《长沙马王堆二、三号汉墓发掘报告》,文物出版社,2004年。

【图7-32】 长沙马王堆3号汉墓出土竹笛

采自:湖南省博物馆、湖南省文物考古研究所编著、何介钧主编:《长沙马王堆二、三号汉墓发掘报告》,文物出版社,2004年。

【图7-33】 长沙马王堆1号汉墓出土漆竽

采自:湖南省博物馆等:《长沙马王堆一号汉墓》,文物出版社,1974年。

【图7-34】 长沙望城坡西汉王室墓出土漆筑

采自:长沙市文物考古研究所、长沙简牍博物馆:《湖南长沙望城坡西汉渔阳墓发掘报告》,《文物》2010年第4期,第15页。

【图7-35】 长沙马王堆1号汉墓黑地彩绘棺上击筑图

采自:湖南省博物馆等:《长沙马王堆一号汉墓》,文物出版社,1974年,第106页。

【图7-36】 长沙马王堆3号汉墓出土漆博具

采自:湖南省博物馆、湖南省文物考古研究所编著、何介钧主编:《长沙马王堆二、三号汉墓发掘报告》,文物出版社,2004年。

【图7-37】 河南灵宝张湾汉墓出土汉代陶俑合坐榻线描图

采自:作者绘制。

【图7-38】 长沙望城坡西汉王室墓出土砚盒

采自:王立华主编:《长沙馆藏文物精华》,湖南美术出版社,2007年,第128页。

【图7-39】 长沙马王堆1号汉墓出土黑地彩绘漆棺

采自:湖南省博物馆等:《长沙马王堆一号汉墓》,文物出版社,1974年。

【图7-40】 扬州平山雷塘26号西汉墓出土彩绘云气鸟兽人物纹漆面罩

采自:扬州博物馆编:《汉广陵国漆器》,文物出版社,2004年,第124页。

【图7-41】 扬州平山雷塘26号西汉墓出土彩绘云气鸟兽人物纹漆面罩局部

采自:扬州博物馆编:《汉广陵国漆器》,文物出版社,2004年,第125页。

【图7-42】 四川绵汉双包山2号汉墓出土人体经脉漆俑

采自:四川省文物考古研究院、绵阳博物馆编著:《绵阳双包山汉墓》,文物出版社,2006年,图版一九一。

【图 7–43】 甘肃省武威市磨嘴子汉墓出土木轺车

采自:作者拍摄。

【图 7–44】 长沙马王堆 3 号汉墓出土锥画漆弩

采自:湖南省博物馆、湖南省文物考古研究所编著、何介钧主编:《长沙马王堆二、三号汉墓发掘报告》,文物出版社,2004年。

【图 7–45】 长沙马王堆 3 号西墓出土漆矢箙

采自:湖南省博物馆、湖南省文物考古研究所编著、何介钧主编:《长沙马王堆二、三号汉墓发掘报告》,文物出版社,2004年。

【图 7–46】 长沙马王堆 3 号汉墓出土漆兵器架

采自:湖南省博物馆、湖南省文物考古研究所编著、何介钧主编:《长沙马王堆二、三号汉墓发掘报告》,文物出版社,2004年。

第八章

【图 8–1】 安徽马鞍山三国吴朱然墓出土季札挂剑图漆盘线描图

采自:马鞍山市博物馆编:《马鞍山文物聚珍》,文物出版社,2006年,第69页。

【图 8–2】 安徽马鞍山三国吴朱然墓出土贵族生活漆盘线描图

采自:马鞍山市博物馆编:《马鞍山文物聚珍》,文物出版社,2006年,第67页。

【图 8–3】 安徽马鞍山三国吴朱然墓出土武帝生活图漆盘线描图

采自:马鞍山市博物馆编:《马鞍山文物聚珍》,文物出版社,2006年,第87页。

【图 8–4】 江西南昌火车站工地 3 号东晋墓出土彩绘宴乐图漆盘

采自:中国漆器全集编辑部黄迪杞主编:《中国漆器全集 4》,福建美术出版社,1998年,第35页。

【图 8–5】 安徽马鞍山三国吴朱然墓出土彩绘宫闱宴乐图漆案

采自:马鞍山市博物馆编:《马鞍山文物聚珍》,文物出版社,2006年,第70页。

【图 8–6】 朱然墓出土漆案皇帝、嫔妃并坐、宫女侍立图

采自:马鞍山市博物馆编:《马鞍山文物聚珍》,文物出版社,2006年,第72页。

【图 8–7】 朱然墓出土漆案鼓吹伴奏者图

采自:马鞍山市博物馆编:《马鞍山文物聚珍》,文物出版社,2006年,第71页。

【图 8–8】 安徽马鞍山三国吴朱然墓出土漆槅盘

采自:马鞍山市博物馆编:《马鞍山文物聚珍》,文物出版社,2006年,第86页。

【图 8-9】 江西南昌火车站 5 号东晋墓出土漆托盘

采自:中国漆器全集编辑部黄迪杞主编:《中国漆器全集 4》,福建美术出版社,1998 年,第 30 页。

【图 8-10】 朱然墓出土犀皮黄口耳杯

采自:马鞍山市博物馆编:《马鞍山文物聚珍》,文物出版社,2006 年,第 82 页。

【图 8-11】 山东临沂洗砚池街西晋墓出土朱黑漆碗

采自:山东省文物考古研究所、临沂市文化局:《山东临沂洗砚池晋墓》,《文物》2005 年 7 期,第 13 页。

【图 8-12】 山东临沂洗砚池街西晋墓出土朱黑漆碗外底铭记"太康七年李次作上牢"

采自:山东省文物考古研究所、临沂市文化局:《山东临沂洗砚池晋墓》,《文物》2005 年 7 期,第 24 页。

【图 8-13】 山东临沂洗砚池街西晋墓出土彩绘鸭形漆魁

采自:山东省文物考古研究所、临沂市文化局:《山东临沂洗砚池晋墓》,《文物》2005 年 7 期,第 24 页。

【图 8-14】 朱然墓出土漆木匕

采自:马鞍山市博物馆编:《马鞍山文物聚珍》,文物出版社,2006 年,第 88 页。

【图 8-15】 朱然墓出土锥刻戗金黑漆盒盖

采自:马鞍山市博物馆编:《马鞍山文物聚珍》,文物出版社,2006 年,第 84 页。

【图 8-16】 朱然墓出土锥刻戗金黑漆盒盖线描图

采自:马鞍山市博物馆编:《马鞍山文物聚珍》,文物出版社,2006 年,第 84 页。

【图 8-17】 江西南昌火车站东晋纪年墓出土漆攒盒

采自:中国漆器全集编辑部黄迪杞主编:《中国漆器全集 4》,福建美术出版社,1998 年,第 32 页。

【图 8-18】 阿斯塔那墓地出土西晋至十六国时期彩绘三足漆盆器

采自:考古杂志社编著:《二十世纪中国百项考古大发现》,中国社会科学出版社,2002 年,第 360 页。

【图 8-19】 新疆塔里木盆地出土彩绘漆漆奁盒

采自:李文儒主编《中国十年百大考古新发现》, 文物出版社,2002 年,第 597 页。

【图 8-20】 南昌火车站东晋纪年墓出土彩绘出巡图漆奁线描图

采自:作者绘制。

【图 8-21】 **甘肃省武威市柏树乡旱滩坡 19 号墓出土南北朝时期彩绘木连枝灯**

采自:甘肃省博物馆提供。

【图 8-22】 **朱然墓出土髹黑漆三足几**

采自:中国漆器全集编辑部黄迪杞主编:《中国漆器全集 4》,福建美术出版社,1998 年,第 21 页。

【图 8-23】 **山西石寨山司马金龙墓出土彩绘人物故事图漆屏风**

采自:山西省大同市博物馆、山西省文物工作委员会:《山西大同石家寨北魏司马金龙墓》,《文物》1972 年第 3 期,图版拾贰。

【图 8-24】 **山西大同沙岭 7 号北魏墓出土彩绘漆画残片**

采自:大同市考古研究所:《山西大同沙岭北魏壁画墓发掘简报》,《文物》2006 年第 10 期,第 13 页。

【图 8-25】 **宁夏固原北魏墓出土棺板漆画**

采自:固原县文物工作站:《宁夏固原北魏墓清理简报》,《文物》1984 年第 6期。

【图 8-26】 **山西大同湖东北魏 1 号墓出土棺板漆画局部**

采自:山西省大同市考古研究所:《大同湖东北魏一号墓》,《文物》2004 年第 12期,第 31 页。

第九章

【图 9-1】 **江苏常州五代墓出土银平脱花卉纹漆镜盒**

采自:中国漆器全集编辑部黄迪杞主编:《中国漆器全集 4》,福建美术出版社,1998 年,第 67 页。

【图 9-2】 **四川前蜀王建墓出土平脱漆镜盒盖面银平脱花纹**

采自:冯汉骥:《前蜀王建墓出土的平脱漆器及银铅胎漆器》,《文物》1961 年第11期,第 46 页。

【图 9-3】 **陕西扶风法门寺塔地宫出土秘色瓷平脱漆碗**

采自:中国漆器全集编辑部黄迪杞主编:《中国漆器全集 4》,福建美术出版社,1998 年,第 45 页。

【图 9-4】 **杭州市第十五中学出土五代漆盘**

采自:浙江省博物馆编:《浙江省博物馆藏品大系·槁木奇功》,浙江古籍出版社,2009 年,第 5 页。

【图 9-5】 **四川前蜀王建墓出土五代平脱漆碟**

采自:冯汉骥:《前蜀王建墓出土的平脱漆器及银铅胎漆器》,《文物》1961年第11期。

【图9-6】 江苏常州五代砖室木棺墓出土黑漆盏托线描图

采自:常州市博物馆:《江苏常州半月岛五代墓》,《考古》1993年第9期,第817页。

【图9-7】 江苏常州五代砖室木棺墓出土黑漆钵

采自:中国漆器全集编辑部黄迪杞主编:《中国漆器全集4》,福建美术出版社,1998年,第60页。

【图9-8】 江苏常州五代砖室木棺墓出土黑漆盆线描图

采自:常州市博物馆:《江苏常州半月岛五代墓》,《考古》1993年第9期,第817页。

【图9-9】 湖北监利出土漆盂线描图

采自:作者绘制。

【图9-10】 南京新海连市玉带河工地出土五代八棱形黑漆奁

采自:中国漆器全集编辑部黄迪杞主编:《中国漆器全集4》,福建美术出版社,1998年,第69页。

【图9-11】 苏州瑞光寺塔窖藏晚唐至五代间花鸟纹嵌螺钿盝顶式黑漆经箱

采自:中国漆器全集编辑部黄迪杞主编:《中国漆器全集4》,福建美术出版社,1998年,第66页。

【图9-12】 四川前蜀王建墓出土金银平脱朱漆册匣复原器

采自:杨有润:《王建墓漆器的几片银饰件》,《文物》1957年第7期,第26页。

【图9-13】 四川前蜀王建墓出土金银平脱朱漆册匣盖面正中两边金银镂刻双孔雀团花饰片

采自:杨有润:《王建墓漆器的几片银饰件》,《文物》1957年第7期,第26页。

【图9-14】 四川前蜀王建墓出土金银平脱朱漆册匣盖面镂刻双狮边缘饰片

采自:杨有润:《王建墓漆器的几片银饰件》,《文物》1957年第7期,第25页。

【图9-15】 四川前蜀王建墓出土宝盝外盒四侧饰片线描图

采自:杨有润:《王建墓漆器的几片银饰件》,《文物》1957年第7期,第25页。

【图9-16】 唐代“独幽七弦琴”

采自:陈建明主编:《湖南省博物馆》,美术出版社,2003年,第56页。

【图9-17】 新疆维吾尔自治区吐鲁番市阿斯塔那216号墓出土彩绘天王木俑

采自：作者拍摄于新疆维吾尔自治区博物馆展厅。

【图 9-18】 **新疆维吾尔自治区吐鲁番张雄夫妇墓出土唐代彩绘木身锦衣裙女俑**

采自：作者拍摄于新疆维吾尔自治区博物馆展厅。

【图 9-19】 **新疆维吾尔自治区吐鲁番市阿斯塔那 224 号墓出土唐代彩绘泥塑镇墓兽**

采自：作者拍摄于新疆维吾尔自治区博物馆展厅。

第十章

【图 10-1】 **常州新体育场工地宋墓出土花瓣式漆碗**

采自：中国漆器全集编辑部黄迪杞主编：《中国漆器全集 4》，福建美术出版社，1998 年，第 95 页。

【图 10-2】 **沙州北宋墓出土剔犀银裹碗线描图**

采自：李缙云、于炳文主编：《文物收藏图解辞典》，浙江人民出版社，2002 年，第 177 页（作者撰写部分）。

【图 10-3】 **淮安北宋早期墓出土花瓣漆盘线描图**

采自：罗宗真：《淮安宋墓出土的漆器》，《文物》1963 年第 5 期，第 50 页。

【图 10-4】 **江苏淮安扬庙北宋绍圣元年墓出土北宋黑漆花瓣形盘**

采自：徐湖平主编：《中国古代漆艺》，第 5 页。

【图 10-5】 **北京元大都遗址出土广寒宫图嵌薄螺钿黑漆盘**

采自：《文物》1972 年第 1 期，图版拾贰。

【图 10-6】 **江苏宝应安宜路北宋 9 号墓出土葵瓣式黑漆豆**

采自：中国漆器全集编辑部黄迪杞主编：《中国漆器全集 4》，福建美术出版社，1998 年，第 86 页。

【图 10-7】 **辽宁省法库县叶茂台辽墓出土龙首漆勺**

采自：中国漆器全集编辑部黄迪杞主编：《中国漆器全集 4》，福建美术出版社，1998 年，第 115 页。

【图 10-8】 **河北张家口宣化金墓出土圆头竹节式漆箸**

采自：中国漆器全集编辑部黄迪杞主编：《中国漆器全集 4》，福建美术出版社，1998 年，第 120 页。

【图 10-9】 **武进宋墓出土花瓣形黑漆托盏**

采自：中国漆器全集编辑部黄迪杞主编：《中国漆器全集 4》，福建美术出版社，1998 年，第 102 页。

【图 10-10】 福州北郊茶园山南宋墓出土黑漆杯及渣斗

采自:福州市文物管理局编:《福州文物集粹》,福建人民出版社,1999 年,第 33 页。

【图 10-11】 江苏无锡长安乡北宋墓出土腰圆形黑漆盒线描图

采自:作者绘制。

【图 10-12】 江阴夏港河工地南宋墓出土酣睡江舟图戗金长方形黑漆盒

采自:中国漆器全集编辑部黄迪杞主编:《中国漆器全集 4》,福建美术出版社,1998 年,第 125 页。

【图 10-13】 武进县南宋墓出土戗金细钩填漆长方盒线描图

采自:作者绘制。

【图 10-14】 福州市北郊茶园山南宋墓出土葵形剔犀漆盒

采自:福州市文物管理局编:《福州文物集粹》,福建人民出版社,1999 年,第 30 页。

【图 10-15】 上海市青浦县元代任氏墓出土东篱采菊图圆盒

采自:陈燮君主编:《上海博物馆》,长城出版社,2007 年,第 232 页。

【图 10-16】 元代“张成造”款剔犀圆形漆盒

采自:2006 年作者拍摄。

【图 10-17】 武进南宋墓出土剔犀执镜盒

采自:中国漆器全集编辑部黄迪杞主编:《中国漆器全集 4》,福建美术出版社,1998 年,第 134 页。

【图 10-18】 内蒙古通辽科左后旗吐尔基山辽贵族墓葬出土嵌宝石鎏金包银漆镜盒

采自:陈建明主编:《草原牧歌》,岳麓书社,2010 年,第 105 页。

【图 10-19】 武进南宋墓出土戗金花卉人物金莲瓣形奁

采自:中国漆器全集编辑部黄迪杞主编:《中国漆器全集 4》,福建美术出版社,1998 年,第 122 页。

【图 10-20】 内蒙古通辽市科左后旗吐尔基山辽贵族墓葬出土蝶形嵌银箔漆奁

采自:陈建明主编:《草原牧歌》,岳麓书社,2010 年,第 108 页。

【图 10-21】 杭州老和山宋墓出土南宋黑漆钵

采自:浙江省博物馆编:《浙江省博物馆藏品大系·槁木奇功》,浙江古籍出版社,2009 年,第 6 页。

【图 10-22】 无锡出土北宋癸口黑漆盆线描图

采自:作者绘制。

【图 10-23】 元代剔红花卉纹尊线描图

采自:作者绘制。

【图 10-24】 武进南宋墓出土黑漆唾盂

采自:中国漆器全集编辑部黄迪杞主编:《中国漆器全集 4》,福建美术出版社,1998 年,第 157 页。

【图 10-25】 宋代混沌材黑漆琴

采自:中国漆器全集编辑部黄迪杞主编:《中国漆器全集 4》,福建美术出版社,1998 年,第 106 页。

【图 10-26】 内蒙古通辽奈曼旗青龙山镇辽陈国公主墓出土包银木马鞍

采自:陈建明主编:《草原牧歌》,岳麓书社,2010 年,第 50 页。

【图 10-27】 内蒙古赤峰市巴林右旗都希苏木友爱村出土"侍宴图"木板画

采自:陈建明主编:《草原牧歌》,岳麓书社,2010 年,第 83 页。

第十一章

【图 11-1】 明中期剔红飞龙纹高足碗线描图

采自:李缙云、于炳文主编:《文物收藏图解辞典》,浙江人民出版社,第 178 页(作者撰写部分)。

【图 11-2】 清乾隆红漆描黑诗句碗

采自:中国漆器全集编辑部黄迪杞主编:《中国漆器全集 6》,福建美术出版社,1993 年,第 81 页。

【图 11-3】 清乾隆剔红缠枝莲纹高足杯

采自:中国漆器全集编辑部黄迪杞主编:《中国漆器全集 6》,福建美术出版社,1993 年,第 181 页。

【图 11-4】 清金地识文描金彩漆高足碗

采自:徐湖平主编:《中国古代漆艺》,第 20 页。

【图 11-5】 明永乐款剔红五老图方盘线描图

采自:作者绘制。

【图 11-6】 明代剔犀如意纹盘

采自:徐湖平主编:《中国古代漆艺》,第 8 页。

【图 11-7】 明晚期描金彩绘人物山水长方形盘

采自:陈燮君主编:《上海博物馆》,长城出版社,2007年,第234页。

【图11-8】 明晚期黑漆嵌螺钿西厢记图圆盘

采自:徐湖平主编:《中国古代漆艺》,第9页。

【图11-9】 清代描金漆绘树下人物纹盘

采自:高知县立美术馆(日本)、安徽省博物馆主办:《安徽省博物馆名品展》,1999年,第67页。

【图11-10】 清末民初朱漆金边人物纹花瓣形果盘

采自:浙江省博物馆编:《浙江省博物馆藏品大系·槁木奇功》,浙江古籍出版社,2009年,第31页。

【图11-11】 清乾隆朱漆描金菊瓣形盘

采自:马宝杰主编:《辽宁省博物馆》,长征出版社,2008年,第223页。

【图11-12】 明宣德剔彩林檎双鹂大捧盒

采自:中国漆器全集编辑部黄迪杞主编:《中国漆器全集5》,福建美术出版社,1995年,第47页。

【图11-13】 明中期剔红婴戏长方盒线描图

采自:作者绘制。

【图11-14】 明晚期描彩漆携琴会友图长方盒

采自:高知县立美术馆(日本)、安徽省博物馆主办:《安徽省博物馆名品展》,1999年,第64页。

【图11-15】 明晚期描彩漆嵌螺钿八方盒

采自:高知县立美术馆(日本)、安徽省博物馆主办:《安徽省博物馆名品展》,1999年,第65页。

【图11-16】 明晚期堆漆双龙八方盒

采自:高知县立美术馆(日本)、安徽省博物馆主办:《安徽省博物馆名品展》,1999年,第66页。

【图11-17】 剔彩"寿春宝盒"

采自:徐湖平主编:《中国古代漆艺》,第11页。

【图11-18】 剔黑婴戏纹盒

采自:徐湖平主编:《中国古代漆艺》,第11页。

【图11-19】 雕漆山水楼阁人物纹盒

采自:徐湖平主编:《中国古代漆艺》,第13页。

【图 11-20】 清描金人物故事纹木雕果盒

采自:马宁拍摄。

【图 11-21】 民国时期温州描金彩绘圆木盒

采自:浙江省博物馆编:《浙江省博物馆藏品大系·槁木奇功》,浙江古籍出版社,2009 年,第 68 页。

【图 11-22】 明晚期"江千里"款锡胎嵌螺钿黑漆执壶线描图

采自:李缙云、于炳文主编:《文物收藏图解辞典》,浙江人民出版社,2002年,第 182 页(作者撰写部分)。

【图 11-23】 清剔红"三国演义"故事纹漆瓶

采自:《走进皇家大清宫廷珍宝展》图录,2008 年。

【图 11-24】 清末剔红四面开光人物故事纹漆花瓶

采自:马宁拍摄。

【图 11-25】 清末剔红四面开光人物故事纹漆花瓶

采自:马宁先生拍摄。

【图 11-26】 清晚期描油勾连纹漆觚

采自:中国漆器全集编辑部黄迪杞主编:《中国漆器全集 6》,福建美术出版社,1993 年,第 94 页。

【图 11-27】 清代朱漆有柄带盖烛台

采自:浙江省博物馆编:《浙江省博物馆藏品大系·槁木奇功》,浙江古籍出版社,2009 年,第 12 页。

【图 11-28】 清代卢葵生制漆文具匣线描图

采自:作者绘制。

【图 11-29】 清代卢葵生制漆文具匣外底漆书"卢葵生制"方印

采自:石志廉:《谈清卢葵生制漆文明匣》,《文物》1989 年第 12 期,第 86 页。

【图 11-30】 明代螺钿花卉人物纹笔筒

采自:高知县立美术馆(日本)、安徽省博物馆主办:《安徽省博物馆名品展》,1999 年,第 136 页。

【图 11-31】 清雍正黑漆描金山水楼阁图手炉

采自:中国漆器全集编辑部黄迪杞主编:《中国漆器全集 6》,福建美术出版社,1993 年,第 14 页。

【图 11-32】 明代"鹤鸣秋月"七弦琴

采自:陈建明主编:《湖南省博物馆》,美术出版社,2003年,第56页。

【图11-33】 **皇帝剔红龙纹宝座**

采自:《走进皇家大清宫廷珍宝展》图录,2008年。

【图11-34】 **清代螺钿人物纹箱**

采自:高知县立美术馆(日本)、安徽省博物馆主办:《安徽省博物馆名品展》,1999年,第68页。

第十二章

【图12-1】 **湖北荆门包山2号墓出土人物车马出行图漆奁盒局部图案**

采自:湖北省博物馆编:《图说楚文化》,湖北美术出版社,2006年,第241页。

【图12-2】 **湖北荆门包山2号墓出土人物车马出行图漆奁盒仿制品局部图案**

采自:作者拍摄。

【图12-3】 **湖北江陵雨台山471号楚墓出土浮雕蟠蛇纹漆卮**

采自:湖北省博物馆编:《图说楚文化》,湖北美术出版社,2006年,第230页。

【图12-4】 **湖北江陵雨台山471号楚墓出土的浮雕蟠蛇纹漆卮仿制品**

采自:作者拍摄。

【图12-5】 **扬州邗江西湖胡场20号西汉墓出土彩绘漆木俑**

采自:扬州博物馆编:《汉广陵国漆器》,文物出版社,2004年,第93页。

【图12-6】 **西汉彩绘木俑仿制品**

采自:作者拍摄。

【图12-7】 **湖北随县曾侯乙墓出土金盏**

采自:湖北省博物馆编:《曾侯乙墓发掘报告》,文物出版社,1989年,彩版一七。

【图12-8】 **湖北随县曾侯乙墓出土金盏的漆器仿制品**

采自:作者拍摄。

【图12-9】 **长沙马王堆1号汉墓出土黑地彩绘漆棺铎舞长袖舞图**

采自:湖南省博物馆等:《长沙马王堆一号汉墓》,文物出版社,1974年。

【图12-10】 **汉代漆器仿制品**

采自:作者拍摄。

【图12-11】 **长沙马王堆汉墓黑地彩绘漆棺铎舞长袖舞图仿制图**

采自:作者拍摄。

【图 12-12】 **仿西汉中晚期漆器铭文**

采自:作者拍摄。

【图 12-13】 **长沙马王堆汉墓出土漆器铭文"轪侯家"**

采自:湖南省博物馆等:《长沙马王堆一号汉墓》,文物出版社,1974 年。

【图 12-14】 **仿马王堆汉墓出土漆器铭文"盖侯家"**

采自:作者拍摄。

【图 12-15】 **马王堆汉墓出土漆器戳印铭文"成市草"**

采自:湖南省博物馆等:《长沙马王堆一号汉墓》,文物出版社,1974 年,第 78 页。

【图 12-16】 **仿马王堆汉墓出土漆器铭文"成市草"**

采自:作者拍摄。

【图 12-17】 **灌模成型的化工合成树脂假剔红漆器**

采自:作者拍摄。

【图 12-18】 **灌模成型的化工合成树脂假剔红盒内**

采自:作者拍摄。

【图 12-19】 **马王堆 1 号汉墓出土"君幸食一升半升"红黑漆耳杯**

采自:湖南省博物馆等:《长沙马王堆一号汉墓》,文物出版社,1974 年。

【图 12-20】 **长沙马王堆 1 号汉墓出土黑地彩绘漆棺上的纹饰**

采自:湖南省博物馆等:《长沙马王堆一号汉墓》,文物出版社,1974 年。

【图 12-21】 **明琴上蛇腹断纹**

采自:陈建明主编:《湖南省博物馆》,美术出版社,2003 年,第 56 页。

【图 12-22】 **唐琴上的梅花断纹**

采自:陈建明主编:《湖南省博物馆》,美术出版社,2003 年,第 56 页。

【图 12-23】 **楚漆器上的波皱纹**

采自:《长沙楚墓》整理资料。

【图 12-24】 **西汉漆盘上的波皱纹**

采自:《马王堆汉墓漆器整理与研究》整理资料。

【图 12-25】 **湖北随县曾侯乙墓出土彩绘龙凤纹木雕漆豆**

采自:湖北省博物馆编:《曾侯乙墓:战国早期的礼乐文明》,文物出版社,2007 年,第 89 页。

【图 12-26】 **湖北随县曾侯乙墓出土彩绘龙凤纹木雕漆豆仿制品**

采自:作者拍摄。

【图 12-27】 内官

采自:作者拍摄。

【图 12-28】 十五年内官赐器府义工秉造

采自:扬州博物馆编:《汉广陵国漆器》,文物出版社,2004 年,第 23 页。

【图 12-29】 仪征汉墓“内官”铭记

采自:扬州博物馆编:《汉广陵国漆器》,文物出版社,2004 年,第 27 页。

【图 12-30】 巢湖北山头二号墓漆盾出土情况

采自:安徽省文物考古研究所等编著:《巢湖汉墓》,文物出版社,2007 年,彩版七二。

【图 12-31】 巢湖放王岗一号墓外椁门门枢和前室南侧器物架上漆案及耳杯出土情况

采自:安徽省文物考古研究所等编著:《巢湖汉墓》,文物出版社,2007 年,彩版二,2。

注:中国漆器全集编辑部黄迪杞主编先生已授权使用其中照片。